Wolfgang Peischel (Hrsg.)

Wiener Strategie-Konferenz 2016
Strategie neu denken

Wiener Strategie-Konferenz 2016

Strategie neu denken

herausgegeben von
Wolfgang Peischel

2017

Carola Hartmann Miles-Verlag

Bibliografische Information der Deutschen Nationalbibliothek
Die Deutsche Nationalbibliothek verzeichnet diese Publikation in der Deutschen Nationalbibliografie; detaillierte bibliografische Daten sind im Internet über www.dnb.de abrufbar.

www.miles-verlag.jimdo.com
email: miles-verlag@t-online.de

Druck: BOD - Books on Demand, Norderstedt
Titelbild: Graphische Gestaltung des Umschlags durch Stefan Lechner, Wien

Printed in Germany

ISBN 978-3-945861-53-0

Inhaltsverzeichnis

Vorwort des Herausgebers

Mit der jährlich stattfindenden „Wiener Strategiekonferenz“ soll eine vom deutschen Sprachraum ausgehende, im Hinblick auf Vortragende und Teilnehmer aber hochrangig besetzte internationale Strategie-Entwicklungs- und Diskussionsplattform geschaffen werden, die einen Beitrag zum gesamtstrategischen Denken und damit zur Deckung des immer häufiger zutage tretenden Bedarfs an langfristiger strategischer Ausrichtung in vielen Bereichen des politischen, öffentlich-rechtlichen und privatwirtschaftlichen Lebens leisten kann.

Die Vorträge richten sich an Lehrende und Forschende in der militärischen sowie zivilen Führungsausbildung und an zur Entscheidung berufene Verantwortungsträger aus Politik, Diplomatie, hoheitlicher Verwaltung, privatwirtschaftlicher Unternehmensführung, Sicherheitsexekutive und oberer militärischer Führung. Zu Wort kommen im ersten Durchgang der Konferenz Experten aus dem Bereich der oberen militärischen Führung, der Politikwissenschaft, der Kognitionswissenschaften und der strategischen Kommunikation.

Inhaltlich geht es nicht um „militärstrategische“ Erkenntnisse, sondern um, aus der Militärwissenschaft und der militärischen Führungslehre abstrahierte Grundprinzipien allgemein-gesamtstrategischen Denkens.

Getragen wurde die Veranstaltung durch die Landesverteidigungsakademie Wien als der höchsten tertiären Bildungseinrichtung des Österreichischen Bundesheeres. Konzipiert, inhaltlich entwickelt und durchgeführt wurde der in diesem Band behandelte Teil „Strategie neu denken“ durch die Österreichische Militärische Zeitschrift (ÖMZ) und die European Military Press Association (EMPA). Der zeitlich vorgestaffelte und thematisch mit dem Hauptpart abgestimmte Teil „Kognitionswissenschaftliche Grundlagen strategischen Denkens“ lief unter der Verantwortung des Zentrums für menschenorientierte Führung und Wehrpolitik. Beide Teile widmen sich – lediglich aus unterschiedlichen wissenschaftstheoretischen Perspektiven – derselben Zielsetzung und sollten daher als aus einem Guss entstanden wahrgenommen werden.

Zum besseren Verständnis und zur korrekten inhaltlichen Einordnung der Texte muss deutlich gemacht werden, dass sämtliche Vorträge vor dem britischen Votum für den „Brexit“ und vor dem Putsch in der Türkei verfasst worden sind. Der hier abgedruckte Text gibt ausschließlich die persönliche Meinung der Vortragenden wieder und entspricht daher nicht notwendigerweise der Auffassung des österreichischen BMLVS bzw. der jeweiligen nationalen Ministerien oder entsendenden Dienststellen.

Der von Professor Schueftan dankenswerter Weise über den vorgetragenen Inhalt hinaus erweiterte und vertiefte Beitrag hätte den für die einzelnen Aufsätze vorgesehenen Umfang gesprengt. Er wird deshalb in der Printversion ohne den konkreten Israel-Bezug abgedruckt, aber in voller Länge über das ÖMZ-Internetportal (https://www.oemz.online.at) veröffentlicht.

An dieser Stelle soll all jenen gedankt werden, die durch ihren Glauben an das Projekt, ihren Einfallsreichtum und ihr unermüdliches Engagement den Erfolg der Konferenz überhaupt erst ermöglicht haben:

Zunächst darf der Landesverteidigungsakademie Wien als der höchsten militärischen, tertiären Bildungsstätte Österreichs und insbesondere ihrem Kommandanten, Generalleutnant Mag. Erich Csitkovits, gedankt werden, der den Weg der ihm unterstehenden Österreichischen Militärischen Zeitschrift (ÖMZ) in Richtung einer auch wissensgenerierenden, zur militärwissenschaftlichen Forschung und Lehre beitragenden Einrichtung erst ermöglicht hat und ihn mit großer Weitsicht auch weiterhin unterstützt. Zudem verfolgt Generalleutnant Mag. Erich Csitkovits mit großer Zielstrebigkeit den Ansatz, die akademische Qualität im Kern der militärwissenschaftlichen Kernfächer, insbesondere der Strategie, weiter zu erhöhen – wozu mit dieser Konferenz ein bescheidener Beitrag geleistet werden sollte. Ebenso ist allen Abteilungen/Instituten und Stabsbereichen des Hauses für die engagierte Unterstützung und die hohe Flexibilität zu danken, die gerade für eine „Pilotveranstaltung" zwingend notwendig war. Hervorzuheben ist hier der Leiter der Führungsabteilung, Thomas Rapatz, der die an die Vorträge anschließenden Diskussionen souverän moderiert hat.

Besonderer Dank gebührt dem Chef des Stabes der Landesverteidigungsakademie, Brigadier Mag. René Segur-Cabanac, und Friedrich Korkisch für die exzellente Moderation ihrer Panels und für die Erstellung ihrer Beiträge zum vorliegenden Band, in welchem sie die jeweiligen Kurzstatements und Diskussionsbeiträge in einen logischen Aussagezusammenhang bringen und damit einen deutlichen Mehrwert für den Leser schaffen.

Nicht hoch genug kann der Beitrag geschätzt werden, den die Vorstandsmitglieder der mitveranstaltenden European Military Press Association (EMPA), Karl-Heinz Leitner, Regula Ferrari, Mikko Ilkko und Andreas Hess in der Vorbereitung der Konferenz und hinsichtlich der Themensetzung für den Bereich der strategischen Kommunikation geleistet haben.

Eberhard Birk hat die Konferenz nicht nur durch seinen hervorragenden Vortrag bereichert, sondern diese auch dadurch unterstützt, dass er die Hauptlast bei der Erstellung des Konferenzbandes getragen hat. Er hat die Schnittstellen zwischen den einzelnen Aufsätzen geschärft, sie durch Auslagerung von Teilen in die Online-Publikation auf etwa die gleiche Länge gebracht, sie lektoriert und sie schließlich von der Vortrags- in eine Aufsatz-Form überführt. Er hat Diskussionsbeiträge sowie nachträgliche Ergänzungen bzw. Aktualisierungen durch die Autoren eingearbeitet und letztlich auch dafür gesorgt, dass aus dem breitbandigen Feuerwerk aus Ideen und Theorien ein organischer, im Großen zielgerichteter Band entstanden ist, der eine wertvolle Grundlage für die Strategielehre bilden kann. All dies war nur deshalb möglich, weil Eberhard Birk sich durch seine langjährige Publikationstätigkeit eine multispektrale militärwissenschaftliche Expertise erworben hat, die ihresgleichen sucht.

Friedrich Korkisch hat die Übersetzung der englischsprachigen Manuskripte wahrgenommen und die Beiträge in Rücksprache sowie im Meinungsaustausch mit den Autoren dahingehend weiterentwickelt, dass gemeinsame Schlussfolgerungen bzw. dialektische Synthesen zwischen unterschiedlichen Ansätzen gefunden werden konnten. Sein Beitrag ging dabei insofern weit über eine wörtliche oder auch sinngemäße Übersetzung hinaus, als er Aussagen der Autoren in die deutschsprachige Führungsphilosophie transponierte und sie so erst in ihrer ganzen inhaltlichen Tiefe verständlich machte.

Dem gesamten Redaktionsteam der ÖMZ – Christian Hosiner, Dieter Hüttner, Stefan Lechner, Brigitte Wallinger, Susanne Wisniewski, Martina Stöttinger, Diana Jilek und Karin Klein – ist dafür zu danken, dass es die über seine Normaufgaben hinausgehende Mehrbelastung vorbildlich gemeistert und die Konferenz nach Kräften unterstützt hat. Besonders hervorzuheben sind dabei Dieter Hüttner, der die kommunikationstechnische Unterstützung sichergestellt, den Livestream und die Möglichkeit verwirklicht hat, sich über Facebook und Internet in Echtzeit an der Diskussion zu beteiligen, Diana Jilek, die den Großteil der administrativen Vorbereitung und Durchführung geschultert hat und Stefan Lechner, der die graphische Gestaltung des Umschlages des Konferenzbandes wahrgenommen hat.

Rüdiger Weghaupt und Bertram Mayer haben das Redaktionsteam bei der Vorbereitung und Abwicklung der Konferenz wesentlich unterstützt. Ohne ihr unermüdliches Engagement, ihren Einfallsreichtum und die Gabe auch die verzwicktesten organisatorischen Probleme auf kurzem Weg zu lösen, wäre die Veranstaltung in der beabsichtigten Qualität nicht möglich gewesen.

Die „Quadratur des Kreises", nämlich der Komplexität der deutschsprachigen Führungsphilosophie und ihrer Begrifflichkeit in der Originalsprache gerecht zu werden, der Konferenz aber trotzdem ein hohes Maß an internationaler Beteiligung zu sichern, konnte nur durch die herausragende Leistung des Sprachinstitut des Bundesheeres und des Dolmetscherteams von Dr. Ingrid Kurz ermöglicht werden, wofür unser aufrichtiger Dank gebührt.

Der Heeresbild- und Filmstelle darf für die technische Sicherstellung des Livestreams und der Möglichkeit zum Hochladen der YouTube-Videos gedankt werden.

Besonderer Dank geht an Frau Dipl. Kff. Carola Hartmann, welche, in das kalte Wasser springend, schon der Pilotveranstaltung der Wiener Sicherheitskonferenz den Vertrauensvorschuss geschenkt hat, den Konferenzband in ihrem MILES-Verlag herauszubringen, der im Bereich des sicherheitsrelevanten und militärwissenschaftlichen Publikationswesens mittlerweile eine herausragende und vielbeachtete Stellung einnimmt.

Abschließend richtet sich mein Dank an die Substanz der Veranstaltung, nämlich an die „Familie“ der Vortragenden der ersten Stunde, die, ohne zuverlässige Kenntnis über die tatsächlich erzielbare Größe oder Reichweite der Konferenz, so sehr an die Idee einer Strategieentwicklungs- und Diskussionsplattform geglaubt haben, dass sie ihre hochrangige militärische und wissenschaftliche Expertise ohne Zögern in den Dienst der Sache gestellt haben.

Wir wünschen den geschätzten Leserinnen und Lesern eine Erkenntnis bringende und zum Nachdenken sowie zum kritischen Diskurs anregende Lektüre – verbunden mit der Hoffnung, sie als Teilnehmer der „Wiener Strategiekonferenz 2017“ an der Landesverteidigungsakademie begrüßen zu dürfen.

Militärische Fachmedien als Instrumente der strategischen Kommunikation und als Träger des militärwissenschaftlichen Diskurses – Einführung in Zielsetzung und Struktur der „Wiener Strategie-Konferenz“

Wolfgang Peischel

1. Das wechselseitig bedingte Verhältnis zwischen Kommunikation und Strategie

Die Österreichische Militärische Zeitschrift (ÖMZ) ist wie auch andere, in der European Military Press Association (EMPA) vertretene Medien ein Instrument der strategischen Kommunikation des Verteidigungsressorts, gleichzeitig aber auch Träger des militärwissenschaftlichen Diskurses innerhalb der Streitkräfte und ihrer tertiären Bildungseinrichtungen. Um der daraus erwachsenden Verantwortung gerecht zu werden, wagen nun ÖMZ und EMPA erstmals gemeinsam den Versuch, eine Konferenz abzuhalten, welche der wechselseitigen Abhängigkeit zwischen beiden Themenfeldern Rechnung trägt. Dabei gilt es zunächst nachzuweisen, dass es sich nicht um eine konstruierte und herbeigeführte, „gekünstelte“ Korrelation handelt, sondern um eine logische, wechselseitig bedingende Abhängigkeit, einen organischen Zusammenhang zwischen Strategie, Militärwissenschaft und strategischer Kommunikation. Zur Führung des Nachweises scheint es dabei hilfreich, zunächst von den drei möglichen Begriffsinhalten von „kommunizieren“ auszugehen.

Die *Erstbedeutung* „zusammenwirken/-arbeiten“ erinnert an das Bild von zwei Schmieden, die abwechselnd und in präziser zeitlicher Abfolge mit ihren Hämmern auf das Werkstück einschlagen, um es nach ihrem Willen zu formen. Übertragen auf den Gegenstand der Konferenz, manifestiert sich ein solches Zusammenwirken in der Rolle von militärwissenschaftlichen/militärfachlichen Medien als Unterstützer der lehrbedarfsgeleiteten Forschung und insbesondere als verlängerte Werkbank für das militärwissenschaftliche Kernfach der Strategie.

Die *Zweitbedeutung* des Begriffs Kommunikation, nämlich „Informationsaustausch" nach dem Muster eines Gesprächs, verlangt von militärischen Medien,

- die Ergebnisse der militärwissenschaftlichen Forschung vor allem im Bereich der Strategie und eines aus konkreten Einsatzerfahrungen generierten, systemischen Lessons Learned-Prozesses für die Führungsfunktionen der Streitkräfte aber auch für zivile, mit sicherheitsrelevanten Fragestellungen befasste Entscheidungsträger bereitzustellen und damit einen Beitrag sowohl zur Offiziersausbildung (insbesondere zur Generalstabsausbildung) als auch zur zivilen akademischen Ausbildung zu leisten,
- Fachexpertise vor allem in den Bereichen Strategie und Sicherheitspolitik sowie Antworten auf allgemeine sicherheitsrelevante Fragestellungen für den öffentlichen Diskurs in der Bevölkerung zu bieten,
- die militärstrategischen Ziele des Verteidigungsressorts und die Ergebnisse der militärischen Umsetzungsplanung zu erklären und den Bürgern verständlich zu machen,
- der Bevölkerung Qualität und Nutzen der Streitkräfte für die strategische Überlebensfähigkeit des Staates sichtbar zu machen und behauptete demokratiepolitische Inkompatibilitäten zu entkräften,
- das Vertrauen der Truppe in die Qualität der Führungsforschung und damit des eigenen Führungskönnens zu stärken (letzteres nach Oetting einer der wesentlichsten Erfolgsfaktoren der Auftragstaktik) und so einen Beitrag zur Festigung des Korpsgeists („Corporate Identity") zu leisten.

In seiner *Drittbedeutung* bezeichnet der Begriff ein „in Verbindung Stehen", ein „voneinander Abhängen" nach dem Bild kommunizierende Gefäße. Militärwissenschaftlichen/-fachlichen Medien kommt in diesem Sinn die Aufgabe zu, die Schnittstellen zwischen der militärischen und anderen Teilstrategien zu beleuchten und damit eine Diskussionsplattform für gesamtstaatliche, politikbereichsübergreifende, strategische Themenstellungen zu bieten, bei denen das Militär dann eine Moderatorenrolle übernehmen könnte, wenn es um sicherheits- bzw. verteidigungsbezogene aber teilstrategieübergreifende Inhalte („Comprehensive Approach") geht.

Schon diese überblicksmäßige, etymologische Ableitung zeigt, dass der Kommunikationsaufgabe militärischer Medien in allen drei Begriffsinhalten eine strategische Dimension innewohnt, die sie gleichsam dazu verpflichtet, einen Beitrag zur strategischen Forschung, zum strategischen Diskurs und zur Verbreitung der daraus erfließenden Erkenntnisse zu leisten.

2. Die Grundidee zur „Wiener Strategiekonferenz"

Die Grundidee zur „Wiener Strategiekonferenz" wurde aus dem Versuch geboren, den allgegenwärtigen Bedarf an *strategischem Denken* in Beziehung zur *Entwicklung der Militärwissenschaft* zu setzen.

Diese Grundidee – gleichzeitig der strategische Zweck des Unternehmens – lässt sich dabei definieren als die Schaffung einer, vom deutschen Sprachraum ausgehenden, periodischen, inhaltsgenerierenden europäischen Strategieentwicklungs- und Diskussionsplattform, die eine möglichst große internationale Reichweite erzielen und auch die Perspektiven der großen außereuropäischen strategischen Akteure miteinbeziehen soll. Thematisch ist diese Plattform schwergewichtsmäßig auf die Bereiche Strategie, Polemologie (v.a. im Sinne einer Kriegsursachenforschung), Kriegstheorie und Führungsphilosophie ausgerichtet.

Für die Strukturierung und Überführung der Grundidee in eine Umsetzungsplanung ist nach dem bewährten einfachen Muster der logistischen Bedarfsdeckung, *Bedarf – Bestand – Folgerungen,* vorzugehen.

3. Die Operationalisierung der Grundidee

3.1. „Bedarf"

In den letzten Jahren ist der allgegenwärtige, akute Bedarf an strategischem Denken, nicht nur in der militärischen Führung größerer Krisenreaktionsoperationen sondern auch im Bereich der Politik, der Diplomatie, der Sicherheitsexekutive, der öffentlichen Verwaltung, der privatwirtschaftlichen Unternehmensführung, im Non Profit-Bereich und auch bei NGOs, immer deutlicher sichtbar geworden. Dieser Bedarf ist dabei nicht nur ein, in den letzten Jahren kontinuierlich gewachsener sondern ein von seiner Qualität und Intensität her, grundsätzlich neuer.

Besonders deutlich sichtbar wurde das Ausmaß der „Strategiebedürftigkeit" zum Beispiel in Abhandlungen und Publikationen zu militärstrategischen Themen anlässlich des Zweiten Golfkriegs 1990/91 („Renaissance des operativen Denkens", „Clausewitz is back", in zahllosen Clausewitz-Zitaten in der aktuellen Managementliteratur, in politikwissenschaftlichen Publikationen wie z.B. Klaus Naumann: „Einsatz ohne Ziel? Die Politikbedürftigkeit des Militärischen") und in Aufsätzen, die eine Unter-Theoretisierung bzw. eine mangelnde konzeptionelle Unterfütterung strategischen Denkens beklagen (z.B. Andrea K. Riemer: Strategische Theorien und Politikgestaltung im 21. Jahrhundert, in: ÖMZ 1/2010 oder Andrea K. Riemer und Erich Vad: Leadership und Strategie: In Umbrüchen zeitgemäß führen, in: ÖMZ 1/2013).

Wenig überraschend dürfte offensichtlich eben doch nicht – wie ein Werbeslogan das glauben machen wollte – der *Weg* das Ziel sein, sondern das *Ziel*, oder mit Clausewitz, der *Zweck* selbst.

Diese Entwicklung stellt deshalb eine Herausforderung für die Militärwissenschaft dar, weil die staatliche und privatwirtschaftliche Führung zu erkennen beginnt, dass die Militär bzw. Führungswissenschaft einen substantiellen Beitrag zur Deckung des wachsenden Strategiedefizits leisten kann. Der gegenwärtige gesamtgesellschaftliche Strategiebedarf stellt dabei eine zweifache Herausforderung, gleichzeitig aber auch eine Chance für die Entwicklung der Militärwissenschaft und einer aus ihr ableitbaren Führungswissenschaft dar – wobei allerdings anzumerken bleibt, dass sich eine genuine, akademisch/universitär anerkannte Militärwissenschaft, zumindest für den Bereich der militärwissenschaftlichen Kernfächer, in vielen europäischen Staaten erst *in statu nascendi* befindet.

Die konkreten Herausforderungen bestehen darin, dass die Militärwissenschaft gefordert ist,

- für das Herzstück ihrer Kernfächer, der Strategielehre, Grundlagen zu schaffen, die gerade in Zeiten wachsender Bedrohung und volatiler Umfeldbedingungen zur Unterfütterung der Entscheidungsvorschläge der obersten militärischen Führung an die politische Ebene (Verteidigungsminister) dienen können,
- Grundsätze ihres strategischen Denkens zu abstrahieren und sie im Sinne eines Beitrags zu einer allgemeinen, d.h. nicht zwingend militärischen „*Führungswissenschaft*", Strategiefindung im nicht-militärischen Bereich zur Verfügung zu stellen – womit auch ein militärischer Beitrag zum politikbereichsübergreifenden gesamtstaatlichen Strategieansatz (Schlagwort „Comprehensiveness") geleistet werden könnte.

Eine solche hypothetische „*Führungswissenschaft*" könnte sich über das Alleinstellungsmerkmal der strategisch denkenden Führungskraft, in krisenhaften Lagen, schwer vorhersagbaren Situationen und des verantwortungsbewussten Führungshandelns unter volatilen Umfeldbedingungen definieren. Sie könnte ein Grundstudium bilden, auf das je nach der tatsächlichen Zielfunktion ein Spezialisierungsmodul aufzusetzen wäre (z.B. ein Betriebswirtschaftsmodul für eine Führungsfunktion in der Privatwirtschaft, die Generalstabsausbildung für die Verwendung als Generalstabsoffizier etc.). Sollte ein solches Studium von zivilen Bedarfsträgern angenommen werden, so wäre im Umkehrschluss zu erwarten, dass auch Berufssoldaten, deren Verpflichtungszeitraum endet, damit eine qualifizierte und nachgefragte akademische Funktion im Zivilleben erreichen könnten.

Beide der oben genannten Stoßrichtungen setzen allerdings ein Strategieverständnis voraus, das über die Militärstrategie im engeren Sinne hinausgeht und auf einen politikfeldübergreifenden, gesamtstaatlichen Strategieansatz abstellt. Es geht also nicht nur um die Frage *wie* und mit welchen Mitteln bzw. Verfahren das Militär die ihm, im

Rahmen der Gesamtstrategie zugedachten und aus Letzterer abgeleiteten Aufgaben *umsetzt*, sondern vor allem auch darum, welche allgemeinen Prinzipien seines eigenen, militärischen strategischen Denkens[1] so abstrahiert und lehrbar gemacht werden können, dass sie im Rahmen der gesamtstaatlichen Strategie aber auch in nichtmilitärischen Führungsbereichen nutzbringend anwendbar werden.

3.2. „Bestand"

Im Hinblick auf die Operationalisierung der Grundidee zur Wiener Strategiekonferenz stand dem oben abgeleiteten Bedarf ein wahrer „Bestandsschatz" gegenüber.

Die ÖMZ kann auf – im Hinblick auf ihre militärfachliche, militärwissenschaftliche bzw. allgemein wissenschaftliche Qualifikation – hochrangigste, dem Medium treu verbundene Autoren zurückgreifen. Das thematische Schwergewicht dieser mittlerweile „eingeschworenen" und internationalen Gemeinschaft – oder besser gesagt „Familie" – liegt dabei insbesondere in den Bereichen Strategie, Führungsphilosophie, Polemologie, militärische Führungslehre, Sicherheitspolitik, Wehrethik, Streitkräfteplanung, Logistik und Wehrtechnik (wobei viele, der von der Strategie-Lehre i.e.S. unterschiedenen Fächer eine wichtige Unterstützungsfunktion für die Strategielehre im umfassenden gesamtstaatlichen Sinne ausüben).

Diese Autoren bringen aufgrund des bei den Streitkräften ihres jeweiligen Heimatlandes gewonnenen Erfahrungshintergrundes, insbesondere aber auch wegen des Austausches mit anderen europäischen militärischen Fach- bzw. militärwissenschaftlichen Medien im Rahmen der europäischen Militärpresseassoziation (EMPA), einen hohen Grad an Internationalität ein, welche die für die strategische Theoriebildung zwingend erforderliche überregionale Perspektive gewährleistet (beispielhaft sei hier der Artikelaustausch zwischen militärwissenschaftlichen/-fachlichen Journalen angeführt, der über die Vermittlung durch EMPA überhaupt erst möglich wird).

Mit der Wahl des EMPA-Präsidiums 2015 wurde die ÖMZ mit der Präsidentschaft der EMPA bis zum Jahr 2019 betraut und hat damit die Chance bekommen, in gewisser Weise eine Vorreiterrolle zu spielen und interessierte europäische Medien auf diesem Weg zur Belebung eines europäischen strategischen Diskurses mitzunehmen. Damit können die europäischen Militärmedien, mit denen die ÖMZ über die EMPA verbunden ist und die sich aus ihrer jeweiligen nationalen Perspektive der gleichen Herausforderung gegenübersehen, in den Ansatz eingebunden werden.

Mit dem Zentrum für menschenorientierte Führung und Wehrpolitik (ZMOFW), dem früheren Institut für Human- und Sozialwissenschaften (IHSW) der LVAk,

---

[1] Es sei hier noch einmal heraus gestrichen, dass dabei nicht „*militärstrategische*" sondern aus der militärischen Führungsforschung/-lehre abgeleitete, allgemeine Prinzipien *gesamtstrategischen* Denkens gemeint sind.

konnte ein wesentlicher Aktivposten und Erfolgsfaktor für die Konferenz gewonnen werden. Das Zentrum steuert die für eine erfolgreiche Strategiediskussion erforderlichen kognitionswissenschaftlichen Grundlagen der Führungslehre bei und hat für die Pilotkonferenz den zeitlich vorgestaffelten Part „Clausewitz neu denken" übernommen. Beide Konferenzteile – „Strategie neu denken" und „Clausewitz neu denken" – bilden eine organische Einheit, eben weil sie inhaltlich auf ein und dasselbe Thema, Strategie, ausgerichtet sind und weil der zweite Teil der Strategiekonferenz auf die geistesgeschichtliche Unterfütterung aufbaut. Die Aufteilung in zwei, jeweils in sich abgerundete Formate soll aber auch ein zufriedenstellendes Ergebnis für Teilnehmer erbringen, deren Zeitbudget eine Anwesenheit über die vollen vier Tage nicht zulässt.

3.3. „Folgerungen"

Aus der Analyse von Bestand und Bedarf und aus deren Gegenüberstellung lassen sich für militärfachliche/-wissenschaftliche Medien folgende Ableitungen treffen. Dienten sie bislang vorrangig als Instrumente der strategischen Kommunikation, so tritt jetzt eine neue wesentliche Aufgabe hinzu, die gerade durch militärische Medien, auf Basis und unter Nutzung ihrer inhärenten strategischen Kommunikationsfunktion, bestens erfüllt werden kann. Diese neue Aufgabenqualität besteht im Anspruch, militärfachliche/-wissenschaftliche Inhalte nicht mehr nur zu publizieren sondern solche auch zu *„generieren"* und damit die militärische Führungsausbildung zu unterstützen. Dadurch könnte die Zeitspanne bis zu einem Punkt überbrückt werden, zu dem die militärischen tertiären Bildungseinrichtungen die akademisch/universitäre Anerkennung in den militärwissenschaftlichen Kernfächern erlangt, d.h. Militärwissenschaft im eigentlichen Sinn etabliert haben.

Die ÖMZ will gemeinsam mit der EMPA zu einem solchen wissensgenerierenden Akteur aufwachsen und zumindest übergangsweise zu einer Trägerin militärwissenschaftlicher Forschung in den Kernfächern werden. Es soll der Nachweis geführt werden, dass militärischen Fachjournalen – über die reine Publikationstätigkeit hinaus – künftig auch eine wissensgenerierende, forschende Aufgabe zukommt, welche die Schaffung eines internationalen Netzwerkes von Autoren, Peers und Vortragenden bei, durch die Redaktion zu veranstaltenden Konferenzen („Think Tank"-Funktion) mit einschließt.

Konkret versucht die ÖMZ dieser Forderungen durch folgende Ansätze gerecht zu werden, bei denen auf die, durch die Beteiligung der EMPA gegebene, internationale Vernetzung zurückgegriffen und damit eine breitere internationale Sicht erzielt wird:

- *Peer-Review-Verfahren*

Militärische Führungskräfte benötigen, insbesondere dann, wenn sie sich einer postgradualen Ausbildung unterziehen, als zwingende Voraussetzung „peer-reviewte" Beiträge in Journalen (Monographien oder umfangreichere Buchbeiträge sind aus Zeitgründen selten möglich). Auch wenn es sich dabei um kein militärwissenschaftliches sondern ein ziviles „Post-Graduate" Studium handelt, wird für die Themenwahl häufig auf den militärischen Erfahrungshintergrund zurückgegriffen. Aus verständlichen Gründen nehmen sich zivile Journale solcher Thematiken, in peer-reviewter Qualität, selten an. Es ist daher Aufgabe militärischer Medien eine solche Qualitätskontrolle und Publikationsmöglichkeit für die eigenen Kandidaten, die sich in derartigen Thematiken beweisen müssen, anzubieten. Die ÖMZ bringt je Ausgabe zumindest einen Hauptartikel, der durch renommierte Peers im „double-blind" Verfahren auf die erforderliche Qualitätsebene gehoben wird. Die Tatsache, dass Autoren nach erfolgreichem Abschluss des Reviews ihres eigenen Beitrags oftmals den Ehrgeiz entwickeln, ihrerseits als Peers für andere Autoren zur Verfügung zu stehen bzw. dass Peers aufgrund der beobachteten hohen Standards häufig auch Beiträge aus ihrer Feder anbieten, führt zu einer wechselseitigen Steigerung des Qualitätsniveaus und zu einem deutlich erhöhten Anteil von Autoren der höchsten akademischen Qualifikationsstufen.

- *ÖMZ-Forschungsprojekte*

Die ÖMZ hat beim Forschungsmanagement des Verteidigungsministeriums bereits ein Forschungsprojekt eingereicht. Dabei erfolgten durch die Redaktion die Identifikation eines Problems im militärwissenschaftlichen bzw. führungstheoretischen Bereich, die Definition einer Arbeitshypothese, die Erstellung einer Arbeitsstruktur und die Zuordnung von Teil-Ausarbeitungen an nationale oder internationale Experten für den jeweiligen Themenbereich. Internationale Expertise wird dabei schwergewichtsmäßig aus dem EMPA-Netzwerk bezogen. Nach einem moderierten Diskurs zwischen den eingebrachten Ansätzen/Fachsichten werden die Teilausarbeitungen durch die Redaktion zu einem synergetischen Projekt-Ergebnis mit wissenschaftlichem Neuigkeitswert zusammengeführt. Sowohl die Teilbeiträge als auch das Gesamtergebnis werden in einer Artikelserie publiziert und in einer gestrafften Form dem den Auftrag gebenden Forschungsmanagement vorgelegt. Damit können Forschungsressourcen nutzbar gemacht werden, auf die das Ressort anders keinen direkten Zugriff hätte. Darüber hinaus wird eine multinationale Sicht auf die zu bearbeitenden Themenstellungen möglich, die bei einer rein nationalen Analyse kaum erzielbar wäre.

- *Internetauftritt*

Die Kulturraumspezifität der eigenen Führungsphilosophie und die Komplexität der aus ihr gezogenen Ableitungen zwingen dazu, den Kern der militärfachlichen und militärwissenschaftlichen Publikationen in einem Korpus, d.h. in der deutschsprachigen Druck-Ausgabe, zu veröffentlichen. Beiträge, die auch vor dem Hintergrund anderer Führungsphilosophien verstanden werden können und die von europäischem Interesse sind, werden vorerst nach Englisch, später auch nach Französisch übersetzt und der internationalen Leserschaft über die Internet-Homepage der ÖMZ verfügbar gemacht. Damit kann im Gegenzug auch ein inhaltlicher Beitrag zu Projekten der Militär-Medien bzw. zu Forschungsprojekten anderer Staaten geleistet werden.

- *Konferenzen zur Schaffung einer Strategieentwicklungs- und Diskussions-Plattform* Die Schaffung eines solchen periodischen Konferenzformates stellt die Königsdisziplin der oben genannten Ansätze dar – und gleichzeitig deren dialektische Synthese. Gelingt es der ÖMZ in Verbindung mit der EMPA – in Wahrnehmung der identifizierten neuen Aufgaben militärischer Medien – die „Familie" hochrangigster Autoren (Lektoren, Peers, Übersetzer etc.), die sich der ÖMZ treu verbunden fühlen, periodisch an einen Ort zu holen und sie zu einem Beitrag zum Thema „Strategie neu Denken" zu motivieren, dann wäre der eindrucksvolle Beweis dafür geliefert, dass die Zeichen der Zeit erkannt wurden und ein erster Schritt in Richtung eines wissensgenerierenden Forums für das wohl wichtigste und vorrangigste unter den militärwissenschaftlichen Kernfächer – nämlich die Strategie – gesetzt ist.

Eben weil militärfachliche bzw. -wissenschaftliche Medien sich künftig auch der beschriebenen neuen Aufgabe der Wissensgenerierung stellen werden müssen und sie gleichzeitig nach wie vor auch Elemente der strategischen Kommunikation bleiben, ist die als Ausgangspunkt für diese Konferenz gewählte Verknüpfung der Thematiken „Strategietheorie" und „strategische Kommunikation" keine willkürliche oder gekünstelte sondern vielmehr eine „organische" und logisch ableitbare. Die EMPA-Präsidentschaft hilft dabei die Brücke zu schlagen zwischen der strategischen Kommunikation und der Strategietheorie, als dem zentralen Kernfach der Militärwissenschaft.

4. Die inhaltliche Dimension

4.1. Das Ausgangsverständnis von „Strategie"

Weil die Konferenz unter dem Generalthema „Strategie neu denken" stehen soll, war – ohne eine letztgültige Begriffsdefinition vorwegnehmen zu wollen – eine vorläufige Charakterisierung von Strategie voran zu stellen und den Vortragenden mit der Bitte zu übermitteln, sich in ihren Beiträgen an dieser Begriffs-Hypothese abzuarbeiten. Damit sollte der Strategiebegriff über die folgenden Eckpunkte zumindest in einem gemeinsamen Ausgangsverständnis fassbar gemacht werden.

- Strategie soll dabei für eine Fähigkeitskategorie stehen, die einerseits eher dem „Denken" als dem „Handeln" zuzuordnen ist, andererseits eher der „Zielfindung" als der „Planung und Umsetzung",
- sie ist „langfristig proaktiv/prophylaktisch" anstatt „reaktiv/symptomatisch" ausgerichtet

- und wird durch die Fokussierung auf Kreativität und visionäre Ansätze vom alternativlosen Zwang zur konfrontativen Zielerreichung befreit.
- Die im Zuge der Konferenz thematisierte militärische Sicht der Strategie versteht sich nicht als die Umsetzung der den Streitkräften von der Gesamtstrategie her zugeordneten Teilaufgabe (Militärstrategie) sondern als die Summe der aus der militärischen Führungslehre abstrahierbaren Grundsätze allgemein-strategischen, politikbereichsübergreifenden Denkens, welche sich auch für eine Anwendung über den militärischen Bereich hinaus eignen.
- Bezogen auf die schon fast zu einem führungstheoretischen *Triptychon* hochstilisierten *„Ends – Ways – Means"-Metapher* soll strategisches Denken klar als auf den Bereich der „Ends" abzielend verstanden werden, also auf den (entscheidungsvorbereitenden) Beitrag, aus dem militärischen Denken abgeleiteter Funktionsprinzipien, zur gesamtstaatlichen Strategiefindung. Im Gegensatz zur gängigen Auffassung, dass „Ends" und „Means" durch die politische Führung, ohne nennenswerten entscheidungsvorbereitenden Beitrag durch die obere militärische Führung, vorgegeben werden und dass „Ways" lediglich die operative militärische Umsetzung umschreibt, welche die vorgegebenen „Ends" mit den politisch zugestandenen „Means" zu erreichen hat, soll hier von einem Strategieverständnis ausgegangen werden, das sich stärker an Clausewitz orientiert. Seine „Zweck-Ziel-Mittel"-Relation ist eben nur *scheinbar* die Vorlage für den „Ends-Ways-Means"-Ansatz. Tatsächlich versteht er Strategie als „an Politik und Staatskunst grenzend oder vielmehr beides selbst werdend" – wobei die Formulierung „an die Politik grenzend" klar ausdrückt, dass hier eine dem Militär zugeordnete Rolle der Strategie gemeint sein muss[2]. Clausewitz regt an, dass für den Fall, dass Staatsmann und Feldherr nicht in einer Person zusammenfallen sollten, der Feldherr Mitglied des Kabinetts werden sollte, „damit das letztere teil an den Hauptmomenten seines Handelns nähme"[3] und um die politische Führung zeitverzugslos über unerwartete Lageänderungen sowie über sich bietende, zeitkritische Möglichkeiten informieren zu können[4]. Darin darf wohl ein Votum für die entscheidungsvorbereitende

---

[2] „Aber auch bei diesen [geistigen Kräften] sind die Geistesentwicklungen und die große Mannigfaltigkeit der Größen und Verhältnisse nur in den höchsten Regionen der Strategie zu suchen, da, wo sie an Politik und Staatskunst grenzt oder vielmehr beides selbst wird …" (Vom Kriege, Drittes Buch, 1. Kapitel).

[3] Vgl. Jehuda L. Wallach: Das Dogma der Vernichtungsschlacht. Die Lehren von Clausewitz und Schlieffen und ihre Wirkung in zwei Weltkriegen, herausgegeben vom Arbeitskreis für Wehrforschung, Stuttgart 1970, S. 33.

[4] „Der erste, der großartigste, der entschiedenste Akt des Urteils nun, welchen der Staatsmann und Feldherr ausübt, ist der, daß er den Krieg, welchen er unternimmt, in dieser Beziehung richtig erkenne, ihn nicht für etwas nehme oder zu etwas machen wolle, was er der Natur der Verhältnisse nach nicht sein kann. Dies ist also die erste, umfassendste aller strategischen Fragen" (Vom Kriege, Erstes Buch, 1. Kapitel). Auch wenn diese Formulierung nicht zweifelsfrei erkennen lässt, ob Clausewitz dabei davon ausgeht,

Beitragsleistung der oberen militärischen Führung an der strategischen Beurteilung gesehen werden – die deshalb nicht dem Primat der Politik widersprechen kann, weil ihr im Fall, dass Staatsmann und Feldherr nicht in einer Person zusammenfallen, nur entscheidungsvorbereitende Qualität zukommen kann und die tatsächliche strategische Entscheidung dem Souverän vorbehalten bleibt („Fortsetzung der Politik mit anderen Mitteln").

Die seit der 2. Ausgabe des Werkes „Vom Kriege" im Jahr 1853 auftauchenden Textstellen, die eine abweichende, weitere Befugnis des im Kabinett vertretenen Feldherren fordern und tatsächlich dem Primat der Politik widersprechen würden (die Fälschungen nennen einen neuen Zweck für die Mitgliedschaft des obersten Feldherren im Kabinett: „damit er bei der Herbeiführung der Entscheidungen mitwirken könne"[5]), konnten von Hahlweg nachträglich als Fälschungen entlarvt werden.

4.2. Die Arbeitshypothese für die Pilotkonferenz

Ausgegangen wird von der Hypothese, dass sich in den Bereichen Politik, Diplomatie, Militär, öffentliche Sicherheit, öffentliche Verwaltung und privatwirtschaftliche Unternehmensführung ein zunehmender und dringender Bedarf an langfristig-strategischem Denken herausbildet und dass sich „Strategie" als Forschungs- und Lehrfeld derzeit untertheoretisiert darstellt.

Die ÖMZ hat es sich gemeinsam mit EMPA zum Ziel gesetzt, die Konferenz so auszurichten, dass sie beiden oben genannten Bedarfsmomenten gerecht werden kann. Sie folgt mit dieser Konferenz auch dem Ansatz, ihren Beitrag zur akademischen Qualifikation militärischen Führungspersonals zu leisten und damit der eigentlichen Anforderung an ein zeitgemäßes Fachjournal gerecht zu werden. Konkret soll die Konferenz zwei sichtbare Ergebnisse bringen:

- Schaffung einer europäischen Strategieentwicklungs-/-Diskussions- und -Kommunikations-Plattform für den Bereich der Strategie, Polemologie, Kriegstheorie und Führungsphilosophie.
- Führung des Nachweises, dass militärfachlichen/-wissenschaftlichen Journalen über die reine Publikationstätigkeit hinaus, künftig auch eine wissensgenerierende, forschende Aufgabe zukommt.

---

dass Staatsmann und Feldherr in einer Person zusammenfallen, so wird doch deutlich, dass jedenfalls die „Funktion" des Feldherren (damit im übertragenen Sinn: die militärischen Führung) zu einer inhaltlicher (entscheidungsvorbereitenden) Beitragsleistung zur strategischen Beurteilung verpflichtet ist. Für den Fall, dass Staatsmann und Feldherr nicht in einer Person zusammenfallen, bleibt die strategische Entscheidung natürlich dem Souverän vorbehalten, womit der Vorwurf, die Einbindung des Feldherren im Kabinett verletze das Primat der Politik, ins Leere geht.

[5] Vgl. Wallach, Dogma der Vernichtungsschlacht, S. 33.

4.3. Thematische Gliederung

Um die Konferenz zielgerichtet abhalten und die einzelnen Beiträge zu einem synergetischen sowie verwertbaren – wenn auch nicht zwingend widerspruchsfreien – Ergebnis zusammenführen zu können, musste die oben dargestellte Hypothese vorschwingend angeboten, Struktur bzw. thematische Untergliederung vorgezeichnet und die Vortragenden gebeten werden, ihre Referate nach den inhaltlichen Zielsetzungen der vorgeschlagenen Themenkörben auszurichten bzw. an den definierten Schnittstellen zum Zusammenwirken zu bringen, um eine möglichst multispektrale Sicht der diskutierten Probleme bieten zu können.

Die folgend dargestellte Gliederung ist deshalb wichtig, weil sie das Zusammenwirken der einzelnen Themengebiete und Stoßrichtungen zeigt und eine Einordnung der jeweiligen Vorträge in die Grundstruktur der Konferenz erlaubt, die sich dem Leser allein aus der Reihenfolge der Referate nicht auf den ersten Blick erschließen würde. Die Vortragenden wurden gebeten, entsprechend ihres fachlichen Hintergrundes, zu ganz bestimmten Kernfragen des jeweiligen Themenkorbes Stellung zu nehmen. Um die Mehrdimensionalität und Multispektralität des Ansatzes sichtbarer und erlebbarer zu machen, wurden die Themenkörbe in der Konferenz (wie auch im Konferenzband) aber nicht sequenziell abgearbeitet.

Die Vortragsinhalte wurden in folgende drei Themenkörbe gegliedert bzw. durch die angeschlossenen, leitenden Fragestellungen konkretisiert:

- **Themenkorb 1 - „Strategische Kommunikation“:** Gelingt es, militärische Fachmedien auch als wissensgenerierende Netzwerke zu etablieren, die ihren Beitrag zur akademischen Grundqualifikation der militärischen Führungsfunktionen leisten und mit ihren Ergebnissen aus der Strategieforschung auch einen beratenden Input an die politische Entscheidungsfindung weitergeben können, dann werden sie zu Instrumenten der „strategischen Kommunikation“ (i.w.S.). Struktur und Funktionsweise solcher Medien stehen hier im Fokus. Die ÖMZ hat mit Herbst 2015 für vier Jahre die EMPA-Präsidentschaft übernommen, die EMPA als einen Mitveranstalter der Konferenz gewonnen und damit Zugang zu Vortragenden, die gerade diesen Aspekt strategischen Denkens fachkundig beleuchten können. Als mögliche Kernfragen ergeben sich:
  a. Wie kann der Beitrag der Streitkräfte zur Gesamtstrategie des Staates nach außen kommuniziert werden?
  b. Wie kann die „Unternehmensstrategie“ streitkräfteintern kommuniziert werden?
  c. Welche künftige Rolle kommt militärfachlichen/militärwissenschaftlichen Medien als Motoren der Wissensgenerierung und Theoriebildung im Bereich strategischen Denkens zu?

- **Themenkorb 2 - „Der militärische Beitrag zum strategischen Denken“:** Es wird von der Hypothese ausgegangen, dass aus der militärischen Führungsphilosophie, aus der allgemeinen militärischen Führungslehre, aus den militärischen Führungsverfahren und aus kriegsgeschichtlichen Beispielen Grundprinzipien strategischen Denkens „herausdestilliert“ werden können, deren Anwendbarkeit aufgrund des Abstraktionsgrades nicht auf Streitkräfte beschränkt bleibt sondern auch in der Politik, der öffentlichen Sicherheitsvorsorge, der privatwirtschaftlichen Unternehmensführung etc. Nutzen abwerfen kann. Es geht also nicht um „Militärstrategie“, das heißt die Umsetzung der auf die Streitkräfte entfallenden Teilaufgabe der Gesamtstrategie, sondern um die Erfassung und Darstellung von Grundprinzipien strategischen Denkens, die aus der militärischen Führungslehre abstrahierbar sind und für die staatliche Gesamtstrategie und andere nicht-militärische Anwendungsbereiche nutzbar gemacht werden können. Als mögliche Kernfragen ergeben sich:
  a. Ableitung von Grundprinzipien militärischen strategischen Denkens im Hinblick auf die Übertragbarkeit auf die gesamtstrategische Ausrichtung des Staates und auf Führungssituationen in anderen nicht-militärischen Bereichen. – Was kann die militärische Führungslehre zur Gesamtstrategie des Staates, zur strategischen Zielfindung in anderen nicht-militärischen Bereichen beitragen?
  b. Ableitung von Grundprinzipien militärischen strategischen Denkens aus der Perspektive eines bestimmten Staates/einer bestimmten Region.
  c. Ableitung von Grundprinzipien militärischen strategischen Denkens mit Blickrichtung auf bestimmte gegenwärtige oder künftige strategische/geopolitische Konstellationen/Räume/Herausforderungen.
  d. Die Schnittstelle zwischen militärisch strategischem Denken und gesamtstrategisch politischer Entscheidungsfindung.
  e. Stellenwert der Grundprinzipien militärischen strategischen Denkens im Rahmen der höheren Offiziersausbildung.

- **Themenkorb 3 - „Grundprinzipien politisch-strategischen Denkens“:** Es wird von der Hypothese ausgegangen, dass aus der politischen Führungspraxis Grundprinzipien gesamtstrategischen Denkens abstrahiert werden können, deren Erfassung bzw. Darstellung einerseits das „Andocken“ der Teilstrategien erleichtern und andererseits auch helfen könnte, Schnittstellen für einen (entscheidungs-*vorbereitenden*) militärischen Beitrag zur gesamtstrategischen Zielfindung zu definieren. Als mögliche Kernfragen ergeben sich:
  a. Welche Grundprinzipien gesamtstrategischen Denkens können aus der politischen Führungspraxis abgeleitet werden?

b. Welche Anforderungen an die militärische Teilstrategie ergeben sich daraus?
c. In welchen Bereichen und mit welcher Zielsetzung könnte von der gesamtstrategisch-politischen Ebene ein Beitrag militärischen strategischen Denkens erwartet werden?
d. Ableitung von Grundprinzipien politisch gesamt-strategischen Denkens *aus der Perspektive* eines bestimmten Staates/einer bestimmten Region.
e. Ableitung von Grundprinzipien politisch gesamt-strategischen Denkens *mit Blickrichtung auf* bestimmte gegenwärtige oder künftige strategische/geopolitische Konstellationen/Räume/Herausforderungen.

4.4. Thematische Zuordnung/Reihenfolge der Vorträge/Aufsätze

Im gegenständlichen Beitrag bzw. im zugrunde liegenden Vortrag wird der Themenkorb 1, „Strategische Kommunikation", aus Sicht der veranstaltenden ÖMZ/EMPA hinsichtlich aller drei leitenden Fragestellungen behandelt, Grundidee, Struktur und Arbeitshypothese der Konferenz dargestellt und eine Vorbehalts-Definition geboten, mit der ein den drei Themenkörben gemeinsames Ausgangsverständnis von Strategie und damit die Voraussetzung geschaffen werden soll, dass die einzelnen Beiträge schließlich in ein synergetisches und anwendbares Ergebnis zusammengeführt werden können.

Horst Pleiner bietet in seinem Aufsatz eine themenkorbübergreifende, einleitende Grundsatzbetrachtung zum Generalthema der Konferenz, zur allgegenwärtigen Strategiebedürftigkeit, zu Entwicklungstendenzen im Bereich der Strategietheorie und zu den Chancen, die sich aus der Schaffung einer Strategiediskussionsplattform ergeben können. Seine frühere Funktion als Generaltruppeninspektor des Österreichischen Bundesheeres und sein unermüdliches Engagement für die Strategieentwicklung sowie für die Strategieausbildung der höheren militärischen Führungsfunktionen prädestinieren ihn im höchsten Maße für diesen Beitrag.

Christian E.O. Millotat und *Manuela R. Krueger* wurden ersucht, in ihrem Beitrag auf den Themenkorb 2, „Der militärische Beitrag zum strategischen Denken", dabei vor allem auf die leitenden Fragestellungen a, d, und e und insbesondere auf die historischen Wurzeln strategischen Denkens im „Preußisch-Deutschen Generalstab" zu fokussieren.

Wulf-W. Lapins deckt mit seinem Beitrag „Die Ukraine und Syrien als Fallbeispiele für Defizite gesamtstrategischen westlichen Denkens" die leitenden Fragestellungen a, b und c des Themenkorbes 3, „Grundprinzipien politisch-strategischen Denkens", unter besonderer Berücksichtigung des Migrationsaspektes ab.

Andrea Zückert widmet sich in ihrem Beitrag „Strategische Kommunikation ist die beste PR" dem Themenkorb 1 und beleuchtet dabei alle drei leitenden Fragestellungen aus der aktuellen Sicht der Bundeswehr bzw. der Redaktion der Bundeswehr.

Thomas Pankratz nimmt in seinem Vortrag zu den leitenden Fragestellungen a, d und e des Themenkorbes 2, „Der militärische Beitrag zum strategischen Denken", Stellung und führt in Zielsetzung und Möglichkeiten des von ihm entwickelten, in der Ausbildung der Generalstabskurse des Österreichischen Bundesheeres, der Diplomatischen Akademie, der Sicherheitsakademie und des Strategischen Führungslehrganges der Landesverteidigungsakademie eingesetzten „Strategischen Planspiels" ein.

Christian Stadler geht in seiner Präsentation auf die leitenden Fragestellungen a, d und e des Themenkorbes 2 ein. Er referenziert dabei auf die philosophischen und polemologischen Grundlagen strategischen Denkens und bringt seine Erfahrungen aus dem an der Landesverteidigungsakademie begonnenen Brückenschlag zwischen der sicherheitsrelevanten akademischen Ausbildung des Verteidigungsressorts und der am Juridicum der Universität Wien beheimateten Rechtsphilosophie ein.

Jörg-Dietrich Nackmayr behandelt in seinem Vortrag „Die Arktis – Testfeld für eine neue, globale, geopolitische Architektur" die leitenden Fragestellungen d und b des Themenkorbes 2 und die Frage d des Themenkorbes 3. Damit treffen die militärische und politische Sicht strategischen Denkens schon innerhalb ein und desselben Vortrags aufeinander. Es wird hier vor allem die geopolitische Dimension strategischen Denkens abgearbeitet. Der Beitrag, der auf einem bereits in der ÖMZ erschienenen Aufsatz fußt, ist unter anderem deswegen so spannend, weil der Autor die strategische Bedeutung des Erscheinens Chinas, als raumfremder Macht in der arktischen Region, schon zu einem Zeitpunkt wahrgenommen und analysiert hat, als die davon ausgehenden Gefahren in der europäischen militärwissenschaftlichen und sicherheitspolitischen Diskussion noch verkannt bzw. dramatisch unterschätzt wurden.

Karsten Schneider bringt die maritime Dimension strategischen Denkens ein und widmet sich in seinem Beitrag den Fragestellungen a, c, d und e des Themenkorbes 2, wobei sich die unter Fragestellung c angesprochene „Blickrichtung auf bestimmte gegenwärtige oder künftige strategische/geopolitische Konstellationen / Räume / Herausforderungen" auf den maritimen Aspekt strategischer Entwicklungen bezieht. Zu dem unter Fragestellung e genannten Stellenwert strategischer Grundprinzipien in der höheren Offiziersausbildung ist der Vortragende aufgrund seiner Funktion als stellvertretender Kommandeur der Führungsakademie im höchsten Maße aussagekräftig.

Michael Codner behandelt alle drei leitenden Fragestellungen des Themenkorbs 1 aus der historischen und aktuellen Sicht des RUSI. Sein Beitrag ist unter anderem auch deshalb so bereichernd für die Konferenz, weil RUSI sich, im Gegensatz zu vielen kontinentalen Militärmedien, ursprünglich als wissensgenerierendes Forschungsinstitut versteht, das auch publiziert – also von dort her kommt, wo die publikationszentrierten Medien sich künftig ein Stück weit werden hin bewegen müssen.

Jérôme Pellistrandi widmet sich den gleichen Fragestellungen des gleichen Themenkorbes wie Michael Codner – diesmal aber aus der Sicht der Revue Défense Nationale. Sein Beitrag hat insbesondere deshalb einen so richtungsweisenden Charakter, weil er erklärt, wie es einem militärischen Journal erfolgreich gelingen kann, substanziell an der staatlichen Strategieentwicklung teilzuhaben.

In meinem zweiten Beitrag beschäftige ich mich mit „Grundprinzipien militärischen, strategischen Denkens an der Schnittstelle zur politischen Entscheidungsfindung". Ich versuche dabei eine vertiefte Herleitung des Strategiebegriffes, eine Analyse des Verhältnisses zwischen strategischem Denken und militärwissenschaftlicher Bildung und schließlich die Darstellung von, aus der militärischen Führungslehre ableitbaren Prinzipien als Beitragsleistung zur Entwicklung einer staatlichen Gesamtstrategie. Schwergewichtsmäßig werden dabei die Fragestellungen a, d, und e des Themenkorbs 2 behandelt.

Robert E. Schmidle Jr. behandelt Prinzipien strategischen Denkens aus Sicht eines hochrangigen U.S.-amerikanischen Militärs mit geistesgeschichtlich-akademischem Hintergrund. Er ist ausgewiesener Kenner der Clausewitz´schen Kriegstheorie und daher hervorragend in der Lage, amerikanische Strategieansätze vor dem Hintergrund der klassischen Erklärungsmuster kontinentaleuropäischer Strategietheorie nachvollziehbar zu vermitteln. Im Fokus stehen die leitenden Fragen a, b, d und e des Themenkorbs 2.

Klaus Naumann deckt mit seinem Vortrag zum Thema „Europa vor alten, neuen und künftigen Gefahren – Herausforderung für die Nationen Europas, die EU und die NATO" die Fragestellungen a, b und d des Themenkorbes 2 ab, wobei sich seine herausragende Expertise bezüglich der gesamten Themensetzung der Konferenz schon aus seiner früheren Funktion als Generalinspekteur der Bundeswehr und als Vorsitzender des NATO-Militärausschusses ergibt. Auf Klaus Naumann trifft – so wie Ulrich C. Kleyser das in seinem ÖMZ-Beitrag[6] folgert – zweifellos auch zu, was in Ableitung aus der wunderlichen Dreifaltigkeit den großen Feldherren ausmacht, nämlich die Verbindung aus politischer Zweckrationalität, emotionaler Empfindsamkeit und freier schöpferischer Seelentätigkeit. Insbesondere im Hinblick auf den Beitrag von Klaus Naumann muss noch einmal darauf hingewiesen werden, dass die Vorträge

---

[6] Vgl. Ulrich C. Kleyser: August Neidhart von Gneisenau, in: Österreichische Militärische Zeitschrift 2/2016, S. 180: „Wenn in einer Ableitung au der „wunderlichen Dreifaltigkeit" von Clausewitz zu einem großen Feldherrn die Verbindung aus politischer Zweckrationalität, emotionaler Empfindsamkeit und freier schöpferischer Seelentätigkeit gehört, so schrumpft bei kritischer Betrachtung die Zahl bedeutender Heerführer und Soldaten der deutschen Geschichte auf eine kleine Gruppe. Aus der Sicht des Verfassers zählen hierzu Wallenstein, Prinz Eugen, in gewisser Hinsicht Scharnhorst, Gneisenau, der ältere Moltke mit Einschränkung, Ludwig Beck und Klaus Naumann."

vor der britischen EU-Austritts-Entscheidung und vor dem Putsch in der Türkei erstellt worden sind.

Vasily K. Belozerov bringt mit seinem Vortrag die russische Sichtweise strategischen Denkens ein. Er behandelt die Fragestellungen a, d und e des Themenkorbes 2. Seine militärische Laufbahn und seine akademische Funktion als Lehrstuhlinhaber an der staatlichen linguistischen Universität Moskau prädestinieren ihn dafür, Aussagen über die Umsetzung strategischen Denkens in der militärwissenschaftlichen Lehre zu treffen.

Das Panel I (Klaus Naumann, Robert E. Schmidle Jr., Vasily K. Belozerow, Wulf-W. Lapins und Jörg-Dietrich Nackmayr) referierte und diskutierte unter der Moderation von Friedrich Korkisch zum Thema „Das amerikanische „Rebalancing“ und die sich daraus ergebenden Implikationen für Europa aus amerikanischer, russischer und europäischer Sicht“. Die thematisch den Körben 2 und 3 zugeordnete Diskussionsrunde behandelte im Einzelnen die Fragestellungen:

- Welche Implikationen ergeben sich aus dem amerikanischen „Rebalancing“ für Europa (Implikationen aus europäischer, amerikanischer und russischer Sicht)?
- Wie kann Europa den transatlantischen Bündnispartner dabei unterstützen/entlasten („fair share“)?
- Wie begegnet man fehlgeleiteten Kritikern, die aufgrund der, durch die Verschlechterung der Beziehung zu Russland auf Europa zukommenden Belastungen meinen, in der Heartland-Theorie doch das tragfähigere geostrategische Konzept zu erkennen?

Zeitgleich befasste sich das Panel II (Kristin Schünemann, Michael Codner, Friedrich Jeschonnek, Ossian Hartig, Jérôme Pellistrandi, Jörg Aschenbrenner) unter der Moderation von René Segur-Cabanac mit dem Thema „Aus der europäischen Vernetzung erwachsende Chancen für militärfachliche/ militärwissenschaftliche Medien – die Rolle militärischer Medien für die fachliche und militärwissenschaftliche Bildung künftiger Führungskräfte“, das dem Themenkorb 1, „Strategische Kommunikation“, zugeordnet war und in folgende Fragestellungen herunter gebrochen wurde:

- Militärische Fachmedien als Instrumente der strategischen Kommunikation – welche neuen Herausforderungen ergeben sich daraus?
- Mögliche europäische Kooperationsfelder für den Militärjournalismus.
- Die Rolle der militärfachlichen/militärwissenschaftlichen Medien in der Offiziersausbildung (insbesondere auch in der akademisch militärwissenschaftlichen Offiziersausbildung).
- Die Rolle der militärfachlichen/militärwissenschaftlichen Medien in der akademischen Bildung ziviler Führungskräfte.

Eberhard Birk geht in seinem Vortrag zum Thema „Militärhistorische Anmerkungen zur Reichweite und den Grenzen bei der Genese „neuer" Strategiebildungstheoreme" auf die Fragestellungen a und d des Themenkorbes 2 ein. Er unterstützt die ÖMZ im Ansatz, den Anteil rein militärhistorischer Untersuchungen zurück zu drängen und stattdessen Platz für Beiträge zu schaffen, die auf militärhistorischen Befunden aufbauen, aber in operativen (im Falle des gegenständlichen Beitrages sogar strategischen) Ableitungen münden.

Walter Posch behandelt in seinem Beitrag die leitenden Fragen a und b des Themenkorbes 2. Als ausgewiesener Experte für die sicherheitspolitische Entwicklung der Türkei und das Verhältnis der türkischen Regierung zur PKK analysiert er Grundlagen strategischen Denkens aus dem Blickwinkel dieses regionalen Bezugs.

Donald Abenheim und *Carolyn Halladay* widmen sich in ihrem Aufsatz zum Thema „Gedanken zu den Strategien von Gestern und Morgen" den Grundlagen strategischen Denkens aus amerikanischer Sicht. Sie decken dabei die Zielsetzungen der Themenkörbe 2 und 3, einschließlich der Schnittstellen zwischen beiden, ab. Donald Abenheim, der auch den dem Artikel zugrundeliegenden Vortrag bestritten hat, ist ein exzellenter Kenner der deutschsprachigen Führungsphilosophie bzw. der Clausewitz´schen Kriegstheorie und versteht sich daher hervorragend darauf, amerikanische strategische Prinzipien in kontinentaleuropäische Denkmuster zu übertragen und sie damit einem deutschsprachigen Publikum auch in ihrem tieferen Gehalt verstehbar zu machen.

Dan Schueftan referiert zum Thema „Strategisches Denken im Zeitalter der Kulturkriege" und deckt dabei die Fragestellungen a, b, c und d des Themenkorbes 3 ab. Der regionale Fokus der Ausarbeitung liegt dabei auf Nahmittelost. Der ursprüngliche Beitrag enthielt einen ausführlichen und äußerst scharfsinnigen Analyseteil mit ausgeprägtem Israel-Bezug. Weil dieser Teil über die allgemein-strategische Zielsetzung der Konferenz hinausgeht und ein ausgewogenes Längenverhältnis zwischen den einzelnen Beiträgen angestrebt war, wird die Ausarbeitung in der Druckausgabe um diesen Teil verkürzt publiziert. Im vollen Umfang, also auch einschließlich des Israel-Bezugs, wird der Aufsatz in der englischen Vortrags- und in deutscher Sprache auf der Internet-Homepage der ÖMZ unter https://www.oemz-online.at zu lesen sein.

5. Konferenzmodalitäten

Trägerin der Veranstaltung war die Landesverteidigungsakademie Wien (LVAk) unter GenLt Mag. Erich Csitkovits, welche die Konferenz großzügigst unterstützt und gefördert hat, wofür ich meinen gehorsamsten Dank ausdrücken möchte.

Inhaltlich federführend waren ÖMZ, EMPA und ZMOFW, die mit dieser Veranstaltung unter Beweis stellen wollten, dass europäische Militär-Medien aufgrund ihrer

Vernetzung und ihrer künftigen, auch Inhalt generierenden Funktion in der Lage sind, den Nukleus für eine zukunftsweisende strategische Strategieentwicklungs- und Diskussionsplattform zu schaffen.

Die wichtigsten Leistungsparameter der Veranstaltung waren die hohe Qualität und die herausragende Expertise der Vortragenden. Es wurde daher versucht die Masse der vorhandenen Geldmittel in die Abdeckung der Reise- und Unterbringungskosten möglichst vieler dieser hochkarätigen Vortragenden zu investieren – damit wurde die inhaltliche Qualität über den Eventcharakter der Konferenz gestellt und bewusst auf allzu fulminante „Socials" verzichtet.

Aus der Zielsetzung, möglichst viele Vortragende und möglichst viel Inhalt bieten zu können, ohne damit Vortragende und Teilnehmer für mehr als drei Tage aus ihrem Arbeitsprozess herausreißen zu müssen, resultierte auch die hohe Schlagzahl der Veranstaltung und der zeitige Vortragsbeginn.

Es wurde versucht, die Konferenz auch technisch auf dem letzten Stand zu halten. Livestreaming sollte es Hörern internationaler Bildungseinrichtungen ermöglichen, Vorträgen auch dann zu folgen, wenn eine persönliche Anreise und Teilnahme nicht möglich waren. Der begleitende Social Media Auftritt ermöglichte es Online-Teilnehmern auch, sich mit Fragen und Kommentaren aktiv an der Diskussion zu beteiligen. Es wurden natürlich alle Vortragenden um ihre Zustimmung zum Livestream-Verfahren ersucht und nur solche online gestellt, welche uns ihre ausdrückliche Genehmigung erteilt hatten.

Als Konferenz-Sprache wurde Deutsch mit Simultandolmetschung von und nach Englisch gewählt. Deutsch ohne Dolmetschung hätte die Internationalität, die ja gerade ein erklärtes Konferenzziel war, ausgeschlossen. Englisch als Konferenzsprache hätte Internationalität ermöglicht, aber zwingend die Qualität der Beiträge gesenkt. Gerade die hochkomplexen, auf Strategie, Führung oder Führungsphilosophie bezogenen Inhalte und Logiken, die dem deutschen Denken entspringen, sind eben verlustfrei nicht nach Englisch zu übersetzen. Als Beispiel dafür sei stellvertretend nur die Problematik genannt, die sich beim Versuch der Übersetzung des Begriffs Führung ergibt. Die sich aus dem Veranlassungsverb „führen" (fahren machen) ergebende Metapher von vorangehen und freiwillig folgen, die auf ein durch wechselseitige Annahmebedürftigkeit charakterisiertes Führungsverständnis hindeutet, lässt sich eben nicht ohne weiteres auf den Begriffsinhalt „command" übertragen, hinter dem im weitesten Sinne auch das Bild des „In-die-Hand-Geben" (in manum dare) von Befehlsgewalt stehen könnte. Erschwerend kommt noch hinzu, dass historische Texte oft schon innerhalb der eigenen Sprache einer „Übersetzung" bedürfen, um nicht zu Unschärfen zu führen oder Aussagen manchmal sogar in ihr Gegenteil verkehren. Die Tatsache, dass Clausewitz sich gegen die „windigen Systemmacher um Bülow und deren Wissenschaft" wendet und stattdessen der „Führungs-Kunst" das Wort redet, verleitete lange Zeit zur Annahme, dass er sich gegen systematische Wissenschaft im heutigen Sinne, aber für intuitive Führungsentscheidungen ausgesprochen hätte. Ein Blick in Grimms Wörterbuch der deutschen Sprache, das Kunst von Könnerschaft ableitet, hilft den scheinbaren Widerspruch zu den an anderer Stelle formulierten Forderungen „Kunst wo Können der Zweck ist" oder „Das Wissen muß ein Können werden" aufzulösen. Clausewitz muss also – im Gegensatz zum heutigen Verständnis – unter Wissenschaft das bloß unreflektierte Sammeln lexikalischen Wissens verstanden haben. Ein „unübersetztes" Begriffsverständnis von Wissenschaft könnte also dazu führen, Clausewitz dahingehend zu interpretieren, dass er eine wissenschaftliche Unterfütterung der militärischen Führungsausbildung für durchaus verzichtbar gehalten hätte. Genau das Gegenteil muss er gemeint haben.

Das große Engagement aller Vortragenden, die bestärkenden Rückmeldungen zur Pilotkonferenz und die Flut von weiterführenden Anregungen und durchwegs konstruktiver Kritik haben mich in der Zielsetzung bestärkt, die Veranstaltung im Sinne einer jährlich wiederkehrenden Strategie-Entwicklungs- und Diskussionskonferenz zu perpetuieren, wozu ich die Teilnehmer der ersten Stunde, die Leser dieses Konferenzbandes und alle Strategie-Interessierten höflich um Unterstützung ersuche.

Strategie Neu Denken

Horst Pleiner

Die dem Band den Rahmen bietende und auf periodische Fortführung angedachte Veranstaltung der EMPA gemeinsam mit der ÖMZ wurde der Darstellung von Wolfgang Peischel folgend aus dem Gefühl heraus organisiert, der Diskussion über „Strategie“ in der heutigen Zeit und vor allem in der Zukunft eine Plattform zum Austausch von Überlegungen und Analysen sowie zur wissenschaftlich unterstützten Ableitung von intellektuellen Strategiewerkzeugen und deren Einbindung in Vorgänge der Strategieentwicklung zu bieten. Davon ausgehend wären Ansätze zu finden für die Ableitung von allgemein – also über den militärischen Bereich hinaus – nutzbaren strategischen Grundprinzipien aus den im Militärischen vorhandenen Prinzipien, Verfahren und von Christian E.O. Millotat angesprochenen kriegsgeschichtlichen Erfahrungen. Mit Absicht wird von der Anwendung strategischer Prinzipien im allgemeinen Bereich gesprochen und diese Möglichkeit der Nutzung nicht auf eine „politisch-strategische“ Ebene beschränkt. Einige Überlegungen dazu folgen im späteren Teil der Betrachtung.

In den meisten Beiträgen des Bandes zeigt sich gleichsam als Spiegel der aktuellen Situation grundsätzlich ein gewisses Unbehagen mit dem Stand und der Wirkung der Disziplin „Strategie“, mündend in mehrfach zum Ausdruck gebrachten Hinweisen auf ein Neu-Denken von Strategie sowohl im Rahmen der wissenschaftlichen Beschäftigung als auch in der praktischen Anwendung. Worin begründet sich nunmehr dieses klar erkennbare Unbehagen in einer Zeit, in der jede bedeutende Persönlichkeit unabhängig vom Sachbereich von Strategie spricht oder schreibt? Immer und überall stolpert der aufmerksame Leser oder Zuhörer über diese vielseitige Verwendung des Begriffes und es erscheint müßig hier einige Beispiele aus der Bandbreite anzuführen. Eines steht aber fest: der Gebrauch des Strategiebegriffes beschränkt sich **nicht** auf das

Militärische alleine und „Strategiedenken“ ist nicht mehr Alleinstellungsmerkmal des Militärs, sondern wird auch von zahllosen „Anderen“, vom Premierminister bis zum Filialleiter einer Supermarktkette u.ä. mehr, in Anspruch genommen und einbezogen.

Hier besteht allerdings ein deutlicher „Klärungsbedarf“ hinsichtlich des Begriffes und dessen Anwendung. Aber auch dort, wo Strategie sozusagen berechtigt zum Ausdruck gebracht wird, zeigt sich eine nur bedingte inhaltliche Ausprägung in der z.B. die Nachhaltigkeit oder Langfristigkeit fehlen. So wird beim „Strategiegebrauch“ z.B. oftmals von der Politik nur an die nächste Wahl gedacht, etwa wenn in knapper Frist eine Konzeption der allgemeinen Wehrpflicht in Richtung eines Berufsheeres umgestoßen oder die „Willkommenskultur“ kurzfristig auf „Grenzzäune“ umgestellt werden und die damit verbundenen Begleitumstände und Folgewirkungen vorerst „außer Betracht“ verbleiben. Aber man sieht auch immer häufiger eine Bereitschaft zur strategischen Voraussicht mit der Konsequenz im Akutwerden des Anlasses dann nur mehr eine reaktive Strategie – sofern man dafür überhaupt eine solche entwickeln konnte oder wollte – verfolgen zu können. Man kennt zwar frühzeitig ein sachliches Problem wie z.B. Flüchtlingslager rings um Syrien, weiß auch um finanzielle Probleme der mit deren Betreuung und Versorgung befassten Organisationen und tut nichts zu deren Unterstützung, ist dann aber überwältigt oder gelähmt von der einsetzenden Welle an Flüchtlingen. Man sieht in anderen Regionen zu, wie riesige Flächen nutzbaren Landes an „Großkunden“ oder Investoren verkauft oder verpachtet und die bisherigen Bewohner dieser Flächen einfach zur Seite geschoben werden, bedauert dann eventuell deren Elend und wundert sich, wenn sie schließlich in Massen an der Küste Libyens auftauchen und den Weg über das unsichere Mittelmeer in den aus deren Sicht „Kontinent der Hoffnung“ versuchen.

Derartige Beispiele im regionalen oder globalen Rahmen würden in großer Zahl gefunden werden und (fast) alle finden sich unter dem Dach der strategischen „Vernachlässigung“, bis sie dann eben plötzlich „akut“ oder gar „kritisch“ werden und manchmal den Eindruck einer strategischen „Hilflosigkeit“ bei jenen erwecken, die eigentlich dazu berufen wären derartigen Entwicklungen durch rechtzeitige strategische Antworten zu begegnen und die Entwicklungen auf einem überschau- und bewältigbaren Niveau zu stabilisieren bzw. abzufangen. Auch der gegenwärtige Zustand im Nahen Osten mit seinen Extremen wäre bei einiger strategischer Voraussicht wesentlich zu mildern gewesen oder hätte auf kleinräumige „Brandherde“ beschränkt werden können. Solche Maßnahmen zu setzen oder derart wünschenswerte Zustände zu erreichen, wäre nur im Rahmen einer durchdachten und akkordierten Strategie möglich gewesen und den in all den heutigen, genannten Krisen oder Problemen zur Anwendung gelangten Strategien ist eines gemeinsam: sie sind nur reaktiv, unzureichend und ermangeln der langfristigen Zielsetzung und Perspektive. Das Unbehagen am heutigen strategischen Denken (und Handeln) ist daher berechtigt und der Zustand bildet eine

Herausforderung für einen Neuansatz, sowohl im Bereich der wissenschaftlichen Auseinandersetzung, als auch in der praktischen Anwendung.

Der Begriff der Strategie wird im allgemeinen Verständnis vorwiegend nur dem Militärischen, den Streitkräften oder allenfalls eingeschränkt nur dem Heer zugeordnet und so findet sich daher die Strategie eben in der Gruppe der Militärwissenschaften. Aber die Frage stellt sich, ob diese doch recht eindimensionale Zuordnung tatsächlich gerechtfertigt ist? Blickt man auf die Herkunft des Begriffes aus dem Altgriechischen zurück, so wird „stratos“ landläufig mit dem Heer gleichgesetzt und damit war der „strategos“ derjenige, der das Heer zu führen hatte oder dieses Privileg genoss. Aber im Ursprung bedeutet „stratos“ die Schicht und gemeint war damit auch in den Ursprüngen der Stadtstaaten mit mehr oder weniger demokratischen Strukturen die Schicht der stimmberechtigten Bürger und die waren damals auch jene, die dann ihre etwaige Entscheidung zur kriegerisch-gewaltsamen Regelung des Problems mit Lanze, Schwert und Schild umzusetzen hatten. Unabhängig ob offensiv oder defensiv, die Stimmbürger trugen somit ihre Haut zu Markte und es kann angenommen werden, dass sie sich eine Entscheidung zum Gewalteinsatz reichlich überlegt haben, waren sie doch selbst die Betroffenen. Das wäre vielleicht auch heutzutage für jene Politiker oder auch Journalisten hilfreich, die in weitgehend sicherem (eventuell vom Terrorismus bedrohten) Umfeld ihre Entscheidungen zur militärischen Intervention u.ä. treffen oder diese auch nur fordern. Wie würde jemand unabhängig von der Konfliktpartei in der Frage der Ostukraine agieren, der dann selbst im Kampfgebiet unmittelbar mitwirken und sich gegnerischem Artilleriefeuer oder Scharfschützen aussetzen müsste? Die weitere Ableitung vom Schicht-Begriff weist also auf einen umfassenderen Ansatz hin, in jene Richtung, die mit den Hinweisen auf das „Neu-Denken“ von Strategie eingeschlagen wird und der deutlich über das rein Militärische hinausgeht und das Militärische nur als **ein** Instrument im Rahmen einer aus den verschiedensten Komponenten gebildeten „Gesamt“-Strategie einordnet. Das würde aber erfordern zumindest darüber nachzudenken, den Komplex der Strategie als wissenschaftliche Disziplin in erster Linie nicht als Komponente der Militärwissenschaften zu sehen, sondern eventuell einer anderen Ebene zuzuordnen. Wird die Unterscheidung im Theoriebereich zwischen Gesamtstrategie und Militärstrategie vorgenommen, fällt die Auseinandersetzung mit der Militärstrategie klar in den Rahmen der Militärwissenschaften, aber das ist dann eine Beschränkung auf einen nicht unwesentlichen, aber nicht allein bestimmenden Teilbereich der Strategie. Das schließt dann keineswegs ein Einfließen der Erkenntnisse aus der militärwissenschaftlichen Beschäftigung mit der (Teil-) Strategie in die anderen wissenschaftlichen Disziplinen aus und insgesamt wäre aus einer derartigen Positionierung eine wechselwirksame, gegenseitige Vertiefung der Verbesserung des grundsätzlichen Verständnisses von Strategie und vor allem deren Handhabung oder Umsetzung zu erwarten.

Für den Beobachter der Entwicklung des „formulierten" strategischen Denkens mögen die frühen „Autoren" wie Sun Tzu, Miyamoto Mushashi, Niccolò Machiavelli usw. sich nur einer operativ-taktischen Denkweise bedienen, aber deren oftmals pragmatische Formulierungen zeigen ein grundsätzliches Verständnis für die besonderen Gegebenheiten auch in jenem Feld, das eben der Strategie zugerechnet wird. Man sieht sich aber gezwungen, deren an den Umständen der jeweiligen Zeit orientierte Grundsätze und Überlegungen zu interpretieren, auf heutige Gegebenheiten zu transponieren, um das zeitlos Allgemeingültige im großen Zusammenhang in diesen Werken zu erschließen. Es mag sich auch mangels expliziter Definitionen über Strategie für die Zeit bis zu den Napoleonischen Kriegen der Eindruck aufdrängen, das ausgeprägte und wissenschaftlich betriebene Strategiedenken habe sich erst als Folge der grundlegenden Betrachtungen des Carl von Clausewitz ergeben und stütze sich nach wie vor in erheblichem Umfang auf dessen Werk „Vom Kriege" ab. Nun hat Carl von Clausewitz nur zwei „Bücher" des Gesamtwerkes „endredigiert" und damit in der Gedankenfolge abgeschlossen – und in seiner Betrachtung gibt es nur zwei Ebenen, die strategische und die taktische Ebene. Die operative Ebene wurde erst später in die „Hierarchie" der militärischen Führungssystematik eingeschoben und auch das erfolgte aus unterschiedlichem Verständnis im deutschen und angloamerikanischen Gebrauch differenziert, um nur zwei der wesentlichen Denkschulen zu nennen, und die „Harmonisierung" benötigte offensichtlich lange Gemeinsamkeit im militärischen Verbund. So finden sich also bei Carl von Clausewitz in den strategischen Aussagen auch operative Überlegungen und ebenso zeigen sich derartige auch in den taktischen Betrachtungen. So war und ist es offensichtlich immer noch schwierig klare Abgrenzungen der einzelnen Ebenen insbesondere zwischen der Ebene der Operation und jener der Strategie zu treffen und diese sozusagen „handhabungssicher" zu präzisieren. Darauf gehen, vereinfacht formuliert, einige der heute immer wieder anzutreffenden Missverständnisse für die inhaltliche Einordnung von Strategie und die so breitgefächerte Anwendung des Strategiebegriffes zurück.

Das soll Anlass sein einen Blick auf die Entwicklung des Begriffs der „Strategie" und den aktuellen Stand der Definitionen zu werfen. Für die Zeiten vor Carl von Clausewitz kann man *„Strategie als die zielgerichtete Vorbereitung der für den Kampf bestimmten Kräfte und Mittel für deren Einsatz und die Maßnahmen in der Führung des Einsatzes zur Erreichung des Kriegszieles"* verstehen. Aber schon für die Zeit des Altertums sollte man den Verantwortlichen ein Verständnis von Strategie zugestehen, das sich nicht auf das rein Militärische (wie etwa die Marschwege und Schlachten) beschränkt hatte. So hat es die Überlieferung zu Alexander dem Großen nicht explizit beschrieben, aber Alexander von Makedonien hatte als Herrscher und Feldherr stets ein klares politisch-strategisches Ziel, das im Ablauf der Ereignisse den Möglichkeiten angepasst wurde. Aber seine Strategie zeigt sich z.B. in den Maßnahmen zur Ausschaltung der persischen Flotte durch Wegnahme von deren Stützpunkten, in der Nutzung von Symbolen wie der Zerschlagung des Gordischen Knotens, seines Zuges in die Oase Shiwa und der folgenden Vergöttlichung seiner Person als Motivation der Eigenen und der Unterworfenen, in den Maßnahmen zur Sicherung des Herrschaftsbereiches durch Anlage von Städten, in der umfassenden Ausrichtung auf die Bereitstellung der für seine militärischen Maßnahmen erforderlichen personellen und materiellen Ressourcen und in seinen Bemühungen zur Verschmelzung der griechisch-makedonischen Kultur mit der Kultur der eroberten Länder, insbesondere im unterworfenen Perserreich. Das sei nur als ein Hinweis zu verstehen auf das umfassende strategische Denken antiker, aber auch mittelalterlicher und frühneuzeitlicher Persönlichkeiten, das weit über das rein Militärische hinausgriff und daher auch heute intensiver untersucht und gewürdigt werden sollte.

Mit Carl von Clausewitz begann die über den militärisch-pragmatischen Ansatz hinausreichende wissenschaftliche Auseinandersetzung mit den Prinzipien und Erscheinungsformen des Krieges und für ihn war dennoch Strategie nur „die Lehre vom Gebrauch der Schlachten zum Zwecke des Krieges". Von seinen Zeitgenossen verstand Jomini unter Strategie „die Kunst die Massen auf dem Kriegsschauplatz zu leiten" und Erzherzog Karl sah in der Strategie schon „die Kriegswissenschaft, die den Plan entwirft, den Gang kriegerischer Unternehmungen umfasst und bestimmt" und die „eigentliche Wissenschaft des Feldherrn" darstellt. Auch wenn die Formulierungen der drei Genannten pragmatisch militärbezogen erscheinen, ergibt sich aus dem Inhalt des in ihren Werken enthaltenen Denkens eine begriffliche Erweiterung im Sinne einer militärisch-politischen Auffassung von Strategie. Das setzte sich mit Modifikationen bis in den Ersten Weltkrieg fort.

Das im Jahre 1914 erschienene Werk „Der Staat als Lebensform" des schwedischen Geographen Rudolf Kjellen enthielt Ansätze, die eine als „Geopolitik" bezeichnete strategisch-politische Denkschule begründeten. Diese Geopolitik war der Versuch der Verknüpfung geographischer Gegebenheiten mit politischen Zusammenhängen und der Analyse der Verbindung zwischen diesen beiden Gegebenheiten. Geopolitik manifestierte sich als eine Mischung aus Geographie, Politikwissenschaft, Geschichte und Sozialwissenschaft. Durch den Missbrauch in der nationalsozialistischen Ideologie geriet die Geopolitik im deutschsprachigen Raum ins Zwielicht und wurde nach dem Ende des Zweiten Weltkrieges als tendenziös und ideologisiert abgelehnt. An die Stelle der verabscheuten Geopolitik trat damit in Deutschland ab 1946 die sogenannte „Politische Geographie", aber auch darin blieb der strategische Denkansatz vorhanden, wenn auch als „zartes Pflänzchen".

Der Weg zum „totalen Krieg", zum Einsatz der Ideologie als Rechtfertigung für Verstöße gegen die Humanität und das Kriegsvölkerrecht im Besonderen bis hin zum Ziel der physischen Vernichtung, aber auch zur „Vergeltung", wie er von Hitlerdeutschland eingeschlagen wurde, fand sich dann in der vom Chef des Wehrmachtsführungsstabes Alfred Jodl im Jahre 1945 verwendeten Definition von Strategie. Er sah diese als „die höchste Führungstätigkeit im Kriege, die Außen- und Innenpolitik, militärische Operationen und Kriegswirtschaft, Propaganda und Volksführung umfaßt und alle diese kriegerischen Elemente in Übereinstimmung bringen muß für die Zwecke und das politische Ziel des Krieges". Das klingt deutlich genug. Nicht von ungefähr wurde dieser totale Krieg durch den Einsatz von zwei Massenvernichtungswaffen beendet, als extremes Fanal und zumindest einige Jahrzehnte verstandene Warnung vor dem Rückfall in derartige Formen der extremen Konfliktaustragung.

Aber auch in Österreich bemühte man sich um eine Positionierung von Strategie und eine Klärung des Inhaltes. Der militärwissenschaftlich interessierte Kommandant der Landesverteidigungsakademie (LVAk) Emil Spannocchi formulierte das im Jahre 1966 recht kurz und einprägsam: „Politik ist der Dachbegriff und Strategie ist der Weg". Das ließ einige Fragen offen. Daher hat dann Wilhelm Kuntner, einer der Nachfolger Spannocchis als Kommandant der LVAk und erprobter KSZE-Verhandler, unter Strategie für einen immerwährend neutralen Kleinstaat „den umfassend konzipierten Einsatz aller Kräfte der Nation zur Verwirklichung der politischen Ziele des Staates gegenüber einer zum Machtgebrauch bereiten Umwelt" verstanden. Das war anerkannt und so wurde es im Zusammenhang mit der Ausarbeitung des Landesverteidigungsplanes (LV-Plan) in der zweiten Hälfte der 1970er Jahre erforderlich eine spezifische „österreichische" Definition für „Militärstrategie" zu finden. Man einigte sich schließlich auf die Festlegung, wonach „Militärstrategie die Bereitstellung und den Gebrauch der militärischen Mittel im Frieden und in den Anlassfällen der Umfassenden Landesverteidigung (ULV) als Beitrag der Militärischen Landesverteidigung zur Verwirklichung der sicherheitspolitischen Ziele des Staates umfasst". Das war eine spezifisch auf Österreich ausgerichtete Definition, klar orientiert an der im LV-Plan enthaltenen Gesamtstrategie.

Nach der Änderung der politisch-strategischen Situation im Umfeld Österreichs Anfang der 1990er Jahre und der zunehmenden Erkenntnis der Änderung des Bedrohungs-, Krisen- und Kriegsbildes hat Erich Eder, ein weiterer Kommandant der LVAk, 1998 eine neue Definition vorgeschlagen. Er verstand Strategie als „die koordinierte Anwendung aller Mittel und Ausnützung aller Möglichkeiten zur Wahrung der sicherheitspolitischen Ziele gegenüber allen Bedrohungen". Demgegenüber gab es bei Peter Koman einen verbreiterten Ansatz. Strategie betrachtete er „als die Kunst und Wissenschaft, bezogen auf die Entwicklung, den Ausbau und den Gebrauch des politischen, wirtschaftlichen, psychologischen und militärischen Potentials eines Staates im Frieden und im Krieg zur Erreichung von Staatszielen oder des Staatszielsystems. Außen-, Innen- und Wirtschaftspolitik sowie Sozialpolitik usw. sind daher abgeleitete Funktionen aus der Strategie".

Das hatte Henry Kissinger schon im Jahr 1973 auf den Punkt gebracht. Demnach ist „Strategie die Doktrin, die Macht in Politik umsetzt“. Das war umfassend, aber ließ doch viele Fragen offen im Verhältnis zwischen Politik und Strategie. Dieter Farwick wandelte es folgend ab: „Strategie ist der wohlkoordinierte Gebrauch aller (Macht) Mittel eines Staates zur Durchsetzung der eigenen Interessen“. Hoffentlich wird auch tatsächlich dabei „wohlkoordiniert“, könnte man zweifelnd ableiten.

Für die Sowjetunion fand sich im Jahre 1967 die folgende Definition in der sowjetischen Militärenzyklopädie: „Strategie beschäftigt sich mit der Ausarbeitung der prinzipiellen Leitsätze und Empfehlungen zur Vorbereitung des Landes und seiner Streitkräfte zum Krieg entsprechend seinem Charakter und seinen Zielen“. Damit war Strategie vor allem als Militärstrategie verstanden und das hat sich inzwischen offensichtlich kaum geändert. Als Funktion der Strategie wird nach wie vor die Ausarbeitung der Methoden und Formen des bewaffneten Kampfes im Maßstab des ganzen Krieges und des strategischen Handelns und der strategischen Handlungen sowohl aller Teilstreitkräfte zusammen oder für diese (wie z.B. die Luftwaffe oder Kriegsmarine) sowie Methoden und Formen des Partisanenkampfes im Krieg in ihrer strategischen Bedeutung angesehen.

Colin Gray wiederum definiert Strategie in einem engeren Sinn und bezeichnet diese in der Sicherheitspolitik und den Strategischen Studien als „den zielgerichteten Einsatz von Gewalt oder die zielgerichtete Gewaltandrohung“. Nach seiner Auffassung suchen Strategische Studien als Unterdisziplin der Internationalen Beziehungen Antworten auf die Frage, ob und in welchem Ausmaß strategisches Handeln historischen, politischen, sozialen, wirtschaftlichen und technologischen Regelmäßigkeiten unterliegt.

Ab dem Jahre 2002 zeigen sich die zunehmenden wissenschaftlichen Auseinandersetzungen mit dem Bereich der Strategie und die Bemühungen um Erarbeitung strategischer Theorien in neuen inhaltlich verbreiterten Definitionen. So stellte 2002 z.B. die „Brockhaus Enzyklopädie“ fest: „Strategie ist die geplante, zielgerichtete Bereitstellung und koordinierte Anwendung aller politisch-diplomatischen, wirtschaftlichen, technologischen und wissenschaftlich-geistigen Kräfte eines Staates sowie seiner Streitkräfte im Frieden, in der Krise und im Krieg.“ Der „Duden“ sagt dazu: „Strategie ist ein genauer Plan für ein Verhalten, der dazu dient, ein Ziel zu erreichen, und in den man alle Faktoren von vorneherein einzukalkulieren versucht“. Und Harry R. Yarger definiert im gleichen Jahr 2002: „Strategie bietet einen zusammenhängenden Plan, um die Differenz zwischen den Realitäten der Gegenwart und einem wünschenswerten zukünftigen Zustand zu überwinden“. Folgt man den neuesten Definitionen, so kann zusammengefasst festgestellt werden, dass der Begriff der „Strategie“ neben dem allgemeinen Gebrauch als „Kunst der Kriegführung und der Staatskunst“ in weiteren vier Bereichen vorrangig zugeordnet wird:

- in der Sicherheitspolitik,
- in der Wirtschaftspolitik,
- in der Betriebswirtschaft und
- in der Mathematik.

So wird z.B. in der Betriebswirtschaft Strategie verstanden als „rational geplantes, in sich stimmiges, komplexes Maßnahmenbündel eines Unternehmens, das von der Unternehmensführung festgelegt wird und zur Erreichung der grundsätzlichen Unternehmensziele beitragen soll". Alfred Vogel und Andrea Riemer haben im Jahre 2009 diese Feststellungen noch weiter generalisiert. Demnach sind Strategien jetzt „Denksysteme für die dynamischen Zustände, die einen relativen Ausgangs- und einen Endpunkt haben; der Übergang ist durch Energieeinsatz zu überwinden. Damit wird strategisches Agieren zu einem Management von dynamischen Zustandsübergängen mittels Energieeinsatz unter Berücksichtigung eines Ausgangszustandes und eines zu erreichenden Endzustandes".

Warum diese Auflistung einer ganzen Zahl an Definitionen im Wandel der Zeit und der Inhalte? Das soll einen Anreiz bilden sich im Sinne der Zielsetzung dieser Konferenz nachhaltig mit dem Wesen und der Funktion von Strategie in der Gegenwart und vor allem der Zukunft auseinanderzusetzen und dabei „in die Tiefe" zu gehen, allgemein als gültig angesehene Zuordnungen, Inhalte usw. zu hinterfragen und den Stellenwert von Strategie in der gesamten Bandbreite auszuloten. Eines scheint festzustehen: Strategie ist jedenfalls das umfassend geplante Verfahren, mit dem die entscheidungsberechtigte (oberste) Ebene einer strukturierten Institution (Staat, Konzern usw.) über einen längeren Zeitraum die vorgegebenen oder selbst festgelegten Ziele zu erreichen sucht.

Worin findet sich dann der Unterschied zur Politik? Bewusst herausfordernd formuliert ist dann Politik das Bemühen sich die Entscheidungsberechtigung zu erwerben oder zu bewahren und die Akzeptanz für die vorgesehene oder eingeschlagene Strategie zu erreichen oder durchzusetzen. Es ist dem Verfasser bewusst, damit entsprechende Einwendungen heraufzubeschwören, aber man sollte das unvoreingenommen betrachten und versuchen darüber Klarheit zu gewinnen, dass Strategie zwar die Theorie benötigt, aber in letzter Konsequenz der Praxis und dem Nutzer zu dienen hat und Politik eben einen anderen Aufgaben- und Funktionsbereich aufweist.

Es zeigt sich unabhängig vom Anwendungsgebiet von der Politik zusammen mit der Strategie zur operativen Ebene und zur Taktik. Dabei können sich je nach Anwendungsgebiet auch innerhalb der Strategie verschiedene Abstufungen und Zuordnungen auf weitere niederrangigere Ebenen ergeben auf bzw. von denen noch Strategie betrieben bzw. ein strategisches Konzept erarbeitet und dann (hoffentlich) auch umgesetzt wird.

Die als oberste Ebene anzusetzende Gesamtstrategie wird im Allgemeinen von den obersten politischen Verantwortungsträgern oder „obersten" Machthabern wahrgenommen. Dort werden die (politisch-) strategischen Ziele festgelegt und der „Auftrag" für die Erarbeitung einer Strategie erteilt. Diese Strategie oder auch Gesamtstrategie weist daher eine langfristige Dimension auf und

- ist Aufgabe der obersten Führung, (z.B. der Regierung, Konzernspitze),
- gibt die zu erreichenden (politisch) strategischen Ziele vor,
- legt eine zeitliche Perspektive für Umsetzung bzw. Zielerreichung fest,
- erfasst die wirksamen Faktoren (einschließlich des zu berücksichtigenden Umfeldes und der erwartbaren / gegebenen Rahmenbedingungen),
- führt eine Abwägung der Risikofaktoren durch und legt die Grenzen (Stufen) des einzugehenden (akzeptablen) Risikos fest,
- setzt die erforderlichen Prioritäten,
- bestimmt die einzusetzenden Ressourcen und Mittel nach Art, Umfang und grundsätzlicher Verfügbarkeit sowie deren Ergänzung im Ablauf der zeitlichen Perspektive,
- legt die anzuwendenden Verfahren fest oder erteilt entsprechende Richtlinien für die Auswahl und Anwendung der Verfahren (z.B. etwaige Einschränkungen),
- berücksichtigt die erforderlichen Begleitmaßnahmen in und gegenüber der Öffentlichkeit sowie allenfalls einzubeziehenden Institutionen,
- regelt die Verantwortlichkeit(en),
- überprüft im Verlauf der Umsetzung oder nach periodischen Vorgaben die weitere Gültigkeit der Ziele, der gewählten Konzeption, des Mitteleinsatzes usw. und steuert nach Bedarf durch Änderungen den Vorgang,
- trifft bei Auftreten von Friktionen und Imponderabilien strategische Entscheidungen (möglichst rechtzeitig, d.h. mit Voraussicht und Weitblick),
- sorgt für die Information der jeweils mit der Umsetzung befassten Kräfte sowie für eine entsprechende Dokumentation.

Wie schon angeführt wird sich eine Gesamtstrategie zur Umsetzung häufig in mehrere Teilstrategien zerlegen. Für Teilstrategien gelten grundsätzlich die bei der Gesamtstrategie angeführten Merkmale und die in diesem Rahmen wirksame Ebene muss auch über die Mittel und Möglichkeiten im „strategischen" Sinne verfügen. Die bekanntesten Formen einer Teilstrategie dürften die Militärstrategie und die Sicherheitsstrategie sein. Aber Teilstrategien werden z.B. auch im Bereich der Wirtschafts- und/oder Energiepolitik, der Gesundheitspolitik, im Forschungs- und Bildungsbereich, im Bereich der Migrations- und Integrations- und Regional- sowie der Entwicklungspolitik oder der Außen- und Außenwirtschaftspolitik u.a.m. formuliert und verfolgt.

Als Beispiel sei auf die Strategie der EU zur Bewältigung der Migrationsströme hingewiesen. Darin wurden verschiedene Verfahren/Teilstrategien angedacht wie etwa die Überwachung der Seeaußengrenzen, ein Austauschverfahren mit „Startländern" wie der Türkei oder ein Verfahren zur Kontrolle von „Binnenrouten" und eine Verteilung der Migranten auf die Mitgliedstaaten der EU. Bewusst wurde der Begriff „angedacht" verwendet, denn eine komplex-durchdachte Strategie wurde nicht entwickelt bzw. in den damit verbundenen Konsequenzen umgesetzt. Es ist das, ohne auf Einzelheiten einzugehen, ein „Lehrstück" für strategische Planung und für die Notwendigkeiten durch die Politik, wie an anderer Stelle angeführt, die Akzeptanz der Verfahren herbeizuführen. Derartige Vorgänge insgesamt zu verbessern sollte ein klares Ziel für die Zukunft sein, sollen nicht mehr als unerwünschte Folgewirkungen herbeigezögert werden. Der britische Ansatz zum „Brexit" möge als Warnung verstanden werden sich intensiver mit der Entwicklung von Strategien und deren Umsetzung zu befassen.

Auf die unterhalb der strategischen Ebene liegenden Ebenen der Operation und Taktik und deren jeweilige Abgrenzung und Funktion wird in diesem Beitrag nicht eingegangen. Jedenfalls sollte es zu keiner Vermischung von Ebenen und auch ein klares Bewusstsein geben, keine Eingriffe bzw. Einmischungen von den oberen direkt in die unteren Ebenen vorzunehmen. Darin liegt ein nicht unerhebliches Problem. Wenn z.B. amerikanische Präsidenten jeden einzelnen Luftangriff bzw. jedes einzelne anzugreifende Ziel auswählen (so wie z.B. Präsident Johnson im Vietnamkrieg) oder strategische Entscheidungsträger jede taktische Maßnahme (etwa in der Kontrolle von Migrationsströmen) genehmigen wollen bzw. müssen, dann sind die Vorgaben unzureichend und ein Verständnis für Strategie und Strategisches Denken scheint wenig ausgeprägt zu sein, sich an unzureichenden Inhalten zu orientieren oder vielleicht gar zu fehlen. Die Vorgaben und Aufträge an die jeweilige nachgeordnete Ebene müssen so umfassend durchdacht sowie verständlich formuliert sein und die verantwortlichen Kommandanten, Leiter usw. der unteren Ebene in die Lage versetzen, diese auch in Anpassung an die mittel- oder kurzfristigen Gegebenheiten wahrzunehmen.

Es wurde in dem Beitrag versucht auf frühere Tendenzen in der Entwicklung von Strategie an Hand einer Auswahl der sich wandelnden Begriffe einzugehen. Gerade in den letzten 20 Jahren hat sich die Intensität der Beschäftigung mit Strategietheorien progressiv entwickelt und man bietet eine Vielzahl von Instrumentarien und Modellen an. Es kommt nunmehr darauf an, in einer sich wandelnden und doch global vernetzten Welt zu erkennen, dass Strategie sich schon lange nicht mehr als alleinige Domäne des Militärs oder des „klassischen" Krieges darstellt, sondern in vielen, wenn nicht gar in allen Lebensbereichen Einzug gehalten hat. Ob allerdings Strategien da zweckmäßig entwickelt und umgesetzt wurden sei dahingestellt. Es gibt jedenfalls wesentlich mehr Beispiele für unzureichendes Wissen um die Funktion von Strategie und für mangelhafte oder verspätete Erarbeitung derselben, als es Beispiele einer komplex durchdachten Vorgangsweise gibt. Die Entwicklung und Vertiefung des theoretischen Unterbaus von Strategie, die wissenschaftliche Erarbeitung von Grundprinzipien und Denkschulen sowie die Evaluierung dieser Erkenntnisse an den Gegebenheiten der Realität bei gleichzeitiger Ausrichtung auf erwartbare Bedingungen und Herausforderungen in der Zukunft sind erforderlich und jeder Ansatz in dieser Richtung von Bedeutung.

Es wird ersichtlich, welche Vielfalt an Faktoren die Strategieentwicklung, die Erarbeitung von strategischen Zielen und Verfahren und die Herbeiführung der Akzeptanz derselben beeinflussen, sodass hier ohne konsequente und umfassende wissenschaftliche Bearbeitung ein brauchbares Ergebnis kaum zu erwarten ist. Die mit dieser Konferenz und die mit dem vorliegenden Band geschaffene Plattform für die Diskussion derartiger Vorgänge und Erkenntnisse aus Theorie und Praxis eröffnen eine Vision zur Verbesserung des Strategischen Denkens und sind verbunden mit der Erwartung, diese Erkenntnisse auch an jene zu vermitteln, die für den jeweiligen Strategiebereich die Entscheidungen treffen, das heißt eben rechtzeitig die Ziele festlegen und für die Bereitstellung der Ressourcen zu sorgen haben. So bringt der wissenschaftliche Beitrag zur Strategieentwicklung hoffentlich auch tatsächlichen Gewinn. Es sollen aber auch bei den Adressaten dieser Erkenntnisse die Bereitschaft und das Verständnis des Wesens und der Funktion von Strategie geweckt oder weiter vertieft werden, um im Hinblick auf eine doch deutlich verbesserungswürdige strategische Handlungsbreite und -vielfalt des zusammengeschlossenen Europas und der einzelnen nationalen Interessen für die Herausforderungen der Zukunft rechtzeitig sinnvolle und langfristig wirksame Lösungen zu finden. Darin findet sich der besondere Wert einer aufgefächerten, internationalen Befassung von Experten der strategischen Theorie und Praxis.

Der militärische Beitrag zum strategischen Denken und Handeln

Christian E.O. Millotat und
Manuela R. Krueger

Unser Gastgeber hat dem Thema die **Hypothese** vorangestellt, aus der militärischen Führungsphilosophie, aus der allgemeinen militärischen Führungslehre, aus den militärischen Führungsverfahren und aus kriegsgeschichtlichen Beispielen könnten Grundprinzipien strategischen Denkens „herausdestilliert" werden, deren Anwendbarkeit aufgrund des Abstraktionsgrades nicht auf Streitkräfte beschränkt sei, sondern auch in der Politik, der öffentlichen Sicherheitsvorsorge, der privatwirtschaftlichen Unternehmensführung Nutzen abwerfen könnten. Das führt zu der **Leitfrage,** welche Grundprinzipien strategischen Denkens aus der militärischen Sphäre gezogen werden können und für die politisch-strategischen Ebene genutzt werden können.

In seinem Buch „Carl von Clausewitz. Strategie im 21. Jahrhundert" von 2012 hat Lennard Souchon festgestellt: „In Deutschland ist Strategie im gegenwärtigen Tagesgeschehen zu einer vielfach genutzten Worthülse verkümmert" – im Sprachgebrauch der Politiker, in den Medien und in der Wirtschaft. „Angesichts dieses Dilemmas", fährt er fort, „ist es höchste Zeit, ausgewählte Führungspersönlichkeiten zielgerecht weiterzubilden, damit sie das strategische Denken beherrschen".

Die folgenden Beispiele belegen es: In der „Jungen Freiheit" vom 8. April 2016 wurde der Nachruf auf den verstorbenen früheren deutschen Außenminister Hans-Dietrich Genscher unter die Überschrift: „Mehr Taktiker als Stratege. Nachruf: Hans-Dietrich Genscher hat sich vor 1989 nie zu einer operativen Wiedervereinigung entschließen können" gestellt. Es fehlt im Text eine Erläuterung der Begriffe „Stratege" und „Taktiker". Peter Carstens kennzeichnete in der F.A.Z. vom 27. Mai 2016 das neue Weißbuch der Bundesrepublik Deutschland als „eine strategische Denkschrift zum Selbstverständnis der Sicherheitspolitik und der Streitkräfte". Sind Sätze, nach Carstens, wie „Deutschland muss außenpolitisch und militärisch mehr leisten als früher"; „Die Kultur der militärischen Zurückhaltung darf nicht länger dazu führen, dass wir uns wegducken, wenn es brenzlig wird"; „Unsere Interessen müssen wir schon selbst vertreten" die Beschreibung einer neuen Strategie? Oder: Hat die Befassung des Deutschen Bundestages mit dem Mord an den Armeniern im Ersten Weltkrieg durch Soldaten der Streitkräfte des untergegangenen Osmanischen Reiches eine strategische Dimension? Gehört dieser Vorgang in den Bereich des strategischen Denkens und Handelns?

In der Wirtschaft ist von Strategiesitzungen die Rede, von strategischem Denken, von strategischen Konzepten oder von strategischer Planung. Wenn man einen Blick hinter solche Formulierungen wirft, fällt auf, dass der Zusatz „strategisch" offenbar gerne verwendet wird, um den dahinter stehenden Begriff aufzuwerten. „Strategisches Denken" heißt in Wirklichkeit, man macht sich Gedanken über die Zukunft. Auch andere Bereiche benutzen gerne militärisches Vokabular.

Der spätere französische Marschall Ferdinand Foch hielt an der École Militaire in Paris seine Offizierstudenten dazu an, vor dem Herangehen an eine Aufgabe die Frage „De quoi s´agit-il"? (i.e. „Um was handelt es sich"?) zu stellen. Und Johann Wolfgang von Goethe hat in seinen Maximen und Reflexionen festgestellt: „Wer klare Begriffe hat, kann befehlen".

Bevor man befehlen kann, muss man verstanden haben, um was es sich handelt, einen eigenen Standpunkt entwickelt und einen Entschluss gefasst haben. Diese Appelle zum präzisen Gebrauch von Begriffen und zum analytischen Herangehen an das Thema werden uns leiten.

Und so wird folgender Sachverhalt nicht überraschen: Grégoire Monnet hat in seiner 2016 erschienen Arbeit „The Evolution of Strategic Thought Since September 11, 2001" herausgestellt, dass niemand, der sich mit strategischem Denken befasst, an Carl von Clausewitz' Erkenntnissen vorbeigehen kann, die der General in seinem Buch „Vom Kriege" dargestellt hat. Es durchzieht diese, sagt Monnet, „like a subterranean river". "Clausewitz´s On War", sagt er an anderer Stelle, „must be understood in the political and strategic context of the 21st century and not that of the 19th century".

In einem Interview zu 60 Jahren Bundeswehr, das im Clausewitz Jahrbuch 2015 veröffentlicht worden ist, hat der Ehrenpräsident der Clausewitz-Gesellschaft, der frühere Generalinspekteur der Bundeswehr und Vorsitzende des NATO Military Commitee, General a.D. Wolfgang Altenburg, zur Aktualität von Clausewitz' Erkenntnissen geäußert: „Die Methoden und Erkenntnisse von Clausewitz haben m.E. einen erheblichen Einfluss auf die Entwicklung der Bundeswehr ausgeübt. (…) Wichtig ist eine Projektion der Clausewitzischen Erkenntnisse in die Zukunft; hierzu bedarf es einer entsprechenden Transferleistung. Die Streitkräfte müssen dabei als „Komponente des Ganzen" im umfassend vernetzten Sicherheitsansatz betrachtet werden".

An diesen Bewertungen kann niemand vorbeigehen. Daher sollen uns Einsichten von Clausewitz ein Wegweiser und geistiger Anker sein. Wir werden ihn gegenwartsbezogen, ins Moderne übersetzt, heranziehen.

Vor diesem Hintergrund verstehen wir unter den Begriffen „Strategie" und „Strategisches Denken": Eine **Strategie** – im Sinne einer nationalen Sicherheitsstrategie oder „grand strategy" – verbindet für uns durch die Festlegung des Zwecks und der Handlungsweisen der Verantwortlichen die Politik mit den Streitkräften und bestimmt, **wie** die Ziele der Politik gegen die Mittel und Handlungen eines Gegners unter friktionalen Bedingungen mit Erfolg durchgesetzt werden können. Sie wirkt damit auf den Willen des Gegners ein, um diesen im Sinne der eigenen Interessen und Ziele zu verändern.

Strategisches Denken verbindet für uns die Strategie, Ergebnis eines Denkprozesses, mit Methoden des praktischen Handelns. Diese ordnen und kontrollieren unter dem Primat der Politik das Instrument Streitkräfte und ihren Gebrauch als Teil einer kontinuierlichen, realistischen und flexiblen staatlichen Politik der Sicherheitsvorsorge.

Für Clausewitz, Moltke d.Ä. und anderen bedeutenden Soldaten der deutschen Militärgeschichte war ein Stratege immer ein wissender Praktiker, der seine Gedanken in Handeln umsetzen kann.

Die Wurzeln sowie Methoden und Verfahren praktischen Handelns zur Umsetzung militärischen Denkens liegen für uns im preußisch-deutschen Generalsstabssystem und in der preußisch deutschen Militärkultur mit der von Generationen von Generalstabsoffizieren entwickelten militärischen Führungslehre und militärischen Führungsverfahren, die in modernem Gewand in der Bundeswehr fortwirken und von unseren Verbündeten vielfach übernommen worden sind. Hinzu kommen „Lessons Learned" aus den jüngsten internationalen Krisenreaktionseinsätzen. Diese bieten eine hoch aktuelle Beurteilungsgrundlage über Defizite im heutigen strategischen Denken und Handeln.

Im Folgenden wird zunächst untersucht, wie militärische Entscheidungsverfahren für die Sicherheitsvorsorge Deutschlands und für multinational strukturierte internationale Krisenreaktionseinsätze der politisch-strategischen Ebene nutzbar gemacht werden können. Danach wird an einigen historischen Beispielen gezeigt, welche positiven, aber auch negativen Einflüsse strategisches Denken und Handeln auf die Politik Deutschlands vor und im Ersten Weltkrieg hatte. Am Schluss erfolgt ein Blick in die Wirtschaft. Als deutsche Referenten behandeln wir vor allem deutsche Entwicklungen und vertreten deutsche Sichtweisen.

Für jede Ebene gilt: Keine Entscheidung ohne Entscheidungsprozess mit einer Beurteilung der Lage.

In „Grundzüge der höheren Truppenführung" vom 1. Januar 1910 hat der Chef des Generalstabes der Armee von 1906 bis 1914, General der Infanterie Helmuth von Moltke, auf Gedanken seines Onkels, des Generalfeldmarschalls Helmuth von Moltke gründend, in der Nr. 9 formuliert: „Bei der Mannigfaltigkeit und dem raschen Wechsel der Lagen im Kriege ist es unmöglich, bindende Regeln zu geben, nur Grundsätze und allgemeine Gesichtspunkte können einen Anhalt gewähren. Das Schema versagt; **Treffende Beurteilung der Lage allein vermag dem Handeln die richtigen Bahnen zu weisen".**

Das gilt im Grundsatz auch für viele Felder des heutigen Friedensdienstbetriebs in den Streitkräften. Merkmale deutscher militärischer Führung sind auf allen Ebenen die Einheit der Führung, die Wechselwirkung von Befehl und Gehorsam sowie das Führen mit Auftrag, die unteilbare, persönliche Verantwortung militärischer Führer und die Durchsetzung ihres Willens. Sie soll sich auch dadurch zeigen, dass Soldatinnen und Soldaten bewusst ist, welchen Beitrag sie zur Erfüllung des Auftrags zu leisten haben.

Der militärische Entscheidungsvorgang entlang eines strukturierten Prozesses wurde Schritt für Schritt im 19. Jahrhundert zunächst in der Preußischen Armee, dann in gemeinsamen deutschen Streitkräften entwickelt. Die vor allem vom älteren Moltke und seinen Nachfolgern als Chefs des Generalstabes der Armee weiterentwickelten Verfahren der Stabsarbeit sowie das Miteinander in den Stäben, das Entscheidungsverfahren Beurteilung der Lage, die Bedeutung des Entschlusses, den der Truppenführer persönlich zu fassen hat, die herausgehobene Stellung des Chefs des Stabes als dessen *alter ego*, eine Befehlsgebung, die den nachgeordneten Führern im Sinne der Auftragstaktik möglichst große Handlungsfreiheit einräumt und die Planungshorizonte der verschiedenen Führungsebenen berücksichtigt, sind noch immer Grundsätze der Stabsarbeit in der Bundeswehr und ihrer militärischen Führer. Sie sind Elemente der preußisch-deutschen Militärkultur. Militärisches Führen im Deutschen Heer ist in der Heeresdienstvorschrift (HDv) 100/200 „Führungssystem der Landstreitkräfte" für den nationalen sowie internationalen Bereich geregelt worden. Diese Dienstvorschrift hat auch Leitcharakter für Streitkräftebasis, Marine und Luftwaffe.

Die Ziele des militärischen Entscheidungsprozesses sind:

- Rechtzeitig zu einem zweckmäßigen Entschluss zu kommen.
- Schnell eine ausreichende Befehlslage herzustellen.
- Allen Beteiligten die erforderliche Zeit zu verschaffen.
- Befehle in eigenes Handeln umzusetzen.

Der Entscheidungsprozess vollzieht sich in einem fortwährenden Zyklus der Phasen:

- Lagefeststellung und Kontrolle,
- Entscheidungsfindung,
- Planung,
- Befehlsgebung,
- Erneute Lagefeststellung und Kontrolle.

Der Entscheidungsprozess wird im preußisch-deutschen Generalstabssystem von Generalstabsoffizieren, auch Führergehilfen genannt, sowie Spezialstabsoffizieren unter der Leitung eines Chefs des Stabes auf allen militärischen Führungsebenen durchgeführt. Chefs der Stäbe werten zusammen mit den Truppenführern den Auftrag aus, beurteilen die Lage und entwickeln den Entschluss. Dabei kann hinterher kaum noch festgestellt werden, wer welchen Beitrag geleistet hat. Der jeweilige Vorgesetzte ist jedoch alleine befugt zu entscheiden und im Sinne der Forderung nach Einheit der Führung seine Truppe zu führen. Wenn dieser eine Entscheidung getroffen hat, führt sie der Chef des Stabes mit seinen Führergehilfen loyal aus.

Militärisches Denken kann nur in erfolgreiches praktisches Handeln und erfolgreiche Führung umgesetzt werden, wenn auf jeder militärischen Ebene ein strukturierter Entscheidungsprozess stattfindet. Dieser bedarf qualifizierter Offiziere, eines eingespielten Führungssystems sowie der Fähigkeit und Bereitschaft aller Akteure, einen solchen Prozess mit zu gestalten und sich führungsebenengerecht in ihn einzubringen. Führergehilfen des preußisch-deutschen Generalstabssystems zeichnet aus, dass sie auf ihre Vorgesetzten mit Rat drängend einwirken, „auf sie zuarbeiten", und nicht abwarten, bis diese sich äußern, wie dies in vielen anderen Streitkräften üblich ist. So hatte beispielsweise 1996 kein Minister oder hoher Vorgesetzter die Idee, deutsch-österreichische Heeresgeneralsstabsbesprechungen einzuführen. Vielmehr haben damals die Generale Horst Pleiner und Günter Hochauer auf der österreichischen Seite und ich als Chef der Operationsabteilung des Deutschen Heeres diesen Plan beraten. Er wurde von unseren Vorgesetzten gebilligt, nachdem wir ihn vorgeschlagen hatten.

Im preußisch-deutschen Generalstabssystem hat der Generalstabsoffizier die Pflicht, seinen Vorgesetzten zu beraten. Vorgesetzte leben in ihren Stäben, Hauptquartieren, Ämtern und im Verteidigungsministerium in einer Umgebung ständig mitdenkender, beratender sowie zu Entscheidung und Tat drängender Führergehilfen. Der Vorgesetze – das gibt es nur in Deutschland – **muss** ihren Rat anhören.

Auf der politisch-strategischen Ebene sind strukturierte Entscheidungsprozesse nicht die Regel. Politiker entscheiden und handeln oft intuitiv, aus dem Bauch heraus, aus wahltaktischen und aus anderen Gründen. Das ist bei den Einsätzen auf dem Balkan und in Afghanistan deutlich geworden. General a.D. Altenburg hat im Clausewitz Jahrbuch 2015 diesen Mangel beklagt und ausgeführt: „Bei allem Verständnis für mögliche unterschiedliche Perspektiven“ der politisch-strategischen Ebene „scheint es mir weiterhin sehr wichtig zu sein“, dort „eine Lagebeurteilung umfassend und vollständig vorzunehmen. Dabei müssen Risiken und potentielle Bedrohungen vorurteilsfrei und hinreichend betrachtet werden. Hierbei sollte es keine Berührungsängste und keine künstlich errichteten Tabuzonen geben.“ Er hält wie viele andere einen Entscheidungsprozess auch auf der höchsten Ebene für unerlässlich.

Lennard Souchon hat in seiner angeführten Arbeit einen Vorschlag entwickelt, wie die Elemente des militärischen Entscheidungsprozesses für die politisch-strategische Ebene zum Entwickeln eines eigenen Entscheidungsprozesses genutzt werden können. Er zieht dazu Clausewitz‘ „Wunderliche Dreifaltigkeit“ heran, um eine Konfliktlage ganzheitlich durchdenken und erfassen zu können.

Mit ihren Elementen „ursprüngliche Gewaltsamkeit des Krieges“, „Spiel der Wahrscheinlichkeit und des Zufalls“ sowie „untergeordnete Natur des politischen Werkzeugs des Militärs“, die unterschiedlich ausgeprägt sind und sich gegenseitig beeinflussen, leitet er den Führungsprozess auf der politisch-strategischen Ebene ein und verschafft einen ganzheitlichen Überblick. Das entspricht der Phase Lagefeststellung und Kontrolle des militärischen Entscheidungsprozesses.

In einem zweiten Schritt wird das Maß der Mittel herausgearbeitet. Es bietet einen handlungsorientierten Vergleich des Zustands und der Fähigkeiten eines Gegners im Vergleich zu den eigenen und ist Grundlage für die Entscheidung zum Einsatz militärischer und anderer Mittel und für strategische Weichenstellungen. Dem entspricht die Phase Entscheidungsfindung im militärischen Führungsprozess.

In einem dritten Schritt wird die Zweck- Ziel- Mittel- Relation durchleuchtet und die Relation von übergeordnetem, politischen Zweck zu den militärischen Zielen und Mitteln herausgearbeitet.

Im Kriegsplan, dem heutigen strategischen Konzept, wird der gesamte Ablauf strukturiert. Dabei sind die Fragen zu beantworten, was man mit (Zweck) und in ihm (Ziel) erreichen soll. Das entspricht den Phasen Planung und Befehlsgebung des militärischen Führungsprozesses. Ohne eine stringente Zweck-Ziel-Mittel-Analyse halten wir es für unverantwortlich, Streitkräfte einzusetzen.

Der politische Zweck kann sich im Verlauf eines Einsatzes ändern. Das entspricht der Phase erneute Lagefeststellung und Kontrolle des militärischen Entscheidungsprozesses. Um es in anderen Worten auszudrücken: Wenn auf der politisch-strategischen Ebene ein möglicher Konflikt Beratungsgegenstand ist, durchläuft der vorgeschlagene Entscheidungsprozess vier Schritte. Alle an ihm beteiligten Akteure wirken an ihm gleichberechtigt mit:

1. Lagefeststellung mittels der Elemente der „Wunderlichen Dreifaltigkeit“ nach Clausewitz.
2. Nach Abwägen von Optionen, die im Rahmen der „Wunderlichen Dreifaltigkeit“ ermittelt worden sind, ein vielschichtiger Vergleich der eigenen Fähigkeiten mit denen des Gegners.
3. Konkretisierung des geplanten Einsatzes von Streitkräften.
4. Überprüfung der Lageentwicklung.

Sicherlich gibt es auch andere Verfahren zur Umsetzung von strategischem Denken in strategisches Handeln auf der politisch-strategischen Ebene. Der militärische Entscheidungsprozess bietet aber eine solide, für die höchste Ebene mit Nutzen zu gebrauchende Grundlage an. Unerlässlich ist, dass vor politischen Entscheidungen auf der politisch-strategischen Ebene immer ein strukturierter Entscheidungsprozess stattfindet, bevor eine Entscheidung getroffen wird. Nur dann kann diese systematisch, unter Berücksichtigung aller Faktoren, entwickelt werden.

Ein so gestalteter Entscheidungsprozess erfordert von allen Beteiligten der politisch-strategischen Ebene, also PolitikerInnen, DiplomatInnenen, SoldatInnen und Vertretern anderer Bereiche, Bildung in den entscheidungsrelevanten Feldern, Schulung und Disziplin. Bei den internationalen Krisenreaktionseinsätzen der jüngsten Zeit, bei ihrer Planung sowie Steuerung durch die politisch-strategische Ebene sind in diesem Bereich gravierende Defizite deutlich geworden. Dies vor allem immer dann, wenn Entscheidungen nicht das Ergebnis eines systematischen Führungsprozesses waren, sondern spontan gefällt worden sind.

General der Artillerie Ludwig Beck, Chef des Generalstabes des Heeres von 1935 bis zu seinem Rücktritt im Jahre 1938, hat bei der Feier zum 125. Jahrestag der Kriegsakademie – in gewisser Hinsicht Vorläuferin der Führungsakademie der Bundeswehr – als Voraussetzung für erfolgreiches militärisches Führen auf allen Ebenen zeitlos gültig formuliert: „Die Erfassung und Behandlung militärischer Fragen – wir sagen für die politisch-strategische Ebene Fragen der Sicherheitsvorsorge für Deutschland – in ihren Zusammenhängen bis zum Urgrund in systematischer Denkarbeit Schritt um Schritt (…) will sorgsam erlernt und geübt sein. Nichts wäre gefährlicher als sprunghaften, nicht zu Ende gedachten Eingebungen, mögen sie sich noch so klug oder genial ausnehmen, nachzugeben oder auf Wunschgedanken, mögen sie noch so heiß gehegt werden, aufzubauen.“

Diese Aussagen treffen für alle Mitwirkende an einem Entscheidungsprozess auf der politisch-strategischen Ebene zu.

Nur durch ebenengerechtes Verhalten aller Akteure kann strategisches Denken erfolgreich in Handeln umgesetzt werden.

Friktionen und Fehler traten in den internationalen Krisenreaktionseinsätzen unserer Zeit immer dann auf, wenn die verantwortlichen PolitikerInnen, DiplomatInnen, SoldatInnen und andere Akteure sich nicht nach den geltenden Mandaten sowie den für sie aus ihnen abgeleiteten Kompetenzen verhalten haben und sich in untere Führungsebenen, an den Verantwortlichen vorbei, einmischten und sie übergingen.

Die politisch-strategische Ebene erteilt den Auftrag zu einem Einsatz unmittelbar – heute immer in Bündnisstrukturen – und legt seinen Zweck und sein Ziel fest. Die militärische Führung vollzieht sich auf den drei miteinander verflochtenen militärstrategischen, operativen und taktischen Ebenen. Strategisches Denken und Handeln „rutschte" in den Einsätzen häufig von der strategischen auf die darunterliegenden Ebenen, wenn dieses Ordnungsgerüst nicht beachtet wurde. Das hat zu gravierenden Pannen, Verwundeten und Gefallenen geführt.

Strategische Konzepte und aus ihnen abgeleitetes strategisches Handeln für internationale Krisenreaktionseinsätze beziehen alle militärischen und zivilen Akteure ein. Die Einheit der Führung muss gewährleistet sein.

In die heutigen internationalen Krisenreaktionseinsätze werden neben den SoldatInnen immer häufiger zivile Akteure und ihre Organisationen unter der Leitung der politisch-strategischen Ebene in die militärischen und an sie angelehnten Führungs- und Entscheidungsprozesse auf allen Ebenen eingebunden. Von allen ist strategisches Denken und Handeln-Können gefordert. Nur dann kann vernetzt zusammengearbeitet werden.

Von einer Einheit der Führung in den Einsatzgebieten konnte bislang nicht die Rede sein. Parallele zivile und militärische Handlungsstränge, durch Resolutionen des Sicherheitsrats der Vereinten Nationen geschaffen, unzählbare „Nicht-Regierungsorganisationen", die unkoordiniert neben ihnen wirkten, politische, diplomatische und sonstige Akteure der an den Einsätzen beteiligten Nationen mit starken Eigeninteressen, die unabhängig und ohne Koordinierung mit dem vorgegebenen strategischen Konzept agierten, konnten nie unter einer leitenden Hand orchestriert werden. Das hat strategisches Handeln auf der Grundlage von Entwicklungen in den Einsatzgebieten bei der Umsetzung der ihnen zugrundeliegenden Mandate und Strategien vielfach behindert.

Erfolgreiches strategisches Denken und Handeln im Lichte dieser Erkenntnisse setzt voraus, dass sich alle militärischen und zivilen Akteure sowie Organisationen die folgenden Grundsätze und „Lessons Learned" aus den Einsätzen aneignen und nach ihnen handeln. Vor allem aber, dass auch bei den zivilen Aufbauorganisationen auf der strategischen Ebene strukturierte, an den militärischen Entscheidungsprozess angelehnte Entscheidungsprozesse stattfinden. In der folgenden Quintessenz sind Erkenntnisse von Clausewitz für unsere Zeit und Verhältnisse übersetzt worden. Sie sind ein Leitfaden für die politisch- strategische Ebene beim Planen eines internationalen Krisenreaktionseinsatzes.

Erstens: Die politisch-strategische Ebene behält in internationalen Krisenreaktionseinsätzen in allen ihren Ausprägungen die Führung. Vor Abschluss eines von einer internationalen Koalition geführten Einsatzes legt die politisch-strategische Ebene, d.h. die Vereinten Nationen, die NATO, die Europäische Union und/oder andere internationale Organisation im Konsens mit den am jeweiligen Einsatz beteiligten Nationen bereits bei der Planung aller Komponenten eines Einsatzes den angestrebten Friedenszustand fest. Sie wird dabei durch die verantwortlichen höchsten SoldatInnen, DiplomatInnen und VertreterInnen anderer Organisationen beraten. Sie entwickelt hierzu zusammen mit diesen ein den gesamten Einsatz umfassendes strategisches Konzept, das von den nachgeordneten Führungsebenen umgesetzt wird. Die politisch-strategische Führung vermeidet, über Führungsebenen hinweg in die Durchführung von Einsätzen einzugreifen.

Zweitens: Internationale Akteure in Einsätzen, ob Politiker, Soldat, Diplomat, Polizist oder Angehöriger einer anderen in ihr eingebundenen Organisation sind mit den Grundproblemen und dem Wesen der Politik, des Militärs, der Wirtschaft und vor allem den jeweiligen Bedingungen im Einsatzgebiet vertraut. Außerdem sind sie geschult und gewillt zusammenzuarbeiten, komplexe Sachverhalte gemeinsam zu analysieren, Lösungen gemeinsam zu entwickeln und, jeder nach seiner Kompetenz, ressortübergreifend und ebenengerecht zu handeln und sich an den Führungsprozessen aktiv zu beteiligen.

Drittens: Die Durchführung eines Einsatzes wird ständig von der Lage im jeweiligen Einsatzgebiet beeinflusst. Wenn notwendig, werden Planungen und Weisungen der politisch-strategischen Ebene der tatsächlichen Lage angepasst, und Clausewitz' Triade Zweck, Ziel und Mittel wird neu austariert.

Die internationalen Krisenreaktionseinsätze haben gelehrt, dass zunehmend zivile Schlüsselakteure in einem Einsatzgebiet von Anfang an, also weit früher als bisher, in die Entscheidungsvorgänge und Planungen einzubinden sind.

Die dargestellten, im Verlauf der preußisch-deutschen Militärgeschichte und im preußisch-deutschen Generalstabssystem bis in unsere Zeit hinein entstandenen Verfahren zum Umsetzen von strategischem Denken in strategisches Handeln, nämlich strukturierte Entscheidungsprozesse, ebengerechtes Handeln und ein vernetzter Sicherheitsansatz mit vernetztem Zusammenwirken aller militärischen und zivilen Akteure, kann in vielen außermilitärischen Bereichen, für die jeweiligen Bedingungen zugeschnitten, angewendet werden. Hierzu gehört z.B. das Bewältigen von Naturkatastrophen, von schweren Unglücksfällen und komplexen Entscheidungssituationen in vielen anderen Bereichen wie der Wirtschaft. In den in den letzten Jahren geschaffenen und ständig weiter ausgebauten Lagezentren, in denen SoldatInnen und zivile Akteure zusammenarbeiten, etwa im Auswärtigen Amt, im Einsatzführungskommando der Bundeswehr, bei der Bundespolizei und den Polizeien der Länder wird vernetzte Zusammenarbeit immer wirkungsvoller praktiziert.

Die Terroranschläge in unseren Tagen gebieten auch immer engere Verzahnungen von deutschen und ausländischen Akteuren und ein Überwinden noch immer bestehender Ressortgrenzen und nationaler Restriktionen. Dieser Prozess verläuft langsam, und man kann den Eindruck gewinnen, er erhalte nur nach terroristischen Anschlägen ein vorübergehendes Momentum. Die dort angewendeten und immer mehr optimierten Verfahren der Entscheidungsfindung können auf dem militärischen Entscheidungsprozess gründen.

Die folgenden historischen Beispiele sollen belegen, dass strategisches Denken und der Prozess seines Umsetzens in strategisches Handeln nie konfliktfrei, häufig von Vertretern der falschen Ebenen geleistet wurde und allzu oft verhängnisvolle Folgen für Deutschland hatte.

Ein Dach der strategischen Sicherheitsvorsorge ist mit militärischem Rat von der politisch-strategischen Ebene zu errichten.

Im Deutsch-Französischen Krieg von 1870/71 war es zwischen Bismarck und Moltke, dem Leiter der militärischen Operationen, darüber zum Streit gekommen, ob sich im Krieg die politisch-strategische Ebene, die Politik, in die Kriegsführung einmischen dürfe und ob ihr die Oberleitung zustehe. Kaiser Wilhelm I. entschied sich in dieser Frage für die Auffassung von Clausewitz.

Sie besagt: „Krieg ist nichts als eine Fortsetzung des politischen Verkehrs mit Einmischung anderer Mittel. Wir sagen mit Einmischung anderer Mittel, um damit zugleich zu behaupten, dass dieser politische Verkehr durch den Krieg nicht aufhört. (…) Hiernach kann ein Krieg niemals vom politischen Verkehr getrennt werden."

Moltke forderte jedoch von seinem Monarchen für den Kriegsfall eine strikte Trennungslinie zwischen Politik und Militär. Er vertiefte diese Auffassung in seinen Schriften nach dem Deutsch-Französischen Krieg und fasste sie wie folgt zusammen:

„Die Politik bedient sich des Krieges für Erreichung ihrer Zwecke, sie wirkt entscheidend auf den Beginn und das Ende desselben ein, so zwar, dass sie sich vorbehält, in seinem Verlauf ihre Ansprüche zu steigern oder aber mit einem minderen Erfolg sich zu begnügen. (…) Die Strategie (kann) ihr Streben stets nur auf das höchste Ziel richten, welches die gebotenen Mittel überhaupt erreichbar machen. Sie arbeitet so am besten der Politik in die Hand, nur für deren Zweck, aber im Handeln völlig unabhängig von ihr."

Moltke konnte aber seine Auffassungen dennoch wirkungsmächtig umsetzen. Er wollte im Krieg die Strategie von der politischen Sphäre ablösen und diese an die zweite Stelle verweisen. Generationen von Offizieren, die im Generalstab von Moltke geprägt worden sind, nahmen diese Forderung als Glaubenssatz an und fokussierten Strategie und strategisches Denken und Handeln ausschließlich auf die Armee und nicht auf das Schaffen eines überwölbenden Dachs der Sicherheitsvorsorge durch die politisch-strategische Führung. Dies in einem Prozess, in dem der Chef des Generalstabes der Armee eine prominente Beraterrolle neben anderen Akteuren hat, ihr jedoch nachgeordnet ist. Die politisch-strategische Ebene, Kaiser Wilhelm II. und Politiker, an erster Stelle der Reichskanzler Theobald von Bethmann Hollweg, leisteten gegen diesen Prozess nur wenig Widerstand.

Er erreichte unter Generalfeldmarschall Alfred Graf von Schlieffen, Chef des Generalstabes der Armee von 1891 bis 1906 und nach seiner Pensionierung weiterhin im Bereich der Strategie einflussreich, ihren Höhepunkt. Sein Wirken führte dazu, dass sich bei der politischen Leitung des Deutschen Reiches die Überzeugung verbreitete, der Generalstab halte das „Geheimnis des Sieges" in der Hand. Nur sein Chef sei Stratege und nicht die hierfür verantwortlichen Politiker. Bis zum Ende des Ersten Weltkrieges wurde damit strategisches Denken und Handeln zur Domäne des Generalstabes. Kaiser Wilhelm II. und Reichskanzler von Bethmann Hollweg versäumten es, vor und während des Ersten Weltkrieges für das Deutsche Reich ein politisch-strategisches Dach der Sicherheitsvorsorge zu schaffen, das Krisenmanagementoptionen und politische Alternativen angeboten hätte, um den Ausbruch des Ersten Weltkrieges zu vermeiden und mit den Gegnern Frieden zu schließen.

Sie stolperten in den Krieg hinein, wie dies Christopher Clark eindringlich 2014 mit seiner Arbeit „Die Schlafwandler" dargestellt hat und setzten auf die überlegene Qualität der deutschen Streitkräfte und ihrer überlegenen Truppenführer und Generalstabsoffiziere. Ab Kriegsausbruch setzten sie auf militärische Lösungen, die in seinem Verlauf von halbherzigen sowie unrealistischen politischen Initiativen flankiert wurden. Zunächst wollten die Deutschen in einer einzigen großen Schlacht auf der Grundlage von Schlieffens strategischen Gedanken den Ersten Weltkrieg gewinnen. Im September 1914 verloren sie die Erste Marneschlacht, setzten aber weiterhin auf die militärische Karte, in der Schlacht um Verdun von 1916, mittels des uneingeschränkten Unterseebootkrieges im Jahre 1917 und ab Frühjahr 1918 durch eine vergebliche Folge von Angriffen des Generals Erich Ludendorff im Westen mit taktischen Hammerschlägen gegen die Briten und Franzosen ohne strategischen Überbau.

Das alles zeigt, welche negativen Folgen es hat, wenn strategisches Denken und Handeln auf die militärische Sphäre reduziert, in die Hände der führenden Soldaten gelegt oder von ihnen usurpiert wird. Strategisches Denken und Handeln ohne das sie überwölbende Dach einer Strategie der Sicherheitsvorsorge kann nur militärische Lösungen anbieten und keine Antwort darauf geben, was geschehen soll, wenn sie scheitern. Die Nationale Strategie eines Landes – es sei wiederholt – berücksichtigt immer alle Facetten des politischen Umfelds und die Wirkungskräfte und Möglichkeiten aller sie berührenden Staaten. Das hat Clausewitz in den behandelten Elementen seiner „Wunderlichen Dreifaltigkeit" dargelegt. Die Fixierung des strategischen Denkens auf das Militär hatte zur Folge, dass das aus ihm abgeleitete Handeln keine strategische Dimension hatte und die verantwortlichen Soldaten in der Überzeugung bestärkt wurden, sie seien berufen, Aufgaben der politisch-strategische Ebene zu übernehmen. Sie drängten damit die politische Leitung, den Kaiser und den Reichkanzler, an den Rand.

Negativ wirkte sich auch aus, dass die politisch-strategischen Ebenen Deutschlands und Österreichs keine gemeinsamen Strategien zur Führung des Ersten Weltkrieges entwickelten, oft nebeneinanderher planten und operierten und kein gemeinsames Oberkommando und Hauptquartier schufen wie ihre Gegner 1918, als sie den französischen Marschall Foch als gemeinsamen Oberbefehlshaber über ihre Streitkräfte einsetzten. Aber auch die Militärs, die ihre Aufgaben übernommen hatten, haben das weder gefordert noch zu erwirken versucht.

Diese Entwicklung führte dazu, dass vor 100 Jahren der Chef der Zweiten Obersten Heeresleitung von 1914 bis 1916, General von Falkenhayn, eine Strategie entwickelte und bei Kaiser Wilhelm II. durchsetzte, den Krieg dadurch zu beenden, dass durch Zufügen untragbarer Verluste der französischen Armee bei Verdun – Falkenhayn nannte dieses Ziel nach dem Ersten Weltkrieg in seinen Erinnerungen „ausbluten" – die Briten überzeugt werden sollten, aus der Kriegskoalition gegen Deutschland auszuscheiden. Der uneingeschränkte Unterseebootkrieg sollte diese Strategie flankieren. Der Chef der Obersten Heeresleitung entmachtete mit seinem strategischen Denken und seinen Planungen die politisch-strategische Ebene. Er entwickelte seine Strategie ohne Beteiligung des österreichischen Bündnispartners, den er über seine Pläne lange im Dunkeln ließ. So fasste sein strategisches Konzept den von Clausewitz so genannten „kriegerischen Akt" nicht zusammen, gab es kein strategisches Gesamtkonzept der Bündnispartner, das in Koalitionsstreitkräften aus unterschiedlichen nationalen Armeen zwingend notwendig ist. Diese Usurpation der politisch-strategischen Ebene durch ihren ersten militärischen Berater scheiterte mit grausigen Verlusten sowie heute noch nachwirkenden Folgen in Deutschland und Frankreich.

Heute scheinen wir in das andere Extrem verfallen zu sein. General Altenburg hat dazu ausgeführt: „Wenn ich mir heute ansehe, was an politischen Entscheidungen gefällt wird und wie diese Entscheidungen getroffen werden, dann habe ich bisweilen das Gefühl, dass eine stärkere Berücksichtigung militärischer Expertise und Erfahrungen durchaus nützlich sein könnte.“

Clausewitz hielt die strategische Defensive in einem Feldzug, aus der heraus offensiv sowie defensiv operiert werden kann, dem strategischen Angriff für überlegen. Die deutsche militärische Führung – davon überzeugte sie vor dem Ersten Weltkrieg die politisch-strategische Führung, angeregt durch Moltke und seine Nachfolger als Chefs des Generalstabes der Armee – erhoben jedoch die Auffassung von der Überlegenheit der schnell geführten strategischen Offensive zum Dogma, planten und handelten nach ihm. So verbrauchte z.B. Ludendorff die nach dem Sieg über Russland frei gewordenen deutschen Kräfte in der Angriffsschlachtenfolge von 1918 ohne eine begleitende Friedensstrategie der politisch-strategischen Ebene und versäumte es, zu erwägen, die deutsche Kräfte in einem Dispositiv der strategischen Defensive einzusetzen und Verluste zu reduzieren.

Zum Schluss ein Blick auf den militärischen Beitrag zum strategischen Denken und Handeln in der Wirtschaft.

Strategisches Denken und Handeln, aus dem militärischen Entscheidungsprozess abgeleitet, hat vielfältigen Eingang in die Wirtschaft gefunden.

Strategisches Management und militärisches Führen sind seit langem immer wieder in Bezug zueinander gesetzt worden. Wie zu Anfang gezeigt, werden in der Wirtschaft militärische Begriffe häufig zu ihrer Aufwertung gebraucht. Seitens des Managements der Wirtschaft sind aber häufig Analogien zum Militär gezogen worden. Eine starke Verwobenheit von Militär und Wirtschaft hat stattgefunden. In der Managementliteratur findet sich ein enger Bezug zum Militär, z.B. auf Clausewitz und sein Hauptwerk „Vom Kriege“. Seine Erkenntnis von der leitenden Aufgabe der politisch-strategischen Ebene, das auf ihrer Ebene angesiedelte strategische Denken und Handeln, wird dort angewendet.

Heute differenziert die Wirtschaft in Teilstrategien. Die Strategie bezieht sich dabei auf langfristige Zielerreichung. Kurzfristige Entscheidungen werden oft als Taktik bezeichnet, deren Kombination sich zu einer Strategie zusammenfügt wie beim Militär die politisch-strategische, militärstrategische, operative sowie taktische Ebene. Langfristige Zieldefinitionen und die Entwicklung eines Plans zur Zielerreichung, beim Militär das strategische Konzept, werden heute als essentielle Aspekte unternehmerischen Handelns gesehen. Schon seit den 1950er Jahren wurde in den USA strategisches Denken und Handeln in Kursen der Wirtschaft und an den Universitäten gelehrt.

In seinem ebenfalls im Clausewitz Jahrbuch 2015 erschienenen Aufsatz „Betriebswirtschaftslehre und Militärwissenschaft – Widerspruch oder Kooperation“ hat Dietmar Schössler festgestellt, dass in Deutschland bis in das 20. Jahrhundert hinein militärische Entscheidungsverfahren und Wirtschaft ein problematisches Verhältnis hatten. In den angelsächsischen Ländern habe es dieses Spannungsverhältnis nie gegeben. Militärisches, auf Gewaltanwendung ausgerichtetes Handeln habe in Deutschland lange im Gegensatz zu den Zielvorstellungen der Wirtschaft mit ihren Prinzipien des friedlichen Warenverkehrs gestanden. Daher hätten Betriebs- und Volkswirtschaft lange um die Analyseverfahren des Militärs einen Bogen gemacht. Schössler weist nach, dass aber eine daraus abgeleitete Inkompatibilitäts-Theorie sozialgeschichtlich nicht haltbar sei. Nach dem Zweiten Weltkrieg habe sich das unter US-amerikanischem Einfluss geändert.

Bis in die 1980er Jahre prägte dann Reinhard Höhn das auf dem preußisch-deutschen Generalstabssystem gründende strategische, operative und taktische Führungsverständnis und Handeln im Management in Deutschland. Sein Harzburger Modell vermittelte Führungskräften der Wirtschaft Wissen, wie sie im Mitarbeiterverhältnis mit der Delegation von Verantwortung, angelehnt an den militärischen Führungs- und Entscheidungsprozess, ebenengerecht führen können.

Der Leiter der Bundesagentur für Arbeit, Frank-Jürgen Weise, Oberst der Reserve und von 1972 bis 1984 Soldat, hat in einem „Führungskompass. Führung in der Bundesanstalt für Arbeit“ den militärischen Entscheidungsprozess für seinen Amtsbereich umgesetzt. Der von ihm entwickelte Entscheidungsprozess beginnt wie beim Militär mit einer Auswertung des Auftrags. Danach werden eigene Handlungsmöglichkeiten entwickelt, gegeneinander abgewogen und die beste Lösung ermittelt. Nach der Entscheidung wird ein Plan zur Umsetzung erarbeitet. Dann werden die Aufträge erteilt. Weise hat die Bedeutung eines systematisch durchgeführten Entscheidungsprozesses erkannt, der für ihn die Grundlage qualifizierter Entscheidungen ist, wie er beim Militär auf allen Ebenen praktiziert wird und, wie gezeigt, von der politisch-strategische Ebene genutzt werden kann.

Bei aller heutigen Vermischung von militärischem strategischem Denken und Planen und Management der Wirtschaft bleiben Unterschiede. Militärische Führung vollzieht sich auf der Grundlage soldatischer, verordneter Tugenden und Pflichten, eingehegt von der soldatischen Gesetzgebung. Angehörige der Wirtschaft, deren Kompetenzen und Wirkungsmöglichkeiten ein Arbeitsvertrag regelt, unterliegen weder einem solchen Pflichtenkatalog noch einer besonderen Gesetzgebung wie die Soldaten. Das schließt die gegenseitige Befruchtung in vielen Feldern, also auch im strategischen Denken und Handeln, nicht aus.

Die Bereitschaft nichtmilitärischer Leistungsträger, sich im strategischen Denken und Handeln zu schulen, liegt in weiter Ferne.

Es stellt sich die Frage, ob ein Prozess eingesetzt hat, dass neben den SoldatInnen auch PolitikerInnen, DiplomatInnen, WirtschaftsführerInnen- und Andere in unserer

Zeit Möglichkeiten zur Schulung in strategischem Denken und Handeln suchen, bereit sind, nur Entscheidungen zu treffen, wenn diese Ergebnis von Führungsprozessen sind, sich führungsebenengerecht zu verhalten, eine mit Verbündeten in anderen Ländern vernetzte Zusammenarbeit zu gestalten sowie Ressortgrenzen und nationale Restriktionen zu überwinden. Angesichts der terroristischen Bedrohungen unserer Tage und der Wiederbelebung der Landes- und Bündnisverteidigung der NATO aufgrund von krisenhaften Entwicklungen und des in diesem Bereich stattgefundenen Paradigmenwechsels bei der Sicherheitsvorsorge Deutschlands und seiner Verbündeten sollte dies ein zwingendes Gebot sein. Lennard Souchon hat in seiner Arbeit in diesem Zusammenhang gefordert, es sei höchste Zeit, ausgewählte Führungspersönlichkeiten zielgerichtet so weiter zu bilden, dass sie strategisches Denken beherrschten.

Wir dürfen uns aber keinen Illusionen hingeben: Das Modul „Strategisches Denken“ beispielsweise, das von der Führungsakademie der Bundeswehr in Hamburg mit dem Ziel angeboten wird, Stabsoffiziere auf Verwendungen vorzubereiten, die strategisches Verständnis im Rahmen internationaler und nationaler Sicherheits- und Verteidigungspolitik erfordern, kann nur als Tropfen auf den heißen Stein bezeichnet werden. Vertreter der politisch-strategischen Ebene bleiben weiterhin überwiegend in Fragen ihrer Ausbildung im strategischen Denken und Handeln ungeschult.

In seiner Arbeit „Führungseliten. Generale und Admirale der Bundeswehr 1955–2015“ von 2014 hat Dieter Kilian Konflikte dargestellt, die entstehen, wenn zunächst in Fragen des strategischen Denkens und Handelns ungeschulte Verteidigungsminister im Bundesministerium der Verteidigung auf in diesen Feldern – mit Eliteniveau – geschulte Mitarbeiter treffen.

In der Zusammenarbeit beider Gruppen werden sie sich immer bis zu einem gewissen Grade abschleifen. Das ersetzt aber eine systematische Schulung von Politikern und anderen Akteuren der politisch-strategischen Ebene nicht. In den internationalen Krisenreaktionseinsätzen werden beide Gruppen gezwungen, zusammenzuarbeiten, sich gegenseitig „on the job“ in der Praxis der Einsätze zu schulen, dies der politisch-strategischen Führung in Deutschland und in ihren Ländern zu melden und gemeinsam einen weitgehend friktionslosen Verlauf eines Einsatzes zu leiten. Im vernetzten Einsatz liegt eine Chance einer gegenseitigen Schulung von Akteuren auf allen Führungsebenen. Das gilt auch für die angesprochenen Krisenzentren der Polizeien und anderer Organisationen. Die Aussichten jedoch, dass ein Durchbruch zur Beseitigung der aufgezeigten Defizite rasch erreicht wird, sind nicht rosig.

Die Ukraine und Syrien als Fallbeispiele für Defizite gesamtstrategischen westlichen Denkens

Wulf-W. Lapins

Hinführung

In der sicherheitspolitischen community werden oft dieselben Quellen recherchiert, gelesen, exzerpiert, reflektiert und bewertet. Vor diesem Hintergrund wird mein Beitrag daher sicherlich nicht die Eingangstür zu einer neuen hedonistisch-wissensbasierten Shopping mall öffnen. Zur Wissensökumene der community kann ich somit auch nur die eine oder andere zusätzliche Perspektive beifügen – als meinen Beitrag zum Diskurs. Durch den einen Aufsatz beschränkenden Rahmen können die Ausführungen nicht in Gänze ausdiskutiert werden. Zur Verdeutlichung und zum Widerspruch anregend, sind sie oft holzschnittartig, mitunter auch bewusst plakativ.

Im weltweit bekannten Kinderbuch „Jim Knopf und Lukas der Lokomotivführer" treffen beide in der Wüste eine riesige Gestalt. Beim Näherkommen stellt diese sich schließlich als Herr Tur Tur von ganz normaler Größe heraus, die nichts dafür kann, dass man sie ihrer scheinbaren Größe wegen fürchtet. Diese literarische Figur des Scheinriesen charakterisiert der Autor Michael Ende als friedlich, empathisch, hilfsbereit und eigentlich gesellig, aber aufgrund seiner unterstellten Ausmaße auch einsam. Die Metapher des Scheinriesen findet ihre vermeintliche Analogie im Slogan: Bei Sonnenuntergang werfen auch Zwerge lange Schatten.

Tatsächlich handelt es sich hierbei aber um die Dialektik intersubjektiver Raumperspektive, um die Frage von Ferne und Nähe beobachteter Personen. Beides, Scheinriese und Schattenriss von Kleinwüchsigen, sind, ungeachtet ihrer fälschlichen Signatur von Identität – und angesichts realer Herausforderungen oder perzipierter Bedrohungen für das Europa der Integration – gleichwohl oft Daseinsbeschreibungen der gemeinsamen europäischen Außenpolitik.

Bereits 2008 wurde in den USA der Ton gestellt: Europa könnte perspektivisch vom prioritären zum nicht länger zugleich auch dem entscheidenden Alliierten depravieren. Als weitreichendes Prognose-Szenarium führte eben vor acht Jahren der US National Intelligence Council für das Jahr 2025 als Trend Analyse aus:

„However, continued failure to convince skeptical publics of the benefits of deeper economic, political, and social integration and to grasp the nettle of a shrinking and aging population by enacting painful reforms could leave the EU a hobbled giant distracted by internal bickering and competing national agendas, and less able to translate its economic clout into global influence."[1]

Dem folgte dann die sicherheitspolitische Prognose: *„Divergent threat perceptions within Europe and the likelihood that defense spending will remain uncoordinated suggest the EU will not be a major military power by 2025. The national interests of the bigger powers will continue to complicate EU foreign and security policy and European support for NATO could erode."*[2]

Das „Brüssel-Europa" antwortete auf diese weckrufende Voraussicht mit erprobt-bewährter freiwilliger Erkenntnisisolation – und übte sich sattsam weiter in der gehobenen Kunst hochtalentierter Ahnungslosigkeit. Europa befreite sich nicht im Kantschen Sinne des *sapere aude* (habe den Mut dich deines Verstandes zu bedienen) aus seiner selbstverschuldeten europäischen „Verzwergung". Ein erster Schritt auf eine solche Emanzipation hin läge in der Entwicklung eines visionär-begeisternden neuen Europa-Narrativs mit entsprechenden Handlungsschritten. Brüssel arbeitete sich vielmehr weiter an seinen Agenden technokratisch ab. Gegenüber diesen erscheint aus der Sicht der Bürger und Wähler die Aufbau-Anleitung des Ikea-Billy-Regals oft wie reine Poesie.

Der Ukraine-Konflikt

Ganz in diesem tradierten technokratischen Modus widmete sich die Kommission auch dem Freihandels- und Assoziierungsabkommen mit der Ukraine. Wir werden jedoch sehen, dass der Vorwurf, die Kommission verstehe zu wenig von Außenpolitik, Fehl am Platze ist; jedenfalls im Kontext des Vertrages. Verantwortung für das Scheitern tragen vorrangig einige europäische Regierungen. So wenig wie der Nachtfalter die Nacht faltet und Erasmus kein Vorort von Rotterdam ist, so beschränkt strategisch durchdachten, prüften und wägten insbesondere maßgebliche Regierungen von EU-Ländern die Varianz potenzieller Konsequenzen dieses Abkommens.

Gleichwohl Außen- und Sicherheitspolitik bekanntlich final zur Domäne der Staats- und Regierungschefs gehört. In einigen maßgeblichen westeuropäischen

---

1 Siehe http://www.aicpa.org/Research/CPAHorizons2025/GlobalForces/DownloadableDocuments/GlobalTrends.pdf (15.4.2016), S. 32.

2 Ebenda, S. 33.

Hauptstädten wurde das Abkommen nämlich ab einem bestimmten Punkt zu stark durch tradierte parteipolitische Prismen beurteilt. Zu diagnostizieren sind:

- Eine Prävalenz von Unkenntnis der komplexen ukrainischen Innenpolitik.
- Zu wenig Wissen darüber, dass die Ukraine für Russlands geplante Bildung der Eurasischen Wirtschaftsunion unerlässlich ist.
- Generell mangelhafte Sachkenntnis über russische außenpolitische Absichten, Ziele und Fähigkeiten.

Kurzum: Verdrängung, Unfähigkeit zu multiplem Denken sowie vorsätzliche Blindheit i.S. auch Undenkbares zu denken. Nach dem Scheitern des Assoziierungs-Abkommens liegt über der Causa viel narrativer Brüsseler Nebel. Und Russland mischt, um im Bild zu bleiben, in die Variante seiner Großerzählung noch Tränengas bei. Man reibt sich die Augen: In West und Ost beanspruchen bei der Deutungshoheit der Vertragsgenese Hysteriker den Status von Historikern.

Zur Erinnerung: Im Juni 2007 erteilten die europäischen Staats-und Regierungschefs der Kommission das Mandat, mit der Ukraine vertiefte Beziehungen zu führen. Das avisierte Abkommen sollte „Modellcharakter" für die europäische Nachbarschaftspolitik bekommen, die ein Jahr später auf dem EU-Gipfel in Prag in die Östliche Partnerschaft transformiert wurde. Das wesentliche Element des offerierten Assoziierungsabkommens mit Kiew sollte ein Freihandelsabkommen sein. Brüssel und der Europäische Rat hätten jedoch wissen müssen, dass sie damit eigentlich ein Danaergeschenk andienten.

Der frühere deutsche Bundeskanzler Gerhard Schröder bezeichnete das auch als den „Anfangsfehler" der EU. Denn der ukrainische Präsident, Viktor Janukowitsch, wie auch die russische Regierung unter Wladimir Putin wollten, dass Kiew der Zollunion von Russland, Kasachstan, Weißrussland Armenien und Kirgisien beitritt.[3] Diese Zollunion bildet für Russland das Fundament für die geplante Eurasische Union. Strukturell – wenngleich machtpolitisch unter anderen Vorzeichen – ist dieser Prozess vergleichbar mit dem Abschluss ihrer Zollunion, mit dem der Europäische Integrationsprozess 1968 begann. Eine Zollunion konstituiert eine gemeinsame Handelspolitik. Im Umkehrschluss verzichten also Zollunions-Staaten auf jeweilige autonome Handelspolitiken und damit auf Souveränität. Ein Staat kann problemlos zahlreiche Freihandelsabkommen schließen, aber nur einer Zollunion beitreten.

Die Ukraine war bereits Teilnehmer des Freihandelsabkommens mit der GUS. Eine EU-Assoziierung wäre hiermit durchaus vereinbar gewesen.[4] Aber die Mitglied-

---

[3] Vgl. http://www.swp berlin.org/fileadmin/contents/products/arbeitspapiere/arbpap FG5_polownikow_zollunion.pdf (16.4.2016).

[4] Vgl. http://carnegie.ru/commentary/?fa=56074 (25.4.2016).

schaft in der eurasischen Zollunion, in der Kiew seit Juni 2013 Beobachterstatus besaß, und zugleich auch EU-Assoziierung und Freihandelsabkommen sind inkompatibel.

Auf dem EU-Ukraine Gipfel Ende Februar 2013 in Brüssel stellte der Kommissionspräsident José Manuel Barroso Staatspräsident Viktor Janukowitsch klar vor die Alternative. Die Ukraine müsse wählen zwischen einer Annäherung an die EU oder dem Beitritt zur von Russland dominierten Zollunion: „*Es ist eine Entweder-oder-Entscheidung (...) Die Ukraine ist ein souveräner Staat und muss selbst entscheiden, mit wem sie ihre Beziehungen vertiefen möchte.*"[5]

Damit wurde das Assoziierungsabkommen zum geopolitischen „entweder-oder" hochstilisiert. Aus russischer Sicht musste oder zumindest konnte das Assoziierungsabkommen so gedeutet werden: Die EU will die Ukraine auf die westliche Seite ziehen und auf diesem Weg die Eurasische Union verhindern. „*Eine kluge Russlandstrategie der EU hätte die Schaffung einer Freihandelszone zwischen der Eurasischen Union und der EU anstreben können*"[6], so das Urteil des Experten für politische Ökonomie, Heribert Dieter, von der Stiftung Wissenschaft und Politik (SWP), dem Deutschen Institut für Internationale Politik und Sicherheit. Dass weder EU-Kommission noch der Europäische Rat sich mit Russland zusammengesetzt hatten, um über die ökonomischen und politischen Konsequenzen der Assoziierung zu sprechen, ist ein gravierendes Versäumnis des Gebots einer Risiko-Folgenschätzung.[7]

Die renommierte estnische Russlandexpertin und Senior Policy Fellow des European Council on Foreign Relations, Kadri Liik, zitiert einen hohen EU-Beamten mit den Worten: „*Russland hat nie gesagt, dass es eine Einflusssphäre in der Ukraine beansprucht. Hätte es das gesagt, wären wir die Angelegenheit anders angegangen. Putin oder die russische Regierung haben das aber nicht gesagt, weil sie glaubten, dies wäre zu augenfällig, um überhaupt ein Wort darüber zu erwähnen.*"[8]

Es war zudem fahrlässig von Brüssel und den europäischen Außenministerien, sich nicht eingehend genug mit der russisch-ukrainischen Geschichte befasst zu haben. Dann nämlich hätte man die geschichtliche-mythologische Bedeutung der Ukraine für Russen richtig gewichtet. Denn seit dem Vertrag von Pereslaw, dem Treueeid der Saporoscher Kosaken 1654 auf den russischen Zaren Alexei I., stand dieser Kosakenstaat unter russischem Protektorat. Seitdem hat die Ukraine in der russischen Historiographie als struktureller Bestandteil und Identität stiftender Faktor für das Russi-

---

[5]http://www.welt.de/print/die_welt/politik/article113905484/Ukraine-verspricht-der-EU-rasche-Reformen.html (25.4.2016).

[6] http://www.nzz.ch/meinung/debatte/die-scheinheilige-eu-1.1826006 (26.4.2016).

[7] Zur russischen Perzeption der EU-Politik, vgl. Andrey Kortunov, Auf Geisterjagd. In: Internationale Politik, Nr.4/2016, S. 64-72.

[8] Kadri Liik, Mit Russland reden, aber wie? In: Internationale Politik, Mai/Juni 2016, S. 12.

sche Reich seit seiner Gründung 1721 – nach dem Sieg Zar Peter I. im Nordischen Krieg über die Großmacht Schweden und damit dem Aufstieg zur europäischen Großmacht – ihren festen Platz. In diesem Kontext steht auch die Gründung der Republik Ukraine 1991 als „russischer Phantomschmerz".

Von daher ist es nicht überraschend: *„Bis heute spricht die russische Politikelite von der Ukraine als souveränem, aber nicht als unabhängigem Land."*[9] Daraus darf aber nicht geschlussfolgert werden, wie dies Bundeskanzler a.D. Helmut Schmidt fälschlicherweise tat, *„dass es ein Volk der Ukrainer gäbe, eine nationale Identität. In Wahrheit gibt es die Krim, die Ost- und die West-Ukraine."*[10] Solche Beurteilungen gründen, dem Osteuropa-Historiker Karl Schlögel zufolge, *„an ihrer verspäteten Nationsbildung, aber auch an der kolonialen Imperiumsperspektive, die russland- und moskauzentriert war.(...) Die ukrainische Nation definiert sich nicht über ethnische Zugehörigkeit, sondern über die Zugehörigkeit zum Gemeinwesen Ukraine mit vielfältigen Identitäten. (...) Die Ukraine ist eine mehrsprachige Nation."*[11]

Die Ukraine besaß immer und nimmt weiterhin eine verbindende Funktion ein zwischen der von Moskau aus gesteuerten kontinentalen Landmasse und europäischen Ländern, die vorrangig eine Gegenküstenpolitik betrieben.

Europäisch denkende russische Politikwissenschaftler, sogenannte Zapadnik, wie Yulia Zhuchkova von der Universität Tomsk, weisen in diesem Kontext darauf hin: „ *Sieht man sich die sogenannte Eurasische Union an, die Russland aufzubauen versucht, wird man feststellen, dass diese Union außer Russland nur Nationen umfasst, die keinen Meerzugang haben: Weißrussland, Kasachstan, Kirgistan, Tadschikistan und Armenien."*[12] *„Ohne die Ukraine führt der Weg zurück in die Zeit vor 1654: in ein entlegenes, insgesamt eher nichteuropäisches Zarentum."*[13] *„Aus dieser Tragödie erklären sich Russlands unverantwortliche Schachzüge, nicht aus der Sorge über die auf der Krim oder in der östlichen Ukraine lebenden Russen. Russland spürt, dass es stirbt, und es wird deshalb verrückt und bricht alle internationalen Regeln und Gesetze in dem Versuch, seine in Auflösung begriffene Identität zu bewahren. Was entsteht ist tatsächlich ein neues „Moskowien". Ein vollkommen neuer Staat, der für Jahrzehnte die eurasische Politik bestimmen wird."*[14]

Ein weiterer politischer Fehler der EU lag im Fehlen einer klaren europäischen Zukunftsperspektive für die Ukraine, so wie dies die Union z.B. den Westbalkan-Staaten auf dem Gipfel 2003 in Thessaloniki gab. Seit dem Maidan 2004 positionierten sich die Ukrainer mehrheitlich proeuropäisch – und: Im Unterschied zu allen früheren

---

[9] Yulia Zhuchkova, Auf dem Weg zu Neu-Moskowien. In: Internationale Politik, Mai/Juni 2016, S. 39.

[10] http://www.bild.de/politik/inland/helmut-schmidt/bild-interview-altkanzler-europa-ukraine-krise-36003626.bild.html (27.7.2016).

[11] Wer versteht den Schuken? In: Die Zeit Nr. 20, 16.Juli 2015, S. 44/45.

[12] Ebenda, S. 42.

[13] Ebenda, S. 41.

[14] Ebenda, S. 42.

EU-Assoziierungsverträgen enthielt das Ukraine-Abkommen gerade nicht die ausdrückliche Zielbestimmung einer zukünftigen Vollmitgliedschaft in der EU. Andererseits wurde eine EU-Mitgliedschaft aber auch nicht explizit ausgeschlossen.

Nun ließe sich einwenden, die unterbliebene EU-Perspektive sei eine politische Rücksichtnahme auf Russland gewesen. Doch wie verträgt sich dies dann mit der auf dem Bukarester NATO-Gipfel im April 2008 gegebenen prinzipiellen Zusage an die Ukraine (und Georgien) Allianz-Mitglied zu werden?[15]

Dies führt als Zwischenergebnis zur ersten lernenden Lektion:

Das Wecken von Erwartungen, das Vermeiden von Eindeutigkeiten und klaren Positionen führt in Konsequenz zu Fehldeutungen, Frustrationen, Radikalisierungen und Wildwuchs von Narrativen.

Nachdem das Abkommen im März 2012 paraphiert wurde, sollte es alsbald auch unterschrieben werden. Doch im Dezember verweigerte die EU die Unterzeichnung. Was war geschehen?

Die EU-Staats- und Regierungschefs wie auch die Mehrheit des Europäischen Parlaments hatten nunmehr als Bedingung verlangt, die frühere ukrainische Ministerpräsidentin Julia Timoschenko aus der Haft zu entlassen. Sie wurde vehement zunehmend von einigen europäischen Regierungen als „verfolgte Unschuld" ikonisiert. Bis zu dem Zeitpunkt hätte das Abkommen in der Beurteilung des früheren EU-Kommissars, Günter Verheugen, noch problemlos unterzeichnet werden können.[16] Ein russischer Druck hatte ihm zufolge noch nicht existiert.

Auch der weltpolitische Altgroßmeister Henry Kissinger beurteilte das strategische Denken der EU als mangelhaft – nachzulesen in seinem langem Interview in „The National Interest". Bei seinem Treffen mit Präsident Putin Ende November 2013 habe er bei ihm keineswegs eine hazardierende, bellizistische Stimmung angetroffen: *He raised a lot of issues; Ukraine he listed at the end as an economic problem that Russia would handle via tariffs and oil prices. The first mistake was the inadvertent conduct of the European Union. They did not understand the implications of some of their own conditions. Ukrainian domestic politics made it look impossible for Yanukovych to accept the EU terms and be reelected or for Russia to view them as purely economic. So the Ukrainian president rejected the EU terms. The Europeans panicked, and Putin became overconfident. (…) He offered fifteen billion dollars to draw Ukraine into the Eurasian Union. (…) There was no significant political discussion with Russia or the EU of*

---

[15] Vgl. http://www.nato.diplo.de/Vertretung/nato/de/06/Gipfelerklaerungen/GipfelerklBukarestSeite.html Punkt 23 (26.4.2016).

[16] Vgl. http://www.deutschlandfunk.de/gescheitertes-abkommen-mit-der-ukraine-das-problem-lag-wohl.694.de.html?dram:article_id=270613 (26.4.2016).

what was in the making. Each side acted sort of rationally bases on its misconception of the other (…) No doubt in Moscow this looked as if the West was exploiting what had been conceived as a Russian festival to move Ukraine out of the Russian orbit."[17]

Dies führt zur zweiten lernenden Lektion:

Die nachträgliche Befrachtungen von Vereinbarungen oder Entscheidungen mit zusätzlichen Forderungen, um noch mehr zu erlösen, erweist sich häufig kontraproduktiv.

Im kriegerischen Konflikt zwischen Kiew und den von Russland unterstützten aufständischen Separatisten lehnte insbesondere auch die deutsche Regierung eine Waffenunterstützung an die Ukraine strikt ab. Die deutsche Bundeskanzlerin positionierte sich auf der 51. Münchner Sicherheitskonferenz 2015 mit der Aussage: „*Ich kann mir keine Situation vorstellen, in der eine verbesserte Ausrüstung der ukrainischen Armee dazu führt, dass Präsident Putin so beeindruckt ist, dass er glaubt, militärisch zu verlieren. Ich muss das so hart sagen. (...) Ich glaube einfach, dass ein militärisches Engagement eher noch zu mehr Opfern, aber auch nicht zu der Überzeugung führen werden wird, dass das russische Militär besiegt wird dadurch (...) Ich sage nur einfach, militärisch ist das nicht zu gewinnen. Das ist die bittere Wahrheit.*"[18]

Satirisch gesehen, empfängt der Zuhörer hier Glaubensaussagen à la Kirchentagsbekenntnisse. Und für den Agnostiker klingt das, als ob man beim René Descartes-Kongress die Türen geschlossen hätte. Denn bekanntlich vertrat Descartes die Auffassung, Zweifel lassen sich durch rationalistische Überlegungen entkräften. Wie auch immer: Die so oft von der deutschen Bundeskanzlerin deklarierte und behauptete politische „Alternativlosigkeit" ihres Handelns wird auch hier evident. Doch Unumgänglichkeit zu einer bestimmten Politikentscheidung zu dogmatisieren, ist so sinnhaftig, wie zu erklären, *dass eine Vivienne Westwood grundsätzlich und gar keine tragbare Tagesmode kreieren könne.*

Die deutsche Regierungschefin schob mit ihrer Setzung jedenfalls eine *a priori* Wahrscheinlichkeit als die nach Definition „*Wahrscheinlichkeit eines Ereignisses oder Merkmals ohne Kenntnis oder Vorliegen weiterer Indizien*" geschickt auf das Niveau einer scheinbaren *a posteriori* Wahrscheinlichkeit. Diese wird präzisiert als „*Wahrscheinlichkeit eines Ereignisses oder Merkmals nach dem Vorliegen eines (beispielsweise diagnostischen) Ergebnisses, also die aufgrund weiterer Erkenntnisse neu berechnete Wahrscheinlichkeit.*"[19]

Anders ausgedrückt: Damit wurde eine Illusion der Gewissheit suggeriert und eine positive Wissensinterdependenz kreiert. Die Position, vorgetragen im Beisein der glo-

[17] http://nationalinterest.org/feature/the-interview-henry-kissinger-13615?page=3 (26.4.2016).

[18] https://www.youtube.com/watch?v=B4WQbnJz3Mc (27.4.2016).

[19] https://www.harding-center.mpg.de/de/gesundheitsinformationen/wichtige-begriffe (27.4.2016).

balen sicherheitspolitischen Eliten, war damit amtlich in Stein gemeiselt. Die Bundeskanzlerin wusste nun, dass Putin gesichert wusste, dass er sich auf ihre „Verlässlichkeit“ verlassen konnte: keine Waffenlieferung. Im Rahmen von Vertrauensbildung ist die Bildung einer solchen Wissensschleife konstitutiv.

Doch stand im Zentrum des kriegerischen Konflikts in der Ostukraine tatsächlich ein kommunikatives Missverständnis, welches durch ein Wissensmanagement der Offenlegungen von Unterlassungen, hier der Verzicht auf waffentechnische Unterstützung, zur Vertrauensstabilisierung und final zur Konfliktlösung beitragen würde? Oder war vielmehr die Notwendigkeit einer Russlandpolitik aus pro-aktiver Diplomatie unter Einmischung auch abschreckungspolitischer Mittel gefragt? Die Denkfigur der Abschreckung i.S. *deterrence by denial* und nicht *deterrence by punishment* gegenüber Russland hätte in diesem Fall aus vertraulich kommunizierten, glaubhaften Ankündigungen von für die Abwehr und Sperrung hocheffektiver westlicher Militärausrüstung an die Ukraine bestehen können. Durch Lieferumfang und Systemtypen wären potenziell größer angelegte Offensiven der Ukraine ausgeschlossen gewesen. Die Abschreckung würde auch keine zwangsläufige, eskalierende Handlungsdogmatik bedingt haben, wenn Moskau sich dem Abschreckungsrational verweigert hätte. Man hätte durchaus jederzeit den Ausrüstungstransfer stoppen können.

Ein solches Abschreckungsaxiom hätte in der von Moskau nicht kalkulierbaren Gewissheit über den Höhegrad der westlichen Handlungsbereitschaft bestanden sowie zudem in der Strategie von Zeitgewinn. Dies hätte allemal die planerischen Risikokosten maximiert. Vielleicht wäre der Kreml dennoch bereit gewesen, dies gleichwohl billigend in Kauf zu nehmen. Diplomatisch getestet, gewogen und befunden wurde das alles nicht. Hätte, wäre, würde. Den Jakobsweg vom Konjunktiv zum Indikativ ist die Politik nicht gegangen.[20]

Meine These lautet, und es muss zumindest zulässig sein sie aufzustellen, dass die europäische Außen- und Sicherheitspolitik mit dieser ex cathedra-Entscheidung – der Weigerung militärtechnischer Unterstützung – freiwillig und vorschnell ein wichtiges diplomatischen Instrument, das bargaining chip, aus der Hand gelegt hat. Vor diesem Hintergrund war Russland bereits nach einer zunächst zunehmend erfolgreichen Aufstandsbekämpfung der ukrainischen Armee im Sommer 2014 mit auch regulärem Militär den Separatisten äußerst wirksam zur Hilfe geeilt.[21] Die schlecht ausgerüstete ukrainische Armee hatte hiergegen weder Chancen noch Generika.

Daraus folgt die dritte lernende Lektion:

---

[20] Aus der Fülle der Pros und Cons einer westlichen militärischen Unterstützung beispielhaft (pro) http://www.atlanticcouncil.org/images/files/UkraineReport_February2015.pdf (27.4.2016) Interview mit Bundesverteidigungsministerin Ursula von der Leyen, Waffenlieferungen wären Brandbeschleuniger, in: Süddeutsche Zeitung, 5.2.2015, S. 6 (contra).

[21] Vgl. http://web.de/magazine/politik/nato-russische-armee-kaempft-ukraine-19252566 (27.4.2016).

Wenn man seinen Kontrahenten berechenbar wissen lässt, dass man bestimmte Handlungen unterlässt, für ihn damit die Differenz zwischen Gewähr und Unwissen so minimiert, dass er gewiss sein kann, dann vergrößert sich sein Optionsspektrum und minimiert seine Risikokosten erheblich.

Diese Auffassung stützt der Osteuropa-Historiker, Jürg Baberowski: „*Seitdem Frau Merkel zu Beginn des Konflikts erklärt hat, dass der Westen auf keinen Fall Krieg führen will, sind nicht mehr viele Optionen auf dem Tisch. Wenn man weiß, dass der Gegner militärische Gewalt nicht ausschliesst, dann legt man sich darauf fest, dass alle weiteren Schachzüge von ihm abhängen. Wer vor Gewalt nicht zurückschreckt, ist in einer solchen Situation der Gewinner.*“[22]

Ein Paradebeispiel für europäisches selektives Agieren fokussiert das wegen russischer Bedenken 2014 um ein Jahr verschobene und nach 13 Verhandlungsrunden dann doch ohne Einvernehmen mit Moskau am 1. Januar 2016 in Kraft getretene EU-Freihandelsabkommen mit der Ukraine. In Kiew verbindet sich damit die Hoffnung auf ökonomische Erholung und Wachstum. Das wäre auch unbedingt nötig. Denn die harte fiskalpolitische Austeritätspolitik – als eine Bedingung der Freihandels-Vereinbarung –resultierte in Einschnitten direkter öffentlicher Ausgaben in Form von Entlassungen von tausenden Staatsbeamten, Einkommenskürzungen im öffentlichen Dienst und Subventionsstreichung für Energiepreise für die Bürger. Auf diese Weise sollen das Haushaltsdefizit von 4,5% des BIP in 2015 sowie die Inflation von 45% gesenkt und der Rückgang der Industrieproduktion von 15 % gestoppt und umgekehrt werden. Langfristig soll mit dem Abkommen auch eine europäische Perspektive eröffnet werden. Doch keiner in Brüssel präzisiert, was das konkret heißt.

Zunächst wird jedoch der vereinbarte Freihandel Anpassungsschocks auslösen und die ohnehin prekäre sozialökonomische Situation weiter belasten. Milch- und Fleischerzeugnisse haben z.B. eine 3-jährige Übergangsfrist. Und das ukrainische Zertifizierungsverfahren muss sich erst das Vertrauen der Handelsketten in den EU-Ländern erwerben. Russland kündigte zum 1. Januar 2016 als Konsequenz seines Widerstands gegen das EU-Ukraine-Freihandelsabkommen den bisherigen ukrainisch-russischen Freihandel. Denn Kiew hätte im Rahmen seines multilateralen Freihandelsabkommen mit GUS-Staaten Zugang zum zollfreien Markt der Zollunion zwischen Russland, Kasachstan, Belarus .Kirgisien und Armenien gehabt – und damit mittelbar auch die EU. Betroffen von den russischen Handelsbarrieren sind vorrangig die ukrainische ärmere Ost- und Südregion.

Wenn sich die europäische Ukraine-Politik nunmehr selektiv auf die schrittweise Implementierung des Freihandelsabkommens konzentriert, weil die Handelstüren nach Europa sich nur peu à peu öffnen, ist das ein vergleichbarer Beitrag für den

[22] Wer versteht den Schurken? In: Die Zeit Nr. 20, 16.Juli 2015, S. 45.

Fortschritt des Landes, als wenn Stalins Paranoia mit einer Bachblütentherapie bekämpft worden wäre.

Brüssel und der Europäische Rat müssen im eigenen Interesse an der europäischen Stabilität verstärkten Blick auf die potenzielle politische Sprengkraft der sozialen Frage richten: Durch intensive Förderung von Infrastruktur-Projekten sowie des sozialen Dialogs in Betrieben. Aber auch auf konkrete politische Reformen zur Stärkung der großteils schwachen oder deformierten Justiz-Institutionen. Wichtig ist auch eine Polizeireform. Die Ukraine steht nicht nur im Zangengriff von sozialökonomischer und demokratiepolitischer Herausforderung.

Über beidem schwebt drohend die „nationale Frage". Wird diese insgesamt Schwarzbrot-Prosa politisch nicht bearbeitet, droht das Land in politisch-komatösem Dasein zu landen. Für manche russischen Politstrategen verbindet sich damit hingegen prämortale Hoffnung.

Die vierte lernende Lektion lautet:

Im Verfolg seiner Überzeugung, dass die USA nicht länger die Ordnungsmacht auf dem alten Kontinent sein will, hat Präsident Obama die Ukraine als vorrangig europäisches Problem verortet und auch das Konfliktmanagement an EU-Kommission und Rat delegiert, um nicht ausquartiert zu sagen. „*Leading from behind*" ist sein Diktum.

Der außenpolitische Redakteur der Wochenzeitung „Die Zeit", Jörg Lau, hat diese Führungsphilosophie vor kurzem als „Außenpolitik für Erwachsene" bezeichnet.[23] Doch hinsichtlich Denken und Handeln, insbesondere auch in potenziellen finalen Resultaten und Konsequenzen, das was strategisches Denken auszeichnet, zeigten Kommission und Rat in der Causa Ukraine noch kein erwachsenes Erfahrungswissen. Ich bezeichne dies als das Prinz Charles Thronfolger-Syndrom: Nahe dran, aber noch nicht erfasst.

Aus russischem machtpolitischem Selbstbewusstsein sind adäquate counterparts nicht die deutsche Kanzlerin und der französische Präsident, sondern nur der US-Präsident. EU-Europa wird der Ukraine in den kommenden Jahren wahrscheinlich etwas mehr Transformationsunterstützung in Form von Krediten und Beratungshilfen leisten. Jedoch nur Washington wird ihr robuste Souveränitäts-Beihilfe geben können und von Moskau als Anwalt in der Konfliktbearbeitung ernst genommen werden. Die USA bleiben de facto als globaler Ordnungsfaktor unverzichtbar.

[23] Die Zeit Nr.18, 21.April 2016, S. 6.

Die Causa Syrien

Der Schlüsselfaktor für die illusorische Übermacht-Hybris von Präsident George Bush jr. findet seine Begründung in der historisch kurzen Zeit unangefochtener US-amerikanischer Suprematie, dem sogenannten *„unipolaren Moment*“, wie ihn Charles Krauthammer nannte. Dieser bildete den ideologischen Überbau für das Versinken in die Kriege in Afghanistan und im Irak – einer Mixtur von Krieg-gegen-den-Terror, Angstbeißen und geoökonomischen Interessen. Sein Nachfolger Obama stutzte zurück. Er schrieb unter das Kapitel unilaterale US-Militärintervention: Mission never again.

Obama folgt damit explizit Henry Kissingers Postulat im National Interest Interview: „*We should not engage in international conflicts if, at the beginning, we cannot describe an end, and if we're not willing to sustain the effort needed to achieve that end.*”[24] Genau diesen als seinen größten Fehler begangen zu haben, gestand Obama mit Blick auf Libyen öffentlich ein: „*Wahrscheinlich, dass ich nicht für den Tag nach der Intervention in Libyen geplant habe, die mir damals als richtige Entscheidung erschien.*“[25]

Vor diesem Hintergrund durfte nicht überraschen: Wie auch im Fall der Ukraine zeigten die USA auch im Syrien-Konflikt sehr lange Zurückhaltung. Nach Präsident Bushs verhängnisvollem Kriegsaktionismus in Afghanistan und im Irak war Obamas Zurückhaltung im Syrien-Konflikt verständlich. Er wollte sich nicht in einen neuen Krieg im Nahen Osten hinein ziehen lassen und im dortigen Treibsand aufeinander stoßender ungelöster historischer und aktueller geopolitischer, ethnopolitischer, ökonomischer und religiöser Konflikte versinken. Es war wie ein erneutes „A Farewell to Flashman“.[26] Doch bereits das erste *Farewell to Flashman* war gescheitert. Am 21. Juli 1997 hatte der damalige Vize-Außenminister Strobe Talbott in einer Grundsatzrede an der Washington John Hopkins School of Advanced International Studies mit dieser Metapher einer US-Politik im Kaukasus-Zentralasien-Raum unter geopolitischer Betrachtung eine Absage erteilt. Tatsächlich wurde es jedoch ein „Meet again to Flashman“.

Obama folgte mit seinem Konfliktabwarten und Konfliktbeobachten konsequent dem isolationistischen Begehren der Mehrheit seiner Bürger. Ende 2013 vertraten nämlich 52% der US-Amerikaner und damit erstmals seit dem Umfragebeginn 1964

---

24 http://nationalinterest.org/feature/the-interview-henry-kissinger-13615?page=3 (27.4.2016).

25 http://press24.ch/read/news/446167/335123/obama-libyen-war-mein-grosster-fehler (6.5.2016).

26 https://books.google.de/books?id=Ld-t7HI-aO-AC&pg=PA107&lpg=PA107&dq=strobe+talbott+a+farewell+to+flashman&source=bl&ots=EkExpp87EF&sig=s7KBQFK4VemDK-S7r6UrECrLdsY&hl=de&sa=X&ved=0ahUKEwiZnJuTvNrMAhXlIpoKHZrxCmcQ6AEIMDAE#v=onepage&q=strobe%20talbott%20a%20farewell%20to%20flashman&f=false (6.5.2016).

mehrheitlich die Position: Ihr Land sollte sich mehr um eigene Belange kümmern und andere Länder um deren eigene. Genau dafür war er gewählt und wiedergewählt worden: die Kriege im Irak und in Afghanistan zu beenden, die imperiale Überdehnung zu stornieren, Selbstbescheidung zu folgen. Wir in Europa vergessen zuweilen: Ein US-Präsident dient US-amerikanischen Interessen – nicht europäischen. Sich als Europa über Washingtons Interessenpolitik zu beklagen, jedoch unfähig zu erweisen, daraufhin eigene Interessen zu formulieren und diese auch mit Politik zu unterfüttern, kann nicht beanspruchen, ernst genommen zu werden.

In der globalisierten Politik wird eine solche Selbstbeschränkung à la Obama jedoch nicht goutiert – sondern nicht selten abschätzig mit Risikoscheu, Desinteresse, Führungsschwäche, gar Auszeit assoziiert und gespiegelt. In den internationalen Beziehungen stoßen dann in tatsächliche oder vermeintliche Vakuen sofort Akteure vor und testen eigene Machtansprüche aus.

Der US-Abzug aus dem Irak, ohne eine selbsttragende Stabilität zu hinterlassen, als fatale Risiko-Folgenabschätzung, bildete solch ein Vakuum, in das der so genannte Islamische Staat (IS) vordrang. Obama räumte auch in diesem Fall öffentlich ein, das Pentagon habe die Stärke der irakischen Armee weit überschätzt und die US-Geheimdienste die Stärke der IS-Terrormilizen erheblich unterschätzt.[27] Der Aufstand gegen das syrische Regime brach im März 2011 aus,[28] wenige Monaten nachdem die US-Kampftruppen vorzeitig aus dem Nachbarland abgezogen waren.[29] Eine belastbare, direkte Kausalität wird hier nicht nachweisbar sein. Aber eine Korrelation ist allemal evident.

Der Herausgeber der Wochenzeitung „Die Zeit", Josef Joffe, argumentiert: Obama hätte bereits zu Beginn des syrischen Bürgerkrieges eine *„Schutzzone entlang der türkischen Grenze mit Luft- und Bodenkräften absichern"* müssen. *„Hunderttausende hätten in dieser Zone überlebt. Millionen wären nicht in die Nachbarländer und nach Europa geflüchtet."*[30]

Erste zu lernende Lektion:

Wenn etwas auf den ersten Blick schlüssig erscheint, kann auf den zweiten das Nachdenken über die Implementierung hingegen die Plausibilität ins Leere laufen lassen.

Ein UN-Mandat wäre ganz sicher am Veto von Russland im Sicherheitsrat gescheitert. Aber auch der Kongress hätte keine Ermächtigung für eine unilaterale Mili-

---

27 Vgl. http://www.cbsnews.com/news/president-obama-60-minutes/ (6.5.2016).

28 Vgl. http://www.politische-bildung.de/syrien.html (6.5.2016).

29 Vgl. http://www.abendblatt.de/politik/ausland/article107839495/USA-ziehen-Kampftruppen-vorzeitig-aus-dem-Irak-ab.html (6.5.2016).

30 Die Zeit, Nr. 18, 21. April,.2016, S. 6.

täraktion erteilt, die er als Prinzip Obama ohnehin ad acta gelegt hatte. Also eine Aufgabe für von den USA ausgerüstete Kurden? Jedoch mit dem Auffinden des Bernsteinzimmers wird früher gerechnet, als dass die Türkei dafür ihre Zustimmung gegeben hätte.

Ein zentraler Vorwurf in der Syrien-Problematik gegenüber Obama lautet, er habe nicht unmittelbar und adäquat, d.h. militärisch, auf die von ihm am 20. August 2012 gezogene „rote Linie“[31] reagiert, als das Assad-Regime nach Einschätzung der US-Regierung Giftgas eingesetzt hatte: im Juni 2013 mit über 100 Toten. Der Vize-Sicherheitsberater des Weißen Hauses, Ben Rhodes, erklärte daraufhin: „*Nach intensiven Untersuchungen geht unser Geheimdienst davon aus, dass das Regime von Machthaber Baschar al-Assad chemische Waffen, darunter das Nervengas Sarin, eingesetzt hat*".[32] Die USA würden als Konsequenz daraus die syrischen Rebellen nunmehr militärisch unterstützen.[33]

Das schien zunächst aber das Assad-Regime nicht zu beeindrucken. Ein erneuter Einsatz von Giftgas, zwei Monate später am 21. August, forderte dann sogar etwa 1400 Todesopfer.[34] Bereits vor Jahren, im März 2000, hatte der damalige CIA Direktor schon davor gewarnt, dass „*etwa ein Dutzend Staaten, darunter einige dem Westen tendenziell feindlich gesinnte – Iran, Irak, Libyen, Nordkorea und Syrien – offensive biologische und chemische Waffen besitzen oder sich darum bemühen*“.[35]

Ich gehe nicht näher auf die von Seymour Hersh (US-Massaker von My Lai/US-Folterskandal von Abu Ghuraib), dem bekanntesten Investigativjournalisten der USA, entfachte Diskussion ein, dass das Giftgas auch von der islamistischen Al Nusra Front eingesetzt sein könnte.[36] Die Pros und Cons sind journalistisch, politisch und akademisch hinreichend publiziert.[37]

Zwei Jahre hatte Präsident Obama auf die zunehmende militärische Auseinandersetzung zwischen Regierungsgegnern und syrischen Regierungstruppen seit Mitte 2011 handlungspolitisch laut geschwiegen, nachgedacht, gezögert. Nun also, nach den Giftgas-Einsätzen sollten die syrischen Rebellen Waffen erhalten. Doch aus Sorge davor, dass benötigte Boden-Luft-Systeme zur Abwehr der syrischen Luftbombardierungen

---

[31] Vgl. https://www.washingtonpost.com/world/national-security/obama-issues-syria-red-line-warning-on-chemical-weapons/2012/08/20/ba5d26ec-eaf7-11e1-b811-09036bcb182b_story.html (7.5.2016).

[32] http://www.zeit.de/politik/ausland/2013-06/usa-syrien-giftgas-sarin (8.5.2016).

[33] http://www.wsj.com/articles/SB10001424127887324188604578543820387158806 (9.5.2016).

[34] Vgl. https://www.whitehouse.gov/the-press-office/2013/08/30/government-assessment-syrian-government-s-use-chemical-weapons-august-21 (10.5.2016).

[35] http://www.welt.de/politik/ausland/article108711255/Assads-Biowaffen-Arsenal-bedroht-die-Israelis.html
(10.5.2016).

[36] http://www.lrb.co.uk/v35/n24/seymour-m-hersh/whose-sarin (24.5.2016).

[37] http://www.sueddeutsche.de/politik/sarin-einsatz-in-syrien-was-obama-ueber-giftgas-wusste-und-was-er-der-welt-sagte-1.1839310 (24.5.2016).

in die Hände extremistischer Gruppen wie damals in Afghanistan gelangen könnten, lieferten die USA lediglich small arms. Damit jedoch konnte die syrische Armee nicht wirksam bekämpft werden.

Zweite zu lernende Lektion:

Wer nur selektiv reagiert, zu spät kommt oder seine eigene Doktrin preisgibt – den bestraft das politische Leben. Mitte 2013 war die Opposition nämlich bereits zersplittert.

Und mithilfe der libanesischen Schiitenmiliz Hisbollah und iranischer Eliteeinheiten (Revolutionsgaden)[38] hatten Assads Soldaten inzwischen etliche Niederlagen zu ihren Gunsten wieder wenden können und waren nun militärisch Schritt für Schritt auf dem Vormarsch. Zudem: Während die USA nach langer Unschlüssigkeit nun immerhin leichte Waffen an die Freie Syrische Armee lieferten, rüsteten demgegenüber religiös-fundamentalistische Staaten wie Saudi Arabien und Katar bereits schon seit langem ihnen genehme sunnitisch-dschihadistische Kämpfer mit weitaus effektiverem Kampfgerät aus. Folgerichtig hatte die Al Nusra Front seit Spätsommer 2013 auch die Führungsrolle im Kampf gegen die Assad-Regierung übernommen. Die Freie Syrische Armee befand sich seitdem in der Auflösung.[39]

In einem sehr ausführlichen Grundsatz-Gespräch im April diesen Jahres mit Jeffrey Goldberg vom „The Atlantic"[40] über seine politische Philosophie und sein Regierungshandeln, getitelt als „The Obama Doctrine", wies der US-Präsident wortreich auf die Gefahr der absehbaren Konsequenzen einer US-Intervention in den syrischen Bürgerkrieg hin.

„*Und dennoch hat Obama einige eher halbherzige Maßnahmen ergriffen, die in ihrer Gesamtheit zu nichts Anderem geführt haben als einem deutlichen Engagement der USA in Syrien. (...) So kam im September 2015 heraus, dass das amerikanische Ausbildungs- und Ausrüstungsprogramm (train and equip) nur eine Handvoll kampftauglicher syrischer Rebellen hervorgebracht hat. Nach dem Beginn der russischen Luftschläge im gleichen Monat aber stellte sich laut Wall Street Journal heraus, dass russische Piloten es doch geschafft hätten „mehr als genug von der CIA unterstützte Rebellen zum Bombardieren" zu finden.*"[41] Welche außen- und sicherheitspolitischen Implikationen für die künftige Glaubwürdigkeit der USA auch in anderen regionalen Kontexten aus der Offenbarung von Josh Earnest folgen werden, ist noch gar nicht absehbar. Der Pressesprecher des Weißen Hauses hatte nämlich freimütig erklärt: „*Viele unserer*

---

[38] https://www.washingtonpost.com/world/iranian-media-is-revealing-that-scores-of-the-countrys-fighters-are-dying-in-syria/2015/11/27/294deb02-8ca0-11e5-934c-a369c80822c2_story.html (25.5.2016).
[39] http://www.focus.de/politik/ausland/krise-in-der-arabischen-welt/syrien/funksprueche-abgefangen-kommandeure-draengten-assad-zu-giftgas-einsatz_aid_1094320.html (25.5.2016).
[40] http://www.theatlantic.com/magazine/archive/2016/04/the-obama-doctrine/471525/ (26.5.2016).
[41] Jeremy Shapiro, Per Salami-Taktik in den Sumpf. In: Internationale Politik, Mai/Juni 2016, S. 68/69.

Kritiker hatten diese Option immer als Allheilmittel für alle politischen Probleme in Syrien angepriesen (...) Diese Regierung hat nie daran geglaubt.“[42]

Der europäische Blick auf den Syrien-Krieg hat im Zähler Dschihadismus und Flüchtlinge. Im Nenner wird jedoch ein Essential des Krieges in der Regel ausgeblendet. Es geht auch um die Neuordnung des europäischen Energiemarktes. Die USA unterstützen den Plan von Saudi Arabien und anderer Golf-Emirate, mit dem Bau neuer Öl- und Gaspipelines durch Syrien künftig Europa mit arabischem Gas und Öl zu versorgen und damit die russische Dominanz auf dem europäischen Energiemarkt auszuhebeln. Die hidden-agenda des Syrien-Kriegs ist somit auch ein „Pipeline-Krieg“.[43]

Der chinesische General Tan Daoji (+436) hätte dies als das Strategem „Den Kaiser täuschen und das Meer überqueren“ bezeichnet (Zieltarnung und Kursverschleierung). Das russische militärische Eingreifen, das Assad-Regime zu stützen, muss folglich auch im Kontext gesehen werden, dass sein Clan auch der Garant dafür ist, dass der Pipeline-Bau nicht stattfindet. Wir sollten uns deshalb nicht über ein Auskommen von künftigen potenziellen amerikanischen Teilungsplänen für Syrien[44] wundern und dass diese dann als Beitrag zur Befriedung verbrämt werden. Für die Pipelines werden nämlich sichere syrische Landstriche benötigt.

Meine anhand zweier aktueller und dringlicher Fallbeispiele mit strategischen Implikationen analysierte und beschriebene, zusammenfassende conclusio also lautet: Strategisches Denken bedingt ein Denken in Multikausalitäten sowie prospektiv *ex fine*, Akteurs- und Situationsempathie, eine schonungslose Selbstbeurteilung sowie strategische Geduld. Übersetzt in das Format **„Lessons learnt“: Wer außenpolitische Prozesse nicht nach Risiko-Folgenschätzungen strukturiert, wer zu spät kommt oder nur selektiv agiert – den bestraft das politische Leben.**

---

[42] Ebenda, S. 72.

[43] Vgl. http://deutsche-wirtschafts-nachrichten.de/2016/06/07/europa-schweigt-zum-krieg-in-syrien-weil-es-von-ihm-zu-profitieren-hofft/ (8.6.2016) http://de.sputniknews.com/zeitungen/20160530/310229482/syrien-krieg-oel-gasfelder.htm (8.6.2016) http://www.washingtonsblog.com/2012/10/the-wars-in-the-middle-east-and-north-africa-are-not-just-about-oil-theyre-also-about-gas.html (8.6.2016) http://www.e-ir.info/2016/02/28/explaining-russias-intervention-in-syria-in-september-2015/ (8.6.2016) http://www.imi-online.de/download/MP-Syrien-Russland-Ausdruck-1-2016.pdf (8.6.2016) http://www.icwa.in/pdfs/IB/2014/RussiaStrategicInterestinSyriaIB16052016.pdf (9-6.2016).

[44] Die RAND-Corporation hat diesbezüglich schon „vorgedacht“ , vgl. „A Peace plan for Syria“ https://www.rand.org/content/dam/rand/pubs/perspectives/PE100/PE182/RAND_PE182.pdf (15.6.2016) sowie die RAND-Studie „Reinforcing Deterrence on NATO's Eastern Flank“ file:///C:/Users/Administrator/Downloads/RAND_RR1253.pdf (10.6.2016) wie eine Blaupause für Punkt 40 der Beschlüsse des NATO-Gipfels in Warschau aussah. http://www.nato.int/cps/en/natohq/official_texts_133169.htm?selectedLocale=en (14.7.2016).

Strategische Kommunikation ist die beste PR

Andrea Zückert

Aus PR-Sicht ist die Bundeswehr ein schwieriges Produkt – im Moment besonders: Rüstungsprobleme, der A 400 M, das Sturmgewehr G 36, zu wenig Personal.

Wer die Presse täglich liest, muss tatsächlich den Eindruck gewinnen – ja, das ist so. Bei der Bundeswehr funktioniert irgendwie nichts so richtig. Das Image verfestigt sich. Warum wohl?

Offenbar glauben Menschen das, was sie in Zeitungen oder online oder in sozialen Medien lesen, was sie im Fernsehen sehen. Mit PR-Instrumenten dagegen zu steuern ist oft nicht einfach. Die öffentliche Meinung zu beeinflussen durch Plakate, Anzeigen, Kampagnen – das ist schwer. Der Werbung fehlt etwas, was Journalismus und Journalisten haben: Glaubwürdigkeit, Unabhängigkeit und Objektivität. Durch Werbung, durch Imagekampagnen fühlen sich Menschen beeinflusst. Durch Medien weniger.

An Journalistenschulen wird heute immer noch gelehrt: PR und Journalismus müssen strikt voneinander getrennt werden.

Ich behaupte: Guter Journalismus ist die beste PR. Guter Journalismus ist ein Mittel der strategischen Unternehmenskommunikation.

Gute Public Relations brauchen Journalismus. Als professionelles Vermittlungswerkzeug, um komplexes Wissen jenseits von Plakat-Slogans zu vermitteln. Bei Waschmittelwerbung mag eine Kampagne genügen. Nicht jedoch bei einer Institution wie der Bundeswehr, die mit Landesverteidigung und Einsätzen, somit auch mit Tod und Verwundung verbunden wird.

Die Anwendung journalistischer Kategorien macht PR glaubwürdig. Wahrheitstreue, Schnelligkeit, Passion und Partizipation. All das ist erlaubt und möglich. Nichts beeinflusst öffentliche Meinungen positiver als das Bewusstsein, dass man sich auf ehrliche Informationen eines Ministeriums, einer Armee verlassen kann. Falsches Spiel fliegt sowieso auf.

Wie sehen unsere Aufgaben der PR aus?

1. **Die Selbstdarstellung der Bundeswehr nach innen gegenüber ihren Soldaten.**

Sie sollen ihre weitgefächerte Armee als Ganzes überschauen. Das sind Aufgaben, Struktur, Technik, Rüstung, Handwerk, Verwaltung, soziale Verantwortung, Auslandseinsätze, multinationale Übungen, Erlebnisse der Soldaten. Eine attraktive Selbstdarstellung schafft Identifikation, das generiert Leistungsbereitschaft. Ein gutes Selbst-Bild motiviert – auch nach außen. Wichtig für unsere Armee, damit ihr der Nachwuchs nicht ausgeht.

2. **Die Selbstdarstellung nach außen gegenüber den Bürgern.**

Sie sollen als Steuerzahler verinnerlichen, dass Frieden nur mit einer Verteidigungsarmee erhalten werden kann. Ein Krieg mit Ruinen und Toten nach 70 Jahren Frieden ist eigentlich unvorstellbar. Nur wenn Bürger zu ihrer Armee stehen, ist sie auch verteidigungsfähig.

Wir, die Redaktion der Bundeswehr, sind weder unabhängig noch objektiv – und dennoch behaupte ich, dass wir eine hohe Glaubwürdigkeit haben. Obwohl wir ein PR-Instrument sind. Obwohl wir strategische Unternehmenskommunikation im Auftrag der Bundeswehr, im Auftrag des Verteidigungsministeriums machen.

Die PR muss sich eben nur der journalistischen Formen bedienen: Artikel in Zeitungen oder online, Videobeiträge, facebook posts. Gute Geschichten, gut recherchiert. Über Übungen der Bundeswehr, über Entscheidungen der Parlamentarier, die die Soldaten in Einsätze schicken, oder darüber, ob es mehr Geld für besser Ausrüstung gibt. Über gefährliche Einsatzgebiete.

Eine sublime Form der PR.

Nur dann kann man auch „die andere Seite der Wahrheit" vermitteln, wenn die eigene Glaubwürdigkeit frei von allen Zweifeln ist. Sie ist das wichtigste Kapital von Journalisten. Nur so kann man einseitige Nachrichtenlagen ergänzen oder richtigstellen, wenn Falschinformationen umlaufen, wie gerade in diesen Tagen.

Obwohl sie vielleicht ähnliche Absichten verfolgt: wir machen in der Redaktion der Bundeswehr keine operative Kommunikation.

Das wird in Deutschland getrennt.

Das macht das Zentrum Operative Kommunikation in Mayen. Es betreut die

Kommunikation für die Soldaten ausschließlich in den Einsatzgebieten. Es betreibt den Radiosender Radio Andernach und den Fernsehkanal BwTV als Truppenbetreuungssender. Die Kräfte des Zentrums Operative Information wirken auf Streitkräfte des militärischen Gegners und Konfliktparteien, aber auch die Bevölkerung fremder oder gegnerischer Staaten und Organisationen ein. Ziel ist hierbei deren Einstellungen und Verhalten zu ändern und Vertrauen zu schaffen.

Die Massenbasis aber bei der Vermittlung lebendiger Information und Meinung schafft erst der professionelle Journalismus.

Das sind: Reporter, Redakteure, Rechercheure, Fotografen, Grafiker, Kameraleute, Cutter für den Videoschnitt, Webmaster, Ressortleiter, Chefredakteure. Diese Spezialisten haben maximale Erfahrung bei der Erzeugung von Interesse. Journalismus entsteht im gnadenlosen Wettbewerb um das attraktivste Produkt. Dazu muss man inhaltlich und formal besser sein als die Konkurrenz.

Wir in der Redaktion der Bundeswehr versuchen den Wettbewerb aufzunehmen. Wir haben drei Printprodukte: die Wochenzeitung „aktuell", die Monatszeitschrift „Y", die Quartalszeitschrift „IF"; zudem unser digitalesAngebot: den Online-Auftritt Bundeswehr.de und BMVg.de, Bundeswehr facebook, den you tube-channel der Bundeswehr und Instagram. Fotos stellen wir auf flickr der Öffentlichkeit zur Verfügung.

Mit unseren sieben redaktionellen Produkten wollen wir so attraktiv wie möglich sein, um für Soldaten und die breite Öffentlichkeit, also unser Publikum, zu berichten.

Was produzieren wir?

Was aber ist attraktiv?

Wer wie ich von der Nachrichtensendung Tagesschau des Ersten Deutschen Fernsehens kommt, weiß, die größte Attraktion ist die Neuigkeit. Die Nachrichten müssen extrem schnell zum Leser, zum User gelangen. Kaum passiert, schon beim Zuschauer, Leser. Nur so stoßen Nachrichten auf Interesse, angesichts der riesigen Informationsflut. Sie verlieren sofort an Wert. Wer langsam ist, wer weniger attraktiv ist, fällt zurück. Hat einen entscheidenden Wettbewerbsnachteil. Und auch wir, die Redaktion der Bundeswehr, stellen uns dem Wettbewerb. Wer zuerst berichtet, kann auch den Spin bestimmen, die Richtung vorgeben.

Das gilt auch für die Themenauswahl, also just in time, was auch heißt, die Themen müssen vorausgedacht werden.

Wir müssen die ersten sein, wer denn sonst, wenn nicht wir? Wir sitzen an der Quelle der Informationen, wir haben den Zugang zu den guten Geschichten, die wir auch erzählen.

Wenn wir die ersten sind, haben wir auch eine Chance, das öffentliche Interesse zu erobern. Dieses Denken ist in weiten Teilen der Bundeswehr noch stark entwicklungsfähig.

Wir haben mittlerweile bewiesen, dass wir den Wettbewerb auch bestehen, dass wir ganz vorne sein können, quasi die Speerspitze der Berichterstattung.

Wie zum Beispiel beim „Tag der Bundeswehr“ 2016: An zwei Tagen hatten wir eine Gesamtreichweite bei social media von 1,2 Millionen. Auf der Eventseite 280.000 Besucher. 1,2 Millionen Seitenansichten.

Und das zeigen auch die Quoten unserer Produkte insgesamt: Unsere „aktuell“ wird in der Woche mit einer Auflage von 45.000 Exemplaren verteilt, die „Y“ im Monat mit 43.000 und die „IF“ im Quartal mit 35.000.

Bei facebook haben wir eine Reichweite im Monat von 5,7 Millionen und beim you tube-channel 1,3 Millionen. Wir sind damit der erfolgreichste Militärkanal der Welt mit 200.000 Abonnenten. Im vergangenen Jahr hatten wir 150 Millionen Seitenaufrufe auf unseren Online-Auftritten.

Um unsere Quoten noch zu steigern, arbeiten wir in der Redaktion crossmedial. Ein Thema – sieben Ausspielwege. Sieben verschiedene Formen der Berichterstattung. Ein Thema wird an einem Tag crossmedial veröffentlicht – alle Beiträge weisen aufeinander hin. Ein Produkt schiebt das andere an. Abgestufte Berichterstattung, die einen Tag vorher mit Fotos auf Instagram beginnt und auf die Berichterstattung am nächsten Tag hinweist.

Wir diskutieren die Themen und überlegen gemeinsam, wie wir die Themen für unsere Produkte ausgestalten und entsprechend unseren Zielgruppen anbieten: Ausführliche historische und politische Hintergrundbeiträge in „IF“, kompakte Artikel und Reportagen im Monatsmagazin „Y“, wöchentliche Berichte und Nachrichten in der „aktuell“, tägliche Beiträge auf unseren beiden online Plattformen Bundeswehr.de und BMVg.de. Dazu veröffentlichen wir täglich einen Video-Beitrag auf unserem you tube-channel. Und laufend kommentieren wir posts unserer facebook-community.

Um im Wettbewerb zu bestehen, schaffen wir neue Formate. Unsere social media Redakteure berichten im Format „embedded community“ aus den Einsatzgebieten. Unser Videopresenter Hauptfeldwebel Oliver Bender ist dort, wo seine Kameraden aus allen TSKs sind und viel erleben.

Wir haben gemeinsam eine Kiosk APP, die Bundeswehr MEDIA APP für unsere Printprodukte entwickelt. Sie wurde bisher von rund 13.400 Nutzern heruntergeladen. Darin präsentieren wir unsere beiden Printprodukte „Y“ und „aktuell“ und bieten sie auch einem Archiv an. Die neue APP ist selbstverständlich responsive für tablets und smartphones. Im header der APP haben wir die Möglichkeit, täglich news einzustellen und auf unsere beiden online Plattformen, auf unseren you tube-channel, auf facebook und Instagram zu verlinken. Der header ist unsere Spinne im Netz – hier können wir auf alle unsere Produkte crossmedial verweisen.

Hin und wieder haben wir auch ein besonderes Privileg – wir sind die einzigen Journalisten bei einem Ereignis. Wie beispielsweise im vergangenen Jahr bei der Seenotrettung der Marine im Mittelmeer. Oder dem Anti-IS-Einsatz der Bundeswehr in der Türkei. Und deswegen geben wir unser Material auch ab – an andere Medien. Täglich werden Videomaterial und Fotos überspielt. Wir haben eine cloud eingerichtet, auf die externe Medien zugreifen können. So haben wir es mit unserem exklusivem Material in die Hauptnachrichtensendungen der ARD, des ZDF, N24 oder RTL geschafft – immer mit der Quellenangabe: Bundeswehr. Und damit haben wir eine besonders sublime Form der PR erreicht: die Redaktion der Bundeswehr ist Pool-Führer und Dienstleister für andere Medien. Und bestimmt damit den spin.

Entscheidend ist und bleibt Glaubwürdigkeit – und die wird durch Transparenz erreicht. Als im vergangenen Jahr der Showroom der Bundeswehr in Berlin Mitte Ziel einer Farbattacke wurde, haben wir davon ein Foto gemacht. Es zeigt den Eingangsbereich mit einem Plakatauftsteller der neuen Bundeswehrkampagne „Mach, was wirklich zählt". Der Slogan hieß: „Wir kämpfen auch dafür, dass Du gegen uns sein kannst." Das Foto haben wir auf facebook gepostet. Es war der erfolgreichste Bundeswehr-Post des Jahres – mit drei Millionen Reichweite. Schnelle Reaktionsfähigkeit und Flexibilität kehrten die Attacke um und richteten sie gegen ihren Auslöser: Klarer Punktsieg für uns.

Fazit

Um PR erfolgreich durchzuführen ist guter Journalismus notwendig. Transparenz schafft letztlich Vertrauen in den Wahrheitsgehalt.

Unser exklusiver Zugang zu Informationen im Bereich Verteidigung und Militär ermöglicht es die informationelle Initiative zu ergreifen.

Mit der Nutzung moderner und modernster Kommunikationstechnologie erreichen wir schnell die „hearts and minds" insbesondere der jungen Generation.

Damit schaffen wir nicht nur ein positives Selbstverständnis innerhalb der Bundeswehr-Community. Wir geben unserer Bevölkerung auch einen direkten Einblick in die Bundeswehr.

Unsere Arbeit beeinflusst so das Bild der Bundeswehr in der Öffentlichkeit. Der Zuspruch der „Generation Y" ist – messbar – äußerst positiv. Diese unsere Form der Strategischen Kommunikation wollen und müssen wir ausbauen.

Strategic Gaming – Eine Methode der Strategielehre

Thomas Pankratz

1. Einleitung: Die drei Stufen einer modernen Strategielehre

Die Strategielehre in einem modernen Verständnis[51] folgt einem dreistufigen Aufbau: Erstens, die Vermittlung von Kenntnissen[52], wobei hierunter die Lehre der Grundsätze der Strategie oder die Einführung in zentrale Theorien bzw. Denker zu verstehen ist. Zweitens, die Vermittlung von Fertigkeiten.[53] Bezogen auf die Strategielehre kann hierunter beispielsweise verstanden werden, die kennengelernten Theorien oder Denker zu interpretieren, über diese zu reflektieren oder diese zu vergleichen. Kennzeichnend für diese ersten beiden Stufen ist, dass sie stark anleitungsgeleitet sind und die Inhalte von den Studierenden gelernt werden können. Die dritte Stufe ist die Kompetenz.[54] Hierbei geht es um die Fähigkeit, größtenteils selbstständig, Kenntnisse bzw. Fertigkeiten in Arbeits- oder Lernsituationen und für die berufliche und/oder persönliche Entwicklung zu nutzen. Kompetenz kann nicht gelernt werden, sondern die Studierenden erwerben diese durch unmittelbare Anwendung. Auf dieser Stufe sind das

---

[51] In einem traditionellen Ansatz beschränkt sich die Strategielehre vorwiegend auf die geschilderte erste Stufe bzw. bedingt auf die zweite Stufe.

[52] Als Kenntnisse sind im Wesentlichen Fakten, Grundsätze und Theorien in einem Arbeits- oder Lernbereich zu verstehen.

[53] Als Fertigkeit ist die Fähigkeit zu verstehen, die zuvor erworbenen Kenntnisse anzuwenden und einzusetzen, um Aufgaben auszuführen und Probleme zu lösen. Auszudifferenzieren ist hier zwischen kognitiven Fertigkeiten (Logik, Kreativität) und praktischen Fertigkeiten (Geschicklichkeit, Verwendung von Methoden).

[54] Auch Kompetenz spiegelt sich in verschiedenen Dimensionen wider, so z.B. in Urteils-, Sach-, Handlungs-, Persönlichkeits- oder Methodenkompetenz. Gängig bei der Ausdifferenzierung ist der so genannte KODE-Kompetenzatlas, welcher in Aktivitäts-/Handlungskompetenz, personale, fachlich-methodische sowie sozial-kommunikative Kompetenz ausdifferenziert.

Strategische Denken und Handeln zu verorten, welche situationsbezogen mit dem Instrument des Strategischen Planspiels auf der einen Seite gelehrt und auf der anderen Seite geübt und erfahren werden können.

Im Folgenden wird das Strategische Planspiel (SG), wie es als Kooperation zwischen Landesverteidigungsakademie (LVAk), Diplomatischer Akademie (DA), Sicherheitsakademie (SIAk) und Bundesministerium für Europa, Integration und Äußeres (BMEIA) seit 2011 konzipiert und durchgeführt wird, in stark komprimierter Form beschrieben, um einen Einblick in das Strategische Planspiel zu gegeben.[55] Skizziert werden Wesen und Methodik des Strategischen Planspiels, die zentrale Zielsetzung, Strukturen, Abläufe sowie Annahmen. Kurzgefasst ist unter einem Strategischen Planspiel eine Planübung auf strategischer Ebene zu verstehen, die einen Ausschnitt einer komplexen und dynamischen internationalen Konfliktsituation[56] mit unterschiedlichsten Akteuren simuliert. Beim hier vorgestellten strategischen Planspiel stehen nicht, wie bei vielen anderen Planspielen, Kommunikationsabläufe, Verhandlungsprozesse oder Konfliktlösungsmechanismen im Mittelpunkt. Zentrale Zielsetzung ist hingegen das Erfahren und Üben von Strategischem Denken und Handeln.

2. Grundzüge eines Planspiels und Ansatz eines Strategischen Planspiels

Grundsätzlich kann ein Planspiel als eine angeleitete Planübung, welche zumeist auf einem realen bzw. der Realität nahem Hintergrund basiert, verstanden werden. Deswegen werden Planspiele auch als „*Serious Gamings*“ klassifiziert. Annahmen sind oftmals vergangene, gegenwärtige oder auch künftige sowie auch erdachte komplexe Konflikt- oder Problemsituationen mit unterschiedlichen Akteuren.[57] Übergeordnetes

---

[55] Der vorliegende Beitrag bezieht sich explizit auf dieses Strategische Planspiel. Erste Ansätze hierzu gab es bereits 2008. Durch permanente Weiterentwicklung und Adaptierungen (insbesondere bezogen auf die Präzisierung der Zielsetzung und Methoden sowie Erweiterung des Teilnehmerkreises) entstand das hier dargestellte Strategische Planspiel. Das ursprünglich entwickelte Strategische Planspiel und das hier beschriebene, seit 2011 durchgeführte, sind nur sehr bedingt miteinander vergleichbar. Federführend bei Konzeption, Koordination und Durchführung ist das Institut für Strategie und Sicherheitspolitik der LVAk. Die Gesamtleitung liegt bei Dr. Thomas Pankratz. Zu den jeweiligen SG siehe die Berichte in ÖMZ: Strategic Gaming 2015 „Strategisch Denken und Handeln – Konflikte im Südchinesischen Meer“, in: ÖMZ 1/2016, S. 127-128; Strategic Gaming 2014 „Strategisch Denken und Handeln – Konflikte im Südchinesischen Meer“, in: ÖMZ 2/2015, S. 253-254, Gaming 2013 „Strategisch Denken und Handeln. Der Konflikt um Nordkorea“, in: ÖMZ 3/2014, S. 332-333; Strategic Gaming 2012 „Strategisch Denken und Handeln. Der Konflikt um das Iranische Nuklearprogramm“, in: ÖMZ 1/2013, S. 71-72.

[56] Als Konflikt ist hierbei grundsätzlich zu verstehen, wenn zwei oder mehrere Akteure Ziele verfolgen, die als miteinander unvereinbar angenommen werden. (Vgl. Heinz Gärtner, Internationale Sicherheit, Baden-Baden 2005, S. 72). Dies bedeutet, dass es sich hierbei nicht unbedingt um eine Situation mit Gewaltaustragung handeln muss.

[57] Aus diesem Grund werden Planspiele auch als Konfliktsimulationen bezeichnet (KOSIM; *Conflict Simulation*, COSIM).

Ziel eines Planspiels ist der Erkenntnisgewinn für die Planung und Führung. Detaillierter ausgeführt können als Zielsetzungen u.a. das Lernen der Entwicklung von Handlungsstrategien, das Erfahren rollenabhängiger Interessenperspektiven und systembedingter Entscheidungszwänge, die Erhöhung der Fähigkeit zum Handeln und Kooperieren und der Fähigkeit zur Kommunikation und Teamarbeit sowie letztlich das Kennenlernen komplexer Zusammenhänge sowie das Aufzeigen von gesellschaftlichen und politischen Konfliktfeldern angeführt werden.

Entscheidend bei einem Planspiel ist, dass der Erfolg bzw. Misserfolg nicht nur vom eigenen Vorgehen, sondern auch von den Aktionen anderer abhängig ist, d.h. die Akteure beeinflussen sich in ihrem Handeln gegenseitig (interdependente Entscheidungssituation). Ausgangspunkt eines Planspiels ist eine Lageannahme und ein Auftrag an die Teilnehmer. Simuliert werden in weiterer Folge Möglichkeiten und Grenzen eigenen und gegnerischen Handelns und Optionen für Handlungsentscheidungen. Grundsätzlich kann ein Planspiel die Realität nicht ersetzen, da die Handlungen im Spiel Ersatzhandlungen bleiben. Auch wenn Planspiele realitätsnahe konzipiert werden, können sie doch nur idealisierte Situationen sein und geben somit nur einen Ausschnitt der Komplexität der Realität wieder.

Von diesen grundsätzlichen Überlegungen abgeleitet, ist das strategische Planspiel (SG) als eine angeleitete Planübung auf strategischer Ebene zu verstehen. Die strategische Ebene umfasst hierbei zwei Aspekte:

- Akteursebene: Die institutionalisierte Ebene des SG ist diejenige der Staaten sowie Internationaler bzw. regionaler Organisationen.[58]
- Analyse-, Entscheidungs- und Handlungsebene (Prozessebene): Diese Ebene ist die für das SG entscheidende, da hier das Strategische Denken und Handeln im Mittelpunkt stehen.

3. Zielsetzungen des Strategischen Planspiels

Zentrale Zielsetzung des SG ist die Kompetenzsteigerung für die Teilnehmer im Bereich des Strategischen Denkens und Handelns.[59] Hieraus ergibt sich, dass das SG als Methode zu verstehen ist und nicht einen Selbstzweck darstellt sowie primär problem- bzw. prozess- und nicht wissensorientiert ist.

Strategisches Denken wird bei diesem SG als die erfolgsorientierte und auf Nachhaltigkeit ausgerichtete Kalkulation von Zielen, Mittel und der strategisch relevanten

---

[58] Um die Komplexität des Planspiels zu reduzieren, werden diese als nach außen hin homogene Akteure bespielt.

[59] Bei einem strategischen Planspiel werden Maßnahmen auf der taktischen und operativen Ebene nicht bespielt, sind jedoch mitzudenken.

Umwelt definiert.[60] In letzter Konsequenz führt dieses Denken zu der Formulierung von Handlungsoptionen. Strategisches Handeln kann demgemäß als der Entschluss, sich für eine Option oder eine Kombination von Optionen zu entscheiden, bezeichnet werden.[61]

Beim Ansatz des SG wird das Strategische Denken in der Form geübt, dass die Teilnehmer die Positionierung des jeweils bespielten Akteurs in systematischer Weise (über die Bearbeitung von Checklisten und die Formulierung eines Lagebildes; siehe unten) auszuarbeiten haben. Hierbei wird besonders Wert auf die Formulierung der Interessen und Ziele des jeweiligen Akteurs und die Analyse des strategisch relevanten Umfelds gelegt. Das Strategische Handeln wird geübt, indem die ausgearbeiteten Positionen bei Verhandlungen zu vertreten sind.

Neben der grundsätzlichen Zielsetzung ist es ein besonders Merkmal des SG, dass die Akteure von Teams simuliert werden, wobei angestrebt wird, dass die Mitglieder dieser Teams aus unterschiedlichen Organisationseinheiten stammen.[62] Hierdurch werden die Teilnehmer mit verschiedenen Organisationskulturen und dementsprechenden unterschiedlichen Denkmustern und divergierenden Problemlösungsansätzen konfrontiert. Dieses Zusammenwirken in gemischten Teams trägt zum besseren Verständnis anderer Organisationskulturen bei und kann auch als ein Beitrag zur Förderung kooperativen Vorgehens hinsichtlich eines „*Whole of Government*“ (WGA) bzw. „*Whole of Nation*“ (WNA) Ansatzes gesehen werden. Letztlich wird hierdurch auch die Netzwerkbildung gefördert. Durch die intensive Auseinandersetzung mit der bespielten Region ergibt sich letztlich ein besseres und tieferes Verständnis politischer und gesellschaftlicher Prozesse in diesem Raum.

---

[60] Strategische Ziele sind zu unterteilen in Macht- und Gestaltungsziele. Mittel umfassen hier sowohl Wege als auch Ressourcen. Strategisch relevante Umwelt bezeichnet hier den aus der Verdichtung entstandenen Ausschnitt aus der Gesamtumwelt, den der jeweilige Akteur für relevant hält.

[61] Grundsätzlich wäre auch ein Nichthandeln als Option zu verstehen. Da die Teilnehmer im SG zum Handeln gezwungen werden, scheidet diese Option beim SG aus.

[62] Bei der Konzeption des SG seit 2012 sind als permanente Organisationseinheiten beteiligt: BMLVS, insbesondere LVAk (hier nehmen alle drei Jahre des Generalstabslehrgang im Zuge der Strategieausbildung teil), BMI/SIAk (hier nimmt der jeweilige Masterstudiengang Strategisches Sicherheitsmanagement teil), Diplomatische Akademie sowie BMEIA. Letztere zwei Organisationen stellen jeweils Teilnehmer nach Verfügbarkeit. Weitere teilnehmende Organisationen waren bzw. sind: Universität Wien, ab 2016 Universität für Bodenkultur sowie 2015 FH Wr. Neustadt (Teilnehmer des Master „Wirtschaftsberatung und Unternehmensführung“). Fallweise nehmen auch Teilnehmer aus der Privatwirtschaft als Spieler und Mentoren teil. BMLVS, BMI/SIAk sowie Universität Wien stellen mit Masse die Mentoren, Mitglieder HiCon sowie Experten.

4. Methoden des Strategischen Planspiels und Aufgaben der Teilnehmer

Aus den primären Zielsetzungen des SG ergibt sich, dass nicht Verhandlungen oder die Lösung von Konflikten an sich, sondern die richtige prozessuale Vorgangsweise von Akteuren auf strategischer Ebene im Mittelpunkt steht.

Konkret umfassen die Aufgaben für die Teilnehmer folgende Punkte:

- Analyse des strategisch relevanten Umfeldes, insbesondere Abschätzen und Beurteilen der Position der anderen Akteure.
- Formulierung einer eigenen Position, basierend auf den Elementen Interessen/Ziele und Mittel. Permanentes Überdenken und Überarbeiten der eigenen Position, wobei diese auch ein permanentes Abschätzen der Folgewirkungen der eigenen Position bedingt.
- Kooperation und Abstimmung mit anderen Akteuren.
- Einbringen und Vertreten der eigenen Position im Verhandlungsgremium.
- Reagieren auf unvorhergesehene Ereignisse.

Dies wird geübt, indem im Zuge von Gruppen- und Plenardiskussionen in einem mehrstufigen Verfahren zunächst Strategien der einzelnen Akteure im Rahmen der Teams zu formulieren und abzustimmen sind. Diese sind in einer weiteren Etappe mit anderen Akteuren zu koordinieren. Dieser Prozess auf internationaler Ebene findet sowohl im bi- bzw. multilateralen Rahmen als auch innerhalb von Gremien statt. Letztlich müssen die entwickelten Strategien in Verhandlungen im Rahmen der jeweiligen Verhandlungsplattform vertreten werden. Zusätzlich ist eine laufende Beurteilung der Lage in der bespielten Region, des regionalen und internationalen Umfelds erforderlich.

Als Instrumente und als Hilfestellung zur Aufgabenerfüllung sind mit Unterstützung des Mentors Checklisten zu bearbeiten und Lagebilder zu erstellen. Sowohl Lagebilder als auch Checklisten haben keinen Prüfungscharakter. Die Funktion der Checklisten kann vorwiegend darin gesehen werden, dass den Teilnehmern ein strukturiertes Vorgehen hinsichtlich der Orientierung zur Formierung bzw. der Positionierung des zu bespielenden Akteurs erleichtert wird. In weiterer Folge soll durch die Checklisten eine Hilfestellung darin gegeben werden, verschiedene Entwicklungen, wie etwa Änderungen in der eigenen Positionierung sowie in derjenigen der anderen Akteure, möglichst präzise festzuhalten. Diese Hilfsinstrumente erwiesen sich als notwendig, um den Teams sowohl einen Orientierungsrahmen als auch einen Endpunkt ihrer Diskussionen zu geben.

Die Checklisten sind als vorbereitende Maßnahme zur Formulierung der Lagebilder zu sehen. Ein Lagebild im Sinne des SG ist eine kurze Analyse, die drei zentrale

Fragenkomplexe beinhaltet: Analyse der strategisch relevanten Umwelt (Interessen/Ziele) des Akteurs sowie die einzusetzenden Mittel, um die Ziele zu erreichen. Ziele der Lagebilder sind zum einen das Bewusstmachen der eigenen Situation in kurzer und prägnanter Weise sowie zum anderen Information für die Spielleitung über Arbeitsfortschritte der jeweiligen Teams. Die Lagebilder werden erst nach Abarbeitung der Checklisten und werden gemäß vorgegebenem Format bearbeitet. Sie werden in schriftlicher Weise stichwortartig bearbeitet und sind zu einem vorgegebenen Zeitpunkt bei Higher Control (HiCon), der inhaltlichen Kontrolle des SG, abzuliefern.

5. Struktur, Spielregeln und Ablaufphasen des Strategischen Planspiels

Ein wesentliches Kennzeichen des SG ist, dass es sich hierbei um einen *„Thinking-and-Talking“*-Prozess handelt, dessen Rahmenbedingungen in einem Drehbuch („Plot“) definiert sind. Dieser dient als Handlungsanweisung sowohl für die Übungsleitung als auch die Teilnehmer und enthält unter anderem die Struktur des SG, den vordefinierten (sequentiellen) Ablauf der Übung, die realen und fiktiven Annahmen, die Aufgaben der Teilnehmer sowie die Festlegung, welcher Rahmen für Handlungsoptionen den Spielern zur Verfügung steht („Spielregeln“). Die reale Annahme bildet den Hintergrund, während die fiktive Annahme für die Durchführung des Planspiels selber zum Tragen kommt. Oftmals wird mit generischen Zeiten gearbeitet.

Den Teilnehmern wird die Rolle eines Akteurs zugewiesen, d.h. die Spieler nehmen klar umrissene Positionen von Staaten oder Organisationen ein, wodurch auch kaum Spielraum für individuelle Rolleninterpretation zugelassen wird. Diese zugewiesene Rolle ist einzunehmen und beizubehalten (*role-sticking*). Die Akteure werden, wie beschrieben, durch Teams simuliert, wodurch sich dieses von Rollenspielen unterscheidet.

Durch den Plot wird auch festgelegt, welchen Informationsstand die Teilnehmer haben.[63] Beim SG wird mit vollständiger Information, ergänzt durch unvollständige Annahmen sowie perfektem Erinnerungsvermögen gearbeitet. Perfekte Information

---

[63] Unterschieden wird zwischen:

- Vollständige Information bezeichnet die Kenntnis aller Spieler über die Spielregeln. Unstimmigkeiten werden als Störung bezeichnet. Gerade in komplexen Spielen ist die Forderung nach vollständiger Information zumeist zu rigide und kann nicht eingehalten werden, da mit dem Vorhandensein gewisser Informationen nicht gerechnet werden kann (z.B. bei politischen Entscheidungen). Darum ist es sinnvoll, Annahmen, die mit vollständiger Information arbeiten, um die Möglichkeit unvollständiger Information zu erweitern.
- Perfekte Information, also die Kenntnis sämtlicher Spieler über sämtliche Züge sämtlicher Spieler, ist eine rigorose Forderung, die zumeist nicht erfüllt werden kann.
- Perfektes Erinnerungsvermögen ist das Wissen jedes Spielers über sämtliche Informationen, die ihm bereits in der Vergangenheit zugänglich waren.

gehört nicht zu den Standardannahmen, da sie bei der Erklärung zahlreicher einfacher Konflikte hinderlich wäre.

Den zu spielenden Akteuren wird grundsätzlich eine realistische Vorgangsweise (*role-play*) und ein rationales Handeln unterstellt. Dies bedeutet, dass nicht nur den einzelnen Spielern Rationalität unterstellt wird, sondern auch, dass die anderen Spieler wissen, dass alle Spieler rational handeln.[64]

Die Struktur des SG setzt sich aus der Spielebene und der Leitungsebene zusammen. Die Spielebene[65] besteht, abhängig von der Annahme, aus mehreren miteinander kommunizierenden Ebenen:

- Staatenebene: Diese Ebene stellt die zentrale institutionelle Ebene dar. Die Staaten werden als kollektive strategische Akteure bespielt, die nach außen hin homogen agieren. Die innere Heterogenität ergibt sich aus der Zusammensetzung der Teams aus unterschiedlichen Organisationseinheiten. Die Teams, die die Akteure simulieren, stellen das strategische Zentrum ohne explizite Zuweisung einer bestimmten Position (ausgenommen Außenminister bei Plenarsitzungen) dar.
- Organisations- bzw. Gremiumsebene: Neben den Staaten werden oftmals auch Internationale bzw. regionale Organisationen als Akteure bespielt. Zumindest eine Organisation agiert in jedem SG als Verhandlungsplattform.
- Zusätzlich zu diesen zwei institutionalisierten Ebenen generiert sich durch die Möglichkeit bi- bzw. multilateraler Absprachen eine dritte, nichtinstitutionalisierte, Ebene.

Die Leitungsebene setzt sich aus der Spielleitung, den Mentoren, HiCon und verschiedenen Experten zusammen. Der Spielleitung obliegt in enger Kooperation mit HiCon und den Mentoren die Gesamtleitung des SG und ist in dieser Funktion zudem die letzte Instanz bei prozeduralen Fragen. Die Spielleitung nimmt hingegen keinen Einfluss auf die inhaltlichen Positionierungen der Akteure.

---

[64] Grundsätzlich kann als Rationalität verstanden werden, dass sich Akteure durch ein vernunftgeleitetes und an Zwecken ausgerichtetes Denken und Handeln leiten lassen. Dies umfasst somit auch die beabsichtigte Auswahl von und die Entscheidung für Gründe, die als vernünftig gelten, um ein bestimmtes Ziel zu erreichen. Oftmals ist von einer beschränkten Rationalität auszugehen. Diese liegt dann vor, wenn Akteure zwar den eigenen Nutzen optimieren möchten, dies aber aus kognitiven Gründen nicht können. Es wird zwischen den Kosten/Nachteilen für die Entscheidungsfindung und dem daraus vermutlich resultierenden Nutzen abgewogen. Dies liegt beispielsweise dann vor, wenn man die Suche nach Alternativen beendet, da eine Lösung gefunden wurde, mit der man zufrieden ist, ungeachtet dessen, dass es noch eine bessere hätte geben können.

[65] Die Spielebene muss insbesondere um die Komplexität der Realität zu reduzieren und aus spieltaktischen Gründen (z.B. Übersichtlichkeit, Vereinfachung, gleichmäßige Bedeckung der Teilnehmer mit Aufgaben, Besetzung sowie die Vertretung der einzelnen Positionen) stark vereinfacht bespielt werden.

Pro Team steht ein Mentor zur Verfügung.[66] Die zentrale Aufgabe der Mentoren ist die prozessmäßige Begleitung (z.B. Gruppenfindung, Einhalten Zeitleiste, Rücklass bei Kontaktaufnahme zu anderen Akteuren, Sicherstellung interner Reflexion...) der Teams sowie deren inhaltliche Unterstützung (z.B. inhaltliche Expertise, Bearbeitung Lagebilder und Checklisten, Beratung Verhandlungspositionen, Optionenentwicklung etc). Zudem agieren sie auch als Bindeglied zwischen Spielleitung und Teilnehmern und nehmen in ihrer Funktion auch eine permanente Evaluierung des Spielverlaufs sowie der Teilnehmern des betreuten Teams wahr.

HiCon soll dabei einen reibungslosen Ablauf des SG hinsichtlich der inhaltlichen Abstimmung garantieren. Zentrale Aufgabe von HiCon ist es, die Checklisten und Lagebilder der Teams in Bezug auf methodische und inhaltliche Aspekte zu bewerten, bevor es diese mit einem Kommentar wieder an die Teams retourniert. Auf diese Weise wird ein unmittelbares Feedback gegeben. Die Teams haben ihre Ausarbeitungen in Folge gemäß Anweisungen von HiCon zu überarbeiten bzw. die Verbesserungsvorschläge in die folgenden Ausarbeitungen einfließen zu lassen. Eine weitere Aufgabe besteht in der Bewertung von Presseaussendungen, Kommuniqués und dergleichen, die von den Teams verfasst werden. Diese Bewertung orientiert sich insbesondere danach, in wie weit diese Aussendungen realistisch und auch, ob und in wie weit diese in den Spielablauf integrierbar sind.

Letztlich unterstützen Experten aus verschiedenen Bereichen, insbesondere auf den Gebieten Diplomatie/Völkerrecht, regionale, politische und militärische Aspekte, die Teilnehmer des SG sowie auch die Mentoren, HiCon und die Spielleitung mit ihrer Expertise.

Zweck der Spielregeln ist es vorwiegend, einen reibungslosen Ablauf des gesamten Planspiels sicherzustellen. Ein Grundsatz, dem hierbei gefolgt wird, ist, dass diese Regeln so präzise wie möglich, zur gleichen Zeit aber auch so flexibel wie möglich zu gestalten sind, um die Kreativität der Teilnehmer nicht einzuschränken.

Im Wesentlichen können zwei Formen der Spielregeln gesehen werden: Zum einen allgemeine Spielregeln, die für alle SG Gültigkeit haben. Zu diesen sind unter anderem zu zählen, dass die Akteure mit mehr als zwei Spielern aus verschiedenen Organisationseinheiten besetzt werden oder die Bearbeitung der Lagebilder und Checklisten verpflichtend ist. Die allgemeinen Spielregeln regeln weiteres die Interaktion mit anderen Akteuren, die Durchführung der Verhandlungsphasen in den Plenarsitzungen[67], inklusive der Art des Verhandlungsvorsitzes sowie das Verfassen und das Ver-

---

[66] Um als Mentor mitwirken zu können, sind vor allem die Kriterien inhaltliche und soziale (!) Kompetenz ausschlaggebend. Zudem wird angestrebt, dass ein Mentor zumindest bei einem SG selbst als Spieler mitgewirkt hat.

[67] Ein wesentlicher Punkt hierbei ist, dass es um grundsätzliche Positionen geht und nicht um *„Punkt und Beistrich"* diskutiert werden soll.

teilen von Pressemitteilungen, Kommuniqués und dergleichen. Im Zusammenhang mit den allgemeinen Spielregeln ist ergänzend zu erwähnen, dass die Durchführungssprache des SG Deutsch ist und dass mit Klarnamen gearbeitet wird.

Die speziellen Spielregeln beziehen sich auf das jeweilige Spiel, wobei insbesondere auf das Format der jeweiligen Verhandlungsplattform Bezug genommen werden muss. Ebenfalls zu den speziellen Spielregeln sind die Art und Weise der Abgabe der Checklisten und Lagebilder an HiCon sowie die Abgabezeitpunkte zu zählen.

Die Durchführung des SG erstreckt sich auf drei ineinandergehende Phasen:

- Vorbereitung: In diesem Abschnitt bekommen die Teilnehmer durch die Spielleitung eine Einführung in das Wesen und die Methodik des strategischen Planspiels allgemein sowie eine spezifische Einweisung in das konkret anstehende Planspiel. Zudem erfolgt eine, dem Kenntnis- und Fertigkeitsstand der Teilnehmer entsprechende, (nochmalige) Einführung in die Grundlagen der Strategie mit Schwerpunkt Strategisches Denken und Handeln. In dieser Phase werden die Rollen zugeteilt, der Plot ausgehändigt und die Teilnehmer lernen die anderen Teammitglieder sowie den Mentor kennen. Diese Phase setzt etwa zwei bis vier Wochen vor dem unmittelbaren Beginn des SG ein. Ab dem Zeitpunkt der Einführung in das SG und der Aushändigung des Plots sind die Teilnehmer verpflichtet, sich in den Plot einzulesen und mit der zu bespielenden Rolle vertraut zu machen.[68]
- Simulationsphase: Die konkrete Simulationsphase des hier beschriebenen SG beläuft sich auf drei Tage. Schwerpunkte dieser Phase sind die Positionsbestimmungen anhand der Checklisten und der Lagebilder. Tag 2 und 3 enden jeweils mit einer kurzen Verhandlungsrunde, bei der die Teams ihre jeweiligen Positionen in einer Konferenzsituation vertreten müssen.
- Evaluation und Nachbereitung: Am Ende des letzten Tages des SG wird allen Teilnehmern des SG, inklusive der Mentoren und der Experten, die Möglichkeit zu sowohl einer mündlichen als auch schriftlichen Evaluation gegeben. Unmittelbar daran findet zudem eine Nachbesprechung der Spielleitung statt. Die Erkenntnisse aus Evaluation und Nachbereitung fließen in die permanente Weiterentwicklung und Adaptierung des SG ein. Wie die Erkenntnisse der bisher abgehaltenen SG zeigen, betrifft dies vor allem prozessuale Abläufe.[69]

[68] Dies inkludiert auch das Studium der zur Verfügung gestellten Materialen sowie das Verfolgen von Medienberichten. Oftmals geben die Mentoren in dieser Phase auch entsprechende Arbeitsaufträge an die Teilnehmer der jeweiligen Teams aus.

[69] Als Beispiele für wichtige Adaptierungen sind die Einführung der Mentoren ab 2012 bzw. der Checklisten und Lagebilder ab 2014 bzw. deren permanente Weiterentwicklung sowie die Implementierung von HiCon 2015 zu nennen.

6. Annahmen

Damit die Methode des Strategischen Denkens und Handelns nicht im Abstrakten bleibt, sondern auch im Konkreten geübt werden kann, bedarf es einer Annahme. Grundsätzlich ist festzuhalten, dass das SG nicht auf rein fiktiven Szenarien, sondern auf realen, zumeist aktuellen Konfliktsituationen basiert. Diese Situationen werden explizit nach zwei Gesichtspunkten ausgewählt: Erstens, aktuelle, aber nicht akute Konfliktsituationen, die sich zudem nicht in unmittelbarer Nachbarschaft Österreichs befinden bzw. in die Österreich nicht involviert ist. Hintergrund dieser Überlegung ist, dass die Teilnehmer so wenig wie möglich mit den jeweiligen Situationen, insbesondere den Positionen der einzelnen Akteure, vertraut sein sollen. In diesem Fall, dies zeigen Erfahrungen aus den ersten durchgeführten Planspielen, werden von den Teilnehmern vor allem aus den Medien bekannte Positionen unreflektiert wiedergegeben. Durch die Nichtvertrautheit mit der Situation werden die Teilnehmer hingegen gezwungen, sich in die Position der Akteure, insbesondere desjenigen, der bespielt wird, hineinzuversetzen. Genau dieses Hineinversetzen in systematischer Weise (über die Checklisten und Lagebilder anhand der zentralen Elemente der Strategie) entspricht der Intention des SG. Der zweite Gesichtspunkt anhand dessen die Situation ausgewählt wird, ist, dass es sich um einen aktuellen, jedoch nicht akuten Konflikt handeln soll, der ein eskalierendes Potenzial beinhaltet. Die Befassung mit diesem Konflikt trägt zur Schaffung einer Bewusstseinsbildung bzw. zur Schaffung von Kenntnisgrundlagen bei, die zu einer „Situation Awareness“ bei Akutwerden des Konflikts eine Rolle spielen kann.[70]

Um die Komplexität zu reduzieren, wird sowohl bei der realen als auch fiktiven Annahme auf die unmittelbare Konfliktregion fokussiert.[71] Die internationale und relevante regionale Situation werden in Umrissen im Plot skizziert, sind aber als grundsätzliche Basisannahme mitzudenken.[72]

Hinsichtlich des Ablaufs sind die Annahmen zweigeteilt. Zum einen die Realannahme. Hier wird die konkrete Konfliktsituation bezogen auf einen Staat oder eine Region skizziert. Zumeist wird auf ausgewählte Problembereiche besonders eingegangen, wie auch die Grundstruktur der jeweiligen zentralen Verhandlungsorganisation beschrieben. Die Realsituation wird bis zu einem bestimmten Zeitpunkt, zumeist drei bis vier Wochen vor der unmittelbaren Durchführung des SG nachgezeichnet und findet sich im Plot.

---

[70] Ein gutes Beispiel hierfür ist die Annahme „Konfliktsituation im Südchinesischen Meer“, die 2014 und 2015 bespielt wurde.

[71] Die Annahmen der Strategischen Planspiele 2008-2016 waren: 2008 und 2009 Iran, 2010 und 2011 Jemen, 2012 Iran, 2013 Nordkorea, 2014 und 2015 Konflikte im Südchinesischen Meer sowie 2016 Konflikte in der Arktis.

[72] Dies trifft insbesondere auf das Verhältnis der bespielten Akteure außerhalb der konkreten Region zu.

Und zum anderen die sogenannte fiktive Annahme, die auf der Realannahme aufbaut. Kennzeichnend für diese Annahme ist, dass sie eine denkbare eskalierende Entwicklung, die möglichst nahe an der Realität liegt, beschreibt.[73] In dieser Situation wird auch das jeweilige Verhandlungsgremium aktiv, welches beispielsweise eine Sondersitzung einberuft, um die Situation zu besprechen und deeskalierend zu wirken. In Vorbereitung auf diese Sitzung haben die Teilnehmer sich nunmehr über die Checklisten und Lagebilder vorzubereiten und im Verlauf der Sitzung ihre Positionen entsprechend zu vertreten. In Bezug auf die Verhandlungsrunden ist anzumerken, dass zwar ein möglichst realistischer und authentischer Ablauf, inklusive Vorsitzführung angestrebt wird, dies jedoch nicht im Mittelpunkt steht. Diese Verhandlungen sollen vielmehr den Teilnehmern die Möglichkeit geben, ihre ausgearbeiteten Positionen und auch Optionen auszutesten.

Beispielhaft wird im Folgenden die Annahme des *SG2015*, welches vom 10. bis 12. November 2015 an der Landesverteidigungsakademie stattfand, skizziert.[74] Die Realannahme basierte, wie auch beim *SG2014*, auf den Territorialstreitigkeiten im Südchinesischen Meer. Erweitert wurde die Annahme um die Straße von Malakka. Im Mittelpunkt der Territorialstreitigkeiten standen die Paracel Islands und insbesondere die Spratly Islands. Die direkt involvierten Streitparteien (China, Vietnam, Philippinen, Brunei, Taiwan, Malaysia) interpretieren die United Nations Convention on the Law of the Sea (UNCLOS) unterschiedlich und führen hierbei völkerrechtliche, historische, wirtschaftliche, geografische und geologische Argumente an. Weitere zentrale Akteure, die wegen verschiedenster strategischer, politischer oder wirtschaftlicher Interessen eine bedeutende Rolle im Südchinesischen Meer spielen, sind die USA, Russland, Indien, Australien, Japan, ASEAN als Organisation und verschiedene ASEAN-Staaten. ASEAN verfolgt hinsichtlich der Konflikte eine Politik des „*Balancings*" und bezieht nicht direkt Position. Ein Hauptgrund hierfür liegt darin, dass die Organisation einerseits auf die direkt betroffenen Mitgliedstaaten Rücksicht nehmen muss, deren Forderungen sich teilweise überlappen, andererseits aber auch die Balance zu China halten muss.

Die fiktive Annahme setzte ab dem 10. Oktober ein. Annahme war, dass vor dem Hintergrund einer politisch angespannten internationalen und regionalen Situation China am 11. Oktober eine Air Defence Identification Zone (ADIZ) über den Spratly Islands verhängte. Gerechtfertigt wurde dies von China als „Selbstschutzmaßnahme"

---

[73] Oftmals werden hier reale Ereignisse in veränderter Form in die Zukunft projiziert.

[74] Neben dem 20. Generalstabslehrgang und dem Masterstudiengang „Strategisches Sicherheitsmanagement 2014" nahmen am SG2015 Kolleginnen und Kollegen der Diplomatischen Akademie, des BMEIA, des BMI, des BMLVS, der Universität Wien sowie des Masterstudiengangs „Wirtschaftsberatung und Unternehmensführung" teil. Insgesamt beteiligten sich rund 70 Personen (Spieler, Mentoren, HiCon, Experten) am Planspiel.

und als Absicherung seiner wirtschaftlichen und hoheitlichen Interessen im Raum. Die Proteste anderer Staaten wurden ignoriert. In den folgenden Tagen spannte sich die Situation immer mehr an und es kam zu verschiedenen Zwischenfällen zwischen Marine- und Fliegerverbänden sowie zivilen Schiffen Chinas und anderer Anrainerstaaten. Verschärft wurde die Situation noch durch die Flüchtlingskrise im Raum sowie Zwischenfälle in der Straße von Malakka. Um die Situation zu deeskalieren, beschloss das ASEAN Regional Forum (ARF) Vorsitzland Malaysia am 29. Oktober, eine außerordentliche Sitzung einzuberufen. Die Sitzung fand vom 10. bis 12. November statt. Im Mittelpunkt der Besprechungen standen die Gebietsstreitigkeiten sowie die Situation in der Straße von Malakka. Im Zeitraum 30. Oktober bis 10. November stieg die Spannung in der Region weiter an. Bespielt wurden 12 Staaten, das ARF-Sekretariat sowie ARF als Verhandlungsforum.

Für das *SG2016* (Durchführung 15.-17. November) wurde die Konfliktregion Arktis gewählt. Diese Region eignet sich gut für das SG, da hier zum einen unterschiedlichste ökonomische, ökologische, völkerrechtliche und geopolitische Konfliktfelder wirken. Zudem sind hier die zentralen Akteure der Weltpolitik involviert. Zum anderen handelt sich um eine Region, die gerade in Österreich doch eher unbekannt ist, zur gleichen Zeit aber ein hohes direktes aber auch indirektes Konfliktpotential beinhaltet, welches es zu beobachten gilt („*Situation Awareness*“).

7. Zusammenfassung und Erkenntnisse

Eine moderne Strategielehre folgt einem mehrstufigen Aufbau, beginnend bei der Vermittlung von Kenntnissen hin zu Fertigkeiten, um abschließend die Kompetenz der Lernenden in den Mittelpunkt zu stellen. Kompetenz an sich kann nicht vermittelt werden, sondern kann sich nur über Kenntnisse und Fertigkeiten entwickeln und muss entsprechend geübt werden. Ein zentrales Kompetenzelement im Bereich der Strategie ist das Vermögen zum Strategischen Denken und Handeln.

Dies zu üben ist der Fokus des hier vorgestellten Strategischen Planspiels. Dies ist der Charakter und somit auch eines der Alleinstellungsmerkmale des hier geschilderten SG.

Da die Akteure durch gemischte Teams simuliert werden, ist es zudem gut geeignet, andere Organisationen kennenzulernen, interorganisatorisch zu agieren und Netzwerke zu bilden. Die Auseinandersetzung mit einer Konfliktregion trägt zum Aufbau einer „*Situation Awareness*“ bei.

Das SG hat jedoch Grenzen. Diese liegen einerseits im konzeptionellen Bereich. Insbesondere durch den beschränkten Zeitrahmen und die starken Vereinfachungen, die notwendig sind, um das SG überhaupt durchführen zu können, kann das SG nur als ein Impuls bzw. als Beitrag zur Kompetenzsteigerung für die Studierenden im Bereich des Strategischen Denkens und Handelns gesehen werden. Dies führt zum anderen auch dazu, dass die Teilnahme am SG zwar eine wesentliche Erfahrung darstellt, hierdurch die Studierenden aber nicht zu Experten im Strategischen Denken und Handeln werden. Hierfür bedarf es weiterer Übung bzw. auch konkreter Anwendung im jeweiligen Berufsumfeld.

Dieser Beitrag skizzierte Wesen und Methodik sowie wichtige Elemente des SG wie die zentrale Zielsetzung, Strukturen oder Abläufe. Durch diese Skizzierung soll ein Einblick in das SG gegeben werden. Was hier jedoch nicht möglich war, ist das unmittelbare Erfahren und Erleben eines solchen SG, von denen jedes einzigartig ist und dessen Ablauf und Ergebnis, trotzt aller Planung und Vorbereitung, auch bis zu einem gewissen Ausmaß unberechenbar ist. Die wahren Träger des SG sind die Teilnehmer. Von deren Engagement, deren Vorbereitung, deren Bereitschaft, sich auf das SG einzulassen, aber auch deren Interessen und Kooperationsbereitschaft und Teamfähigkeit hängt der Verlauf, d.h. das Gelingen oder Misslingen, des SG zum überwiegenden Teil ab. Somit unterscheidet sich dieses kaum von der Realität. Auch in der Realität stehen hinter Strategien Menschen und deren Werte, Interessen und Befindlichkeiten. Auch in der Realität folgt Strategisches Denken und Handeln nur begrenzt rein objektiven Gesichtspunkten.

Der Weg als das Ziel? Polemologie als strategische Kompetenz

Christian Stadler

Gegenstand der nachfolgenden Überlegungen ist es, das Verhältnis von zwei relativ unbestimmten Begriffen – „Polemologie" und „Strategie" – zu klären. Mag die Unbestimmtheit diesen beiden Begriffen gleichermaßen zukommen, so unterscheidet sie ein anderes Merkmal – nämlich der Gebrauch – sei er wissenschaftlich oder umgangssprachlich – doch gewaltig: der Begriff der „Strategie" unterliegt einer nicht enden wollenden Inflation, der Begriff der „Polemologie" fristet ein unscheinbares Nischendasein, das selbst Fachleuten seit Jahrzehnten verborgen bleibt.

Strategie, so hat es den Anschein, erlebt eine geradezu anthropologische Verbreitung, da nicht nur jedes scheinbar vernunftbestimmte, sondern überhaupt jeder bewusst in die Zukunft gerichteter Gedanke eines Menschen taxfrei zu einer „Strategie" aufwächst. Letztlich verdankt es sich bald einer strategischen Leistung, seinen Tagesablauf einigermaßen sinnvoll zu gestalten.

Polemologie, die Lehre vom „polemos", dem Krieg, Konflikt, der Auseinandersetzung, dagegen ist eine verschwiegene Wissenschaft, denn – obwohl es tausende von wissenschaftlichen Untersuchungen zur systematischen Anamnese und Therapie von Konflikten gibt (wenn man der landläufigen Ansicht folgt, dass Friede ein „gesunder" Naturzustand und Krieg ein „krankhafter" Sonderfall sei), so werden diese doch so gut wie nie als den Ansprüchen einer wohlverstandenen Polemologie genügend ausgewiesen. Offenbar dürften die meisten konfliktwissenschaftlichen Forschungen ähnlich monokausal fokussiert – und damit methodisch reduziert – an das komplexe Problem des „Krieges" herangehen wie es oft einer als einseitig mechanistisch bezeichneten Schulmedizin vorgeworfen wird.

Ähnlich wie der Mensch aus Körper, Seele und Geist besteht, so besteht auch (man denke an Platons Politeia) auch die Gesellschaft aus Körper (Nährstand), Seele (Wehrstand) und Geist (Lehrstand). Krieg als gesellschaftliches Phänomen ist daher ebenfalls im Lichte dieser Trias in den Blick zu nehmen, will man seiner begrifflichen Komplexität strukturell gerecht werden. Dieser Anspruch stellt das Wesen dessen dar, wofür „Polemologie" als ihrem Wesen nach interdisziplinäre Wissenschaft steht.

Betrachtet man die Lehre des großen Carl von Clausewitz, so kann man in ihm den ersten Polemologen der Neuzeit erkennen: er folgt dem platonischen Dreischritt, wenn er in seinem Hauptwerk „*Vom Kriege*" (1832) die dialektische Unterscheidung von Taktik – Strategie – Politik einführt: im Bereich des Krieges steht die Taktik für den Nährstand, die Strategie für den Wehrstand und die Politik für den Lehrstand. Ähnlich wie Platon warnt Clausewitz vor der Vermischung der Dimensionen – es endet regelmäßig katastrophal, wenn man strategische Urteilskraft mit politischer Verantwortung verwechselt, oder politische Entscheidungen mit taktischer Instrumentaliät fällen möchte. Ebenso ist es schädlich, im Bereich der Taktik „im Felde" strategische Methoden des Denkens und Handelns zum Einsatz bringen zu wollen. Die für Clausewitz relevanteste – und auch intellektuell komplexeste – Unterscheidung ist zweifellos die zwischen „Politik" und „Strategie" – also zwischen der „Zwecksetzung", die zu verantworten ist und der „Zielsetzung", die zu begründen ist. Die Politik bedarf der sittlichen Urteilskraft, die Strategie der instrumentellen Urteilskraft.

Politik besteht somit in der Setzung eines Zweckes, der ebenso erklärt wie bestimmt, warum man Krieg führt. Dieser Zweck ist in dieser Hinsicht der Idee der Ideen in Platons Sonnengleichnis nicht unähnlich: die Sonne ist die Ursache sowohl der Existenz des Seienden als auch seiner Erkenntnis durch uns. Der Zweck ist die Ursache sowohl der Existenz des Krieges als auch seiner Erkenntnis durch uns. Ohne den – wahren – Zweck zu kennen, können wir den Krieg, Konflikt, die Auseinandersetzung nicht wirklich erkennen, begreifen, fassen. Die Zwecksetzung ist ihrem Wesen nach ein legitimatorischer Akt, ein damit präskriptiv-hoheitlicher Akt, er ist letztlich der Kern dessen, was Legitimität und damit Souveränität ausmacht, weshalb etwa in der österreichischen Bundesverfassung der Bundesversammlung (also dem gemeinsamen Gremium von Nationalrat und Bundesrat) gem. Art. 38 neben der Angeloben des Staatsoberhauptes die Erklärung von Krieg und Frieden zukommt.

Vor diesem Hintergrund ist zu verstehen, warum Clausewitz davon spricht, dass der Krieg die Fortsetzung der Politik mit anderen Mitteln sei; die Politik bedient sich unterschiedlicher Instrumente, um ihrem Wesen, der Durchsetzung ihres Willens, gerecht zu werden – d.i. sie bedient sich unterschiedlicher Strategien: es gibt dazu die öffentliche Debatte, politische Abstimmungen, wirtschaftliche Maßnahmen, Informations-Maßnahmen, technologische Maßnahmen, diplomatische Maßnahmen – und in letzter Konsequenz auch kriegerische Maßnahmen, die von terroristischen, über partisanenartigen bis hin zu „klassisch" militärischen Maßnahmen reichen können. Kelly

Greenhill hat vor einigen Jahren in ihrem Beststeller „*The Weapons of Mass-Migration*" darauf hingewiesen, dass auch die Verursachung von massiven Migrationsströmen eine Art von „Waffe" in der politischen Auseinandersetzung sein kann. Gleich welche Form die politische Auseinandersetzung annimmt, im Kern geht es – so Clausewitz zutreffend – immer darum, dem jeweils anderen („Feind" um es mit Carl Schmitt auszudrücken) den je eigenen (Gestaltungs)Willen aufzuzwingen. Thomas Barnett hat im Jahre 2004 in seinem damaligen Leuchtturm-Werk „*The Pentagon's New Map*" darauf hingewiesen, dass der klassische Schlachtenkrieg als Instrument der internationalen (Macht-) Politik nur noch dort notwendig sei, wo es keine andere Form der Dependenz gäbe, deren prominentestes Beispiel die elektronische Vernetzung via Internet sei – the „connected world", in der es bei politischen Konflikten zum Zwecke des Aufzwingen des je eigenen Willens kaum noch des Schlachtenkrieges bedarf, es genügen technologische Netzwerkmaßnahmen, um des „Feindes" Willen zu brechen.

Es wird aus den soeben angedeuteten Beispielen klar, dass Strategie die Aufgabe hat, jene „operativen" Ziele zu formulieren, die der Erfüllung des politischen Zweckes (nämlich der Durchsetzung des Willens) dienlich sind – vom überzeugenden intellektuellen Argument im UN Sicherheitsrat bis zum militärischen Angriff. Einzig die Auslösung eines – gegenschlagoffenen – Atomkriegs ist deshalb keine strategische Option, da damit mit Sicherheit der politische Zweck verfehlt wird – es sei denn, man muss keinen Gegenschlag fürchten, doch hier ist strukturell die Angst vor einem Versagen der eigenen Abwehr stets größer als der Glaube an die Schwäche des Gegners.

Strategie zeigt daher mehr oder weniger gangbare Wege auf, die es ermöglichen sollen, den politischen Zweck zu erfüllen. Die Wege sind zwar mittelbar in der sittlichen Sphäre des jeweiligen Zweckes gefangen, aber für sich genommen mehr ein kognitives, denn ein sittliches Problem – eine Strategie kann richtig oder falsch sein, ein politischer Zweck kann gut oder böse sein. Man kann daher einen guten politischen Zweck mit falschen strategischen Schritten umzusetzen versuchen oder aber auch einen bösen politischen Zweck mit operativ erfolgreichen strategischen Planungen erfüllen. Die Verantwortung des Strategen ist daher – wohlgemerkt – primär eine funktionale, eine erfolgsorientierte – aber keine sittlich-moralische. Strategien sind daher ihrem Wesen nach deskriptive Akte, einem ausführenden Verwaltungsakt näher als einem zwecksetzenden Gesetzgebungsakt.

Man kann, um die Unterscheidung von Zweck – Ziel – Mittel, also die Unterscheidung von Politik – Strategie – Taktik, in einem anderen Zusammenhang nochmals zu veranschaulichen, auch auf die Metaphysik von Immanuel Kant zurückgreifen, der Vernunft – Verstand – Anschauung unterschieden hat: Vernunft wirkt im Reich der Zwecke, Verstand wirkt im Reich der Kategorien und Anschauung wirkt im Reich der Sinne. Dieser Rückgriff kann an dieser Stelle nur angedeutet werden, es mag der biographische Hinweis genügen, dass Clausewitz, ebenso wie der ebenfalls zu Beginn des 19. Jahrhunderts in Preussen führende politische Philosoph Johann Gottlieb Fichte, glühende Anhänger der Lehre Kants waren, die auf seinem Denken ihre jeweiligen (auch politischen) Philosophien aufgebaut haben.

Welche Rolle kann vor diesem Hintergrund die Polemologie, die Lehre vom Krieg, Konflikt spielen? Wo ist diese Wissenschaft im klassischen Kanon der Militärwissenschaften zu verorten?

Die hier vertretene These lautet, dass die „Polemologie" letztlich ein Instrument der Strategie sei. Polemos... das ist – wie schon erwähnt – der Krieg, der Konflikt, die Auseinandersetzung zwischen zwei oder mehreren Trägern eines – freien – Willens. Diese „praktische" Dimension des polemos spricht der – auf antike Autoren wie Thucydides zurückgreifende – englische Denker Thomas Hobbes an, wenn er den polemos als das gesellschaftliche Naturprinzip begreift.

Ein anderer antiker Autor, Heraklit, hat noch radikaler den Krieg als „den Vater aller Dinge" bezeichnet, wohlgemerkt den „polemos", der ja nicht unbedingt, wie es die deutsche Übersetzung nahezulegen scheint, immer als Krieg in Erscheinung treten muss. Mit dem Ausdruck „Vater aller Dinge" möchte der – als dunkel bezeichnete – Philosoph jedenfalls zum Ausdruck bringen, dass „polemos" in Wahrheit als metaphysisches Urprinzip der eigentliche Ausdruck des *wirklichen* Logos sei. Wenn von „aller Dinge" die Rede ist, so geht es im antiken Kontext um die letzten Fragen zwischen Sein und Seiendem, nämlich darum, dass der polemos darüber entscheidet, wer Gott und wer Mensch, wer Herr und wer Sklave ist, womit er letztlich höher anzusiedeln ist als der Olymp selbst, über dessen „Göttllichkeit" der polemos das letzte Wort hat. Diese Beurteilung des Heraklit ist im Lichte der zivilisatorischen Auseinandersetzung zwischen der griechischen und der persischen Welt zu sehen, die damals, in der Mitte des 1. Jahrtausends vor Christus, die Schmiede war, in welcher „Europa" mit glühendem Schwert gezeugt wurde.

„Polemologie" – in ihrem platonischen Verständnis – weist drei dabei grundlegend zu unterscheidende, wenn auch miteinander in wechselseitiger Abhängigkeit stehende Dimensionen auf:

1.) Die ökonomische Dimension | Nährseele | Fiskal-, Realwirtschaft, Ressourcen, Technik

2.) Die politische Dimension | Wehrseele | Geopolitik, Interessenpolitik, Biopolitik

3.) Die kulturelle Dimension | Lehrseele | Religion, Ideologie, Werte, Bildung, Medien

Worin kann nun die *strategische* Bedeutung von Polemologie bestehen? Strategie und Taktik sind – neben Operation und Logistik – die zentralen Disziplinen der eigentlichen Militärwissenschaft, die eine wesentlich pragmatische, umsetzungsorientierte Wissenschaft darstellt. Während es dabei der Strategie – wie schon besprochen – wesentlich darum geht, den Zweck (Politik) zu erfüllen und dazu das Instrument (Krieg) so radikal *zu verstehen*, um ein entsprechendes Ziel im Lichte des politischen Zwecks erfolgreich setzen zu können, unternehmen es Operation, Taktik und Logistik, den Zweck (Politik) mittels des *strategisch* reflektierten Instrumentariums erfolgreich und zielstrebig umzusetzen. Damit aber Strategie ihre Bestimmung erfüllen kann, also eine – im Lichte der politischen Zwecksetzung – gleichermaßen angemessenen wie damit letztlich erfolgreichen Zielsetzung leisten kann, bedarf es notwendig dieser hermeneutischen Dimension: man kann Krieg nicht allein militärisch verstehen, aber auch nicht allein ökonomisch, schon gar nicht allein religiös oder ethnisch, aber auch nicht allein geopolitisch. Krieg ist deshalb so komplex, weil alle diese Faktoren – je nach Sachlage in unterschiedlichem Ausmaß – wechselwirksam zusammenspielen. Dieses komplexe Zusammenspiel unterschiedlichster Faktoren kann nur interdisziplinär angemessen erfasst und für einen fundierten Strategiebildungsprozess fruchtbar gemacht werden. Monokausale Erklärungsmodelle mögen zwar methodisch „sauber" und „pragmatisch" sein, aber sie verfehlen notwendig ihr Ziel, weil die reale Komplexität methodisch nicht einmal in den Blick kommen, geschweige denn, entsprechende Berücksichtigung finden kann. Damit ist nicht gesagt, dass mit polemologischer Interdisziplinarität jedenfalls eine erfolgreiche Strategie verbürgt sei, aber im Falle fehlender polemologischer Reflexion ist mit an Sicherheit grenzender Wahrscheinlichkeit – nicht unbedingt mit einer militärischen Niederlage auf dem Schlachtfeld – aber jedenfalls mit dem Scheitern der zugrunde liegenden politischen Intention zu rechnen.

„Polemologie" ist somit ihrem Wesen nach die hermeneutische Wissenschaft vom Krieg, die versucht, so ihr berühmtester Vertreter, der Französische Jurist und Philosoph Gaston Bouthoul (1896-1980), der akademischen Ruhm als Soziologe erlangte (er war Professor an der Rechtsfakultät der Pariser Universität), den Krieg *zu verstehen*. Während die klassische Militärwissenschaft pragmatisch darüber forscht, wie man einen Krieg erfolgreich militärisch bewerkstelligen kann (*Wer den Frieden will, muss (sich für) den Krieg vorbereiten / Si vis pacem, para bellum*), geht es der Polemologie darum, den Krieg als ein komplexes politisches Phänomen überhaupt erst und dabei notwendig interdisziplinär zu verstehen (*Wer den Frieden will, muss den Krieg verstehen / Si tu veux la paix, il faut comprendre la guerre*). Dieses Verständnis des Kriegs ist nicht mit einem – ethischen – Verständnis für den Krieg zu verwechseln – ebenso wie es ganz allgemein für die Hermeneutik gilt, dass „Verstehen" grundsätzlich nicht „Verzeihen" meint, sondern nur, sich in die Lage eines je anderen zu versetzen, um damit Kants Begriff von „Aufklärung" zu folgen, die ja bekanntlich nicht nur das selbst denken und das mit sich selbst konsequent denken fordert (was an sich schon fordernd genug wäre), sondern auch das Denken an Stelle eines jeden Anderen… damit wird Aufklärung überhaupt zur hermeneutischen Herausforderung und Polemologie geradezu zur Pflicht, wenn man es mit dem Frieden – verstanden als alle zivilisatorischen herausfordernder Kulturzustand und nicht als ein gleichsam aleatorisch gegebener Naturzustand – ernst meint.

Die Arktis – Testfeld für eine neue, globale, geopolitische Architektur

Jörg-Dietrich Nackmayr

Hinführung: Geschichte und Gegenwart

Die geopolitische „Premiumlage" Islands als Tor zwischen Polarkreis und Atlantik für die transatlantische Welt liegt auf der Hand.[1] Seit dem Ende des 19. Jahrhunderts hatten europäische Forscher versucht, ins Packeis vorzustoßen, Grönland zu erforschen und den Nordpol zu erreichen. Diese Expeditionen sind mit Namen wie dem Norweger Fridtjof Nansen, dem US-Amerikaner Robert Edwin Peary, den Österreichern Julius Payer und Karl Weyprecht oder den Deutschen August Petermann und Alfred Wegener verbunden. Aber natürlich waren diese nicht die Ersten im Hohen Norden, schließlich ist dieser Raum bereits seit Jahrtausenden von indigenen Stämmen besiedelt. Und lange bevor die Wikinger diesen Raum betraten, bereiste der griechische Entdecker Pytheas im Jahr 320 v. Chr. den Norden der bekannten Welt und gab Kunde von einem Ort namens Thule. Bis heute ist unklar, wo genau Thule liegt. Immerhin beschreibt Pytheas die Packeisgrenze, sagt aber nicht genau wo. Und so verwundert es nicht, dass die Suche nach Thule selbst Gegenstand vielfältiger Spekulationen und Theorien geworden ist. Sogar der Polarforscher und ehemalige estnische Staatspräsident Lennart Meri hat sich an diesen Spekulationen in einem 1983 veröffentlichten Buch beteiligt.

[1] Seit dem Jahr 2013 lebe ich mit meiner Familie in Island. Auf die Thematik „Arktis" wurde ich während eines Gesprächs mit einem chinesischen Diplomaten aufmerksam. Dieser erwähnte, dass Peking nur vier Jahre nach der Gründung der Volksrepublik China eine Isländisch-Chinesische Kulturgesellschaft ins Werk setzte. Ich war elektrisiert und fragte mich, welcher weitblickende Geist hatte 1953 das strategische Verständnis, dass China auf der transatlantischen *„lines of communications"* Präsenz zeigen müsse und zu welchem Zweck?

Seit dem Jahr 1939 hatte sich das Büro des deutschen Abwehrchefs Wilhelm Canaris mit der strategischen Bedeutung Islands, Grönlands und weiterer Inseln im Nordatlantik befasst. Offenbar war dies auch an anderen Kartentischen nicht verborgen geblieben. Nach der Besetzung Dänemarks durch Deutschland am 9. April 1940 befanden sich die beiden dänischen Kolonien Island und Grönland in einer völkerrechtlich schwierigen Lage. Die Briten besetzen Island als Folge der deutschen Besetzung von Dänemark am 10. Mai 1940 unter Verletzung seiner Neutralität und stationieren dort 25.000 Soldaten. Die strategischen Planungen der deutschen Luftwaffe und Marine zur Besetzung Islands (Unternehmen *Ikarus*) wurden von Hitler im Sommer 1940 nicht weiter verfolgt, weil dieser glaubte, einen Separatfrieden mit Großbritannien erreichen zu können. Wie wesentlich die Beherrschung der Inseln Island und Grönland für den Ausgang des Zweiten Weltkrieges war, belegt die Geschichte des Weltkrieges selbst. Das geostrategische Gewicht Islands und Grönlands wurde von den angelsächsischen Seemächten als so bedeutsam eingeschätzt, dass die USA noch ein halbes Jahr vor ihrem offiziellen Kriegseintritt in den Zweiten Weltkrieg im Juli 1941 die Besetzung Islands von den Briten übernahmen, um die britische Armee zu entlasten. Durch die Nutzung von Island und Grönland als unsinkbare Flugzeugträger konnte die Kontrolle über den Atlantik und das Aufrechterhalten der transatlantischen Transitrouten zwischen Europa und Amerika sichergestellt werden. Dies war für die Erreichung der alliierten Kriegsziele alternativlos und kriegsentscheidend.

Diese strategische Premiumlage der beiden Inseln blieb auch während der Zeit des Kalten Krieges bedeutsam. Das jahrzehntelange politische Fingerhakeln zwischen der Sowjetunion und dem Westen um Einfluss auf Island spricht Bände und ging sogar in die Weltliteratur ein. Island wurde von seinen Verbündeten so manches durchgehen gelassen, so lange die NATO-Mitgliedschaft und die damit einhergehenden Verpflichtungen nicht ernsthaft in Gefahr gerieten. Die „Kabeljaukriege" zwischen Island und Großbritannien sowie Deutschland belegen anschaulich, wie rücksichtslos aber letztlich erfolgreich Island aufgrund dieser besonderen Rolle als unsinkbarer Flugzeugträger des Westens im Atlantik für sich Vorteile generieren konnte. Die in Konfrontation mit diversen europäischen Nachbarn brachial durchgesetzte Ausweitung der Sonderwirtschaftszone auf 200 Meilen in den 1970er Jahren ist ein wichtiges politisches Lehrstück auch für künftige Konflikte mit Island. Island findet in Konflikten mit deutlich größeren und einflussreicheren Gegnern immer wieder Partner, die diesen Nachteil ausgleichen und setzt seine wichtige geopolitische Lage zur Durchsetzung der eigenen Interessen ein. So verwundert es nicht, dass beim Kabeljaukrieg neben den Interessen der isländischen Fischereiindustrie im Hintergrund auch das Interesse der USA an einem größeren maritimen Schutzraum um ihren „unsinkbaren Flugzeugträger" Einfluss auf den Gang der Dinge gehabt hat. Die Ausweitung der Schutzzone auf 200 Meilen hielt ja nicht nur fremde Fischfänger, sondern auch Schiffe mit anderen Aufgaben auf Abstand. Schließlich waren auch die USA an einem abgeschirmten Seegebiet interessiert.

Mittlerweile ist die Arktis nicht nur auf den Kartentischen aller Großmächte ein Thema. Davon legt auch die im Jahr 2013 vom Isländischen Präsidenten Ólafur Ragnar Grímsson ins Leben gerufene und seitdem jährlich stattfindende „Arctic Circle Conference" in Reykjavik Zeugnis ab. Mehr als 1500 Teilnehmer aus fast 50 Staaten kamen erneut im Oktober 2015 in Reykjavik zusammen und belegen die gewachsene Bedeutung der Arktis. In Reykjavik treffen die maritimen Schlüsselmächte aus Asien auf die arktischen Anrainerstaaten, aber auch die europäischen Staaten Großbritannien, Frankreich, Deutschland und Italien zeigen nun ebenfalls Präsenz und dokumentieren eigene Ansprüche. Auf der 3. „Arctic Circle Conference" präsentierte sich auch die Bundesrepublik Deutschland als Player am Polarkreis. Teil der deutschen Delegation waren sieben Uniformträger aller drei Teilstreitkräfte unter Führung eines Admirals. Frankreich unterstreicht seine Ambitionen sogar durch den Besuch von Staatspräsident François Hollande, Großbritannien war mit dem Premierminister vertreten, übrigens die erste Reise eines britischen PM nach ISL seit dem legendären Zwischenstopp von Winston Churchill im August 1941 nach seinem Besuch bei US-Präsident Roosevelt. Auch China, Korea sowie die Vereinigten Arabischen Emirate waren mit Delegationen in Reykjavik präsent.

Anders als während der Zeit der Blockkonfrontation nach dem Zweiten Weltkrieg, geht es heute in der Arktis nicht mehr nur um Radarfrühwarnsysteme und strategische Verfügungsräume für Atom-U-Boote. Das Auftauen des arktischen Eises wird in Kürze, wenn die Prognosen der Klimaforscher zutreffen, nicht nur einen neuen schiffbaren Ozean entstehen lassen, ein Meer, das bestehende Handels- und Transportrouten zwischen Europa, Asien und Amerika verkürzt – es erleichtert auch den Abbau der heute noch eingefrorenen Ressourcen am Polarkreis.

Während der Südpol ein quasi unbewohnter Kontinent – umgeben von einem Meer – ist, taucht am Nordpol innerhalb weniger Jahrzehnte ein zumindest in den Sommermonaten schiffbarer Ozean aus dem Eis auf, umgeben von der eurasischen und nordamerikanischen Landmasse. Russland kontrolliert geographisch mehr als 50% der Arktis und ist besonders abhängig von den erwarteten Entwicklungen. Russland sieht sich selbst als *die* arktische Macht und leitet seine nationale Identität auch aus seiner geographischen Verwurzelung mit dem Hohen Norden ab. Der größte Teil Russlands liegt nördlich des 50. Breitengrades, die USA enden am 49. Breitengrad. Der größte Teil der russischen Bevölkerung lebt selbst weiter nördlich als die Mehrheit der Kanadier, die überwiegend an der Grenze zu den USA siedeln. Im Norden Russlands wird der Zugang zum Meer durch das arktische Eis noch für den größten Teil des Jahres blockiert. Es verwundert also nicht, dass Russland die erwarteten Veränderungen im Weltklima besonders aufmerksam beobachtet, weil sich die Lebensbedingungen in der Arktis stärker verändern werden als in anderen Klimazonen.

Zu fragen ist, was das Abschmelzen und mögliche Verschwinden des Eises in der Arktis innerhalb der kommenden Jahrzehnte für das geopolitische Gleichgewicht im Hohen Norden bedeuten wird und welche Konflikte daraus entstehen können. Dabei wird der Schwerpunkt der Analyse auf China liegen. Bisher war Chinas Erscheinen in der Arktis von der Literatur nicht angemessen gewürdigt worden.

Geopolitische Perspektiven

Geopolitisch beschrieben besteht ein Küste-Gegenküste-Dilemma, mit Kalaallit Nunaat (Grönland), Island und der exklusiven Kontrolle über die arktischen Gewässer als Objekte politischer und wirtschaftlicher Begierde. Nicht nur deshalb, weil in und um Grönland erhebliche Rohstoffvorkommen liegen, sondern auch, weil Grönland und Island nach weitreichender Autonomie streben und in naher Zukunft den geopolitischen Mitspielern möglicherweise als unabhängige Staaten gegenüber treten werden. Island hat mit den beendeten Verhandlungen zur Aufnahme in die Europäische Union einen Weg im europäischen Wirtschafts- und Schengen-Raum gewählt, der eine maximale Ausnutzung der wirtschaftlichen Vorteile mit der minimalen Einflussnahme durch supranationale europäische Organisationen zu vereinen sucht. Die jetzt regierenden Politiker in Island legen sehr großen Wert auf einen möglichst großen Entscheidungsfreiraum und fördern eine Multivektorenpolitik, die gleich enge Beziehungen zu China und den USA sowie zu Russland und Europa anstrebt. Sicherheitspolitisch ist Island zwar Mitglied der NATO und durch ein bilaterales Verteidigungsabkommen aus dem Jahr 1951 mit den USA verbunden, aber die Vorbehalte in der traditionell pazifistisch eingestellten Bevölkerung sind nach dem überraschenden Abzug der USA im Jahr 2006 aus dem Stützpunkt Keflavik nur vertagt. Sollte es einer nicht mehr von den Vorteilen einer transatlantischen Partnerschaft überzeugten Politikergeneration künftig einfallen, dieses Bündnis zu verlassen, hätte das globale Auswirkungen.

Eine gewisse Blauäugigkeit gegenüber den östlichen Großmächten scheint in Island Tradition zu haben. Bis heute hält sich hartnäckig das Gerücht, dass der langjährige Staatspräsident Grimsson dem russischen Botschafter nach den Verhandlungen über einen russischen Kredit am Beginn der isländischen Finanzkrise 2008 bereits den Flughafen Keflavik zur russischen Verfügung angeboten haben soll. Grimsson war auch dadurch aufgefallen, dass er anlässlich einer Veranstaltung zur Aufnahme diplomatischer Beziehungen zwischen Russland und Island, St. Petersburg als natürliche Hauptstadt der Arktis gewürdigt hatte. Nicht nur US-amerikanische Kreise wurden dadurch alarmiert.

Das Planungsamt der Bundeswehr, eine dem Bundesministerium der Verteidigung (BMVg) nachgeordnete Einrichtung, hat im Juni 2014 eine Studie mit dem Titel „Klimawandel und Sicherheit in der Arktis nach 2014. Hat die internationale und kooperative internationale Arktispolitik eine langfristige Zukunft?“ vorgelegt. Auf 42 Seiten werden der Ressourcenwettlauf und die Militarisierung sowie die Frage der Rückkehr des Kalten Krieges in den Norden untersucht, Zukunftsszenarien vorgestellt und mit Empfehlungen für die Bundeswehr abgeschlossen. Angereichert mit wertvollen Basisdaten und Hintergrundinformationen sowie Kartenmaterial werden drei Anzeichen für eine krisenhafte Entwicklung herausgearbeitet, die die bisher durch Kooperation gekennzeichneten Beziehungen zu Russland in eine Konfrontation verwandeln würden. „Für eine Trendwende wären mindestens (1) eine Missachtung der Maßgaben des internationalen Seerechtes, (2) eine Marginalisierung des Arktischen Rates (AR) und (3) eine dauerhafte Aufkündigung bestehender bi- und multilateraler Abkommen durch einen oder mehrere Anrainerstaaten“ notwendig. Im Moment liegen keine Hinweise vor, die auf eine bevorstehende Abkehr von der bestehenden Kooperation schließen lassen.

Was bei der Konfliktperzeption der Planungsamtsstudie allerdings weitgehend unbeachtet bleibt, ist die Rolle Grönlands und dessen raumbeherrschende Funktion. Es trifft zwar zu, dass Russland als größter Arktisanrainerstaat und potenzieller Gegner des Westens immer eine besondere Aufmerksamkeit rechtfertigt. Gleichwohl ist das fragile geopolitische Gleichgewicht in der Arktis besonders durch die Unabhängigkeitsperspektive Grönlands und Islands sowie das Festsetzen Chinas am Polarkreis herausgefordert. Die Bundeswehrstudie greift diese Fragen lediglich in zwei Anmerkungen auf, erkennt allerdings keinen akuten Handlungsbedarf, obwohl die aktuellen Entwicklungen höchst alarmierend sind.

Dies wurde u.a. in der im März 2015 vom Royal Danish Defence College übersetzten und auf deren offiziellen Webseite veröffentlichten Studie von Martin Breum – „The Greenland Dilemma“ – deutlich. Aufgeschreckt durch die grönländische Regierung unter Aleqa Hammond, die sich die politische Unabhängigkeit von Dänemark innerhalb einer Generation zum Ziel setzte, bezieht das dänische Militär nun auch öffentlich Stellung, um dieser Entwicklung entgegen zu treten. Der dänische Außenminister Martin Lidegaard formulierte in einem Interview im März 2014 erstaunlich offen, worum es dabei für Kopenhagen geht: „We have a greater presence in Beijing and Washington and Berlin because of Greenland. That´s what makes Danish foreign policy unique. (…) Denmark is bigger and more important with Greenland than we are without. It is in our interest to defend that unity.“

Hier liegt wohl auch die Erklärung für die nun in die Öffentlichkeit getragene Debatte über die Zukunft der dänisch-grönländischen Beziehungen. In einem Interview aus dem Jahr 2013 sprach der Kommandeur des Royal Danish Defence College, Flottillenadmiral Nils Wang aus, weshalb Kopenhagen jetzt in die mediale Offensive geht: „A power vakuum will always be filled. If other countries came to believe that Greenland would soon start planning for the day that Greenland was no longer a part of Denmark, and in the process Denmark´s position in the world would be weakened." Diese Entwicklungen sind die Folie, vor der in das Studium der Fakten einzutreten ist. Erstaunlich ist, dass diese tektonischen Verschiebungen im deutschsprachigen Raum bisher nahezu unbekannt geblieben sind.

Die Bedeutung Grönlands in der Arktis

Diese größte Insel der Erde, deren Fläche sechsmal größer als Deutschland und 26 mal größer als Österreich ist, verfügt nach seriösen geologischen Schätzungen über riesige Rohstoffvorkommen, darunter Seltene Erden, Uran, Mineralien, Öl und Gas. Von kaum 60.000 Menschen bewohnt, haben sich die heutigen Einwohner Grönlands, die Inuit, dort seit ungefähr 1000 n. Chr. sowohl gegenüber den vorher dort siedelnden Menschen der Dorset-Kultur als auch gegenüber den im Süd-Westen Grönlands zeitgleich dort lebenden Wikingern durchgesetzt. Zuerst wurde die Dorset-Kultur von den Inuit verdrängt, später verschwanden auch die Wikinger aus bis heute nicht restlos verstandenen Gründen in der Mitte des 16. Jahrhunderts aus Grönland.

Der dänische König Christian IV. führte Anfang des 17. Jahrhunderts drei Grönlandexpeditionen durch, in deren Folge es zu einer erneuten Ansiedlung von Skandinaviern in Grönland kam. Grönland wurde im 19. Jahrhundert Teil des Königreichs Dänemark. Seit 1862 wurden die Ureinwohner langsam in die Verwaltung einbezogen. Im Moment ist Grönland eine Nation im Königreich Dänemark. Gleichwohl ist der Ruf nach völliger Unabhängigkeit nicht verstummt und seit 2009 durch die Annahme des neuen Selbstverwaltungsstatuts auch theoretisch möglich. Die unerschlossenen Rohstoffvorkommen und die Frage, wer sie ausbeuten wird, spielen dabei eine wesentliche Rolle, weil sie die angestrebte Unabhängigkeit finanzieren sollen. Zurzeit erhält Grönland einen jährlichen Globalzuschuss von ca. 500 Mio. Euro aus Dänemark und ca. 30 Mio. Euro jährlich von der Europäischen Union für Entwicklungen im Bildungssektor.

Der Ruf nach Unabhängigkeit und Selbstbestimmung Grönlands wird in Dänemark mittlerweile so ernst genommen, dass sich auch das Establishment damit eingehend beschäftigt. Selbst die Verleihung von grönländischen Taufnahmen für die jungen Prinzen und Prinzessinnen der königlichen Familie werden bereits als Mittel eingesetzt, um Grönland in der Schwerkraft des dänischen Mutterlandes zu halten. Obwohl die von grönländischen Politikern geplante ökonomische Unabhängigkeit von Dänemark in einer weiteren Loslösung von der einstigen kolonialen Vormacht und in die völlige Unabhängigkeit einmünden könnte, geben die Autoren einer aktuellen Studie der Königlichen Dänischen Verteidigungsakademie aus dem Jahr 2014 einen eher positiven Ausblick auf die grönländisch-dänischen Beziehungen. Dänemark wird sich auch zukünftig erfolgreich für Zusammenarbeit und Offenheit einsetzen und damit erfolgreich bleiben. Dänemark sieht Grönland weiterhin wie einen Schützling, dem es auch künftig zur Seite steht. Zu einem gegenteiligen Ergebnis kommt der in London ansässige POLARISK-Thinktank in einer Studie mit dem sprechenden Titel: „In 2035 Kalaallit Nunaat is an independent state."

Auf jeden Fall schlug die am 5. Dezember 2014 gegründete Dreiparteienkoalition unter Führung der Sozialdemokraten (Siumut) ein neues Kapitel in der Geschichte Grönlands auf. Die 17 von 31 Sitzen im Parlament haltende Koalition unter Führung von Aleqa Hammond hat die Intensivierung des bisher nur im Kvanefjeld-Projekt (10 km entfernt von Narsaq an der Südspitze Grönlands) angeschobenen Uranabbaus zum Hauptziel der Regierungsarbeit erklärt. Dänemark hatte den Uranabbau bisher als strategische Ressource gewertet und sich wegen der außenpolitischen Dimension der Nutzung von Uran ein Veto vorbehalten. Kritisch sieht man in Kopenhagen eine mögliche Verwendung des Urans für den Bau von Kernwaffen, aber auch für die Nutzung zur Stromgewinnung. Für die Regierung in Nuuk ist der Uranabbau umgekehrt gerade das Mittel, die Unabhängigkeit weiter zu befördern, weil die rechtlichen Grenzen zwischen Kopenhagen und Nuuk ausgetestet werden können und der Uranabbau jene Mittel für den Staatshaushalt generieren soll, der die Unabhängigkeit erst finanzieren kann. Und die Vorbereitungen für den Uranabbau sind weit fortgeschritten. Die Kvanefjeld-Mine wird vom australischen Bergbauunternehmen „Greenland Minerals and Energy LTD" bereits als Projekt beworben, das „Grönland, China und der Welt dienen soll." Es wäre das weltweit größte Abbaugebiet für Seltene Erden und eines der größten für Uran. Chinas Interesse als führender Weltmarktanbieter Seltener Erden und Monopolist liegen auf der Hand, obwohl sich der Weltmarkt für Seltene Erden in der letzten Zeit entspannt hat. Kürzlich erst haben die Chinesen die Exportrestriktionen für ihre Seltenen Erden zwar aufgehoben, gleichwohl bleibt China der größte Anbieter und würde seine Marktposition durch die Minen in Grönland weiter ausbauen. Die ganzjährige Abbaumöglichkeit und der technisch mögliche Bau eines Tiefseewasserhafens in Bergwerksnähe sprechen ebenfalls für die Realisierbarkeit dieses Vorhabens.

Neben Kvanefjeld existieren weitere sehr bedeutende Lagerstätten, die Grönland zu dem weltweit größten Lieferanten für Uran und Seltene Erden entwickeln könnten, wie zum Beispiel die Lagerstätten in Kuannersuit, die sich nordwestlich von Narsaq im Südwesten der Insel befinden.

Obwohl neben China auch die Europäische Union, Indien, Japan, Süd-Korea und Australien Interesse an der Entwicklung des Bergbaus in Grönland zeigen, setzen sich erstaunlicher Weise chinesische Unternehmen hier weitaus besser durch, als ihre internationalen Konkurrenten. Dies hängt einerseits mit der finanziellen Potenz der chinesischen Unternehmen zusammen und ist wohl ohne das strategische Denken Chinas, sich auch langfristig mit Ressourcen versorgen zu können, nicht zu verstehen.

Ohne zu sehr ins Detail zu gehen: die laufenden oder geplanten chinesischen Investitionen sind beeindruckend. Dazu gehört die Eisenmine in Isua sowie der geplante Kupfer- und Goldabbau im Zentrum der Insel.

Diese Entwicklung korreliert mit den chinesischen strategischen Überlegungen, soweit sie offen zugänglich sind. Der in Norwegen lehrende Politologe, China- und Arktisexperte Marc Lanteigne zitiert und übersetzt aus dem chinesischen Internet eine am 19. Juni 2014 der chinesischen Öffentlichkeit zugänglich gemachten Studie des chinesischen „Army Research Institutes“, wonach die Arktis zu einer neuen „Lebenslinie“ für China werden könnte. Dies entspricht zwar ganz den Fakten chinesischen Engagements, war in dieser Klarheit aber bisher nirgendwo nachzulesen. Auch im russischen Teil der Arktis nimmt das chinesische Engagement mit Partnern wie GAZPROM zu. Und nicht nur das bisherige chinesische Engagement im Energie- und Ressourcenbereich am Polarkreis ist beeindruckend. Auch wissenschaftlich zeigt China auf dem arktischen Schachbrett Präsenz. Im Jahr 2011 feierten Island und China das 40jährige Bestehen diplomatischer Beziehungen mit einer wissenschaftlichen Expedition zum Nordpol. Im August 2012 legte der chinesische Eisbrecher „Schnee Drache“ (Xue Long) nach der Befahrung der Nordostpassage in Reykjavik an und bestätigte Chinas Anspruch und Fähigkeiten, diese Route künftig zu nutzen. China wird diesen im Jahr 1994 von der Ukraine erworbenen Eisbrecher bald durch einen weiteren Eisbrecher ergänzen.

Neben offshore-Investitionen sind die Bergbauinvestitionen in Grönland von größter Bedeutung. Abgesehen von dem enormen Einfluss, den Investitionen in den beschriebenen Größenordnungen auf eine Gemeinschaft mit nur 57.000 Menschen, deren öffentliches Leben, Entscheidungskultur und politischen Prozesse nach sich ziehen, ist das Fehlen geeigneter grönländischer Fachkräfte künftig ein Thema. Die Arbeit in den Minen wird nur durch das Hinzuziehen geeigneter Spezialisten möglich werden. Sollten diese Arbeitskräfte aus China kommen, die dann zu Tausenden nach Grönland geholt werden müssten, hätte das völlig unvorhersehbare Auswirkungen auf die soziale, politische und ethnische Entwicklung der Insel. Den enormen Männerüberschuss in China vor Augen, der es für Millionen junge Chinesen unmöglich macht, eine chinesische Frau zu finden, könnte neben der Abenteuerlust und den materiellen Möglichkeiten ausschlaggebend sein, wenn es darum gehen sollte, Arbeitskräfte für das harte Leben auf der größten Insel der Erde zu finden. Was, wenn das chinesische Engagement im Bergbau innerhalb weniger Jahrzehnte zur Gründung einer chinesischen Kolonie führt, die aus den Hochzeiten zwischen Inuit-Frauen und Chinesen entstehen würde? Was, wenn diese ethnische Form der Einflussnahme sogar Teil eines großen Designs sein sollte, an dem das Politbüro der Kommunistischen Partei der Volksrepublik China seit Jahrzehnten arbeitet? Auch darauf gilt es Antworten zu finden.

Diese Art Fragen stellt man sich auch zunehmend in Washington und Moskau, wie aus dem Intelligence Risk Assessment des „Danish Defence Intelligence Service" von 2012 hervorgeht: „Both the United States and Russia are highly sceptical of Chinese attempt´s at securing control over the region´s natural resources", heißt es dort.

Im Intelligence Risk Assessment von 2014 warnt das Dänische Militärische Nachrichtenwesen explizit vor einer wachsenden politischen Einflussnahme Chinas aufgrund des zunehmenden wirtschaftlichen Gewichts.

Welche Auswirkungen würde eine politische Unabhängigkeit Kalaallit Nunaats für die geopolitischen Gewichte auf der Erde haben? Das Entstehen eines neuen Völkerrechtssubjekts im arktischen Meer würde die Möglichkeiten der globalen Mächte erhöhen, eigene Interessen in der Arktis durchzusetzen. Island und Grönland als unabhängige Staaten wären politische Leichtgewichte. Die Gefahr für die Sicherheitsarchitektur besteht darin, dass raumfremde Mächte deren Schwäche ausnutzen und so das fragile geopolitische Gleichgewicht im Atlantik und der Arktis verändern könnten. Hierbei sind insbesondere die Absichten Chinas von Relevanz. In der Politik gilt ein ehernes Gesetz: Ein Vakuum zieht politische Spannungen an.

Dass China seinen Platz in der Arktis nicht nur als Forschungsnation, Käufer von Ressourcen oder Nutzer neuer Schiffsrouten sieht, ist spätestens mit den Aussagen chinesischer Offizieller bestätigt, die den Anspruch Chinas unterstreichen, künftig in allen Fragen der Arktis gehört zu werden. China beruft sich dabei nicht nur auf die VN-Seerechtskonvention, sondern sieht sich selbst als Naher-Arktis-Anrainer-Staat und leitet Ansprüche daraus ab.

Das politische Argument ist bemerkenswert: Weil in der Arktis 9% der weltweiten Kohlevorkommen und ein Viertel der Öl- und Gasvorkommen neben anderen Ressourcen lagern, dürfen die Interessen der Anrainer nicht über die der anderen Länder gestellt werden. Um diesen Anspruch zu unterstreichen, versucht China bereits seit Jahren, seine Position im Arktischen Rat (AR) zu stärken.

China sollte sich allerdings auch fragen, ob sich seine Interessen jemals im AR durchsetzen lassen. Mit der Gründung des AR wurde nach offizieller Lesart ein Forum geschaffen, um die Interessen der Anrainer (Nationalstaaten und indigene Bevölkerung) sowie der interessierten Länder und anderer Beobachter zu organisieren. So argumentieren zumindest die Gründungsmitglieder. Wer den Beobachterstatus erhalten will, muss die Souveränität und alleinige Verfügungsgewalt der acht Arktis-Anrainer über die Arktis akzeptieren, wie in den Gründungsdokumenten und Regeln für Beobachter klar festgelegt wurde. Damit werden die besonderen Verfügungsrechte der acht Anrainerstaaten Kanada, Finnland, Island, Schweden, Dänemark, Norwegen, Russland und USA sowie deren Allzuständigkeit vor raumfremden Begehrlichkeiten geschützt. Ob dieser juristische Kniff auf Dauer Staaten wie China von der Entscheidungsfindung in der Arktis auszuschließen vermag, wird erst die Zukunft zeigen.

Denn im Moment ist der AR lediglich eine politische Institution ohne klar definierte Konfliktlösungsregeln. Wesentliche Absprachen zwischen den einzelnen Mitgliedern werden deshalb auch bilateral und nicht im Format des AR getroffen, wie z.B. das Search und Rescue (SAR)-Abkommen zwischen Kanada und Dänemark – auch deshalb, weil Entscheidungen im Konsens getroffen werden müssen und keine klar definierten Verfahren existieren, wie im Konfliktfall entschieden werden soll.

Auf der 3. Arctic Circle Conference im Oktober 2015 in Reykjavik erläuterte Chinas Außenminister Wang Yi die drei Prinzipien der chinesischen Arktispolitik: Respekt, Kooperation und win-win. China sieht die Arktis als gemeinsames Erbe aller Menschen und möchte die Alleinzuständigkeit der Anrainer begrenzen. China stellt besonders den Schutz und die souveränen Rechte der indigenen Bevölkerungen und die Freiheit der Forschung sowie freien Seewege als unverhandelbar heraus. Dies gilt auch für jene Gebiete, die auf einem Kontinentalschelf liegen. Nur wenn alle interessierten Länder gleichberechtigte Mitspieler werden können, ergäbe sich angeblich eine win-win-Situation für die Menschheit. Diese politischen Ziele bergen ein hohes Konfliktpotenzial, wenn China bereit sein sollte, diese Absichten auch gegen Widerstände durchzusetzen. Das Auftauchen von fünf chinesischen Kriegsschiffen in der Beringsee vor der Küste Alaska zeitgleich mit dem Besuch des USA-Präsidenten im Hohen Norden im September 2015 stellt insofern eine Zäsur dar. Auch Chinas erstmaliger Marinebesuch im letzten Jahr in Hamburg und gerade eben zur Kieler Woche sollten vor diesem Hintergrund bewertet werden. Dass sich China nun zum Sprecher der souveränen Rechte der indigenen Bevölkerung machen will, ist im Angesicht des eigenen Umgangs mit indigener Bevölkerung in der Mongolei, Xinjiang oder Tibet kaum nachvollziehbar, stellt aber eine Kampfansage an den Westen, auch gegenüber den ungelösten Fragen in Grönland, dar.

Wie stark die Interessen Chinas bereits tagesaktuelles Thema in Grönland sind, erhellt u.a. die politische Auseinandersetzung zwischen den beiden politischen Hauptparteien aus dem Wahlkampf im Jahr 2013, in der die Sozialdemokraten den Linkssozialisten vorwarfen, die Regeln über den Mindestlohn für chinesische Arbeitskräfte aushebeln zu wollen und die grönländischen Ressourcen zu billig an China zu verkaufen. Um eine parlamentarische Mehrheit im grönländischen Parlament zu erreichen, sind lediglich 16 Stimmen nötig. Die gesamte Insel wird von einem politischen Apparat mit rund 30 Beschäftigten verwaltet. Im Auswärtigen Dienst arbeiten 15 Personen. Hier müssen nicht sehr viele Beteiligte überzeugt werden, um eine Entscheidung umzusetzen.

Islands Rolle auf dem arktischen Schachbrett

Wie bedeutsam Häfen für die Kontrolle des atlantischen und arktischen Ozeans sind und welche strategischen Vorteile Island hier genießt, erhellt sich beim Blick auf den

Globus. Deshalb verwundert es nicht, dass ein Hafenprojekt, das auf den ersten Blick nicht mit China in Verbindung zu stehen scheint, zunehmend Misstrauen weckt, weil dahinter chinesische Geldgeber und Interessen vermutet werden. Das deutsche Unternehmen BREMENPORTS unterstützt nach eigenen Angaben die isländischen Partner bei der Entwicklung eines ganzjährig eisfreien Überseehafens an der Ostküste der Insel im Finnenfjord.

Hier sind zunächst Terminals für Öl- und Gastanker geplant, aber auch Kreuzfahrtschiffe. BREMENPORTS stellt klar, selbst nicht in den Hafen zu investieren, sondern als Hafenentwickler aufzutreten. Wer aber will und kann diesen Hafen finanzieren? Die isländische Rederei EIMSKIP gehört zu den Kritikern dieses Projekts, da es eine Konkurrenz zu den bestehenden Verbindungen darstellt. Wenn auch nicht öffentlich, so doch wie ein Schatten bereits präsent, ist der Name COSCO (China Ocean Shipping (Group) Company). Nach der Übernahme des griechischen Hafens Piräus im Jahr 2008 durch COSCO sowie dem Erwerb von Anteilen am Hafen Antwerpen in Belgien, verfügt die chinesische Staatsrederei bereits über zwei europäische Standbeine. Piräus liegt dabei am Endpunkt der „neuen" Seidenstraße, die auf dem Landweg Europa und China verbindet und gleichwohl die vorhandenen innereuropäischen Seewege nutzt.

Mit Antwerpen und einem künftigen Hafen in Island an den Handelswegen zwischen Arktis und Atlantik wäre China in einer vorteilhaften geopolitischen Ausgangsposition im Wettlauf mit den weltweiten Mitbewerbern und den europäisch-amerikanischen Anrainern. Folgt man der Argumentation der Studien des Arctic Institute, ist eine intensive Nutzung der Nordostpasage (NOP) von Island aus zumindest in den kommenden Jahrzehnten wenig wahrscheinlich. Aber Island ist eben auch das Tor zum Atlantik auf dem Weg nach Süden. Auch wenn die NOP vorerst nicht zur neuen Seidenstraße nach China werden wird, Island könnte in den strategischen Planungen Chinas als regionaler HUB (Hauptumschlagbasis) für die in der Arktis geförderten Rohstoffe vorgesehen sein, die von hier aus auf Großschiffe zum Transport nach Asien umgeladen werden sollen. Dass man diesen Hafen auch mit ein paar hunderttausend chinesischen Feriengästen ansteuern könnte, die sich dann in dem von chinesischen Geschäftsleuten im Nordosten der Insel erbauten SPA und Golf Paradies im isländischen Hochland oder auf einer Kreuzfahrt nach Grönland entspannen, mag für die Wirtschaft Islands von Bedeutung sein, global fällt das nicht weiter ins Gewicht. Aber es müsste als weiteres Anzeichen für eine schleichende chinesische „Landnahme" im Atlantik gelesen werden.

Das Interesse Chinas an Island

Es ist nicht einfach, Chinas Absichten zu verstehen, da es bis heute keine veröffentlichte chinesische Arktis-Strategie oder ein „Weißbuch" gibt. Chinas Absichten sind im Moment weder transparent noch offen. Gleichwohl lassen sich aus der Fülle an Fakten interessante Rückschlüsse ziehen. Chinas Interesse an Island geht – wie bereits erwähnt – auf die Zeit nach dem Ende des Zweiten Weltkrieges zurück. Nur vier Jahre nach der Gründung der Volksrepublik China wurde die Isländisch-Chinesische Kulturgesellschaft gegründet, die eine der ältesten Kulturgesellschaften in Island ist. Nach der Aufnahme diplomatischer Beziehungen zwischen dem „Reich der Mitte" und der Insel in der Mitte der Arktisch-Atlantischen Ozeane im Jahr 1971 eröffnete der chinesische Vize-Premier Geng Biao im Jahr 1979 die chinesische Besuchsdiplomatie gegenüber Island. Diesem Besuch folgte die Visite des chinesischen Außenministers Qian Qichen im Jahr 1995, gefolgt vom Vorsitzenden des Nationalen Volkskongresses Li Peng im Jahr 2000.

Höhepunkt war die Reise von Präsident Jiang Zemin im Jahr 2002 auf den unsinkbaren US-amerikanischen Flugzeugträger, gefolgt von Besuchen der Politbüro-Mitglieder der Kommunistischen Partei Chinas Luo Gan im Jahr 2003 und He Guoaiang im Jahr 2010. Dem schlossen sich die Besuche des Premierministers Wen Jiabao im Jahr 2012 und des Vize Premiers Ma Kai im folgenden Jahr an. Kein westliches und kein anderes Land hat eine so intensive Besuchsdiplomatie betrieben wie China. Im Jahr 2014 sprach der ehemalige Chefdolmetscher des chinesischen Staatspräsidenten Deng Xiaoping, der heute als Chefstratege für internationale Politik firmiert, Victor Z. Gao, über die isländisch-chinesischen Beziehungen und präsentierte China dabei als künftig weltweit führendes Land: „China is getting closer and closer to the center of the world stage." Wenige Wochen später wurde zeitgleich mit dem 2. China-Nordic Arctic Cooperation Symposium nicht nur über die Zukunft der chinesischen Arktis-Strategie berichtet, sondern auch ein isländisch-chinesisches Aurora Borealis-Beobachtungszentrum im Norden Islands in der Nähe der Stadt Akureyri eröffnet, von dem niemand zu sagen vermag, was dort noch alles beobachtet werden wird. Dass China die mit Abstand größte Botschaft in Island unterhält, die bis zu 200 Diplomaten Platz bietet, rundet dieses Bild ab. Im Vergleich dazu: Die Bundesrepublik Deutschland ist aktuell mit vier Diplomaten akkreditiert.

Die Zunahme der Besuche seit dem Jahr 1995 lässt auf die wachsende Bedeutung Islands für die chinesische Diplomatie schließen. In einer im Oktober 2014 gehaltenen Rede des chinesischen Botschafters in Island, Zhang Weidong, lässt dieser aber auch die beeindruckende isländische Besuchsdiplomatie ins Reich der Mitte Revue passieren, die durch den Besuch des Außenministers Ólafur Jóhannesson 1982 eingeleitet wurde und sich kontinuierlich bis heute entwickelt hat, und die gesamte Spitze des Staates, aber auch Wirtschaft, Wissenschaft und Kultur einbezieht.

Was gleichwohl noch mehr als die Intensität hochrangiger Besuche beeindruckt, sind die engen und für beide Seiten nützlichen politischen Übereinstimmungen, in denen sich China und Island so gut zu ergänzen scheinen und von denen der chinesische

Botschafter Weidong spricht: „China and Iceland support each other in international arena. China supported Iceland's interests in its fishing areas. Iceland appreciates China's position of democracy in international relations and its policy that all countries, big or small, are equal. Iceland supported China's resumption of its legitimate seat in the United Nations and voted for China." Fragen muss man sich schon, was die isländische Bevölkerung davon halten soll und erwarten darf, wenn Chinas Haltung zur Demokratie in den internationalen Beziehungen von Island unterstützt wird. Fragen sind erlaubt, mit welcher Zunge isländische Politiker in China reden, wenn sie dort zu Besuch sind und ob man Island nach diesen Äußerungen des chinesischen Botschafters noch als Teil des Westens wahrnehmen sollte, oder schon als Sprachrohr des Fernen Ostens im geographischen Westen.

Die Intensität der chinesisch-isländischen Beziehungen ist beeindruckend. Island ist das erste europäische Land, das ein bilaterales Freihandelsabkommen mit China unterzeichnet hat. Es war erst das zweite Abkommen dieser Art mit einem OECD-Mitgliedsland. Das erste Freihandelsabkommen unterzeichnete China im Jahr 2008 mit Neuseeland. Dieses Abkommen zwischen China und Island wurde im Jahr 2012, im Licht der schwindenden Bereitschaft in Island, Mitglied der Europäischen Union zu werden, durch einen ad hoc-Besuch des chinesischen Premierministers Wen Jiabao im April 2012 befördert und wenige Monate später unterzeichnet. Man kann davon ausgehen, dass dieses Abkommen für China von Bedeutung bei der Verfolgung seiner Interessen in der Arktis ist. Dieser Vertragsabschluss sollte vor dem Hintergrund einer ähnlichen Entwicklung zwischen China und Norwegen bewertet werden.

Nach dem Beginn von Verhandlungen über ein Freihandelsabkommen im September 2008 wurden diese Beratungen nach acht Runden Ende 2010 abrupt von China beendet, um damit gegen die Entscheidung des Nobelpreiskommitees zu protestieren, den chinesischen Bürgerrechtler Liu Xiaobo auszuzeichnen. Neben der Beendigung der Verhandlungen über das Freihandelsabkommen stoppte China den Lachsimport aus Norwegen und begann seine Muskeln gegenüber dem Königreich am Polarkreis spielen zu lassen. Alle Versuche der norwegischen Regierung, China zu verdeutlichen, dass das Nobelpreiskommittee unabhängig agiert und dessen Entscheidungen nicht automatisch die Haltung der norwegischen Regierung widerspiegeln, blieben fruchtlos. Bis heute gibt es keine Anzeichen dafür, dass die Gespräche über ein Freihandelsabkommen wieder aufgenommen werden können. Abgesehen davon, dass nunmehr Norwegen das einzige EFTA-Mitglied ohne Freihandelsabkommen mit China ist, wirft es ein bezeichnendes Licht auf den chinesischen Umgang mit Staaten, die sich den chinesischen Wünschen nicht unterordnen wollen oder können. Die Beeinflussung des Nobelpreiskommitees bei seiner Preisvergabe übersteigt mit Sicherheit die Möglichkeiten einer westlichen Regierung. Es ist aber bezeichnend, dass die norwegische Regierung den Dalai Lama im Mai 2014 bei seinem Besuch in Oslo nicht offiziell wahrnehmen wollte, was von westlichen Medien als Kotau gegenüber China gewertet wurde. Genutzt hat es nichts. China behält seinen Bann gegenüber Norwegen aufrecht, vermutlich auch als Warnung gegenüber den anderen neuen „Freunden" in der schönen Freihandelszonenwelt. Die Behandlung Norwegens durch China aufgrund von fundamentalen Unterschieden in der Bewertung der Menschenrechte bleibt eine gefürchtete Blaupause für die künftigen Beziehungen zwischen dem Reich der Mitte und kleinen Ländern nicht nur im Hohen Norden.

Damit wurde eine bisher eher im Verborgenen stattfindende Entwicklung in die Öffentlichkeit gehoben, die manche schon als neues Zeitalter in der isländischen Geschichte deuten: Von Islands Rolle als US-amerikanischem Flugzeugträger hin zum chinesischen HUB und Tor in den Polarkreis. Im Jahr 2009 wurde ein „currency swap agreement" in Höhe von 3,5 Milliarden Yuan (ca. 480 Mio. Euro) zwischen den Zentralbanken der beiden Länder unterzeichnet und 2013 verlängert. Ebenfalls diskutiert wurde die finanzielle Beteiligung chinesischen Kapitals in Höhe von 95% an der im Zuge der Wirtschaftskrise angeschlagenen *Islandsbanki*. Die im Juli 2015 bekannt gewordene Absicht des chinesischen Unternehmens NFC, eine Aluminiumfabrik im Nordwesten der Insel zu errichten, komplettiert das Lagebild. Für stärkere öffentliche Aufmerksamkeit sorgte die Kaufabsicht des ehemaligen Propagandachefs der Kommunistischen Partei Chinas und jetzigen Milliardärs Huang Nubo, der 30.000 Hektar Land im isländischen Hochland im Nordosten der Insel erwerben wollte, um dieses touristisch zu erschließen. Dem Ansinnen wurde zunächst von der isländischen Regierung nicht entsprochen, es bleibt aber nach Aussagen von Nubo auf seiner Agenda. Der von China angekündigte Anstieg chinesischer Touristen von heute 10.000 auf zunächst 100.000 pro Jahr, was ca. 5% des Jahrestourismus entspräche, würde den Bau eines chinesischen SPA- und Golf-Paradieses im unbewohnten isländischen Hochland in einem profitablen Licht erscheinen lassen. Im Hintergrund laufen Vorbereitungen für die Aufnahme von Direktflügen zwischen China und Island. Im Augenblick führt die Flugroute vor allem über Kopenhagen, künftig soll dann eine Direktverbindung die Anreise erleichtern.

Es bleibt abzuwarten, wie die isländischen Eliten und deren chinesischen Partner die Beziehungen künftig ausgestalten. Der gewaltige Größenunterschied zwischen China und Island, aber auch jedem anderen europäischen Land, bleiben eine Herausforderung, weil unklar ist, welche Auswirkungen das auf Dauer auf die politischen, ökonomischen und kulturellen Gravitationskräfte haben wird. Auch die unterschiedlichen kulturellen Traditionen verlangen enormes Hintergrundwissen und Verständnisfähigkeit von beiden Seiten, um auf Dauer friedliche und für beide Seiten nützliche Beziehungen aufzubauen. Fragen bleiben.

Beobachtet man die chinesischen Diplomaten und Wissenschaftler in Island, erhält man den Eindruck einer sehr an der europäischen Lebensweise interessierten Elite. Es ist immer wieder amüsant, den hierher entsandten Diplomaten dabei zuzusehen, wie sie sichtlich bemüht sind, ihre antrainierte asiatische Höflichkeit durch eine eher informelle und europäisch-amerikanische Lässigkeit zu ersetzen. Wie sie sich anstrengen, z.B. eine Visitenkarte nicht mehr mit beiden Händen und leichter Verbeugung zu überreichen, sondern einhändig und mit eher cooler Geste, oder dem Gegenüber beim Biertrinken an der Bar auch einmal auf die Schulter zu klopfen. Vielleicht spielt das kleine, übersichtliche Island neben strategischen Überlegungen als künftiger HUB am Polarkreis im chinesischen Denken auch eine Rolle als Testfeld und Ausbildungsort zum Verständnis der westlichen Lebensart. Hier lässt sich wie in einem Labor lernen, wie der Westen funktioniert.

Beobachter stellen die Frage, ob Chinas massiver Auftritt in der Arktis ohne die unangekündigte Schließung der US-Militärbasis in Keflavik im Jahr 2006 möglich gewesen wäre. Diese Schließung belastet die isländisch-US-amerikanischen Beziehungen bis heute. Sie markiert eine Zäsur in der transatlantischen Sicherheitsarchitektur und hat unbestreitbar ein Vakuum hinterlassen. Dass die USA diese Luftwaffenbasis nunmehr in Folge der Zunahme von russischen Aufklärungsflügen für ad hoc Air-Policing-Missionen nutzen, wird in Island aufmerksam registriert. Auch die US-Besuchsdiplomatie hat sich seit 2014 intensiviert. Mit der stellvertretenden Außenministerin Victoria Nuland besuchte nach langer Zeit wieder ein hochrangiges US-Regierungsmitglied Reykjavik. Der Neuerwerb eines größeren Botschaftsgebäudes ist ein weiteres Zeichen der verstärkten US-Präsenz.

Fazit

Sollte sich China als raumfremde Großmacht dauerhaft am Polarkreis engagieren, wird das die politischen Gravitationskräfte maßgeblich beeinflussen. Das Auftauchen einer neuen Macht auf der transatlantischen „lines of communications“ hat das Potenzial, aus ökonomischem Wettbewerb politische Rivalität und in letzter Konsequenz sogar militärische Auseinandersetzungen heraufzuzwingen. Denn da, wo sich politischer Anspruch und Raum überschneiden, liegt das Feld der Entscheidung: militärisch, politisch, ökonomisch – in einem Wort: strategisch. Dies zu erkennen ist geopolitisches Denken, danach zu handeln Staatsklugheit. Und realpolitisch denkende Zeitgenossen erinnern sich nur zu gut an jene Episode aus dem 5. Buch von Thukydides „Der Peloponnesische Krieg“, der die Geschichte der Insel Melos erzählt. Eine Mahnung, die seit 2500 Jahren bis in unser noch junges 21. Jahrhundert zu hören ist.

Allgemeine und maritime Theoreme strategischen Denkens

Karsten Schneider

Selbst wenn wir Strategie „neu denken" wollten, so sind naturgemäß nicht alle aktuellen Gedanken neu, vielleicht sogar nur wenige. Nicht selten kommt es darauf an, sie anders miteinander zu verbinden.

Klassisch definiert sich Strategie als die Verbindung von Zielen, Wegen und Mitteln (ends, ways, means). Dies gilt insbesondere für Staaten und Mächte, besser vielleicht: starke Staaten oder Staatengemeinschaften.

Ebenfalls klassisch militärisch ist es, zunächst die Lage zu betrachten, dann den Auftrag, also das strategische Ziel, und schließlich die Wege dorthin.

Die strategische Lage

Die heutige strategische Lage ist am besten durch einen Vergleich mit der Zeit des Kalten Kriegs zu veranschaulichen. Der Kalte Krieg war durch die Konfrontation zweier Machtblöcke gekennzeichnet. Für den Verlierer ging es um die Existenz. Andere Konflikte waren an den Kraftlinien dieser Blockkonfrontation ausgerichtet, am Kalten Krieg unbeteiligte Spieler waren strategisch weitgehend irrelevant.

An die Stelle dieser Bipolarität ist ein Verhältnis zwischen den Staaten getreten, das sich mit einem Markt vergleichen lässt. Es gibt einen Marktführer, einen oder mehrere Herausforderer, daneben diverse weitere mittlere und kleine Wettbewerber, die auf dem Markt auskömmlich existieren können. *Hidden Champions* geht es teilweise besser als angeschlagenen Branchenriesen. Außerdem gibt es einige Störer, die sich nur begrenzt an die Regeln halten. In den Begriffen der Staatenwelt, zu der ich nunmehr zurückkehre, werden sie häufig *rogue states* (Schurkenstaaten) genannt.

Hinzu kommt ein relativ neues Phänomen, nämlich schwache oder gar gescheiterte Staatlichkeit mit destruktiven Wirkungen. Dazu gehören die Migration, der Raubbau an der Umwelt, Klimafolgen und die Entstehung einer Basis für organisierte Kriminalität und Terrorismus. Die betroffenen Staaten sind keine gestaltenden Spieler mehr, dafür aber Ausgangspunkt für negative – weil destruktive – Wirkungen.

Systemisch ist diesem desorganisierten Bereich außerdem eine Anzahl von nichtstaatlichen Akteuren zuzuordnen, die aus der Anonymität heraus, etwa im Cyberraum, Interessen außerhalb der internationalen Staaten- und Rechtsordnung verfolgen.

Diese beiden Faktoren, die Konkurrenz vieler Staaten und Mächte einerseits und die Wirkungen schwacher Staatlichkeit andererseits, beschreiben die strategische Lage.

Das strategische Ziel

Der strategische Auftrag an die Staatsführungen aller Länder könnte im Hinblick auf das oberste Ziel so formuliert sein:

Die Selbstbestimmung über die Staats-, Wirtschafts- und Gesellschaftsordnung ist zu erhalten, um den Fortbestand und das Wohlergehen der Nation sicherzustellen.

Was heißt das in der beschriebenen Lage? Es geht darum, sich im Gefüge der Mächte erfolgreich zu positionieren und sich zugleich gegen die Gefährdungen zu wappnen, die aus dem unsicheren Raum gescheiterter Staatlichkeit wirken.

Strategie in der Praxis

Vor dem Hintergrund dieses Axioms ist nach der Methode zu fragen, i.e. die richtige Kombination von Mitteln und Wegen zum Ziel, also der Strategie in der Praxis.

Grundlage hierfür ist – selbstredend – der Blick auf die sicherheitspolitischen Realitäten. Es besteht ein dauernder, hart ausgefochtener Wettbewerb zwischen den Staaten. Dabei ist mit dem Einsatz aller Mittel zu rechnen, von denen sich ein Wettbewerber am Ende einen Vorteil verspricht. Das gilt übrigens prinzipiell auch unter Verbündeten, wobei hier das Interesse an der langfristigen Zusammenarbeit mäßigend auf die Wahl der Mittel wirkt.

Als Beispiele für den zwischenstaatlichen Umgang aus jüngerer Zeit ist die hemdsärmelige Konkurrenz um Rüstungsaufträge ebenso zu nennen, wie das bekannt Ringen um die Transatlantic Trade and Investment Partnership (TTIP). Manch Gutgläubiger war überrascht zu sehen, wie Flüchtlinge als politische und physische Drohung instrumentalisiert worden sind.

Schließlich mussten wir erleben, dass selbst in Europa militärische Mittel eingesetzt werden, um politische Ziele zu verfolgen. Das schließt übrigens deren verdeckten, keinem bestimmten Akteur zuzuordnenden Gebrauch in Form so genannter hybrider Kriegführung oder von Cyberoperationen ein. Ohne jeden Zweifel werden militärische Mittel einschließlich der Atomwaffen ein Teil des staatlichen Machtinstrumentariums bleiben.

Mit diesen Beispielen an dieser Stelle verbunden ist gleichwohl keine moralische oder juristische Wertung. Ihnen allen ist aber gemein, dass sie nicht mit den Vorstellungen Zeitung lesender Bürger oder außenpolitisch unerfahrener Politiker im Einklang stehen.

Dieser Blick auf den Umgang der Staaten miteinander ist zu ergänzen durch eine Betrachtung der *failed states* (gescheiterte Staaten). Sie führen, vielleicht mit Ausnahme des Terrors, keinen gezielten Kampf gegen andere Staaten. Trotzdem können von ihnen erhebliche negative Einflüsse ausgehen. Sie bieten sichere Rückzugsgebiete für organisierte Kriminelle, darunter Piraten, Drogen- und Menschenhändler. Ohne staatliche Gewalt sind hier Raubbau und Zerstörung der Umwelt mit erheblichen Klimafolgen möglich. Menschen fliehen in großer Zahl aus und durch diese Gebiete.

Diese negativen Wirkungen können durch Dritte, also auch durch Staaten, instrumentalisiert werden, z.B. durch die Steuerung von Flüchtlingsströmen. Hier ebenso wie bei der Cyber- oder der hybriden Kriegführung sind die beiden Typen von Herausforderungen – staatlich und nicht-staatlich – kaum voneinander zu trennen.

Prinzipien des Handelns

Strategisches Handeln sollte von Prinzipien bestimmt werden. Voraussetzung für den Erfolg ist es, zunächst einmal anzuerkennen und sich bewusst sein, dass man sich zu jeder Zeit in einem Machtkampf befindet. Dieses Eingeständnis ist nicht selbstverständlich, denn die Neigung, vor unangenehmen Wahrheiten die Augen zu verschließen, ist weit verbreitet. Nicht umsonst gehört es zu den erfolgreichen Prinzipien hybrider Kriegführung, gegenüber dem Gegner so lange wie möglich zu verschleiern, dass man den Kampf gegen ihn überhaupt aufgenommen hat.

In diesem Machtkampf heißt es, die eigene Handlungsfreiheit zu sichern. Dafür wird man in jedem Falle Bündnisse mit ähnlich Interessierten schließen müssen. Das dient unter anderem dem Ziel, die Marktbeherrschung durch einzelne Wettbewerber zu verhindern. In diesem Wettbewerb unter Vielen verspricht es im Übrigen einen größeren Erfolg, die eigene Position zu stärken als einzelne Andere gezielt zu schwächen.

Diese Prinzipien gelten in vielerlei Hinsicht: wirtschaftlich, gesellschaftlich, politisch, diplomatisch, kulturell, militärisch usw. Der heute übliche Begriff für diesen Gesamtansatz aller Mittel eines Staates oder einer Nation ist *Comprehensive Approach* (Vernetztes Handeln). Es geht um die Nutzung aller Mittel des Staates, der Nation oder gar der Gesellschaft.

Der Begriff ist im Zusammenhang mit der Krisenbewältigung und der Stabilisierung fragiler Staaten entstanden. Es gibt verschiedene Definitionen, meist wird der so genannte PMESII-Ansatz verwandt; er steht für political, military, economic, social, information, and infrastructure. Andere Begriffe sind *Whole of Government Approach* (WoG) oder *Whole of Nation Approach* (WoN).

Auswahl und Kombination der Mittel im staatlichen Instrumentarium ist der Schlüssel zum strategischen Erfolg, Fehler bei der Auswahl sind Hauptursachen des Scheiterns. Dabei ist zu beachten, dass das gleiche Mittel nicht von jedem Spieler in gleicher Weise genutzt wird. Was von der Bevölkerung eines Landes bejubelt wird, mag von einer anderen strikt abgelehnt werden, z.B. Säbelrasseln oder Menschenrechtsverletzungen. Solche Wirkungen sind sorgsam abzuwägen.

Naturgemäß ist anzustreben, eigene Stärken gegnerischen Schwächen gegenüberzustellen, also eine asymmetrische Antwort zu geben. Diese Asymmetrie wird übrigens von beiden Seiten eines Konflikts empfunden.

Strategische Geduld

Oft wird der Mangel an sogenannter strategischer Geduld als Schwäche des Westens empfunden. Dabei gibt es eindrucksvolle Gegenbeispiele. Dazu gehört das Durchhalten im Kalten Krieg. In der Berlin-Frage und bei der Nicht-Anerkennung der sowjetischen Annexion des Baltikums hatte der Westen gegen alle kleinmütigen Bedenken den längeren Atem.

Die freiheitliche Demokratie ist damals wie heute ein langfristiger Ansatz gegenüber totalitären Regimen. Diese zeigen mit ihrem Verhalten und ihren Reaktionen, wie sehr sie Demokratie und Freiheit als durchaus asymmetrische Bedrohungen empfinden. Sie fühlen sich gegenüber freiheitlich-demokratischen Ansätzen in der Defensive, ohne dass uns das immer bewusst ist. Auch das ist eine Asymmetrie. Wir sollten also bisweilen mehr Selbstbewusstsein und Gelassenheit bewahren.

Kalkulierte Tabubrüche

Diese Gelassenheit fällt bei einer Form der Auseinandersetzung besonders schwer: dem kalkulierten Tabubruch. Dazu gehören zum Beispiel die Gräueltaten und die Zerstörung von Kulturgütern in Syrien. Das gebrochene Tabu finden wir in den Regeln der internationalen Rechtsordnung, insbesondere dem Völkerrecht und den Menschenrechten, und in unserem moralischen Empfinden. Beide sind übrigens westlich geprägt.

Der kontrollierte Tabubruch ist ein bewusst eingesetztes Mittel der Auseinandersetzung. Verursacher sind meist Regimes, die unsere Rechtsordnung nicht akzeptieren – so genannte Schurkenstaaten und Terroristen. Sie sind keineswegs „irre“, wie manchmal gesagt wird, sondern handeln meist genau überlegt.

Ihr Ziel ist es, die Hilflosigkeit ihres Gegners zu demonstrieren. Damit wollen sie Überreaktionen provozieren, die den Angegriffenen ins Unrecht setzen. Zugleich möchten sie die Wirkungslosigkeit der bestehenden westlichen rechtlichen und moralischen Ordnung aufzeigen und Fakten schaffen.

Wie sollen wir damit umgehen? Der Tabubrecher hat schließlich immer die Initiative und wird Anfangserfolge erzielen. Das auszuhalten und nicht nachzugeben, erfordert mentale und strukturelle Robustheit, modern als Resilienz bezeichnet. An neuralgischen Stellen kann man vorbeugen, um das Risiko beim Schaffen von Fakten zu erhöhen. Zur Vorbeugung gehört es außerdem, die Herrschaft des internationalen Rechts robust zu unterstützen – so auch zum Beispiel im Seerecht.

Wenn der Tabubruch eingetreten ist, heißt es kontrolliert zu reagieren. Es gilt, auf Empörungsrituale zu verzichten, die die Wirkung des Tabubruchs noch verstärken. Mit der berühmten britischen *stiff upper lip* verwehrt man dem Gegner den propagandistischen Erfolg und damit meist sein eigentliches Ziel. Das ist ein Teil der strategischen Kommunikation, ebenso wie der Tabubruch selber.

Die Wirkung militärischer Mittel

Strategische Kommunikation spielt eine wichtige Rolle bei der Wirkung militärischer Mittel. Sie geht bereits von der reinen Existenz militärischer Fähigkeiten aus. Sie allein erhöht bereits das Risiko für solche Gegner, die den militärischen Einsatz zur Verfolgung ihrer Ziele grundsätzlich nicht ausschließen. Militärische Fähigkeiten sind ein Signal der Verteidigungsbereitschaft und des Selbstbehauptungswillens. Allein das ist eine der Vorbeugungsmaßnahmen gegen die Verletzung von völkerrechtlichen Normen und Tabus.

Verteidigungswille und Bereitschaft eines Landes werden von anderen Staaten genau beobachtet und bewertet. So ist beispielsweise nicht ausschließen, dass die vor wenigen Jahren beschlossene Reduzierung der Anzahl der deutschen Panzer mancherorts missverstanden wurde. Ihre Zahl wieder zu erhöhen, ist in jedem Falle ein Teil der strategischen Kommunikation. Die Aussage lautet: Deutschland nimmt seine Verteidigung und die seiner Verbündeten ernst. Es wird wieder riskanter, mit Streitkräften Fakten wider den Westen schaffen zu wollen.

Das gesamtstaatliche Instrumentarium

Welche Rolle spielen Streitkräfte über diese präventive Funktion hinaus bei der Konfliktbewältigung? Wir hören oft sehr schnell die Behauptung: „Der Konflikt ist nicht militärisch zu lösen". Das ist eine unzulässige Vereinfachung, denn richtig muss es heißen: „Der Konflikt ist nicht allein mit militärischen Mitteln zu lösen."

Die Streitkräfte sind nur ein Teil des staatlichen Instrumentariums. Auch hier gilt:

die richtige Mischung macht es. Damit schließt sich der Kreis zum Comprehensive Approach. Machen wir es uns bewusst: Whole of Government Approach oder gar ein Whole of the Nation Approach sind wirklich strategische Ansätze. Die ganze Nation wirkt am strategischen Ziel mit.

Ist das realistisch bei der Bewältigung der vielen Krisen, mit denen wir heute konfrontiert sind? Machen wirklich Gesellschaft und Nation geschlossen mit, wenn es um kleinere Friedensmissionen irgendwo in der Welt geht? Die Antwort lautet offensichtlich nein.

Im Kalten Krieg sah das anders aus. 1967, fast zwei Jahrzehnte nach ihrer Gründung, verabschiedete die NATO den „Harmel-Bericht". Dieses auf der gleichzeitigen Bereitschaft zur Verteidigung und zur Entspannung beruhende Konzept hielt sie bis zum Ende der Blockkonfrontation 1989 durch.

Auf der einen Seite gehörten zu diesem Konzept der KSZE-Prozess, gipfelnd in der Grundakte von Helsinki 1975, und diverse vertrauensbildende Maßnahmen sowie Rüstungskontrollabkommen. Andererseits baute die NATO in den 1970er und 1980er Jahren ihre konventionellen Fähigkeiten erheblich aus. Mit dem sogenannten Doppelbeschluss von 1983 unterstrich sie ihre Bereitschaft zur atomaren Nachrüstung, um damit einen Schritt zur Begrenzung von Mittelstreckenwaffen zu erzwingen.

Parallel zu diesem politischen Kräftemessen gab es im Westen eine höchst emotionale gesellschaftliche und ideologische Auseinandersetzung unter dem Stichwort „1968". Im Osten bildeten sich sogenannte Helsinki-Gruppen, die die Versprechen der KSZE bei ihren Regierungen einforderten. Es gab einen Wettkampf der Gesellschaftssysteme, die ihre jeweilige Überlegenheit bis hinein in den Sport beweisen wollten – und sei es mit unlauteren Mitteln. Das war ein wirklicher Whole of the Nation Approach.

Rückblickend stellen wir fest, dass ein solcher nationaler oder gar multinationaler Gesamtansatz in existenzbedrohenden Lagen, aber auch nur dort, durchaus realisierbar ist. Er erfordert viel Zeit, also strategische Geduld – von der Gründung der NATO 1949 über den Harmel-Bericht 1967 bis zur Überwindung Teilung der Deutschlands und Europas im Jahr 1989.

Herausforderungen der Gegenwart

Aus europäischer Sicht gibt es zwei Herausforderungen. Die erste ist unsere Positionierung im internationalen Wettbewerb der Mächte, die zweite der Umgang mit Bedrohungen von außerhalb staatlicher Kontrolle.

Zur ersten Herausforderung gibt es eine gute Nachricht für Europa und seine Staaten. Auch kleinere Akteure haben auf dem Markt der Mächte die Chance auf einen angemessenen Platz im internationalen Vergleich.

Schwieriger wird es mit der zweiten Herausforderung, einem Konglomerat von Risiken, Bedrohungen und nicht steuerbaren Entwicklungen, die zu bewältigen nicht einmal die entwickelte Staatenwelt in ihrer Gesamtheit Rezepte und Mittel gefunden hat. Beide Herausforderungen zusammen sind von existenzbestimmender Bedeutung. Gemeinsam haben sie entscheidenden Einfluss, ob wir das strategische Ziel erreichen, die eigene Staats- und Gesellschaftsordnung zu erhalten.

Forderungen an eine neue Strategie

Eine neue Strategie muss noch langfristiger und umfassender angelegt sein als die Konzepte des Kalten Krieges.

Zu allererst müssen wir überhaupt bereit sein, den Machtkampf der Staaten anzunehmen und um unseren Platz in der Welt zu kämpfen. Was den Umgang mit den nicht-staatlichen Herausforderungen betrifft, muss ihnen die verfasste Staatenwelt möglichst geschlossen entgegentreten.

Grundsätzlich haben alle funktionierenden Staaten innerhalb und außerhalb Europas ein gemeinsames Interesse, die destruktiven Wirkungen von Staatsschwäche einzudämmen. Sie alle werden bei einem Zusammenbruch der Ordnung in Teilen der entwickelten Welt zu den Verlierern gehören. Insofern geht es darum, sie alle einzubeziehen und für ein gemeinsames Vorgehen zu gewinnen.

Daraus ergeben sich Ansätze der Zusammenarbeit trotz ansonsten bestehender Konflikte – wie zum Beispiel das Verhältnis des Westens zu Russland im Syrienkonflikt und gegenüber dem Iran. Die strategische Kunst wird darin bestehen, Konflikte unter Akzeptanz von Kompromissen beizulegen, um gemeinsam gefährlicheren Entwicklungen begegnen zu können.

Angesichts dieser doppelten Herausforderung durch staatliche und nichtstaatliche Akteure bedarf es mehr als je zuvor der strategischen Anstrengung unserer ganzen Nationen – allein und im Bündnis. Die Möglichkeit, unsere Werteordnung und die darin begründete Sicherheit, nach eigenen Vorstellungen leben zu dürfen, stehen auf dem Spiel.

Diesmal reicht es nicht, mit Doping die eigene Überlegenheit in der Staatenwelt zu simulieren. Wir werden die Probleme in vom Scheitern bedrohten Staaten auch nicht lösen, indem wir alle fair gehandelten Kaffee trinken, um den Menschen eine Perspektive in ihrer Heimat zu eröffnen.

Dauerhafte Problemlösungen erfordern vielmehr eine sehr viel breitere gesamtpolitische Strategie: Politik und Diplomatie, Wirtschaft und Entwicklungszusammenarbeit, innere Sicherheit und Streitkräfte, Cyber- und Weltraum, Umwelt und Klima. Es kommt vielmehr darauf an, unterschiedliche Einzelaspekte in eine große Strategie zu integrieren.

Die maritime Perspektive

Im Rahmen eines kleinen Exkurses soll dies erfolgen anhand des Umgangs mit Megatrends am Beispiel des Maritimen.

Warum ist das so ein Großthema?

70 Prozent der Erdoberfläche sind von Ozeanen bedeckt. Auf ihnen sind zu jedem Zeitpunkt 23 Millionen Tonnen Güter unterwegs.

Deutschland allein verbuchte im Jahr 2014 einen seewärtigen Außenhandel von über € 450 Milliarden. Das entspricht 25% der gehandelten Warenmenge und sogar 31% des gehandelten Warenwerts. Von Deutschlands weltweitem Ferngüterhandel wurden über 95% auf dem Seeweg abgewickelt.

In diesem Zeitraum passierten etwa 12.000 Schiffe den Panamakanal, 17.000 den Suezkanal und 28.000 Schiffe den Nord-Ostsee-Kanal. Auf letzterem wurden 2014 knapp 100 Millionen Tonnen Güter befördert.

Selbst küstenferne Bundesländer wie Bayern oder Baden-Württemberg, aber auch Staaten wie Österreich, die in irgendeiner Weise maritime Geschäfte machen, unterliegen dieser maritimen Abhängigkeit.

Europa als Halbinsel ist als Ganzes von der See abhängig. Dass andere Teile der Welt ebenso maritim gebunden sind, zeigt die Tatsache, dass allein sechs der zehn größten Containerhäfen der Welt in China liegen. Shanghai als größter Containerhafen der Welt schlug 2014 35 Millionen Container um, Hamburg auf Platz 16 knapp zehn Millionen.

Maritime Fragen sind also kein ausschließliches Thema der Küste. Die Verflechtung zwischen Land und See wird enger. Die See ist kein von Land aus nicht zu erreichender Raum mehr. Umgekehrt beeinflussen maritime Entwicklungen Handel und Wandel an Land.

Wenn hier in Wien bei einer Spedition oder einer Exportfirma ein Container beladen wird, sind dabei viele Vorschriften zu beachten, die dem Schutz der Sicherheit auf See dienen. Das betrifft Fragen der Technik und der Abwehr von Terror und Kriminalität.

Rechtliche Regelungen für den Seeverkehr betreffen also Firmen im ganzen Land. Umgekehrt müssen wir uns vor Augen führen, dass die Hohe See zwar ein staats- aber kein rechtsfreier Raum ist. Nicht umsonst ist das Seerecht eines der ältesten Gebiete des Völkerrechts – und seine Regelungsdichte wächst beständig. Das dient auf der einen Seite dem Schutz der Seewege. Andererseits wird dadurch die Freiheit der Meere in vielfacher Hinsicht eingeschränkt.

Vor fünfzig Jahren galt weltweit eine Drei-Meilen-Grenze für Hoheitsgewässer, heute sind zwölf anerkannt, ergänzt durch eine Ausschließliche Wirtschaftszone von 200 Meilen. Erste Forderungen werden laut, die Hoheitsgewässer auf 200 Meilen auszudehnen. Dabei haben alle größeren Handelsnationen ein Interesse, die zivile Schifffahrt möglichst unbehelligt zu gewährleisten.

Die See ist damit eines der wichtigsten Medien der Globalisierung. Sie erlaubt der Wirtschaft den Zugang zu Märkten, den Streitkräften den Zugang zu Einsatzgebieten. Mit der wirtschaftlichen Bedeutung korrespondiert also die militärische. Es gehört zu den Konzepten größerer Seemächte, die See als Basis für Operationen und militärisches Wirken von See an Land zu nutzen. In der deutschen Marine benutzen wir dafür den Terminus *Basis See.*

Der Versuch einiger Staaten, ihre Hoheitsgewässer auszudehnen, dient unter anderem dazu, fremden Mächten den Zugang zu fremden Küsten zu erschweren. Das Stichwort heißt *Anti-Access-Area-Denial* (A2AD).

Wenn man also nach den militärischen Trends auf See fragt, so wird man neben dem fortgesetzten Bemühen um maritime Sicherheit diesen Gegensatz ins Auge fassen müssen. Daraus sind die Forderungen für künftige Seestreitkräfte abzuleiten.

Als Nebenaspekt ist davon auszugehen, dass angesichts der immer dichter werdenden Überwachung der Meeresoberfläche U-Boote an Bedeutung gewinnen werden. Sie können auch künftig weitgehen unbeobachtet operieren und die Freiheit der Hohen See ausnutzen.

Für ein maritim abhängiges Land wie Deutschland ergeben sich vor allem zwei strategische Konsequenzen. Es sollte (1.) seine Bemühungen fortsetzen, die Herrschaft des Rechts auf See zu festigen und durchzusetzen. Zugleich braucht es (2.) geeignete Seestreitkräfte, die im Frieden und in bewaffneten Konflikten einen angemessenen Beitrag für die Sicherheit auf See leisten können.

Gleichwohl: bei aller Bedeutung der See müssen wir uns bewusst sein, dass das Maritime, wie so viele andere scheinbar dominierende Themen und Trends stets in den strategischen Gesamtzusammenhang einzuordnen ist. Sie bilden verschiedene Perspektiven, und die Kunst besteht darin, allen diesen Perspektiven ihren angemessenen Platz zukommen lassen. Das führt zurück auf die Ebene der großen Strategie, in die sich alle Partikularthemen und individuellen Betrachtungen einzugliedern haben.

Fazit

Als „strategisches" Fazit dieser Ausführungen gilt es folglich festzuhalten:

1. Alle Staaten haben ein klares strategisches Ziel, den Erhalt ihrer gesellschaftlichen und staatlichen Ordnung.
2. Dem stehen zwei Herausforderungen gegenüber, die Positionierung in der Staatenwelt und der Umgang mit den Folgen mangelnder bzw. schon gescheiterter „Staatlichkeit".

3. Um zu bestehen, müssen Staaten und ihre Gesellschaften bereit sein, den Wettbewerb zu erkennen, aufzunehmen und mit Härte zu führen.
4. Kein Land kann das allein bewältigen, es benötigt hierfür Verbündete.
5. Jegliches staatliches Handeln ist gewollt oder ungewollt Teil der strategischen Kommunikation.
6. Es gibt viele scheinbar allein dominierende Megatrends. Sie angemessen in den Kontext einzuordnen ist eine intellektuelle Hauptaufgabe der Strategen.

Diese Thesen verstehen sich dabei als Diskussionsangebot und sind ggfs. gedanklich mit nüchternem-objektivem Blick und einem gebotenen politischen und gesellschaftlichen Selbstbehauptungswillen weiterzuentwickeln.

Strategisches Denken in Großbritannien – The British Way?

Michael Codner

Faktoren, die die Strategie beeinflussen

Der Begriff „Strategie" wird heute in den verschiedensten Zusammenhängen verwendet, besonders oft etwa in der Wirtschaft. Ursprünglich kam dieser Begriff aus dem Griechischen, abgeleitet von „Strategos", was so viel wie „Militärischer Führer" bedeutete. Eine Strategie richtet sich im klassischen Sinn immer gegen einen Konkurrenten oder gegen eine Gefahr; ohne eine vorhandene Gefahr ist eine Strategie überflüssig.

Eine Strategie zu formulieren ist ein Prozess, der Sicherheit anstrebt und zwar auf der obersten Ebene des Staates bzw. auf der obersten Ebene der militärischen Führung. Daher sind andere Zusammenhänge, die diesen Begriff verwenden, keine Strategien im politischen bzw. militärischen Sinn.

Eine Strategie versucht ein Ziel („Ends") zu erreichen, beschreibt wie man dieses Ziel erreichen soll („Ways") und benützt dafür die vorhandene Ressourcen („Means"). Damit kommt es auch zur Trennung von Politik („Policy") und Strategie. Strategie ist immer ein Teil der Politik, aber die Politik sagt zumeist nicht, wie etwas geschehen soll. Die Ressourcen wiederum umfassen Budgets, militärische Grundlagen, die zur Verfügung stehenden Mittel und die Fähigkeiten von Führung und Truppe. Im Vereinigten Königreich schließt dies militärische Doktrinen, Konzepte, die Organisation, Infrastrukturen und die Logistik ein, ebenso die Ausbildung, Technologie und Information. Ein Element fehlt allerdings in der britischen Strategie und das ist der Bereich „Führung", die etwa in der US-amerikanischen Strategie einen hohen Stellenwert einnimmt.

Damit sind wir bei einigen paradoxen Zusammenhängen: Das Verhältnis zwischen strategischen Zielen („Objectives") und den militärischen Mitteln („Instruments"), um diese zu erreichen, erfordert eine Gewaltanwendung, beginnend beim Beschreiten des „Way" – oder besser formuliert: der „Way" ist de facto die Gewaltanwendung. Clausewitz schrieb darüber, dass in der Gewaltanwendung die Unabwägbarkeiten des Krieges lägen: Die militärische Gewaltanwendung ist ein Instrument der Politik, und Krieg ist „Politik mit anderen Mitteln“, allerdings eine mit unsicherem Ergebnis. Damit wird auch die Politik selber unsicher und es kann sein, dass dann die Politik ihre ursprünglich festgelegten Ziele abändern muss. Daher ist es immer unsicher, ob die ursprünglichen Annahmen („Intentions“) im Verlauf eines Krieges Gültigkeit behalten. Damit wäre das ursprünglich angestrebte Kriegsziel durch sich verändernde politische und militärische Lageänderungen ebenfalls nicht mehr erreichbar („Mission Creep“ etc.), ergänzt durch auftauchende moralische Fragen und Probleme, so etwa im Zuge der Besetzung und Verwaltung („Governance“) fremder Gebiete.

Die Ebenen des Krieges sind ein weiteres Thema: Zunächst kann man von der Doktrin des Krieges Unterteilungen bei der Anwendung militärischer Gewalt vornehmen: „Grand Strategy“, Militärstrategie, Operation und Taktik.

- Die Grand Strategy ist jener Bereich, in dem sich politische Vorgaben und die Militärstrategie überlagern und integriert werden; sie umfasst daher politische Entscheidungen (so zur Gewaltanwendung), die Diplomatie, Wirtschaft, Information und Analysen sowie die Nutzung von Technologie.
- Die Militärstrategie ist Sache der obersten militärischen Führung, umfasst (in Großbritannien) den Chief of Defence Staff und die Spitzen der militärischen Führung, wie auch das Ministry of Defence.
- Der Bereich der Operation ist schwieriger zu definieren, kann jedoch als Führung militärischer Kräfte in Einsatzräumen und bei Interventionen beschrieben werden.
- Die taktische Ebene ist jene der Kampfverbände, in der britischen Armee umfasst dies die Brigadeebene. Andere Typologien beschreiben Führungsebenen und deren Funktion im Rahmen militärischer Organisationen.

Die Grand Strategy kann man auch als „Gesamtheit des politisch-militärischen Handelns“ sehen (ist daher ein typischer „Comprehensive Approach“), so beschrieben vom MoD Development Concepts and Doctrin Center, wie er auch von anderen Ministerien Großbritanniens genutzt wird. Der Begriff des „Comprehensive Approach“ wurde letztlich auch von der NATO und anderen Staaten für ihre Strategien genutzt, ist aber in der Zwischenzeit wieder aus dem militärischen Vokabular verschwunden, weil unklar ist, was er umfasst und was nicht. Dennoch ist ein integrierter Ansatz wichtig, um die unterschiedlichen Zielsetzungen diverser staatlicher Stellen koordinieren zu können.

Großbritannien hatte das Problem, dass es zunächst unterschiedliche Zielsetzungen zwischen dem MoD und dem Directorate for International Development (DID) gab, bei dem es zwar weniger um unser „national Interest“ ging, sondern um unterschiedliche Schwerpunkte bei den (internationalen) „Military Stabilisation Operations".

Da Großbritannien seine Entscheidungen oft im Rahmen von Ausschüssen fällt, kommt es bei Entscheidungen oft zu Verzögerungen. Bei Einsätzen im internationalen Kontext ist die Zusammenarbeit unserer Streitkräfte mit den diversen Regierungsstellen zu koordinieren, aber die Einbindung von Non-Governmental Organizations (NGOs) schafft oft Spannungen, weil es unterschiedliche Zielsetzungen gibt und die NGOs auch untereinander konträre Auffassungen haben; dazu kommt, dass die NGOs von unseren Truppen geschützt werden wollen.

Eine andere Ebene mit Relevanz für unsere militärische Strategie ist „Mission Command". Dieser Begriff ist eines der Kernstücke der britischen Führung und bedeutet, dass der Kommandant einer Operation zwar die Entscheidungen trifft, die ihm unterstellten Führungsebenen aber weitgehende Handlungsfreiheit bei der Erfüllung des Auftrages haben (Anm.: Diese entspricht weitgehend der deutschen „Auftragstaktik").

Das ermöglicht die beste und gemeinsame Nutzung der vorhandenen Kapazitäten und Fähigkeiten. Das betraf im Kalten Krieg besonders die Seestreitkräfte des Westens, die in den 1970er und 1980er Jahren die mit ihren Sensoren und Nachrichtendiensten gewonnenen Erkenntnisse über unsere Gegner zusammenzuführten und dann wieder austauschten, was unsere Möglichkeiten erheblich erweitert hatte. Das bedeutete umgekehrt, dass, wenn ein Schiff versuchte seine Arbeit allein zu erledigen, es vorhandene aktuelle Informationen nicht nutzen konnte und umgekehrt dessen Informationen wiederum nicht zu den anderen Schiffen gelangten. Das hing oft auch mit der optimalen und sichergestellten Nutzung der Kommunikationsmittel zusammen.

Cyber-Angriffe und die Störung unserer Kommunikation ist daher ein ernsthaftes Problem: Mit einer Störung der „vertikalen Kommunikation" ist immer zu rechnen, aber auch umgekehrt: diese Kommunikation erlaubt es mehrere Führungsebenen zu überspringen, die Ebenen „verflachen" sozusagen. Das mag unter bestimmten Umständen ein Vorteil sein, kann aber auch zum „Strategic Corporal" führen, wenn die untersten Ebenen unter der gegebenen Handlungsfreiheit Maßnahmen setzen, die die obersten Ebenen betreffen, was zwar oft nur einen engen Bereich in einem Operationsraum berührt, aber unter Umständen politische Folgen nach sich ziehen kann. Darüber hinaus haben wir immer mit den Folgen von Berichten in den Massenmedien zu rechnen oder aber mit solchen der „social media" mit den typischen und unvermeidlichen Falschmeldungen.

Die Besonderheiten eines Operationsraumes können noch so gut erfasst sein, unter den Zwängen von ad hoc-Maßnahmen („short notice operations") sind Überraschungen immer möglich. Man denke etwa an plötzlich notwendig werdende Evakuierungsmaßnahmen, wenn es darum geht Zivilpersonen aus einem Krisengebiet auszufliegen, also typische Non-Combatant Evacuations (NEO), eine Maßnahme, die ja alle westlichen Staaten durchführen, unabhängig davon, welche Nationalitäten die zu evakuierenden Personen haben.

Gibt es einen „British Way"?

Die Frage lautet: „Hat Großbritannien eine Strategie"? Sir John Coley, ein früherer Leiter des Foreign and Commonwealth Office, hatte in seinem Buch *Making Foreign Policy – A Certain Idea of Britain* festgestellt, dass Großbritannien rückblickend ohne „Policy" oder eine spezielle Strategie ausgekommen wäre. Er meinte, dass langfristige Planungen und Visionen kaum eine Hilfe gewesen wären, schon gar nicht, wenn man solche Überlegungen zuvor der ganzen Welt mitgeteilt hätte. Eine Nation, die ständig erklärt, nur höhere Ziele zu verfolgen, begibt sich rasch in den Zustand der Handlungsunfähigkeit und wird mit der Zeit für alle zu einem Problem, auch für befreundete Staaten.

Umgekehrt führt ständige Geheimnistuerei zur Unterminierung in das Vertrauen der handelnden Personen und letztlich in die demokratischen Prozesse. Cole zeigte daher den „British Way" als einen pragmatischen Ansatz, wenn es darum geht, Werkzeuge zu nutzen, um in ungeklärten Situationen Handlungsfähigkeit zu bewahren, wenngleich das in der Praxis oft einem „Durchmuddeln" („muddling through") entspricht.

Das 2010 beschlossene *Strategic Defense and Security Review* führte anschließend zu einer Debatte unter den Militärs, angeführt von General Sir David Richards, dem damaligen Leiter des Defense Staff im MoD. Richards meinte, nun sei es an der Zeit, aus dieser Grand Strategy eine Militärstrategie zu formulieren, etwa unter dem Titel „National Security Strategy".

Eine solche Strategie sollte einen Blick in die nächsten 30 Jahre werfen, um eine brauchbare Planungsrichtlinie zu haben, so z.B. für zukünftige Waffensysteme, deren Größe und Leistungen, denn das wären spezielle militärische Fragen und Horizonte, die andere Ministerien nicht hätten.

Dabei eröffnen sich für eine solche Strategie andere Themen, etwa für operativtaktische Einsätze, die kurzfristig erfolgen müssen, wie Interventionen oder Einsätze bei bereits vorhandenen Krisen. Die Einsätze neben US-amerikanischen Streitkräften in Afghanistan und im Irak sind dafür gute Beispiele.

Es sei daran erinnert, dass die 1998 publizierte Version des *Strategic Defense Review* lang andauernde Interventions-Einsätze im Text nicht einmal angeführt hatte. Damals ging es um Regime Change, doch ergaben sich viel weitergehende legale und moralische Probleme, die nicht vorhersehbar waren.

Multinationale Einsätze und Fragen zur Interoperationalität

Natürlich kann eine Nation eine eigene Grand Strategy oder Militärstrategie formulieren, aber eine mittelgroße Macht wie Großbritannien, aber noch mehr kleinere Staaten, werden wohl nicht in der Lage sein eine Strategie alleine durchzusetzen; die Strategie eines NATO-Mitgliedes muss seine Strategie an die anderer NATO-Staaten anpassen oder zumindest an jene der maßgeblichen Macht im Bündnis wie zuvor in Bosnien, in Afghanistan oder im Irak.

In diesem Zusammenhang ist anzuführen, dass in multinationalen Operationen die militärische Interoperabilität von größter Bedeutung ist. Zudem gibt es verschiedene Ebenen der Interoperabilität und verschiedene Bündnispartner haben selber unterschiedliche Anpassungen an die gemeinsame Kooperation und Koordination vorzuweisen, aber es gibt auch so immer Möglichkeiten, die angestrebten Ziele gemeinsam zu erreichen, etwa über herkömmliche Informationswege, um (so wie früher) eine ausreichende Kooperation zu erreichen. Außerdem kann man im Einsatzraum die Truppen mit unterschiedlicher Anpassung geographisch trennen. Auch wenn die Kooperation aller beteiligen Truppen voll erreicht sein sollte, gibt es zumeist große Unterschiede bei der Ausrüstung und Logistik, unterschiedliche Führungstraditionen und andere Vorgaben. Auf der taktischen Ebene agieren die meisten Staaten sehr autonom und die Zusammenarbeit muss mittels Koordination erreicht werden.

Er gibt aber noch weitere Ebenen der Interoperabilität, nämlich durch Konfliktvermeidung und Kräftetrennung. Im Kalten Krieg wurde zwecks Konfliktvermeidung ein Verfahren entwickelt, um Spannungen auf unteren Ebenen einzudämmen, so durch räumliche Trennung von sich gegenüberstehenden Truppen; eine solche Kräftetrennung wurde auch beim Kampf gegen Piraten im Indischen Ozean angewandt, wo Schiffe westlicher Marinen mit russischen und iranischen Schiffen in der gleichen geographischen Region agierten.

Diese Situation könnte sich im Meer vor China wiederholen. Zwischen den USA und der Sowjetunion hat es Verfahren gegeben, um „Incidents at Sea“ (INCSEA) zu vermeiden; heute ist dieses Modell gegenüber China allerdings wenig wirksam.

Die Evolution der Britischen Militärstrategie

Sieht man sich die Entwicklung der britischen Strategien an, muss man bis 1956 zurückgehen, als Großbritannien in der Suezkrise intervenierte, einem Konflikt in dem auch Frankreich, Israel und Ägypten involviert waren. Mit dieser gescheiterten Operation begann der Niedergang der britischen Militärinterventionen, dazu kann dann in den 1960er Jahren der Abzug der britischen Truppen „East of Suez“. Zwar schloss Großbritannien einen Fünf-Mächte-Pakt mit Australien, Neuseeland, Malaysia und Singapur, betrachtet man dieses Abkommen aber heute näher, war es eher ein zugesagter symbolischer Beistand.

Die 1981 verfügte Defense Review konzentrierte sich weitgehend auf die NATO bzw. die Verteidigung von Europa. Eine Ausnahme dieses Trends war die 1982 durchgezogene Verteidigung der Falkland-Inseln samt einem Krieg mit Argentinien, doch war dieser erfolgreiche Krieg wiederum ein Vorgang, der sich völlig außerhalb der britischen Grand Strategy abspielte und führte dann zu einer merkbaren Aufwertung der britischen Streitkräfte, samt einer gestiegenen Bereitschaft zu Auslandseinsätzen. Falkland brachte jedenfalls eine Trendwende.

Ein weiteres Element der britischen Grand Strategy ist die Rolle als permanentes Mitglied im UN-Sicherheitsrat und damit die Möglichkeit in Fragen globaler Bedeutung mitwirken zu können.

Mit dem Ende des Kalten Krieges verfügte die Regierung ein Review unter dem Titel *Options for Changes of Defense*, das Großbritanniens Rolle in der NATO betonte, Investitionen fanden nur mehr unter diesem Aspekt statt. Dieses Review wurde unter hoher Geheimhaltung diskutiert und auch nicht veröffentlicht; im Hintergrund stand die Absicht, das Verteidigungsbudget unter dem Titel „Friedensdividende“ stark zu reduzieren, ohne Rücksicht auf eventuelle Risiken einer solchen Kürzung und welche Auswirkungen der Beitritt der Staaten Osteuropas zur NATO haben könnten. Das außerordentliche Review von 1994 unter dem Titel *Defense Cost Study – Front Line First* änderte daran wenig, abgesehen von der Absicht, den Kampfverbänden mehr Budget zu geben und dafür den Logistikanteil zu kürzen.

Das verfügte Sparprogramm hatte eine starke Integration der Teilstreitkräfte zur Folge, darunter die Zusammenlegung der höheren Offiziersausbildung im neuen Joint Command and Staff College, gefolgt von der Zusammenlegung der Spitzen der Teilstreitkräfte unter dem „Commander Joint Forces“, der allerdings keine „operationellen Entscheidungsfunktion“ bekam, diese Funktion verblieb beim Chief of the Defense Staff.

Mit dem *Strategic Defense Review* 1998 kam es insofern zu einer Reform, als erstmals eine britische Militärstrategie formuliert wurde, diesmal nach einer öffentlich geführten Debatte unter Einbindung von Universitäten und Experten, wobei es inhaltlich zu einer „strategischen“ Ausdehnung britischer Interessen auch außerhalb der NATO und außerhalb Europas kam; ausdrücklich erwähnt wurde die Golfregion, womit Großbritannien, nach immerhin acht Jahren an Debatten, zu einer „Expeditionary Strategy“ zurückkehrte.

2010 kam es zu einer konservativen Regierung und diese implementierte ein „National Security Council“. Es folgte eine nationale Sicherheitsstrategie, die ebenfalls 2010 unter dem Titel *Strategic Defence and Security Review* (SDSR) publiziert wurde. Das *Green Paper* der Labour Regierung erläuterte wiederum getroffenen Entscheidungen.

Die Wahlen von 2010 kamen zu einem Zeitpunkt, als die Wirtschaftskrise Großbritannien voll erfasst hatte. Mangelnde Kompetenz der nun strategische Fragen debattierenden Experten führte dann zu weiteren Einsparungen, was zu massiver Kritik führte und dies zu einem Zeitpunkt, als britische Truppen sich noch in Afghanistan befanden und die nun als Folge dieser Einsparungen abgezogen werden mussten. Die Kürzungen betrafen vor allem die Army, die auf 82.000 Mann zu kürzen war.

Im Dezember 2015 kam es zu einer weiteren SDSR, die die erkannten Schwächen bei den Streitkräften beseitigen wollte. So wurde das Programm der Maritime Patrol Aircraft wieder aufgenommen, dazu kommt nun eine Erhöhung des Verteidigungsbudgets auf die von der NATO geforderten 2% des BIP.

Grundlagen der Britischen Militärstrategie

Betrachtet man die Entwicklung der britischen Strategie über die letzten Jahrzehnte hinweg, kann man eine Reihe von Entwicklungen ableiteten. Diese sind zwar nicht in einem Papier der Regierung publiziert, lassen sich jedoch aus den politischen Maßnahmen sehr gut ableiten.

Die erste und logische Erkenntnis wäre, dass den Streitkräften die Verteidigung der Britischen Inseln und britischer Territorien zukommt, was z.B. auch die Falkland Inseln einschließt, ebenso Gibraltar, die britischen Gebiete in Zypern und diverse Inseln in der Karibik, solange diese Inseln oder Territorien britisches Gebiet sind; die Falkland-Inseln konnten über eine Volksabstimmung ihre Zugehörigkeit zu Großbritannien selber bestimmen, haben aber eine Abtretung der Inseln an Argentinien deutlich abgelehnt, sie konnten sich aber auch wie die New Hebrides (nun Vanuatu) für eine Unabhängigkeit entscheiden.

Eine weitere Frage ist der Grad militärischer Stärke der Streitkräfte, einmal für die NATO, dann für andere Aufgaben. Diese Frage wäre eng mit den USA abzustimmen und muss daher auch unter dem Aspekt einer neuen Administration in Washington gesehen werden. Davon würde abhängen, ob britische Kräfte komplementär oder eher supplementär zu sehen sind. Im Falle einer komplementären Ausrichtung hätten britische Kräfte in einer engen Partnerschaft mit den USA mehr Mitsprache bei militärischen Interventionen. Wenn die USA britische Vorstellungen nicht berücksichtigen sollten, wäre der strategische Einfluss Großbritanniens allerdings relativ gering.

Der geostrategische Einfluss auf die europäische Sicherheitspolitik muss unter zwei anderen Gesichtspunkten gesehen werden: Erstens hat sich mit dem Brexit dieser Einfluss eher verringert und zweitens hat Europa noch immer keine Sicherheitspolitik. Sollte die EU jedoch einmal eine solche beschließen, hätte dies natürlich umfangreiche Auswirkungen auf eine zukünftige britische Strategie. Daher ist es wichtig, dass der Austritt aus der EU in freundschaftlicher Art und Weise vor sich geht. Hier ist zu beachten, welche Beziehungen die USA zur EU unterhalten wollen und wie sehr sich dies auf die britische Politik und Strategie auswirken könnte.

Zudem geht es um den Einfluss der Militärs auf die Strategie überhaupt und damit auch um weitere Fragen, etwa um die Budgetverteilung zwischen den beiden Aufgaben „Homeland Defense" einerseits und NATO-Schwerpunkt und globale Einsätze im Rahmen dieser andererseits.

Die Ergebnisse im Irak und in Afghanistan haben die engen Grenzen britischer Möglichkeiten aufgezeigt und solche Einsätze könnten die Reputation der britischen Truppen eher beschädigen als verbessern – samt den budgetären Auswirkungen. Dies war aber nicht so sehr ein Versagen der britischen Truppen, sondern eines der Politik und der durch diese verursachten Endergebnisse dieser beiden Interventionen.

Wenn die britischen Truppen Einfluss auf US-amerikanische Entscheidungen haben wollen, dann müssen diese in der Lage sein bei ihrer Teilnahme an militärischen Interventionen auch eine strategische Auswirkungen („strategic effect") zu besitzen, vor allem auf der operativen Ebene. Das bedeutet die Verfügbarkeit von einer leistungsfähigen Division der Armee und ähnlichen Größenordnungen bei der Air Force und Marine. Damit stellt sich die Frage, ob man solche Kräfte für geostrategische Aufgaben überhaupt aufbieten bzw. ob sich Großbritannien solche Größenordnungen überhaupt noch leisten kann. Die sich in diesem Zusammenhang ebenfalls stellende Frage ist jene einer „strategic role specification" und damit die Zurverfügungstellung von Sondereinsatzkräften bzw. von Special Forces. Zur Verteidigung britischer Besitzstände (den Overseas Territories) reichen diese völlig aus und hätten bei Interventionen auch die erwartete regionale geostrategische Wirkung.

Für den Schwerpunkt bei special capability forces bzw. Sondereinsätzen werden sich jedoch viele die Frage stellen, ob es dann noch notwendig ist Artillerie- und Panzerverbände zu unterhalten. Special Forces wären die Royal Marines bzw. das Parachute Regiment mit deren hervorragender Ausbildung. Solche Kräfte könnten dann für diese begrenzten Aufgaben völlig reichen.

Bisher ging es nur um konventionelle Fähigkeiten und die von diesen ableitbaren „Abschreckung" (conventional deterrence). Diese kann aber nur im Rahmen der NATO erfolgen und wäre auch unter Berücksichtigung der Möglichkeiten der anderen europäischen Verbündeten zu sehen. Diese Frage ist gerade jetzt im Zusammenhang mit den Aggressionen Russlands bzw. der Ukraine-Krise zu beurteilen. Die Abschreckung ist jedenfalls wieder ein Thema geworden, hat aber auch eine darüber hinausgehende Bedeutung, weil es auch um die Eindämmung anderer Staaten geht, etwa von jenen, die sich plötzlich als Mächte bemerkbar machen wollen. Zu beobachten sind ja neben Aggressionen auch Aggressionsdrohungen und politisch-militärische Erpressung. Analysen sollten aufzeigen, welche Alternativen es für Streitkräfte gibt und welchen Weg Großbritannien beschreiten will.

Damit hat Großbritannien folgende strategische Optionen:

- Heimatverteidigung und Verteidigung britischer Besitzungen und NEO-Einsätze.
- Multinationale Einsätze etwa im Rahmen der NATO, maritime Einsätze und NEO.
- Autonome (nur britische) Operationen (wie etwa in Sierra Leone 2000).
- Freiwillige Teilnahme an anderen Operationen (Golf Krieg 1991, Bosnien, Kosovo, Ost Timor, Afghanistan, Irak, Libyen).

Aus britischer Perspektive gesehen waren die Einsätze bis Sierra Leone 2000 erfolgreich, während jene danach als Misserfolge einzustufen waren. Die Operationen sind daher auch militärisch zu trennen: Jene bis 2000 waren solche, die aus moralischen Gründen erfolgten, während die danach einen Regime Change als Ziel hatten und damit eine wesentlich größere Dimension aufwiesen. Angesichts dieser Erfahrungen kann man davon ausgehen, dass die nächsten Operationen eher kleinere expeditionsartige Interventionen mit moralischem Hintergrund sein werden. NEO-Einsätze werden allerdings immer im Fokus sein, diese werden nicht verschwinden.

Damit stellt sich die Frage nach einer „British Grand Strategy". Und welche Strategien lassen sich von einer solchen ableiten?

- Eine **Little Britain Strategy**: Regierung und Wahlvolk befinden sich heute in der angenehmen Situation, dass, geostrategisch gesehen, das United Kingdom einer der sichersten Plätze der Welt ist, das einzige Problem ist der Terrorismus. Die Masse der Überseebesitzungen ist heute unabhängig oder die Sicherheit wird von Dritten mitgestaltet.
  Die NATO in einer Trump-Präsidentschaft und Post-Trump-Ära könnte zerfallen, weil Europas Staaten noch weniger Geld für die Verteidigung ausgeben wollen und weil ein politischer Einfluss der Militärs nicht mehr vorhanden ist. Dann würde sich Großbritannien auf seine eigene Verteidigung zurückziehen müssen.
- Eine **Contributory Strategy**: Diese Strategie war im Kalten Krieg wichtig; Großbritannien beteiligte sich mit seinen Streitkräften an der Verteidigung Europas bzw. des NATO-Raumen und wirkte bei NATO-Einsätzen auch außerhalb dieses Raumes mit, teilweise durch Spezialisierung; allerdings hatte dabei Großbritannien keinen Einfluss auf globale Entwicklungen, wirkte eher über „Soft Power". Ein britischer Beitrag bei der Verteidigung Europas ist aber zu erwarten.
- **Northern Lights Strategy**: Bei dieser Strategie arbeitet Großbritannien vor allem mit jenen Staaten zusammen, die dem Land geographisch und historisch am nächsten stehen: Das sind die Skandinavischen Staaten, die Niederlande (mit denen man auch organisatorisch eng kooperiert), dazu Kanada, Australien und Neuseeland. Mit diesen Staaten sollte eine enge Interoperabilität herbeigeführt werden.

Interventionen würden nur aus moralischen Gründen erfolgen. Diese enge Kooperation würde auch mit der NATO bestehen, aber im Kern würden nur Operationen nach dem Vorliegen eines Beschlusses des UN-Sicherheitsrates erfolgen; London würde aber danach trachten, nicht die Hauptlast solcher Einsätze zu tragen, politisch würden solche Einsätze durch Soft Power ergänzt.

- **Global Guardian Strategy**: Diese Strategie wäre die unwahrscheinlichste und repräsentiert etwa die britische Beteiligung an lang andauernden Interventionen wie gerade in den letzten zwei Jahrzehnten. Diese Option war auch der Grund für die Neufassung der 2010 SDSR mit einem Wechsel zu Einsätzen nach Bedarf (contingency).
- **Strategic Raiding**: Diese Strategie wäre ein Wechsel zu mehr „contingency"-Einsätzen, also mehr Interventionen mit „Expeditionscharakter", aber jeweils nur von kurzer Dauer mit hoher Spezialisierung der zum Einsatz kommenden Kräfte. Der Kern bestünde aus Seestreitkräften mit eingeschiffter Elite-Infanterie. Solche Kräfte können auch im Rahmen der NATO und vor allem gemeinsam mit den USA zum Einsatz kommen, wäre aber bei Unruhen in Großbritannien selber einsetzbar.

Bei solchen Einsätzen geht es um Tempo („early in" und dann auch „early out"), sie wären also keine Einsätze mit langen Besatzungszeiten und Langzeit-Stabilisierungsprogrammen. Auch wenn eine solche Rolle für die britischen Streitkräfte im Moment eher als unwahrscheinlich erscheinen mag, läge das eher im Trend und wäre Teil einer konventionellen Abschreckung. Diese Kräfte wären auch – man betrachte das russische Verhalten – für die Verteidigung Europas geeignet.

Die Strategie Frankreichs: 77 Jahre Revue Défense National

Jérôme Pellistrandi

Im Frühjahr 2016 hatte das Verteidigungsministerium Frankreichs ein kleines Buch unter dem Titel *Qui est l'ennemi?* herausgebracht. Und man gab auch gleich die konkrete Antwort auf diese Frage: Niemand. Damit wurde die Evolution der französischen Strategie angesprochen, denn seit dem Ende des Kalten Krieges hat das offizielle Frankreich keinen Feind mehr, sondern nur „Bedrohungen" und „Risiken". Ganz plötzlich sieht sich Frankreich jedoch in Übersee und zu Hause in hybride Kriege verwickelt.

Die Zeitschrift *Revue Défense National* (RDN) ist ein Spiegelbild der französischen Verteidigungspolitik der letzten 77 Jahre, somit vor allem seit dem Ende des Zweiten Weltkrieges. RDN wurde gegründet, um die strategische Forschung zu unterstützen und einen Ausblick auf die Verteidigung Frankreichs zu ermöglichen, auch um eine Diskussion über Doktrinen zu führen bzw. unsere Offiziere mit solchen Fragen zu konfrontieren und damit auch auszubilden.

Heute hat die RDN die gleichen Aufgaben, wenngleich man stärker die internationale Dimension betont. Damit sind wir ein hybrider Think-Tank ohne fixe interne Mitglieder und Experten.

Ein historischer Rückblick

Mit der Destabilisierung Europas durch das Nationalsozialistische Deutschland und die kommunistische Sowjetunion war Frankreich gezwungen sich einen Überblick über seine militärischen Kapazitäten zu verschaffen. Im Jahr 1936 wurde das Institut des Hautes Etudes de Défense Nationale (IHEDN) gegründet und dessen erster Direktor war Admiral Raoul Castex. Eine der wichtigen Aufgaben war die Verstärkung der Beziehungen zwischen dem Militär und den zivilen Eliten, vor allem um diesen die

Anliegen des Militärs zu vermitteln.

Drei Jahre später wurde beschlossen eine monatlich erscheinende Zeitschrift herauszubringen, deren Belange die Verteidigung, die Strategie und internationale Entwicklungen sein sollten. Admiral Castex wurde auch zum Vorsitzenden des wissenschaftlichen Beirates ernannt. Die Idee war, eine Mischung von hochrangigen Offizieren, zivilen Experten, Diplomaten und anderen Autoren mit akademischem Hintergrund für die Anliegen der Streitkräfte zu gewinnen. Diese unterschiedlichen Personengruppen haben wir auch heute noch.

Um eine Unterwerfung unter einer militärischen Hierarchie zu vermeiden, wurde ein eigener Ausschuss unter dem Namen Comité d'Etudes de Défense Nationale (CEDN) geschaffen, der als fachlicher Herausgeber der RDN fungiert – eine Struktur, die wir bis heute beibehalten haben und die uns die Unabhängigkeit von militärischen Hierarchien und dem Verteidigungsministerium garantiert. Mit dem Desaster von 1940 wurde die Publikation dann eingestellt.

Die Zeitschrift begann ihr Wiedererscheinen im Juli 1945 zwar mit der inhaltlichen Verfolgung der gleichen Ziele wie bei ihrer Gründung, allerdings hatten sich die Voraussetzungen völlig verändert.[1] Frankreich gehörte zwar zu den Siegermächten des Krieges, war aber keine Großmacht mehr. Der Wiederaufbau der Streitkräfte konnte nur mit US-amerikanischer Hilfe erfolgen. Zwar konnte man die Erfahrungen des Zweiten Weltkrieges berücksichtigen und ausführlich darstellen, aber das Trauma der Niederlage von 1940 blieb in den Köpfen haften.

Die Jahre nach 1945 waren auch die der beginnenden Entkolonialisierung, die bis 1962 andauerte, wobei sich im Zuge der Kriege in Indochina und Algerien zwei Fragen ergaben, nämlich die Führung von Kriegen gegen Insurgenten (COIN) sowie die Erfassung der Motive unserer Gegner. Es ging nun darum die französischen Streitkräfte zu reorganisieren, gleichzeitig diese Kriege zu führen, die man ja dann beide verlor; gleichzeitig musste man sich aber in Mitteleuropa auf einen möglichen Krieg mit der Sowjetunion vorbereiten. All diese Fragen standen über Jahre hinweg im Zentrum der RND.

General de Gaulle betonte die Eigenständigkeit der französischen Sicherheitspolitik und Souveränität. Der Untergang der IV. Republik im Zuge der Algerienkrise war vom taktischen Sieg über die Rebellen ebenso gekennzeichnet wie von der politischen Niederlage und der völligen Aussichtslosigkeit einer versöhnlichen Lösung. Als de Gaulle an die Macht kam, fällte er zwei Entscheidungen, nämlich

[1] In dieser Ausgabe gab es auch einen Artikel von Oberst Charles de Gaulle, den dieser vor dem Zweiten Weltkrieg zur Frage der Neutralität und den unzureichenden Verteidigungsbemühungen Belgiens verfasst hatte.

- die Beendigung des Krieges in Algerien, verbunden mit der Unabhängigkeit dieses Landes und
- die uneingeschränkte Souveränität unseres Landes samt der Wichtigkeit der atomaren Rüstung.[2]

Der Kalte Krieg und die Entwicklung einer Doctrine Dissuasion Nucléaire

In diesen Jahren kam es zu Fragen einer französischen Verteidigungspolitik unter den Aspekten einer atomaren Abschreckung – einer „doctrine dissuasion nucléaire“, denn Frankreich hatte Atomwaffen entwickelt und war auch bereit diese für seine Verteidigung einzusetzen:

- Im Jahre 1964 wurde die erste nationale nukleare Komponente einsatzbereit, als die Mirage IV-Staffel mit einer durchgehenden Alarmbereitschaft zur Verfügung stand.
- 1966 zog sich Frankreich aus der militärischen Integration der NATO zurück, blieb aber in der Allianz als Mitglied.
- 1971 kam es zur ersten Einsatzfahrt eines Atom-U-Bootes mit atomaren Raketen.

Die RND war in diesen Jahren die wichtigste Publikation, in der diese Fragen umfassend diskutiert und analysiert werden konnten, etwa die Fragen einer nuklearen Abschreckung (und angesichts der aktuellen Themen ist es heute wieder wichtig, die damaligen Erwägungen zu lesen und für die heutigen Fragestellungen zu untersuchen).

Es ist darauf hinzuweisen, dass damals die akademischen Kreise Frankreichs aus den verschiedensten Gründen Angelegenheiten der französischen Sicherheits- und Verteidigungspolitik nicht unterstützen. Dies hatte zahlreiche Gründe, u.a. die Auffassung, diese Themen seien nicht solche der Wissenschaft oder einer wissenschaftlichen Forschung. Dazu kam eine politische Opposition, die noch aus der Zeit des Krieges in Algerien herrührte, als man die Streitkräfte wegen der bekanntgewordenen Foltermaßnahmen kritisierte.

Militärfeindlichkeit war an den Universitäten allgegenwärtig, dazu kam eine „linkslastige“ Außenpolitik. Die Unabhängigkeit der Zeitschrift war von großer Wichtigkeit, denn die Themen waren besonders kontrovers. Diese Artikel sind heute auf unserer Webseite abrufbar und für Entscheidungsträger und Experten wichtig.[3]

Erst mit Präsident Mitterrand im Jahr 1981 kam es zu einer positiven bzw. einhelligen Entwicklung der französischen Verteidigungspolitik. Erstmals gab es bei diesen

---

[2] Die Anfänge der Entwicklung einer französischen Atomkomponente gingen auf das Jahr 1954 zurück und waren eine Folge der Niederlage in Indochina, besonders durch den Fall von Dien Bien Phu.

[3] www.defnat.com

Fragen keine größeren Gegensätze mehr zwischen „links“ und „rechts“, sieht man von den jeweiligen extremen Positionen an den politischen Rändern ab. Es gab auch betreffend der atomaren Abschreckung zwischen den Gaullisten und Sozialisten keine essentiellen Gegensätze mehr. Außerdem waren vier Ministerposten an die Kommunisten gegangen, was in den USA mit Erstaunen zur Kenntnis genommen wurde, aber diese Ernennungen stellten dann kein Problem dar.

Präsident Mitterrand war ein betonter Gegner der kommunistischen Ideologie und auch ein erklärter Gegner der Sowjetunion. Bei der Krise um die NATO-Nachrüstung hatte er bei seiner Rede 1982 im Deutschen Bundestag in Bonn eindeutig für die NATO-Nachrüstung Stellung bezogen, als er meinte, „die Pazifisten sitzen im Westen, die Raketen stehen hingegen im Osten.“

Die französische Verteidigungspolitik veränderte sich dann nach 1989, als alle meinten, man habe nun einen Anspruch auf die „Friedensdividende“. Zunächst ist daran zu erinnern, dass die französischen Streitkräfte seit 1870/71, nach der Niederlage gegen Deutschland und dem Verlust von Elsass-Lothringen, ihre Personalstände durch die Wehrpflicht für die männliche Bevölkerung hoch halten konnten (Frauen konnten sich als Freiwillige melden). Die Dritte Republik führte dann umfangreiche Reformen der Streitkräfte durch, „Dienen bei den Streitkräften“ gehörte zur Pflicht der Staatsbürger während des gesamten Kalten Krieges. Allein in der Bundesrepublik Deutschland waren in all diesen Jahren ständig rund 60.000 Mann stationiert.

Mit dem Fall der Berliner Mauer hatte sich dieses Paradigma völlig verändert und das Modell der französischen Streitkräfte wurde nach 1989 infrage gestellt. Dies führte auch zu einer Revolution im „strategischen“ Bereich. Als 1990 der Zweite Golfkrieg begann, entschied Präsident Mitterrand, nur Berufssoldaten zu entsenden, womit eine neue Entwicklung eingeleitet wurde. Die RDN hatte diese Debatte durch zahlreiche Untersuchungen analysiert und wie zu erwarten war, stand am Ende eine umfassende Verringerung der Streitkräfte samt einem Ende der allgemeinen Wehrpflicht.

Die Phasen der französischen Strategiedebatte

Der Konsens in der Verteidigungspolitik im Hinblick auf eine Bedrohung Frankreichs ergab sich auf Grund einer weitgehend identen Sichtweise von „links“ und „rechts“. Der Präsident der Republik ist der Oberbefehlshaber der Streitkräfte und alle Präsidenten der V. Republik haben diese Rolle mit hoher Verantwortung wahrgenommen, auch in der Phase der „cohabitation“ verschiedener politischer Mehrheiten.[4] Regierungschefs und Verteidigungsminister haben ihre eigenen Verantwortungsbereiche,

[4] So 1986-1988 mit Präsident Mitterrand und Premierminister Jacques Chirac; 1993-1995 mit Mitterrand und Edouard Balladur sowie mit Präsident Chirac und Lionel Jospin.

aber nach der „domaine reserve" liegt die letzte Verantwortung beim Präsidenten der Republik.

Drei entscheidende Bereiche beschreiben heute die Verteidigungspolitik Frankreichs:

- Die nukleare Abschreckung ist seit mehr als 50 Jahren der Kern unserer Verteidigungspolitik.
- Frankreich ist Mitglied des UN-Sicherheitsrates, somit, trotz der Truppenreduktionen, ein Akteur mit globaler Verantwortung, mit Einsätzen in Afrika und auch in anderen Regionen.
- Die NATO und die EU sind Gegenstand laufender Debatten, auch heute noch. Seit 2009 ist Frankreich wieder Teil der militärischen NATO und die RDN hat diese Diskussion mit zahlreichen Beiträgen umfassend analysiert.

Im Jahr 1996 hatte Präsident Chirac entschieden, dass sich die Streitkräfte ausschließlich auf Freiwillige abstützen werden. Diese Entscheidung führte allerdings zu zahlreichen Problemen, wie etwa einer drastischen Verringerung der Streitkräfte, aber auch zu einer Verringerung der Bindungen von Bevölkerung und Streitkräften. Diese Lücke zu schließen ist schwierig geworden. Außerdem wurde die Zahl der Kasernen reduziert, die Zahl der Regimenter, Einheiten der Luftstreitkräfte etc. Im Großraum von Paris gab es im Zuge des Anti-Terroreinsatzes *Sentinel* Probleme, die zusammengezogenen Truppen unterzubringen. Es wird daher notwendig sein diesen Mangel umgehend zu beheben.

Die RDN hat in den letzten Jahrzehnten vier Weißbücher herausgebracht:

- 1972: Zur nationalen Autonomie der nuklearen Abschreckung.
- 1994: Zum Ende des Kalten Krieges und zur Transformation der Streitkräfte angesichts fehlender Gegner an den Grenzen Europas.
- 2008: Präsident Sarkozy, beeinflusst durch die neokonservative Welle in den USA, hatte zwei Ideen präsentiert, nämlich die volle Reintegration Frankreichs in der NATO, was dann in Strasbourg auch offiziell vollzogen wurde, und eine Reduktion der konventionellen Streitkräfte.
- 2012: Eine Untersuchung über eine Reduktion der Streitkräfte um 33.000 Soldaten.

Natürlich stand hinter jeder Reform auch die Idee von Einsparungen. Aber nur Einsparungen zu fördern, führte zum Abbau militärischer Kapazitäten. Die Kompensation für die Truppenreduktionen war die Präsenz von zwei SLBM-U-Booten (von sechs vorhandenen) auf den Weltmeeren; heute haben wir von vier solchen Booten nur eines auf See. Und als sich im Jänner 2013 die Situation in Mali zuspitzte und drohte außer Kontrolle zu geraten, waren die nuklearen Systeme keine Hilfe.

Monatelang gab es im Norden von Mali mit islamistischen Rebellen Gefechte, als diese versuchten die Stadt Bamako einzunehmen. Mali ist ein typischer „failed state“ und es darf in diesem Zusammenhang nicht übersehen werden, dass die zweitgrößte Stadt mit einer Mali-Bevölkerung Montreul ist – und diese Kommune ist ein Vorort von Paris, erreichbar mit der U-Bahnlinie 9. Präsident Hollande erkannte die Konsequenzen einer Machtverschiebung in Mali und reagierte.

Mit den Terrorangriffen im Jänner 2015 in Paris – gegen die Redaktion der *Charlie Hebdo* und die Jüdische Gemeinde kam es zu einem Ende der Truppenreduktionen. Statt dem Abbau von weiteren 33.000 Mann wurden nur 14.000 abgebaut und mit 13. November 2015 wurden der Abbau dann völlig gestoppt und sogar eine Verstärkung um 11.000 Soldaten beschlossen, die jedoch von anderen Truppenorganisationen versetzt werden müssen. Die Landstreitkräfte sollen mittelfristig wieder eine Stärke von 77.000 erreichen.

Es wurde nun beschlossen, alle fünf Jahre ein Weißbuch zu Fragen der Außenpolitik und Verteidigung zu veröffentlichen, um die Entwicklungen besser beobachten zu können, ein Vorgang, den wir von Großbritannien übernehmen.

Das gegenwärtige Bild der französischen Streitkräfte auf Grund unserer RDN-Publikationen

- Frankreich versucht eine „full spectrum“-Verteidigung, die von Atomwaffen bis zu konventionellen Landstreitkräften reicht, etwa um in Übersee Terroristen zu bekämpfen; aber auch die Mitwirkung bei der Terrorbekämpfung im Inland, dies trotz reduzierter Truppenstärken.[5]
- Eine Verteidigung mit Berufssoldaten und ein Ausbau der Reserveorganisation sowie deren Modernisierung – Themen, die die RDN laufend behandelt hat.
- Diskussion über die Neuaufstellung einer „National Guard“ infolge der Defizite bei der internen Terrorbekämpfung.
- Die Förderung der Rüstungsindustrie, die allein 2015 Waren im Wert von 15 Mrd. € exportiert hat. Die RDN hat hier vor allem negative politische Einwirkungen aufgezeigt.

---

[5] Allerdings wurde immer versucht vorhandenes Know How zu bewahren, etwa durch Reduktion von Bataillonen zu Kompanien, wie beim amphibischen Versorgungsregiment oder beim Eisenbahnregiment, das ebenfalls auf eine Kompanie reduziert wurde.

Die RDN heute: ein Key Player

In den letzten 76 Jahren haben 5000 Autoren in vier Publikationsreihen Beiträge veröffentlicht:

In der RDN, die monatlich mit 136 Seiten erscheint (Papier und PDF), darunter seit 1960 80 Artikel oder Reden von Verteidigungsministern, die ausschließlich in der RDN erschienen, enge Absprachen mit dem Verteidigungsministerium über Schwerpunkte, die von den Chefs der Teilstreitkräfte und Bereichsleitern des Ministeriums oder Ämtern vorgeschlagen werden. Die RDN hat eine monatliche Auflage von 3000 Exemplaren.

Die Repères: Diese erscheint monatlich, hat 2 Seiten über Fragen zur Strategie und sicherheitspolitischen Themen und geht nur an besonderen Abonnenten.

Die Tribune: Eine Internet-Publikation zu strategischen Themen.

Über facebook gibt es 2000 Zugriffe pro Tag, 75% davon sind Männer, aber da diese Texte in Französisch sind, gibt es keine Zugriffe aus Deutschland oder Österreich, aber es ist geplant Abstracts zu erstellen.

Das Academic: Eine neue Publikation, die 2016 gestartet wurde, soll nun zweimal pro Jahr erscheinen, mit Peer Review-Artikeln, die sich an akademischen Experten richten werden.

Zusammenfassung

Die Rolle der RDN ist für das Militär bzw. für die Debatte über die französische Sicherheits- bzw. Verteidigungspolitik von großer Bedeutung und sucht eine ausgeglichene Berichterstattung. Die RDN ist kein offizielles Organ des Verteidigungsministeriums, jedoch dessen wichtiger und loyaler Partner. Die RDN gibt es gedruckt oder in digitalisierter Form.

Themen sind solche über die Strategie Frankreichs, die umfassend zur Diskussion gestellt werden, wobei dies nun seit Jahrzehnten erfolgte. Eine enge Kooperation gibt es mit Marokko, Spanien und Senegal, mit anderen Herausgebern und mit zahlreichen NATO-Staaten und solchen in der EU.

Grundprinzipien militärischen, strategischen Denkens an der Schnittstelle zur politischen Entscheidungsfindung

Fassung des Strategiebegriffes – Strategie und militärwissenschaftliche Bildung – der militärische Beitrag zur Gesamtstrategie des Staates

Wolfgang Peischel

1. Zwecksetzung des Beitrags

Der vorliegende Beitrag zielt auf die Fassung des Strategiebegriffs und die Analyse von daraus abgeleiteten Funktionsprinzipien militärischen Führungsdenkens ab und schließt die Unterthemen „Strategie und militärwissenschaftliche Bildung“ sowie „den militärischen Beitrag zur Gesamtstrategie des Staates“ ein.

Ich versuche in meinem Beitrag der Frage nachzugehen, warum aus der militärischen Führungslehre bzw. Führungsphilosophie abgeleitete Grundprinzipien strategischen Denkens heute an der Schnittstelle zur politischen Entscheidungsfindung dringender benötigt würden denn je und welche dieser Grundprinzipien im Sinne einer entscheidungsvorbereitenden Beitragsleistung zur gesamtstaatlichen, strategischen Zweck-Findung von besonderer Bedeutung sind.

Dabei geht es mir bewusst nicht um militärstrategische Prinzipien sondern um, aus der militärischen Führungslehre bzw. Führungsphilosophie abgeleitete, Prinzipien allgemein-strategischen Denkens. Damit soll einer möglichen, zum Teil selbst auferlegten Einschränkungen der militärischen Führungsausbildung auf militärstrategisches Denken argumentativ entgegengetreten/entgegengewirkt werden.

Den etwas sperrigen Begriff der strategischen „Zweckfindung“ benutze ich deshalb anstatt der umgangssprachlich gebräuchlicheren Form der „Zielfindung“, weil damit der Clausewitz´schen Zweck-Ziel-Mittel-Relation besser entsprochen und das „dialektische“ Wechselspiel zwischen strategischer Zweckfindung und operativer Umsetzungsplanung leichter erklärt werden kann.

Nach Clausewitz fluchtet der Zweck mit der strategisch-politischen Entscheidungs-, das Ziel mit der operativen Umsetzungsebene. Bei einer Nutzung des allgemeinsprachlich gängigeren Begriffes

„strategisches Ziel", würden ansonsten die profunden Clausewitz-Kenner zu Recht vorwerfen, dass ich damit Strategie doch in den operativen Umsetzungszusammenhang stellen würde. Daher soll so weit wie möglich versucht werden, am Begriff der Zweckfindung festzuhalten. Sollte aus Gründen der Verständlichkeit auf die allgemeinsprachlich gebräuchlichere Begrifflichkeit zurückgegriffen werden müssen, so ist auch in diesem Fall der Clausewitz´sche Zweckbezug angesprochen.

2. Das gegenwärtige Strategiedefizit als prinzipiell neues Phänomen

Geht man nun von Zweckfindung und Richtungsgebung als den herausstechendsten Merkmalen des Strategiebegriffes aus, so wird rasch klar, was eigentlich genau gefordert wird, wenn ein in viele Bereiche des öffentlichen und privatwirtschaftlichen Lebens hineinwirkendes Strategiedefizit beklagt wird. Interessant ist dabei, dass sich jetzt, wo das Fehlen einer strategischen Zwecksetzung schmerzlich bewusst wird, ein viel stimmigerer, ebenen-gerechterer Begriffsinhalt von Strategie durchzusetzen beginnt, wohingegen davor ein eher diffuser und in die Richtung operativer Managementkonzepte weisender dominierte – was ein wenig an die Erkenntnis erinnert, dass in der Stunde der Not auch die Ungläubigen das Beten lernen und ihren Glauben an Gott finden.

Das allgegenwärtige und breitflächig wahrnehmbare Strategiedefizit manifestiert sich in einer Reihe von Publikationen, die renommierte Autoren wie Daniel Möckli[1] von der ETH Zürich, Gunther Hauser[2] von der LVAk Wien, Lothar Rühl[3], Lennart Souchon, früherer Präsident des Clausewitz Netzwerkes für Strategische Studien, Klaus Naumann[4], Andrea Riemer[5] und Martin Wagener[6]verfasst haben und im richtungsweisenden, von der Stiftung Wissenschaft Politik gemeinsam mit dem deutschen George Marshall Fund herausgegebenen Papier „Neue Macht, neue Verantwortung[7]", das Überlegungen durchblicken lässt, deutsche strategische Interessen nötigenfalls auch mit militärischen Mitteln durchzusetzen. Härter geht Lennart Souchon in seinem Buch „Strategie im 21. Jahrhundert" mit beobachteten strategischen Versäumnissen ins Gericht: *„Die Aussagekraft der wunderlichen Dreifaltigkeit ist bisher zur Beurteilung von aktuellen Kriegen nicht genutzt worden. Dies kann nicht verwundern, da wir in Deutschland - wie be-*

---

[1] Vgl. Daniel Möckli (Editor): Strategic Trends 2012 – Key Developments in Global Affairs, Center for Security Studies (CSS), ETH Zürich – 2012.

[2] Vgl. Gunther Hauser: Die Europäische Sicherheitsstrategie (ESS), in: Österreichische Militärische Zeitschrift (ÖMZ) 3/2010.

[3] Vgl. Lothar Rühl: Die strategische Lage zum Jahreswechsel, in: ÖMZ 1/2013.

[4] Vgl. Klaus Naumann: Einsatz ohne Ziel? Die Politikbedürftigkeit des Militärischen, Hamburg 2008.

[5] Vgl. Andrea K. Riemer: Theorien internationaler Beziehungen und neue methodische Ansätze, ISS International Security Studies Band 2, Frankfurt am Main 2006.

[6] Vgl. Martin Wagener: Über das Wesen der Strategie, in: ÖMZ 4/2010.

[7] SWP Stiftung Wissenschaft und Politik Deutsches Institut für Internationale Politik und Sicherheit. The German Marshall Fund of the United States G | M | F STRENGHTHENING TRANSATLANTIC COOPERATION: „Neue Macht Neue Verantwortung Elemente einer deutschen Außen- und Sicherheitspolitik für eine Welt im Umbruch".

reits argumentiert - in einem geistigen Strategievakuum leben. Dieses vernichtende Urteil trifft auf die meisten Politikbereiche gleichermaßen zu, da deren primäre Zweckorientierung nicht durch Rationalität, sondern durch die Höhe der Finanzmittel bestimmt wird. In der Wirtschaft ist der Sachverhalt ähnlich defizitär[8]".

Auch die Vielzahl von Aussagen in der aktuellen zivilen Management- und Führungsliteratur, die das Fehlen einer langfristiger Ausrichtung von Unternehmen beklagen, lässt wenig Zweifel darüber, dass das behauptete Strategiedefizit tatsächlich existiert und einer dringenden Lösung harrt.

Nun stellt sich die Frage, ob es sich dabei um ein Defizit handelt, das im Kern ohnehin schon immer gegeben war und in Folge knapper werdender Ressourcen lediglich kontinuierlich angewachsen ist, oder eben um ein *prinzipiell* neues Bedarfsmoment?

Das folgende, stark vereinfachende Bild soll zeigen, dass und warum es sich um ein prinzipiell neues Phänomen handeln dürfte. Der Ausgangspunkt strategischer Planungen sei das Schwarze einer Zielscheibe, die umgebenden Kreise sollen Jahresringe für jeweils einen 3-, 6- und 9-jährigen Planungshorizont darstellen.

Im bisherigen Verständnis lagen die strategischen Zwecksetzungen auf dem Kreis des 9-jährigen Planungshorizontes, waren aber so wenige und lagen so weit auseinander, dass sie untereinander kaum konkurrierten. Daher gab es auch selten Berührungen in den Annäherungswegen an den strategischen Zweck. Die Versorgungsstränge, beweglich wie die im Angriff der früheren Warschauer Pakt Streitkräfte vorgebauten Treibstoffpipelines, waren lange genug, dass die statischen und gut erkennbaren Hindernisse großräumig umgangen werden konnten, ohne befürchten zu müssen, knapp vor der Zweckerreichung liegen zu bleiben, weil die logistische Reichweite überschritten worden wäre. Ob der strategische Zweck erreicht oder verfehlt wurde, entschied sich deshalb erst knapp vor dem 9-Jahres-Horizont, weil unökonomische „Marschbewegungen" bis dorthin, aufgrund der hohen logistischen Reichweite, straflos blieben.

Heute liegen demgegenüber so viele strategische Zwecksetzungen auf dem 9-Jahres-Ring, dass sie untereinander konkurrieren und daher auch die Annäherungswege so dicht beieinander liegen, dass Kollisionen, oftmals schon weit unterhalb des 9- oder 6-Jahreshorizonts, unvermeidlich sind. Die Reichweite der Versorgungsstränge ist begrenzt, die Hindernisse dynamisch, d.h. schwer vorhersagbar und schwer erkennbar. Kann also ein Mitbewerber eine Kollision nicht vermeiden oder einem Hindernis nicht auf der kürzesten Achse ausweichen, und vergeudet er im Kampf mit dem Konkurrenten oder in der zu langen Umgehung Energie, die dann in der finalen Zweckerreichung abgeht, so fällt die Entscheidung über den möglichen 9-Jahreserfolg heute schon *innerhalb* des 3-Jahres-Planungshorizonts – also innerhalb der Funktions-

[8] Lennart Souchon: Carl von Clausewitz, Strategie im 21. Jahrhundert, Hamburg 2012, S. 84.

periode, in der die Strategie entworfen wurde. Aufmarschkonflikte infolge falscher langfristiger Ausrichtung ereignen sich schon innerhalb der Verantwortungsperiode dessen, der den strategischen Zweck vorgegeben hat – strategische Fehler werden zurechenbar, rächen sich, mit Clausewitz, also nicht erst am Scheitelpunkt sondern schon im „Kulminationspunkt" der operativen Umsetzung. Diese neue Unmittelbarkeit der Verantwortung für falsche strategische Ausrichtungen mag ein wesentlicher Grund für die gegenwärtige Vehemenz der Forderung nach einer neuen Qualität strategischen Denkens sein – jedenfalls erklärt sie aber, warum der Strategiebedarf in seiner aktuellen Ausformung ein *prinzipiell* neues Phänomen darstellt.

Die dargestellte Unvorhersagbarkeit der Entwicklung von „Hindernissen" ergibt sich beispielsweise aus dem Wegfall der Disziplinierungsfunktion der Blockkonfrontation, die für fast ein halbes Jahrhundert ein Mindestmaß an globaler Berechenbarkeit beschert hat, aus der infolge der Globalisierung exponentiell gestiegenen Anzahl möglicher Konkurrenten oder aus der von Inglehart und Welzel in ihrem World Values Survey[9] erhobenen, postmodernen Werteentwicklung westlicher Industriestaaten, aus der erklärt werden kann, warum Selbstentfaltung und Individualismus gepaart mit einer zunehmenden säkularen Ausrichtung dazu führen, dass die Bürger weniger bereit sind für die Verteidigung des Gemeinwesens zu leisten, sich der Bildung zu unterziehen, welche die Voraussetzung für ihre aufklärungsbasierte Wohlstandsüberlegenheit darstellt und dass Regierungen, welche die Notwendigkeit einer Umkehrung der Werteentwicklung erkennen, aus dem Fehlverständnis einer ungezügelten Demokratie heraus abgewählt würden. Damit ließe sich aus dem Zusammentreffen der schweren Vorhersagbarkeit von „Hindernissen" mit der gleichzeitig schwindenden Fähigkeit, sie zu überwinden, eine beginnende, „strukturelle Strategiehemmung" westlicher, postmoderner Industriestaaten, hypothetisch behaupten.

Auch die kürzere „logistische Reichweite" für die Erreichung strategischer Zwecksetzungen ließe sich zum Teil aus der dargestellten Werteentwicklung erklären. Eine gewisse Wohlstandsverwöhntheit und die zunehmende Unwilligkeit persönliche finanzielle Einschränkung im Hinblick auf die langfristige Sicherheit des Staates in Kauf zu nehmen, führen in Verbindung mit einer behauptbaren strukturellen Strategiehemmung westich-pluralistischer Demokratien, regelmäßig zu „Straffungen" bzw. budgetären Kürzungen im Bereich der öffentlichen Sicherheit und der Verteidigung und zu einer erhöhten Steuerbelastung für privatwirtschaftlich geführte Unternehmen.

Ein zusätzlicher Erklärungswert des Modells liegt in der Erkenntnis, dass auch der Kontrahent, der den Aufmarschkonflikt zwar für sich entscheiden konnte, trotzdem Ressourcen verbraucht hat, die ihn letztlich die Zweckerreichung kosten können.

[9] The World Value Survey Cultural Map 2005-2008, Source: Ronald Inglehart and Christian Welzel, "Changing Mass Priorities: The Link between Modernization and Democracy." Perspectives on Politics June 2010 (vol 8, No. 2), page 554, www.worldvaluessurvey.org, as of 20.11.2013.

Damit verdienen nicht-konfrontative Strategie-Ansätze eine vollkommen neue Gewichtung und die Kreativität in der langfristigen strategischen Ausrichtung wird zum Schlüsselfaktor für eine, auf Konfliktvermeidung basierende Führungsüberlegenheit. Die Wirkung von Kreativität ließe sich dabei so erklären, dass man das Modell der Zielscheibe um die dritte Dimension erweitert. Die Oberfläche der Kugel mit dem Radius 9 Jahre würde dann eine exponentiell höhere Anzahl von Möglichkeiten für strategische Zwecksetzungen bieten, die so weit auseinander liegen, dass sie einander – im Sinne von den in der Wirtschaft geforderten „Blue Oceans“ – nicht beeinträchtigen. Das oft gehörte Gegenargument, kreative Ideen könnten nur einen kurzfristigen Vorsprung schaffen, weil sie rasch kopiert würden, geht deswegen ins Leere, weil die strategische Zweckfindung zur Seite tritt, sobald sie an die operative Umsetzungsebene übergeben hat, um sich unverzüglich daran zu machen neue, von Konkurrenten noch nicht entdeckte Entwicklungsmöglichkeiten zu finden. In dieser Abstraktheit gilt das Prinzip wohl auch für den hoheitlichen Bereich, insbesondere für die Sicherheitsexekutive und für Non-Profit-Organisationen.

3. Die Hypothese des Beitrags

Nachdem ich versucht habe zu belegen, dass es sich bei der gegenwärtigen Strategiebedürftigkeit der Führung in vielen Bereichen des politischen, öffentlichen und privatwirtschaftlichen Denkens und Handelns um ein prinzipiell neues Bedarfsmoment handelt, stellt sich nun die Frage, inwieweit das Militär, die militärische Führung bzw. die militärische Führungslehre durch diesen Bedarf herausgefordert sein könnten.

Es geht also um die Frage, ob Militärwissenschaft und militärische Führungslehre in der Lage sind, aus ihrem inhaltlich-strategischen Denken Grundsätze abzuleiten, mit denen ein Beitrag zur Gesamtstrategie des Staates geleistet werden kann. Es soll gezeigt werden – und das ist gleichzeitig die Hypothese des vorliegenden Beitrags –, dass aus militärischen Denk- und Funktionsprinzipien Grundsätze abstrahiert werden können, die in ihrer Anwendbarkeit weit über den Bereich der Streitkräfte hinausgehen und damit auch einen Beitrag zur gesamtstaatlichen strategischen Zwecksetzung und Führung leisten können. Konkret könnte sich ein solcher Beitrag darstellen als

- ein entscheidungsvorbereitender Vorschlag der oberen militärischen Führung an der Schnittstelle zur politischen strategischen Zwecksetzung und Entscheidungsfindung (dabei muss die entscheidungs-*vorbereitende* Qualität des Vorschlages betont werden, damit jedwede Verletzung des Primats der Politik zuverlässig ausgeschlossen bleibt – die fachlich-sachliche Unterfütterung von Entscheidungsvorschlägen, die Aufbereitung der zutreffenden Entscheidungslogiken einschließlich der Definition von Für- und Gegenargumente zu Entscheidungsoptionen und die kreative Findung zusätzlich zu berücksichtigender, strategischer Möglichkeiten sollte jedoch als Beitrag der militärischen Führung an der Schnittstelle zur allein entscheidungsbefugten politischen Führung möglich bleiben und angestrebt werden),

- eine militärwissenschaftliche Unterfütterung der militärischen Führungsausbildung im Sinne einer zwingenden Voraussetzung für die Fähigkeit zur Beitragsleistung an der Schnittstelle zur politischen Entscheidungsebene und
- als eine Erweiterung bzw. Vertiefung der zivilen, sicherheitsaspektierten universitären Bildung durch Forschungsergebnisse der militärischen akademischen Lehre.

Es muss neuerlich herausgestrichen werden, dass es in diesem Ansatz weder um „Militärstrategie" noch um „politische Strategie" geht sondern vielmehr um, aus dem militärischen Führungsdenken abstrahierte Grundprinzipien *allgemein strategischen* – also bereichsübergreifenden, horizontal vernetzten – Denkens und um deren möglichen Beitrag zur militärischen Führungsausbildung und zur Gesamtstrategie, im Sinne des gesamtstrategischen Denkens des Staates.

4. Ein Versuch zur Bewährung der Hypothese

Für den Versuch der Bewährung der Hypothese soll von zwei Eckpunkten ausgegangen werden – *einerseits* von der Fassung eines, diesen Ansatz unterstützenden Begriffsinhalts von Strategie und *andererseits* von der Identifikation und Analyse, aus der militärischen Führungslehre abstrahierbarer Grundsätze allgemeinstrategischen Denkens, welche eine qualifizierte Beitragsleistung des militärischen strategischen zum gesamtstrategischen Denken und Handeln des Staates überhaupt erst ermöglichen.

4.1. Die Fassung eines den vorliegenden Ansatz unterstützenden Begriffsinhaltes von „Strategie"

Analog zu dem in meinem ersten Beitrag zum vorliegenden Band Gesagten, soll Strategie für eine Fähigkeitskategorie stehen, die einerseits eher dem „Denken" als dem „Handeln" zuzuordnen ist, andererseits eher der „Zielfindung" als der „Planung und Umsetzung", die „langfristig proaktiv/prophylaktisch" anstatt „reaktiv/symptomatisch" ausgerichtet ist, die durch die Fokussierung auf Kreativität und visionäre Ansätze vom alternativlosen Zwang zur konfrontativen Zielerreichung befreit wird und die, bezogen auf die *„Ends – Ways – Means"-Metapher*, klar als auf den Bereich der „Ends" abzielt.

Die im Zuge der Konferenz thematisierte militärische Sicht der Strategie versteht sich, wie oben neuerlich unterstrichen, eben nicht als die Umsetzung der den Streitkräften von der Gesamtstrategie her zugeordneten Teilaufgabe (Militärstrategie) sondern als die Summe der, aus der militärwissenschaftlichen Forschung und militärischen Führungslehre ableitbaren Grundsätze allgemein-strategischen, politikbereichsübergreifenden Denkens, welche sich auch für eine Anwendung über den militärischen Bereich hinaus (u.a. für Politik, Diplomatie, öffentliche Sicherheit und Verwaltung, privatwirtschaftliche Unternehmensführung) eignen.

Diese Strategiedefinition erhebt natürlich keinerlei Anspruch, zutreffender als andere oder gar die allein gültige zu sein – behauptet wird nur, dass unter ihrer Zugrundelegung die in der Hypothese formulierten Zwecksetzungen mit hoher Wahrscheinlichkeit erreicht werden könnten. So könnte nachgewiesen werden, welche Leistung aus einem derart definierten bzw. verstandenen strategischen Denken abstrahierte, militärische Führungsprinzipien für die militärische, akademische Führungsausbildung für die privatwirtschaftliche Führungsausbildung und die zivile wissenschaftliche Forschung und Lehre erbringen könnten – wofür es sich also von Seiten der Militärwissenschaft, im Hinblick auf eine Beitragsleistung zur staatlichen Gesamtstrategie, lohnen würde zu forschen, zu analysieren, in Theorieansätze zu gießen, in lehrbare Grundlagen überzuführen und letztlich auch zu lehren.

Um dieses umrissene, mögliche militärwissenschaftliche Strategieverständnis zu vertiefen und zu konkretisieren, soll von der von Hans Hinterhuber in seinem Buch „5 Gebote für exzellenten Führung[10]“ verwendeten Metapher des Polarsternes ausgegangen werden. Der Polarstern zeigt dem Wanderer Norden und damit die Richtung an (auch dem, der nicht nach Norden sondern querab marschiert) – ohne dass irgendein Wanderer jemals tatsächlich vorgehabt hätte auf dem unwirtlichen Gestirn anzukommen. Daraus ergibt sich das scheinbare Paradoxon, dass es Wesen strategischen Denkens an sich wäre, den Zweck letztlich nicht zu erreichen. Tatsächlich soll diese Metapher darauf hinführen, dass es bei der strategischen Zwecksetzung lediglich um die Festlegung eines Punktes geht, der eine Richtungsvorgabe ermöglicht und nicht wie in der Geometrie um den Betrag eines Vektors. Die dahinter stehende Idee ist es, dass alle der strategischen Führung zu Gebote stehenden kreativen Kapazitäten auf den Schritt der Richtungsfindung fokussiert werden sollen, ohne die visionäre Weitsicht durch die „unzeitige Reue“ eines ressourcenbedingten Machbarkeitskalküls zu hemmen. Natürlich darf dieser Ansatz nicht zum Bau von Luftschlössern im Sinn logistisch nicht erreichbarer Zwecke führen – vielmehr wäre die jedenfalls notwendige Machbarkeitsplanung zeitlich nach zu staffeln und getaktet in einem iterativen Zyklus an den Ausgangspunkt eines neuerlichen strategischen Zwecksetzungsdurchlaufes rückzukoppeln. Damit wäre ein Optimum sowohl an visionär-kreativer Zwecksetzung als auch an leidenschaftslos sachlicher Machbarkeitsplanung *und* eine harmonisierte Abstimmung beider Ansätze erreichbar. Dieses Modell lässt auch schon erahnen, worin die eigentliche Logik einer Trennung in eine strategische und eine operative Füh-

[10] Vgl. Hans H. Hinterhuber: Die 5 Gebote für exzellente Führung, Wie Ihr Unternehmen in guten und in schlechten Zeiten zu den Gewinnern zählt, F.A.Z.-Institut für Management-, Markt und Medieninformationen GmbH, Frankfurt am Main 2010, S. 63.

rungsebene liegt – eine Trennung, die Clausewitz genau in dem dargestellten Sinn denkt und in seinem Werk durchzieht, sie aber zum Leidwesen des Lesers nur nicht mit getrennten Begriffen belegt.

Einen weiteren Anregungspunkt liefert eine antike Vase, welche die Geburt der Athene aus dem Kopf des Zeus darstellt. Zeus ist schwanger, trägt zwei Feten in seinem Kopf, weist seinen Schmied Hephaistos an, ihm den Schädel mit dem Hammer zu zertrümmern, um von den unerträglichen Schmerzen erlöst zu werden. Hephaistos tut nach anfänglichem Zögern wie ihm geheißen – der männliche Fötus stirbt, das Mädchen, Athene, überlebt und wird zur Göttin der Weisheit und der Strategie.

Die Frage, die sich metaphorisch aus diesem Bild ableitet, lautet: warum war es das Mädchen, das am Leben blieb und Göttin des Kriegshandwerks wurde, in einer Zeit, in der das grundlegendste Überlebensprinzip der Polis in der Kriegführung, im militärischen Behaupten lag und der Kriegsdienst die am männlichsten dominierte Gesellschaftspflicht überhaupt darstellte? Darüber hinaus sollte auch noch die zweite Frage gestellt werden, warum die Geburt im Kopf des Zeus stattfand und nicht in einem anderen Körperteil des Göttervaters – wie zum Beispiel im Fall des „Zweimal-Geborenen" Dionysos (Διόνυσος, Βάκχος), der von Zeus im Oberschenkel ausgetragen wurde?

Natürlich kann aus der Mythologie allenfalls nur metaphorisch, aber keinesfalls kausal auf den Begriffsinhalt von Strategie geschlossen werden – trotzdem zeugen Sagen oft von einem kollektiven Verständnis, einer den Menschen eines Kulturraums gemeinsamen Perzeption eines Phänomens, die für die jeweilige Epoche stimmig und durchaus aussagekräftig sein kann. So gesehen könnte die Antwort auf beide Fragen in der Vermutung liegen, dass Strategie vielleicht eher eine Tätigkeit oder Fähigkeit des *Denkens* als des *Handelns* darstellt, und dass sie in ihrer Grundausrichtung eher weiblich als männlich ist. Verkörpert das Streben nach langfristiger Sicherheit durch das prophylaktische Vermeiden von Konfrontationen bzw. durch die Suche nach nicht-konfrontativen Zwecksetzungen, d.h. durch das Ersetzen der zwingend konfrontativen Zweckerreichung durch den Neuigkeitswert kreativer Lösungen, nicht gerade das weibliche Prinzip? Ohne allzu weit in den Bereich der Evolutionsbiologie abzuschweifen, zeigt uns die Tierwelt doch, dass weibliche Lebewesen eher mit einem breiteren Gesichtsfeld ausgestattet, besser auf Dauerbelastungen ausgerichtet sind, was sie für einen eher defensiven Schutz der Nachkommenschaft prädestiniert, wohingegen die Männchen von ihrem Fettstoffwechsel, ihrer hormonellen Steuerung, vom engeren Gesichtsfeld etc. her eher für den Kampf, die unmittelbare aber zeitlich begrenzte Kraftentfaltung, die kurzfristige Gefahrenabwehr und die Jagd ausgelegt sind. Es schiene daher wenig verwunderlich, wenn weibliche Lebewesen eine weitreichendere Voraussicht und die Fähigkeit entwickeln würden, vermeidbaren Konfrontationen durch Einfallsreichtum und Kreativität aus dem Weg zu gehen. Was sich schon durch die Dauer der Tragzeit höher entwickelter Säugetiere logisch ergibt, bestätigen auch Studien, die zeigen welch relativ hohen Prozentsatz an Ausfällen an männlichen Tieren eine Spezies verträgt und bei welch niedrigem Prozentsatz weiblicher Ausfälle sie unweigerlich ausstirbt. Aus evolutionsbiologischer Sicht könnte man daher stark überzeichnet zu dem Schluss kommen, dass – zumindest in der Tierwelt – das Männchen das ersetzbare „Verbrauchsgut" für die unmittelbare „operativ-taktische" Abwehr von unausweichlichen Bedrohungen darstellt, wohingegen das weibliche Prinzip als der Garant für das langfristig-strategische, konfrontationsvermeidende Überleben der Art und gleichzeitig als deren wichtigste strategische Ressource gesehen werden sollte. Mit diesem weit ausholenden Bogen sollte versucht werden bewusst zu machen, wie „weiblich" strategisches Denken sein kann und warum „männliche" militärische Führung, gleichsam einem Urinstinkt folgend, oftmals und an vielen historischen Beispielen belegbar, einen unterbewussten Hang zur operativen Lösung von Konflikten entwickelt und sich nach dem Vorbild des „preußischen Reitergeistes" freiwillig aus der strategischen Beratungsrolle zurückgenommen hat.

4.2. Aus der militärischen Führungslehre abstrahierbare Grundsätze allgemein strategischen Denkens

Der Versuch, einen möglichen Begriffsinhalt von Strategie zu fassen, der den vorliegenden Ansatz unterstützt, hat den ersten von zwei Eckpfeilern zur Bewährung der Hypothese gebildet. Die Identifikation, Darstellung und Analyse beispielhaft ausgewählter, aus der Militärwissenschaft und der militärischen Führungslehre abgeleiteter Grundsätze allgemeinstrategischen Denkens, welche eine Beitragsleistung zum gesamtstrategischen Denken und Handeln des Staates ermöglichen, sollen den zweiten Eckpunkt der Hypothese darstellen.

Eine der ältesten Weisheiten militärischer Führung besagt, dass Aufgaben, die mit den vorhandenen Mitteln nicht in einem Zuge bewältigt werden können, in Teilaufgaben zu zerlegen sind, die dann den nachgeordneten Führungsebenen überantwortet und sequentiell abgearbeitet werden. Ob sich diese Idee nun in der Zielhierarchie „nächste Aufgaben – weitere Angriffsrichtung" der früheren Warschauer Pakt-Streitkräfte oder in der Zerlegung des Zwischenziels der Division in zeitlich koordinierte Angriffsziele für die Brigaden manifestiert, es bleibt immer dasselbe Prinzip, das sich auch darin zeigt, dass Operationen häufig auch zu dem Zweck geführt wurden, die für die Hauptoperation erforderlichen Ressourcen zu beschaffen. Dieses Prinzip ist aber nicht nur für die Strategie, sondern eben auch für die operative und taktische Führungsebene gültig – und daher nicht strategie-spezifisch.

4.2.1. Erhöhung der strategischen Führungsleistung durch Teilung des Entscheidungsverfahrens nach „Denkqualitäten"

Das Funktionsprinzip, das hauptsächlich[11] für die strategische Ebene zutrifft und damit für sie spezifisch ist, basiert im Gegensatz zu dem oben dargestellten, auf der Erkenntnis, dass im Führungs- und Entscheidungsverfahren unterschiedliche Denkqualitäten gefordert sind, die einander – gleichzeitig abgerufen – hemmen und behindern. Mit der klaren Trennung der Arbeitsschritte oder der Stabsfunktionen, die diesen unterschiedlichen Denkqualitäten zugeordnet sind, sollen Interferenzen ausgeschaltet und ein Höchstmaß an Leistungsfähigkeit in den jeweiligen Denkkategorien erzielt werden. Zum Zweck der Erhöhung der strategischen Führungsleistung durch Teilung des Entscheidungsverfahrens nach „Denkqualitäten" können drei dialektische „Gegensatzpaare[12]" identifiziert werden, die es zu trennen und anschließend in einer dialektischen Synthese zur Synergie zu bringen gilt. Diese drei „Trennschnitte" stellen die beispielhaft herausgegriffenen Funktionsprinzipien dar, die militärwissenschaftliches Denken der allgemeinen, gesamtstaatlichen Strategielehre anzubieten hat.

4.2.1.1. Trennschnitt: „Zweckfindung – Planung"

Die Grundlogik dieses Trennschnittes (wie auch dessen zwischen operationaler Kreativität und kritisch-analytischem Denkvermögen) lässt sich aus dem „Deferred Judgment-Modell" von Professor Rohrbach (Basic Synectics), der lange Zeit an der Führungsakademie der Bundeswehr unterrichtet hat, erklären. Sein Ansatz ist Hauptbestandteil des Abschnitts 4.2.1.3. und wird dort ausführlich erklärt. Für das bessere Verständnis des Trennschnitts „Zweckfindung – Planung" sei hier lediglich vorweggenommen, dass er zwei „Betriebszustände" des menschlichen Gehirns beschreibt, einen schöpferisch-kreativen und einen kritisch-analytischen, die nicht gleichzeitig abgerufen werden können, weil sie einander dabei hemmen würden.

Dem Verständnis Rohrbachs folgend, sollte daher Strategie vornehmlich die kreative Phase des Führungsverfahrens abdecken, die Richtungsfunktion des „Polarsterns" wahrnehmen und nach Übergabe der Zwecksetzung an die operative Planungs-/Umsetzungsebene zur Seite treten, um sich der nächsten Zwecksetzung in einem *ferneren* Planungshorizont bzw. der iterativen Adaptierung des Beurteilungszyklus im *gegenwärtigen* widmen zu können.

---

[11] Natürlich wird das Funktionsprinzip auch auf operativer und taktischer Ebene angewandt – da die Reaktionszeiten aber immer kürzer werden je niedriger die Führungsebene ist, bleibt dort in der Regel zu wenig Zeit für ein derartiges Führungsverfahren.

[12] Ein „Gegensatz" ergibt sich nur insoweit als die dahinterstehenden Denkqualitäten einander bei undifferenzierter, gleichzeitiger Anwendung behindern und hemmen. Bei entsprechender Trennung bzw. Berücksichtigung einer geeigneten Verfahrensvorschrift ergänzen und befruchten sie einander wie These und Antithese im dialektischen Theoriefindungsprozess.

Ein eindrucksvolles Bild für eine „Übergabe" der Zwecksetzung an die operative Umsetzungsebene liefert die Beauftragung des Architekten durch den Bauherrn. Der Entschluss, ein Haus einer bestimmten Größe an einen bestimmten Ort zu erbauen, entspräche dabei der strategischen Zwecksetzung – der Auftrag an den Architekten, den Bau auszuplanen und durchzuführen, der Übergabe der Zwecksetzung an die operative Ebene. In der antiken Welt hat der Architekt dann zunächst auch tatsächlich den Grundriss des Gebäudes mit seinen Fußsohlen (plantae pedis) abgeschritten (ge-„plantet") und so die erste Umsetzungsplanung vorgelegt. Von diesem Übergabezeitpunkt an lag die Bauausführung in der Hand des Architekten, der Bauherr war für das Erdenken neuer Bau- oder anderer strategischer Vorhaben freigespielt und prüfte nur zu festgelegten Zeitpunkten auf mögliche Abweichungen des Baufortschrittes von den vorgegebenen Zwischenzielen, um bei Bedarf entsprechend nachsteuern zu können.

Die Qualität strategischer Zweckfindung und Beurteilung liegt also in einer kreativitätsbasierten, vorrangig „a priori"-rationalen Logik, die im Sinn des Clausewitzschen „Takt des Urtheils" eben nicht auf göttlicher Eingebung sondern auf einem, auf wissenschaftlich ermittelten Erkenntnissen fußenden, internalisierten Können beruht und erst in einem zweiten Schritt mit abstrahierten (z.B. von epochenabhängigen Faktoren befreiten kriegshistorischen Beispielen) empirischen Erkenntnissen unterfüttert wird. Dieser Denkzugang, der auch die Basis für die „Auftragstaktik" darstellt, scheint so wie die zugrunde liegende Perzeption der Aufklärung, spezifisch für die Führungsphilosophie des deutschen Sprachraums zu sein. General Millotat beschreibt in seinen Werken zum Wesen des preußisch-deutschen Generalstabs mehrfach Beispiele, wo und warum der Versuch, die Auftragstaktik in anderen Staaten zu übernehmen, scheitern musste.

Martin van Creveld[13] beschreibt in seinem Buch „Kampfkraft", dass ein wesentlicher Unterschied zwischen US-amerikanischer und deutscher Führung darin bestanden habe, dass die US-amerikanischen Streitkräfte kopfzahlstarke Stäbe abgebildet hätten, wohingegen die deutsche Führung sich auf sehr kleine Stäbe abstützte, dafür aber die Kommandeure vor Ort zu einer – nach Clausewitz – „selbsttätigen" Entscheidungsfähigkeit ausbildete.

Die von den US-amerikanischen Stäben ausgearbeiteten Planungsdokumente sind als „Contingency Plans" zu verstehen, als relativ detaillierte Handlungsanweisungen für eine Vielzahl von Möglichkeiten, die sich im Gefechtsverlauf ergeben können. Dieses Prinzip hat den Vorteil, dass man sich, insbesondere bei zahlenmäßig sehr starken Streitkräften die anderenfalls notwendige, teuere auftragstaktische Ausbildung aller Offiziere und Unteroffiziere ersparen konnte – aber den Nachteil, dass die Mehrheit der Pläne Möglichkeiten abdeckt, die im Gefechtsverlauf gar nicht eintreten

[13] Vgl. Martin van Creveld: Kampfkraft. Militärische Organisation und Leistung 1939-1945, Freiburg 1989, S. 58-66.

und dass die Pläne, die dann tatsächlich abgerufen werden, dem wirklichen Bedarf nicht genau entsprechen und erst wieder adaptiert werden müssen, wofür den Kommandeuren vor Ort aber das notwendige auftragstaktisch situative Beurteilungskönnen fehlt.

Churchill wird der Satz zugeschrieben „Der Plan ist nichts – Planung ist alles". Es scheint, dass hier oftmals zu kurz interpretiert wird, nämlich dahingehend, dass damit lediglich der Wert militärischer Planung herausgestrichen werden sollte. Im Lichte der Analyse van Crevelds könnte sich darin auch eine viel tiefergehende Erkenntnis ausdrücken. Der Satzteil „Der Plan ist nichts" beschreibt ja exakt die Tatsache, dass die abgerufenen Contingency Plans die Gefechtswirklichkeit nur mit unzureichender Genauigkeit getroffen haben. Nun könnte die Tatsache, dass die Führung vor Ort in der situativen Entscheidungsfindung nicht ausreichend ausgebildet war, um eine Adaptierung „von vorne" vorzunehmen, dazu geführt hat, dass bei den Stäben, welche die grundlegenden Planungen ausgearbeitet haben, „nachgefragt", die Planung also auch zum Teil der umsetzenden Führung gemacht werden musste. „Planung ist alles" könnte demnach auch bedeuten, dass hier der schmerzliche Bedarf an dem erkannt und ausgedrückt wird, was die deutsche Seite mit der „Selbsttätigkeit der Führer aller Ebenen" schon umgesetzt hatte.

Gerade wenn mit der Trennung in, maßgeblich a priori rationale Beurteilungsfähigkeit (Takt des Urtheils) und operative Umsetzungsplanung ein Optimum an Führungsleistung in beiden Denkkategorien erreicht werden soll, dann ist es von entscheidender Bedeutung, Instrumente dafür zu haben, die eine lagegerechte Aufteilung der Gesamtaufgabe in beide Qualitäten erlauben und den Punkt zu definieren helfen, ab dem die eine in die andere überzugehen hat. Der ältere Moltke liefert hier ein beeindruckendes Prinzip, das aufzeigt, wie militärisches Denken komplexe Führungszusammenhänge zu einer auch für den nicht-militärischen Bereich nutzbaren Grundlogik abstrahieren und damit auf ihren innersten Funktionskern zurückführen lassen. Stark vereinfacht lässt sich daraus[14] der „Lehrsatz" ableiten: „Planung bis zum ersten Zusammentreffen mit dem Feind, ab dort Führung". Das Rationale dieser Regel liegt in der Erkenntnis, dass die Anzahl der Möglichkeiten im Aufmarsch überschaubar ist und diese Möglichkeiten außer aufgrund von wechselnden Witterungsverhältnissen etc. kaum Veränderungen gegenüber dem Beurteilungszeitpunkt unterworfen sind

[14] „Kein Operationsplan reicht daher mit einiger Sicherheit über das erste Zusammentreffen mit der feindlichen Hauptmacht hinaus. Nur der Laie glaubt im Verlauf eines Feldzuges die konsequente Durchführung eines im vorausgefaßten, in allen Einzelheiten überlegten und bis ans Ende festgehaltenen ursprünglichen Gedankens zu erblicken. Alle aufeinander folgenden Akte des Krieges sind somit nicht prämeditierte Ausführungen, sondern spontane Akte, geleitet durch militärischen Takt [des Urtheils i.S. von CvC – Anmerkung des Verfassers]." In: GFM Graf Moltke (ed. F.v. Schmerfeld), S. 77-78 (zitiert nach Jehuda Wallach, Das Dogma der Vernichtungsschlacht. Die Lehren von Clausewitz und Schlieffen und ihre Wirkung in 2 Weltkriegen, Frankfurt/M. 1967, S. 87).

(massive Feindeinwirkung kann ausgeschlossen werden, weil der Aufmarsch ja gerade so angelegt sein muss, dass er vor einem Zusammentreffen mit der gegnerischen Hauptmacht abgeschlossen werden kann). In dieser Phase nicht voraus zu planen, hieße unnötige Zeitverzüge durch Beurteilungsverfahren in Kauf zu nehmen. Ab dem ersten Zusammentreffen mit dem Feind, dem unvorhersagbaren Ausgang des Aufeinandertreffens zweier unabhängiger Willensmomente, entwickelt sich die Anzahl der Möglichkeiten exponentiell und explosionsartig – eine Abdeckung all dieser Möglichkeiten wäre auch mit zahlenmäßig starken Planungsstäben nicht möglich, darüber hinaus unwirtschaftlich, weil die Masse der erarbeiteten Contingency Plans die Gefechtswirklichkeit nicht trifft, die wenigen zutreffenden selten exakt auf die gegebene Lage passen und erst wieder einer anpassenden Beurteilung durch die Führung vor Ort bzw. durch die Planungsstäbe bedürfen. Überträgt man diese Logik auf den nichtmilitärischen, strategischen Führungsbereich, so käme es nur darauf an den Punkt zu erkennen, bis zu dem eine Entwicklung von nur wenigen, überschaubaren Einflussfaktoren abhängt und ab dem ein gegnerischer, konkurrierender Wille die Anzahl der möglichen Herausforderungen exponentiell ansteigen lässt.

Wenn man nun der Frage der Zwecksetzungsqualität von Strategie nachgeht, so bietet sich das Bild einer Gruppe von Menschen an, die vor einer Schlucht steht und uneinsehbar, irgendwo hinter der Schulter der gegenüberliegenden Steilhänge einen Zufluchtsort vermutet, an dem es Wasser gibt, fruchtbaren Boden und der Schutz vor Feinden bietet. Es bieten sich zwei „orthodoxe" Wege, dorthin zu gelangen. Entweder der gefährliche diesseitige Abstieg, mit der anschließenden Überquerung des Flusses am Grund der Schlucht, dem Aufstieg am gegenüberliegenden Steilhang, der Überwindung der Schulter dieses Steilhangs und der anschließenden Querverschiebung bis zur Findung des vermuteten Zufluchtsorts oder der Bau einer Brücke, bei dem ein Tragelement nach dem anderen vom Abbruch der diesseitigen Schluchtseite aus vorgeschoben wird. Dabei wäre zu beachten, dass die Brücke aus Gründen der Tragfähigkeit über die kürzest mögliche Entfernung geschlagen wird (über die dann auch tatsächlich übergesetzt wird, unabhängig wie weit der jenseitige Brückenkopf vom Zufluchtsort abliegt) und dass Elemente nur soweit vorgeschoben werden können, wie der jeweils überragende Teil der Konstruktion durch ein Gegengewicht oder eine sichere Verschraubung nach hinten abgesichert werden kann (dies entspräche im übertragenen Sinn der Erfahrung der Gruppe, ihrem geschichtlichen Vorwissen, ihrer geistesgeschichtlichen Vorbildung etc.). Bei beiden Verfahren würden Zwecksetzung und Umsetzung einen Guss bilden.

Eine wesentliche Steigerung der Führungsqualität ergäbe sich erst dann, wenn ein Gruppenmitglied, das über strategischen Weitblick verfügt und eine Vorstellung[15] davon hat, wo hinter der gegenüberliegenden Schulter der angestrebte Zufluchtsort liegen könnte, einen Speer dorthin schleudert, wo er diesen strategischen Überlebenszweck der Gruppe vermutet. Das Wesen dieses *gedanklichen* Speerwurfs liegt darin, dass der Speer jedes, eine tatsächliche *körperliche* Überwindung hemmende Hindernis überfliegt. Die Kreativität des Speerwerfers, also die Freiheit wohin er visiert, ist dabei zunächst nicht davon abhängig, ob die Gruppe dem Speerwurf auch tatsächlich folgen kann. Auch bei der Wahl der Entfernung ist der Speerwerfer zunächst nur durch die Kraft des Wurfarmes (dies entspräche dem strategischen Einfallsreichtum), nicht aber durch die Körperkraft oder die Ressourcen der Gruppe eingeschränkt, die den durch den Wurf markierten Zufluchtsort auch tatsächlich erreichen muss. Der Werfer schleudert den Speer, zunächst ohne Rücksicht auf die ressourcenmäßige Erreichbarkeit, der nachfolgenden Umsetzung voraus (auch der Begriff des „Projekts" baut auf dieser Metapher des Vorauswerfens, vgl. „projicere", auf).

Am hinteren Ende des Speers ist ein Seil befestigt, das auf einer Trommel aufgeschossen ist und dessen anderes Ende in der Hand des Gruppenmitglieds liegt, das für die Umsetzung dieser strategischen Zweckvorgabe verantwortlich ist. Sobald sich die Speerspitze hinter der jenseitigen Schulter verhakt hat, tritt der Werfer zur Seite und überlässt es dem Umsetzer, die Speerspitze in auftragstaktischer Handlungsfreiheit zu erreichen. Er kann das Seil nach Belieben nach links oder rechts werfen bis er eine Stelle findet an der die Schlucht weniger tief ist, oder er auf eine schon begonnene Brücke trifft. Er könnte den Abstieg wagen und am Grund der Schlucht eine günstige Furtmöglichkeit suchen oder auch ein Katapult bauen, mit dem die Schlucht überwindbar würde – solange er das Seil nicht loslässt und sich an ihm entlang bis zum gesetzten strategischen Zweck vorhantelt („den Polarstern nie aus den Augen verliert").

Nun kann man zu Recht einwenden, dass der Speerwerfer, der sich nicht an den Kraftreserven der Gruppe oder an deren Ressourcen orientiert, mit seiner strategischen Zweckvorgabe überfordert und einen Zufluchtsort anvisiert, der realistischer Weise nicht erreicht werden kann. Um nun die Diskrepanz zwischen den für die Zweckerreichung notwendigen und den tatsächlich verfügbaren Ressourcen zu überbrücken, ohne dabei die kreative Weitsicht („Wurfkraft") des Strategen zu hemmen, muss eine dialektische Synthese zwischen der These „Zweck" und der Antithese „Mittel" geschaffen werden.

---

[15] Die Frage, woher eine solche strategische Weitsicht kommen könnte, würde, wenn sie überhaupt zufriedenstellend beantwortbar wäre, die Thematik des vorliegenden Beitrags sprengen. Es wird aber jedenfalls davon ausgegangen, dass es sich um keine „intuitive", i.S. einer in die Wiege gelegte Fähigkeit handelt, sondern um etwas, was bei einer nach entsprechender Selektion findbaren Grundbegabung, durch systematische Ausbildung, Übung und Internalisierung erarbeitet werden kann.

Uwe Hartmann[16] beschreibt, dass bei Clausewitz diese Synthese durch ein, dem schon bei Schleiermacher und Hegel angedachten „hermeneutischen Zirkel“ nachempfundenes Verfahren verwirklicht wird. Dieser Verfahren kann auf die iterative Verkoppelung eines *pragmatischen* (operative Vorwärtsplanung vom gegenwärtigen Zeitpunkt in die Zukunft) mit einem *visionären* (Rückwärtsplanung von einem in die Zukunft „projizierten“, d.h. vorausgeworfenen strategischen Zweck bis zum gegenwärtigen Planungszeitpunkt) Ansatz angewandt werden. Dabei erfolgt die strategische Zwecksetzung (visionärer Ansatz) zunächst ohne jegliche ressourcenbedingte Einschränkung der kreativen Reichweite. Vor der Übergabe an die Umsetzungsplaner wird der hypothetisch gesetzte Zweck durch Letztere aus Ressourcensicht auf Machbarkeit überprüft (pragmatischer Ansatz). Daraus kann sich die Notwendigkeit der Abänderung der Zwecksetzung, also eines neuen Speerwurfes ergeben, der seinerseits einen wiederholten Durchlauf der Machbarkeitsplanung zur Folge haben und in der Folge einen dritten Speerwurf erforderlich machen könnte usw. Das heißt, dass sich eine strategisch-operative Gesamtplanung, die sich einerseits durch ungehemmte kreative Weitsicht und andererseits durch die Übereinstimmung mit der Ressourcenlage auszeichnet, erst durch ein dem hermeneutischen Zirkel nachempfundenes Verfahren möglich wird, das in wiederholten Zyklen zwischen einem visionären und einem pragmatischen Pol oszilliert.

Stark vereinfacht könnte das Funktionsprinzip dieses Zirkels durch den ständigen „Wechsel der Planungsrichtungen“ im militärischen Führungsverfahren erklärt werden.

- Der strategische Zweck wird „voraus“ geworfen,
- dann in einer „rückwärts“-gerichteten Machbarkeitsplanung mit der Ressourcenlage in Einklang gebracht (dieser Zyklus wiederholt sich so lange, bis die oben beschriebene Übereinstimmung erzielt ist),
- vom letztlich gültigen, „voraus“-geworfenen, strategischen Zweck erfolgt die „Rückwärts“-Planung über die den nachgeordneten Verbänden zugeordneten operativen und taktischen Ziele und Zwischenziele,
- die taktisch-operative Umsetzung läuft von „hinten nach vorne“, das heißt von der Erreichung der taktischen Ziele der kleinen Verbände über die der operativen Ziele der Großverbände bis hin zu jener der strategischen Zwecksetzung,
- der Grad der Zweckerreichung wird schließlich über einen Soll-Ist-Vergleich an den Anfangspunkt eines neuen/adaptierten strategischen Planungszyklus „rück“-gekoppelt.

[16] Vgl. Uwe Hartmann: Carl von Clausewitz, Erkenntnis – Bildung – Generalstabsausbildung, München 1998, S. 102-106.

Über Jahrhunderte hinweg entwickeltes militärisches, strategisches und militärwissenschaftliches Denken haben ein derart komplexes Führungsverfahren wie das oben beschriebene erst möglich gemacht. Würde dieses Prinzip aufgegriffen, durchdacht, durchdrungen und systematisch weiterentwickelt, so sollte es in einer abstrahierten Form auch im politischen, diplomatischen, oder privatwirtschaftlichen Bereich Nutzen abwerfen können.

4.2.1.2. Trennschnitt: Operationale Kreativität – kritisch analytisches Denkvermögen

Der zweite Trennschnitt wäre zwischen schöpferischer Phantasie bzw. operationaler Kreativität und kritisch analytischem Denkvermögen zu setzen. Wie unter 4.2.1.1. angerissen, beschreibt Professor Rohrbach zwei „Betriebsmodi[17]“ im menschlichen Gehirn, den operational-kreativen und den kritisch-analytischen, die zu einem Zeitpunkt nur alternativ, nicht aber gleichzeitig abgerufen werden können, weil sie einander anderenfalls hemmen würden. Eine überdurchschnittliche Begabung im operational-kreativen Betriebsmodus würde für strategische Zweckfindung, ein Überhang an kritisch rationalen Fähigkeiten für „Management“- bzw. Umsetzungs-Aufgaben prädestinieren. Von Kommandeuren und Führungskräften ganz allgemein müsste ein ausgewogenes Verhältnis beider Denkqualitäten gefordert werden, weil sie ja in der Lage sein sollten, zwischen beiden zu moderieren. In Lagen, in denen die schöpferische Phantasie stärker gefragt ist, liege laut Rohrbach ein Erfindungs- und Entdeckungsproblem vor – daraus ließe sich folgern, dass Führungskräfte (in Stabsfunktion), die sich mit der strategischen Zweckfindung auseinanderzusetzen haben, Menschen mit einem Überhang an operationaler Kreativität sein sollten.

Im Falle des Vorhandenseins eines Stabes könnten die Aufgaben der beiden Denkkategorien einzelnen Stabsteilen zugeordnet werden, die dann gleichzeitig aber ohne gegenseitige Hemmung arbeiten könnten. Im Kommandeursverfahren wäre unter bewusster Unterdrückung des kritisch-analytischen Modus zunächst operational-kreativ nach Möglichkeiten zu suchen und nach Abschluss dieses Schrittes die gefundenen Möglichkeiten, unter bewusster Ausschaltung weiterer operational-kreativer Überlegungen, kritisch-analytisch zu bewerten („Deferred Judgment“)[18].

---

[17] In diesem Zusammenhang ist es unerheblich, ob es sich um tatsächlich lokalisierbare und abgrenzbare physische Hirnareale oder eben nur um Betriebsmodi handelt.

[18] Wie sehr sich dieser Aspekt des dargestellten strategischen Funktionsprinzips sogar auf der taktischen Ebene bewähren würde, zeigt die Erfahrung aus der Beurteilung taktischer Prüfungsarbeiten (Ebene kleiner und großer Verband). Über 90% der gescheiterten Arbeiten ließen sich darauf zurückführen, dass Möglichkeiten (insbesondere die nachteiligste Feindmöglichkeit) nicht erkannt wurden – nur weniger als 10 % darauf, dass erkannte Varianten falsch berechnet oder hinsichtlich ihrer Auswirkung unzutreffend beurteilt worden wären. Der Grund dafür liegt, wie Befragungen der Lehrgangsteilnehmer ergeben haben, darin, dass – weil alle gefundenen Möglichkeiten im Zuge der Prüfungsarbeit mit Vor- und Nachteilen zu

4.2.1.3. Trennschnitt: „Theorie – Empirie"

Der dritte, die Führungsleistung erhöhende Trennschnitt, der zwischen einer, im Sinne Kants „a priori"-rationalen Denkqualität und einem vorrangig empirisch geleiteten Zugang zu setzen wäre, wird deshalb als letzter behandelt, weil er der leitende ist und deshalb eine zusammenfassende Darstellung und Zuordnung der aus allen drei Trennprinzipien abgeleiteten, charakteristischen Gegensatzpaare in ihrer wechselseitigen Ableitung erlaubt und damit die Grundlage für das abschließend vorgestellte strategische Führungs-/Entscheidungsmodell bildet.

Aus meiner Sicht liegt eine der größten Leistungen Clausewitz´ im ständigen Oszillieren zwischen beiden Denkwelten (was fälschlicher Weise oftmals als Widersprüchlichkeit interpretiert worden ist) und in der Tatsache, dass er sich bis einschließlich der Überarbeitung des ersten Buches „Vom Kriege" nicht für die eine oder die andere entscheidet, sondern seine Theorie als dialektische Synthese aus beiden Polen heraus bildet. Dieser Zugang, der gleichzeitig auch kennzeichnend für das allgemeine, kontinentaleuropäische Wissenschaftsparadigma ist, scheint ein Alleinstellungsmerkmal der militärischen Führungsphilosophie des deutschsprachigen Raums darzustellen.

Zur Darstellung diese „Oszillierens" zwischen Theorie und Empirie sei hier zunächst an den Aufsatz Linnebachs über die wissenschaftliche Methodik Clausewitz´ in Erinnerung gerufen, in dem beschrieben wird, wie Scharnhorst allzu philosophische Ansätze als endlos lange Spinnenfäden beschreibt, die irgendwo aus höchsten Sphären kommen, in unergründlichen Tiefen verschwinden, bei ihrem Durchgang durch die Gegenwart aber keinen greifbaren Nutzen abwerfen und wie er Clausewitz dadurch indirekt motiviert, eher nach pragmatischen Gefechtsgrundsätzen zu forschen als nach philosophisch begründeten Theorien. Später analysiert Clausewitz u.a. Kant, Hegel, Fichte und leitet daraus die Grundsätze seines wissenschaftsmethodischen Zugangs ab. Er untersucht aber auch an die 125 Schlachten, um sie, befreit von epochenabhängigen Bezügen, im Sinne kriegsgeschichtlicher Beispiele zur empirischen Bewährung seiner Theorieansätze nutzen zu können. Danach entwickelt er seine Theorie u.a. über den absoluten Krieg und die wunderliche Dreifaltigkeit, um unmittelbar darauf wieder auf die praktische Anwendbarkeit dieser Theorie herunter zu brechen.

Wesentlich ist, dass der wiederholte Perspektivenwechsel Clausewitz´ zwischen theoretischer und empirischer Sicht keinesfalls als „Wankelmut" und auch nicht als der Versuch gewertet werden darf, den „besseren" der beiden Zugänge herauszufinden, um den anderen zu verwerfen sondern viel eher als das synthetische Nutzen der wechselseitig bedingten Abhängigkeit beider Ansätze zum Zwecke der Schaffung ei-

---

bewerten waren – schon in der Phase des Findens von Möglichkeiten unterbewusst der kritisch rationale Betriebsmodus aktiviert wurde, um auf den ersten Blick irrelevante Optionen frühzeitig auszuscheiden und damit Zeit zu sparen. Tatsächlich wurde dabei aber die kreative Phase des Beurteilungsverfahrens gehemmt, bevor alle relevanten Möglichkeiten erkannt waren.

ner Theorie, einer bis dorthin noch nicht gekannten Reichweite und Aussagekraft, unter deren Anwendung auch tatsächliche, praktische Führungsüberlegenheit auf dem Gefechtsfeld erzielt werden kann.

Konkret analysiert Clausewitz Schlachten zunächst empirisch im Hinblick auf, unter gleichen Voraussetzungen, regelmäßig wiederkehrende Leistungen/Fehlleistungen. Die hier angewandte Art der „Empirie" geht aber deshalb über eine rein statistische Auswertung hinaus, weil er aus theoretischen Überlegungen heraus Faktoren identifiziert und ausblendet, die nur aus der Sicht einer bestimmten Epoche Relevanz haben können. Außerdem befähigt ihn sein rationaler Denkansatz auch dazu, aus einer einzelnen Schlacht heraus, das heißt ohne ein breiteres „Sample", auf allgemeingültige theoretische Lehrsätze zu schließen – so wie er aus seinen Erfahrungen aus der Doppelschlacht von Jena und Auerstedt die „Vier Hauptdefizite" der damaligen preußischen Kathederlehre und damit die Gründe für die katastrophale Niederlage abgeleitet hat, die in ihrer abstrakten Gültigkeit noch heute bestechen und nach wie vor weit verbreitete „Kardinaluntugenden" bzw. Symptome suboptimaler militärischer oder ziviler Führungsstrukturen darstellen. Gleichzeitig zielt Clausewitz aber auf a priori rationalem und operational kreativem Weg auch direkt auf die Bildung einer Theorie ab (wie zum Beispiel beim Modell des absoluten Krieges), die er dann schließlich über kriegsgeschichtliche Beispiele empirisch zu bewähren versucht. Beim a priori rational denkenden Clausewitz drängt sich die Vorstellung von Faust im Studierzimmer auf, dem ein Tisch, ein Blatt Papier, ein Federkiel, etwas Tinte und der fahle Schein einer Kerze genügen, um zu ergründen, was die Welt im Inneren zusammenhält.

Das Prinzip, dass aus einer Vielzahl von Beobachtungen induktiv auf eine mögliche, das Phänomen erklärende Theorie geschlossen und auf deduktivem Weg versucht wird, aus dieser Theorie Vorhersagen für den künftigen Einzelfall treffen, ist nicht neu. Neu ist vielmehr, dass Clausewitz über zwei zunächst weitgehend selbständige, dann synthetisch zusammengeführte Ansätze zur Theorie kommt – eben über einen theoretischen und einen empirischen. Darin liegt der aus der Trennung und dialektischen Verknüpfung von Theorie und Empirie ziehbare Mehrwert an strategischer Führungsleistung, den die Militärwissenschaft auch über den militärischen Bereich hinaus anbieten kann.

Hartmann[19] verbildlicht diesen Zusammenhang noch viel eindrucksvoller, indem er die Clausewitz´sche Kriegstheorie, das heißt eigentlich seine militärwissenschaftliche Methode, als ein auf zwei Säulen, nämlich der Theorie und der Empirie, ruhendes Dach definiert. Ich versuche nun aus diesem und den beiden anderen Trennschnitten entspringende, charakteristische dialektische Gegensatzpaare heraus zu destillieren (diese überlappen einander zwar in ihrer Zugehörigkeit zu den dargestellten Trenn-

[19] Vgl. Hartmann: Carl von Clausewitz, S. 9-13.

prinzipien, sind aber am Sinnvollsten nach der *leitenden* Kategorisierung „Empirie-Theorie“ in eine Gesamtdarstellung einbindbar), von denen ein Pol der Theorie-, der jeweils andere der Empirie-Seite des Hartmann´schen Säulen-Modells zugeordnet werden kann. Diese Zusammenstellung soll die Grundlage für das abschließend angebotene strategische Entscheidungs-/Führungsmodell bilden, das, ausgehend von der wissenschaftlichen Methodik Clausewitz´, seine wesentliche Leistung aus der dialektischen Synthese der im Zuge des vorliegenden Beitrags abgeleiteten Gegensatzpaare aller drei Trennprinzipien zieht.

- *Praktische Erfahrung versus a priori rationales Denken:* Dieses Gegensatzpaar wurde bereits in den vorangehenden Absätzen dargestellt. Anzumerken bleibt, dass eine Überbewertung des Faktors Erfahrung wenig Raum für eine systematisch-wissenschaftliche Erforschung strategischer Führungs-/Entscheidungsabläufe lässt und oftmals zu einem „unsystemischen“ Lessons Learned-Ansatz führt, in dem nicht gefragt wird, ob eine Fehlleistung einer grundsätzlich inadäquaten Struktur bzw. Ablaufregelung entspringt (d.h. ob durch eine Systemänderung die Wahrscheinlichkeit der Wiederholung der Fehlleistung überhaupt verringert werden kann), oder um es sich dabei um mehr oder weniger zufällige Ereignisse handelt. Clausewitz hat mit seiner Schlachtenanalyse ja gerade vorexerziert, dass es dabei weniger um das Sammeln von Daten geht, die statistisch ausgewertet werden können, sondern um das Theorie-basierte Ableiten von Prinzipien, die, auch aus dem Epochen-Bezug herausgebrochen, allgemeine Gültigkeit haben sollen. Als seine Offiziere den Wert militärwissenschaftlicher Studien hinterfragt und im Gegenzug ihre große Gefechtserfahrung betont haben, soll Friedrich der Große einmal ironisch gemeint haben: „Wenn die Erfahrung allein (...) hinreichend wäre, große Feldherren zu bilden, so müßten es die Maultiere des Prinzen Eugen geworden sein[20]“.
- *Induktive versus a priori rationale Theoriebildung:* Clausewitz setzt der auch heute noch im angloamerikanischen Raum vorherrschenden induktiven Methode einen a priori rationalen, auf die Suche nach dem Wesen der Dinge ausgerichteten Ansatz entgegen und verbindet beide insoweit, als er die Ableitung von allgemein gültigen Grundsätzen aus seinen kriegsgeschichtlichen Beispielen theoriebasiert vornimmt und andererseits seine Theorieansätze über empirische Befunde zu bewähren versucht (damit setzt er natürlich auf Grundlagen auf, die schon u.a. von Kant und Hegel geschaffen wurden – die konkrete Anwendung auf die militärwissenschaftliche Dimension darf aber zweifellos ihm zugeschrieben werden). Damit wird eigentlich schon damals ein Werkzeug gefunden, mit dem die später von Popper thematisierte Induktionsproblematik überwunden werden kann.

[20] Zit. nach Karl Demeter, Das Deutsche Offizierkorps in Gesellschaft und Staat 1650-1945, Frankfurt/M. 1965, S. 78.

- *Kritisch-analytisches Denkvermögen versus operationale Kreativität:* Diese Unterscheidung bezieht sich auf das Deferred-Judgment-Modell Professor Rohrbachs. Aus ihr heraus lässt sich der führungsleistungssteigernde Wert einer Trennung einerseits zwischen strategischer Zwecksetzung und operativer Umsetzungsplanung, andererseits zwischen der operational-kreativen Findung von Möglichkeiten und der kritisch-rationalen Bewährung der Arbeitshypothese des Kommandeurs, erklären.
- *Handeln versus Denken: Handeln* wäre hier als eine stärker erfahrungsgeleitete, auf die tatsächliche Durchführung von Aufgaben ausgerichtete Fähigkeit zu verstehen und deutet auf die operative Umsetzungsebene hin. Auch der zivile Managementbegriff stellt auf den Bezug einer Umsetzung im Auftrag eines Anderen ab (vergleiche: „manu agere" – das Pferd im Auftrag des Herren in den Stall führen oder „mansionem agere" – das Haus des abwesenden Herren in dessen Auftrag führen). *Planen* korreliert insofern mit *Handeln* als es erfahrungsgeleitetes Führungsdenken in die Zukunft „weiterrechnet" und die Grundlagen für die Umsetzung (“Ways“) der von der strategischen Ebene vorgegebenen Zwecksetzungen schafft. *Denken* baut auf operationaler Kreativität und dem a priori rationalen Ansatz auf und deutet so auf die strategische Zwecksetzungsebene (“Ends“) hin, die, um in diesen Denkkategorien die volle Leistungsfähigkeit entfalten zu können, den gesetzten Zweck nach erfolgter ressourcenmäßiger Machbarkeitsplanung zur Umsetzung an eine operative Ebene weitergibt und anschließend selbst zur Seite tritt. *Denken* korreliert dabei mit *Führen* (im strategischen Sinn, also durch Zweckvorgabe).

  Auch Clausewitz trifft diese bewusste Unterscheidung in strategische Zwecksetzung und operative Umsetzung – ohne aber für die beiden Qualitäten einen eigenen Begriff einzuführen. Er versteht unter „Strategie" also einerseits die dem Denken, der operationalen Kreativität und der politischen Zwecksetzung verpflichtete Führungsqualität (das lässt sich durch die beiden, in meinem ersten Beitrag angeführten Zitate belegen[21]) und andererseits die operative Umsetzung eines strategisch vorgegebenen Zweckes („... so folgt von selbst, dass die Strategie mit ins Feld ziehen muß, um das Einzelne an Ort und Stelle anzuordnen und für das Ganze die Modifikationen zu treffen, die unaufhörlich erforderlich werden. Sie

---

[21] „Aber auch bei diesen [geistigen Kräften] sind die Geistesentwicklungen und die große Mannigfaltigkeit der Größen und Verhältnisse nur in den höchsten Regionen der Strategie zu suchen, da, wo sie an Politik und Staatskunst grenzt oder vielmehr beides selbst wird" (Vom Kriege, drittes Buch, 1. Kapitel) und: „Der erste, der großartigste, der entschiedenste Akt des Urteils nun, welchen der Staatsmann und Feldherr ausübt, ist der, daß er den Krieg, welchen er unternimmt, in dieser Beziehung richtig erkenne, ihn nicht für etwas nehme oder zu etwas machen wolle, was er der Natur der Verhältnisse nach nicht sein kann. Dies ist also die erste, umfassendste aller strategischen Fragen" (Vom Kriege, erstes Buch, 1 Kapitel).

„

kann also ihre Hand in keinem Augenblick von dem Werk abziehen." Vom Kriege, Drittes Buch, 1. Kapitel).

- *Pragmatische Handlungsanweisung versus „Takt des Urtheils"*: Pragmatische Handlungsanweisungen dominierten in Streitkräften, in denen aufgeklärte, humanistische Bildung nicht so weit bis in die untersten Ebenen der Führungshierarchie „ausgerollt" wurde, dass den Unterführern ein situatives Entscheiden in der gegebenen Gefechtssituation zugemutet oder ein solches von ihnen hätte erwartet werden können. In der Regel traf dies auf Streitkräfte zu, die entweder so mannstark waren, dass diese Bildung nicht leistbar gewesen wäre oder so ressourcenstark, dass sie eine derartige „Kompensation numerischer Unterlegenheit" nicht nötig gehabt haben. Die Problematik vorausschauend erstellter Handlungsanweisungen wurde unter den von van Creveld thematisierten Eventualfallplänen behandelt, die von US-amerikanischen Planungsstäben im Zweiten Weltkrieg ausgearbeitet wurden. Den Krieg deterministisch zu sehen und als ein Phänomen zu behandeln, das in Zahlen und Algorithmen fass- bzw. bestimmbar wäre, führt zur verhängnisvollen aber verführerischen Fehleinschätzung, dass er mathematisch voraus berechenbar und daher über Handlungsanweisungen „dirigierbar" wäre. Jomini war einer der herausragendsten Proponenten dieser These, die natürlich auch dazu führen musste, dass militärische Führungslehre auf die taktische und operative Ebene beschränkt blieb und sich einer strategischen Beratungsfunktion enthalten musste, weil sie auf Fragen der geistigen Dimension der Gefechtsführung, der Friktion und des Zufalls, des Zusammentreffens unabhängiger gegnerischer Willensmomente schlichtweg keine Antworten hatte.

Ursprünglich kam die durch Jomini vertretene Idee der mathematischen Erfassbarkeit des Krieges und die damit verbundene Enthaltung von strategischen Beratungsaufgaben dem „preußischen Reitergeist" entgegen - nicht zuletzt deshalb, weil politische Strategie als wenig ehrenhaft und daher dem Offizier nicht geziemend gesehen wurde und weil pragmatische Handlungsanweisungen von langwierigen Beurteilungen entbanden und die Köpfe für das tatsächliche Gefecht frei machten. Der Pferdefuß lag nur darin, dass Jomini eben der Theoretiker des Erzfeindes, Napoleon, war. Clausewitz widerspricht nicht so sehr den mathematischen bzw. taktischen Erkenntnissen oder den Kräftegegenüberstellungsgleichungen Jominis – er setzt lediglich eine vollkommen neue geistige Dimension des Krieges, seinen politisch-strategischen Bezug, den Faktor der Friktion bzw. des Zufalls, das Aufeinandertreffen unabhängiger gegnerischer Willensmomente und ein, alle Persönlichkeitskräfte umfassendes militärisches Führungsverständnis auf und bestreitet vehement, dass ein Gebäude von pragmatischen Lehrsätzen über die Kriegführung, welchem diese konstitutiven Elemente fehlen, überhaupt als Theorie hoher Reichweite gelten kann. Clausewitz wird, anfänglich wenig gelesen, später aber als der – im Hinblick auf die zugrunde liegende Führungstheorie – geistige Vater der preußischen militärischen Erfolge in den Reichseinigungskriegen gefeiert, wobei gerade letztere, der Schlieffen-Plan sowie seine Umsetzung und eine lange, bis in den Zweiten Weltkrieg hineinreichende Reihe großer Schlachten zeigt, dass der Generalstab genau den über Jomini hinausgehenden Inhalt, also die strategische Dimension des Clausewitz´schen Denkens, kaum rezipiert hat. Fast scheint es so, als ob man froh gewesen wäre, den gewohnten Jomini nun patriotisch korrekt und „made in Prussia" anwenden zu können. Auch wenn Moltke begonnen hat, den Primat der Politik zurückzudrängen, Letztere darauf zu beschränken, lediglich den Beginn des Krieges vorzugeben, so hat er Clausewitz doch auf sein „Kalkül" reduziert und die geistig-strategische Dimension seiner Theorie verkannt und damit das implizite Gebot, die Politik inhaltlich strategisch zu beraten überhört. Auch Jehuda Wallach kommt in seinem Werk „Dogma der Vernichtungsschlacht" zu dem Schluss, dass der preußische Generalstab die Breite der Clausewitz´schen Theorie nicht erkannt und sich bewusst auf operativ-taktische Zusammenhänge zurückgenommen hat – offensichtlich aber nicht auf Druck der Politik sondern eher aus freien Stücken. Begründet mag diese freiwillige Selbstbeschränkung einerseits durch den bereits angesprochenen „Preußischen Reitergeist", die Einstufung politischen Handelns als einer dem Ehrenkodex eines aufrechten Offiziers widersprechenden Tätigkeit und andererseits durch die mangelnde Fähigkeit gewesen sein, den höchst anspruchsvollen militärwissenschaftlichen Ableitungen Clausewitz´ zu folgen.

Als eines der vielen Beispiele für diese verkürzte Rezeption sei die Anlehnung an die Gefechtsidee der Schlacht von Cannae genannt. Schon der historische Ansatz Hannibals selbst manifestierte sich in einem Schlachtentwurf auf taktisch-operativer Ebene, dem ein so unklarer, unentschlossener oder falscher strategischer Zweck übergeordnet war, dass damit der endgültige Untergang Karthagos eingeläutet wurde. Clausewitz hatte die Schlacht analysiert, die taktisch-operativen Erfolgsprinzipien abstrahiert, aber auch klar davor gewarnt, diese Lehren auf einen größeren operativen („die Hand am Werke belassen") oder gar strategischen zu übertragen. Er hat diese Warnung auch begründet – ab einer gewissen Größe der Feindportion sei eine Umfassung und Einschließung in einem Zug nicht mehr möglich, die Lücken zwischen den großen Verbänden müssten zwangsläufig so groß werden, dass ein Ausbrechen gegnerischer Gruppierung nicht zuverlässig unterbunden werden kann und ab einer gewissen Länge aufmarschierender Kolonnen sei der Drehpunkt und die Drehrichtung nicht eindeutig erkennbar, was dazu führe, dass der Umfassende leicht zum Umfassten wird. Trotzdem wurde die Cannae-Idee beginnend mit dem Schlieffen-Plan und seiner Ausführung immer wieder zum Vorbild für große Schlachten[22] mit strategischer Auswirkung genommen – und die Fehlentwicklungen, die Clausewitz vorhergesagt hat, sind zumeist eingetreten, auch wenn die Schlacht insgesamt gewonnen werden konnte. Ihre finale Übersteigerung fand die historische Idee Hannibals im „Flügelschlagplan", den Hitler seinem zweiten Lieblingsarchitekten, Giesler, auf ein Stück Serviette zeichnet. Er, Hitler, plane den Feldzug gegen Russland, wie ein riesiges Gewölbe, ruhend auf zwei mächtigen Säulen, einem Nord- und einem Kaukasus-Stoß, das wie ein gigantisches Cannae die gesamte Tiefe des russischen Raums einschließt und für das Moskau lediglich den Schlussstein darstellt. Abgesehen von der unterschiedlichen Bewertung der strategischen Bedeutung des Kaukasus-Stoßes durch Hitler und seinen Generalstab kann gesagt werden, dass sich auch hier wiederholt, wovor die Clausewitz´sche Theorie warnt – nämlich operative Erkenntnisse auf einen strategischen Zusammenhang zu übertragen. Gerade aus der Analyse des Napoleonischen Russlandfeldzugs hatte Clausewitz ja die Erkenntnis gewonnen, dass operative Stöße, die über eine derart weite Entfernung geführt werden, dass sie einer strategischen Zwecksetzung dienen können, allzu leicht der frühzeitigen Kulmination erliegen. Zudem scheint der Generalstab an dem durch Jomini und den frühen Clausewitz vertretenen „Hauptstadtdenken" hängen geblieben zu sein – die in „Vom Kriege" gemachte Erweiterung um eine Vielzahl anderer Kriegszwecke dürfte so wie die geistige Dimension der Kriegführung nicht rezipiert worden sein.

Diese geistige Dimension der Kriegführung, mit der sich Clausewitz über Jomini und die Militärwissenschaft seiner Zeit erhebt, mündet über ein Führungsverständnis, das alle geistigen, charakterlichen und moralischen Persönlichkeitskräfte einschließt, in den „Takt des Urtheils", der zum geringsten Teil auf Intuition aber zum größten Teil auf der systematisch-wissenschaftlichen Erforschung militärischer Phänomene, der Vermittlung, Übung und Internalisierung der aus ihr gewonnenen Erkenntnisse beruht. Der „Takt des Urtheils" beschreibt, so wie die verwandten Begriffe „kriegerischer Genius", „göttlicher Funke", „divinatorische Komponente" oder „coup d´oeil", eben gerade *nicht* die Fähigkeit Entscheidungen aus dem Bauch heraus treffen zu können – vielmehr geht es um eine zugrunde zu legende systematische Theoriearbeit, ein Überführen der gewonnenen Erkenntnis in lehrbare Inhalte („Doktrinen" im eigentlichen Sinne), intensive Ausbildung, Übung, Internalisierung bis zu einem Punkt, an dem die erlernten Verfahren au-

[22] Mansteins Plan für die Offensive gegen Frankreich dürfte insofern die Ausnahme darstellen, als hier – möglicherweise eingedenk der Clausewitz´schen Warnung – in zwei Teiloperationen zerlegt wurde, um die Größe der im eigentlichen „Sichelschnitt" zu umfassenden Feindportion, in einer verdaubaren Größe zu halten und die verbleibenden gegnerischen Gruppierungen mit einem konventionellen Nord-Süd-Stoß zu beaufschlagen.

tomatisiert, gleichsam unterbewusst ablaufen und Andere wie auch den Beurteilenden selbst glauben machen, die Entscheidung sei aus dem Bauch heraus getroffen worden. Diese „Festigungsstufe" der Führungsausbildung muss auch das Ziel sein, wenn es darum geht, militärische Führungskräfte im Einsatz unter Zeitdruck und persönlicher Gefährdung zu einer sicheren und verzugslosen Entscheidung zu befähigen. Einzig die Forschung und Lehre darf diesem Eindruck nicht erliegen – sollte operative und strategische Beurteilungsfähigkeit tatsächlich als eine in die Wiege gelegte Begabung verstanden werden, dann würde sich eine wissenschaftliche Beschäftigung mit dem Phänomen Krieg und jegliche akademische Führungsausbildung selbst ad absurdum führen. Damit soll der Einfluss wirklicher Intuition auf das Führungsverfahren nicht in Abrede gestellt werden. Sie dürfte aber einen relativ kleinen Anteil an der gesamten Entscheidungsqualität haben. Der weitaus größere, menschlichem Einfluss nicht entzogene, beruht auf systematischer wissenschaftlicher Theoriearbeit, Ausbildung und Übung.Der von Clausewitz geforderte „Takt des Urtheils" bildet aber auch die Grundlage der Auftragstaktik, deren erklärtes Ziel es war, numerische Unterlegenheit durch Führungsleistung zu kompensieren. Verwirklicht wurde sie vorrangig über eine überdurchschnittliche Bildung/Ausbildung über alle Ebenen des Unterführerkorps in seiner gesamten Breite. Wie kulturraumspezifisch eine Führungsphilosophie ist, wird verständlich, wenn man sich vergegenwärtigt, dass dieses Prinzip vermutlich auf der spezifischen Art und Weise aufbaut, in der die Aufklärung und ihre philosophischen Denker im deutschsprachigen Raum perzipiert wurden – hinunter über alle sozialen Ebenen und Schichten in deren größtmöglicher Breite. Madame de Staël, deren Buch „De l'Allemagne" sich genau diesem Befund widmet, beschreibt an anderer Stelle, möglicherweise überspitzt, jedenfalls aber symptomatisch, wie sie auf der Suche nach den Wurzeln europäischen philosophischen Denkens im Zuge einer Reise erkannt hat, dass sie sich in Deutschland mit dem Hufschmied über Voltaire unterhalten konnte, wohingegen in Frankreich schon der niedere Adel ein Defizit an aufgeklärter Bildung aufwies. In die gleiche Kerbe schlägt Marc Bloch in seinem Buch „Die seltsame Niederlage: Frankreich 1940[23]", in dem er als einen der Gründe für die katastrophale Niederlage gegen Deutschland die mangelnde aufgeklärte Bildung des Offizierskorps identifiziert. Die Offiziere hätten sich eher als Angehörige des prärevolutionären Adels gesehen, hätten im Gegensatz zum Bürgertum wenig an aufgeklärter Bildung aufgewiesen und seien unfähig gewesen „den Krieg zu denken". Montgomery sagt von sich selbst, er habe Clausewitz gelesen, ihn aber nicht verstanden und könne ihn nicht anwen-

[23] Marc Bloch: Die seltsame Niederlage: Frankreich 1940 – der Historiker als Zeuge, Frankfurt am Main 2002 sowie die zusammengefasste Darstellung der Argumentationskette in der Einleitung von Ulrich Raulff, S. 13ff.

den, er helfe ihm nicht weiter. Da Montgomery ja ein Mann hoher Bildung war, könnte dies darauf hindeuten, dass es insgesamt der Denkzugang, die Logik, der erkenntnistheoretische Ansatz des „deutschen Idealismus“ war, der in anderen Kulturräumen nicht nachvollzogen werden kann. Daraus ergäbe sich dann auch fast zwingend, dass – wie General Millotat das beschreibt – die Auftragstaktik außerhalb des deutschsprachigen Raums nirgends wirklich erfolgreich implementiert werden konnte.

- *„Wissenschaft“ versus „Kunst“:* Dieses, aus der Clausewitzschen Theorie abgeleitete Begriffspaar ist im heutigen Sprachverständnis höchst missverständlich und hat möglicherweise einer gewissen „Wissenschaftsfeindlichkeit“ früherer Offiziersgenerationen Vorschub geleistet. Clausewitz wendet sich mit seiner Kritik an „den windigen Systemmachern um Bülow und deren Wissenschaft“ gerade nicht gegen systematische Wissenschaft im heutigen Sinn sondern gegen die unreflektierte Sammlung fruchtlosen lexikalischen Wissens. Unter „Kunst“ versteht er, wie das auch „Grimms Wörterbuch der deutschen Sprache“ zu entnehmen ist, eine Wortbildung aus dem Verb „können“, also „Könnerschaft“. Die spätere Fehlinterpretation in Richtung „expressiver Kunst“ mag auch die oben beschriebene, unzutreffende Deutung des „Takt des Urtheils“ oder der „operativen Kunst“ als gottgegebene Fähigkeit, genährt haben. Clausewitz selbst fordert hingegen unmissverständlich „das Wissen muss ein Können werden“ (damit dürften all die Schritte gemeint sein, über die, wie oben beschrieben, aus Theoriearbeit, Ausbildung, Übung und Internalisierung der „Takt des Urtheils“ generiert wird) oder „Kunst wo Können, Wissenschaft wo bloßes Wissen der Zweck ist“. In das heutige Sprachverständnis müsste das Gegensatzpaar also „lexikalische Erfassung und Ordnung von Wissen“ versus „aus systematischer Wissenschaft entspringende Könnerschaft“ heißen.
- *„Realer“ versus „absoluter“ Krieg:* Clausewitz schafft mit dem Konstrukt des „absoluten Krieges“ eine gedankliche „Versuchsanordnung“, die Krieg so ungezügelt, grausam, alles verzehrend darstellt und erfasst, dass diese Intensität per definitionem in der Realität nicht erreicht werden kann. Dabei folgt er der Logik, dass eine Theorie, die diesem absoluten oder idealen Krieg gerecht wird, auch allen realen, d.h. begrenzt idealen Kriege, die ja zwingend niedrigerer Intensität zu sein hätten, genügen müsste. Aus dieser Konstruktion kann natürlich kein wie immer geartetes Votum abgeleitet werden, einen Krieg auch tatsächlich mit der ungezügelten Grausamkeit des absoluten Krieges zu führen. Genau das wurde aber im „Dritten Reich“ versucht, als mit dem Begriff des „totalen Krieges“ eine dem „absoluten“ sehr ähnlich klingende Bezeichnung gewählt und diese mit der bewussten Fehlinterpretation unterlegt wurde, Clausewitz hätte eine derartige Kriegführung angemahnt. Tatsächlich hatte er, wie bereits ausgeführt, eine Reihe von anderen

Kriegszwecken aufgeführt als den der physischen Vernichtung des Gegners, vor der frühzeitigen Kulmination weitreichender Stöße in der Tiefe des russischen Raumes gewarnt und letztlich durch die Thematisierung des begrenzt idealen, realen Krieges klargemacht, dass eine Erreichung der Intensität des absoluten Krieges schon allein definitionsgemäß unmöglich, und darüber hinaus in keinem Fall anzustreben sei. Auch dieses Beispiel zeigt, wie wenig die geistige Dimension Clausewitz´ rezipiert und in der Offiziersausbildung vermittelt worden sein dürfte.

- *„Norddeutsche" versus „Süddeutsche Schule"*: Nach Uwe Hartmann[24] hat Clausewitz drei wesentliche Säulen definiert, die das Anforderungsprofil von Offizieren bestimmen. Eine fachlich-gefechtstechnische, eine charakterliche (nicht im moralischen, sondern im Sinn klassischer „Männlichkeitstugenden") und eine vage bestimmte dritte, die für verantwortungsbewusste Führung steht und verhindert, dass eine Übersteigerung der beiden ersten zu scheuklappigem Spezialistentum bzw. zur Ideologisierung des Führungsverständnisses führt. Auch das Widerstandsrecht gegen menschenrechtswidrige, dem Staatszweck entgegenstehende Befehle sei in dieser Säule begründet – so hat Clausewitz seinen Übertritt in russische Dienste auch selbst damit begründet, dass seine Loyalität dem preußischen Staat nicht aber einem fehlgeleiteten König gelte. Stark verkürzt, entstehen die Fähigkeiten dieser dritten Säule aus einem starken Fundament an humanistischer Allgemeinbildung im Humboldt´schen Sinne. Wie General Millotat das beschreibt, rekrutierte sich der deutsche Generalstab aus Abgängern zweier Kriegsakademien, die sich – bezogen auf diese dritte Säule – durch einen stark unterschiedlichen Fächerkanon auszeichneten. Die Berliner Kriegsakademie (ihr entstammte der überwiegende Anteil) betonte praktische Fächer und die militärfachliche Ausbildung, wohingegen Kriegstheorie, Philosophie, Geschichte und die Geisteswissenschaften ganz allgemein eher in den Hintergrund traten. In der Münchner Schule war dieses Verhältnis zugunsten der theoretischen, humanistisch-geisteswissenschaftlichen Fächer umgekehrt. Die Ableitungen aus der dritten Anforderungssäule Clausewitz´ lassen in Verbindung mit der Tatsache, dass eine erkleckliche Anzahl von Offizieren des Widerstands gegen Hitler gerade aus der Süddeutschen Schule kam, die Vermutung zu, dass die Betonung humanistisch allgemeinbildender und geisteswissenschaftlicher Fächer ein besseres Sensorium für das Erkennen des Unrechtsgehaltes erhaltener Befehle eine zuverlässige Grundlage für verantwortungsbewusste Führung und – übertragen auf die heutige Zeit – für die Demokratiekompatibilität von Streitkräften ist. Abgängern der Münchner Kriegsschule wurde im Regelfall die Fähigkeit zum Denken in strategischen Zusammenhängen bestätigt – allerdings seien sie nicht gleich truppentauglich gewesen, wohingegen die Absolventen der Berliner Kriegsakademie unmittel-

[24] Vgl. Hartmann: Carl von Clausewitz, S. 10.

bar nach ihrer Ausmusterung in der Lage waren, die Funktion eines Stabschefs eines großen Verbandes zu übernehmen. Es zeigt sich also auch hier, dass die Lösung in einer dialektischen Synthese aus den Ansätzen beider Schulen bestehen könnte.

4.2.2. Ein auf den drei Trennschnitten basierendes strategisches Entscheidungs-/Führungsmodell

Die abschließende Abarbeitung und Zuordnung der Pole von charakteristischen Gegensatzpaaren aus allen drei Trennschnitten zu den Kategorien des leitenden, dritten war als Ausgangspunkt für das in der Folge darzustellende strategische Entscheidungs-/Führungsmodell gedacht.

Dabei verorte ich den Führungsprozess – in einem bildlichen Vergleich – auf einem durch eine Mittellinie geteilten Fußballfeld. Dieses Feld soll in einem ersten Schritt mit einer riesigen Overhead-Folie überzogen werden, deren die linke Spielfeldhälfte abdeckender Teil den empirischen wissenschaftsmethodischen Zugang und systematische empirische Untersuchungsmethoden darstellt. Der rechte Teil steht für den theoretischen, a priori rationalen, philosophischen Denkzugang.

Nun soll eine weitere Folie angefertigt werden, welche die Spielfeldhälften hinsichtlich einer zweiten Kategorie unterscheidbar macht. Die linke Hälfte symbolisiert dabei kritisch-rationale Denkmethoden, die für Umsetzungsplanungen und die Falsifikation von Arbeitshypothesen prädestinieren. Die rechte repräsentiert operational-kreative Fähigkeiten, welche die Voraussetzung für das Finden strategischer Zwecksetzungen darstellen.

Beide Folien übereinander gelegt ergeben nun eine von empirisch und gleichzeitig kritisch-rationalen Denkansätzen dominierte Spielfeldhälfte und eine vom a priori rationalen, philosophisch-theoretischen und gleichzeitig operational-kreativen Denkzugang geprägte. Innerhalb dieses Spielfelds soll der Führungsprozess nun ablaufen.

Der Trennschnitt „Zwecksetzung“ – „Umsetzungsplanung“ lässt sich nicht direkt auf die dargestellten Spielfeldhälften projizieren. Er findet auf zwei anderen Wegen Eingang in das Modell. Zum Ersten beginnt das Führungsverfahren mit der Findung der strategischen Zwecksetzung. Dabei wirft die Falsifikationsarbeit in der kritisch-rationalen, empirischen Spielfeldhälfte ein Licht voraus auf die spätere Umsetzung des strategischen Zwecks. Damit verkörpert eine der Arbeitshypothesen den späteren *strategischen Zweck* – die Analyse der Arbeitshypothese und die zugehörigen Falsifikationsansätze liefern im Sinne eines Kollateralnutzens erste Richtungsschüsse im Hinblick auf die spätere *Umsetzung*. Zum Zweiten werden dem Verfahren, das zunächst[25] in der

[25] Im Sinne des Prinzips der wechselnden Planungsrichtungen endet dieser einleitende Führungsprozess nicht mit der Definition des strategischen Zwecks – unbeschadet weiterer Beurteilungsaufgaben verfolgt

Definition des strategischen Zwecks gipfelt, weitere, nach dem gleichen Prinzip gestaltete, nachgestaffelt, welche die Findung und Ausarbeitung je einer Umsetzungsoption zum Ziel haben, wobei die Findung der jeweiligen Umsetzungsoption an die Stelle der Generierung und Auswahl der Arbeitshypothese tritt und deren Ausplanung an die Stelle der Analyse bzw. Falsifikation der Arbeitshypothese.

Die Persönlichkeit des Kommandeurs oder des Leiters des Führungsprozesses ist an der Mittellinie verortet und ragt zu gleichen Teilen in beide Spielfeldhälften hinein, weil er ja den hermeneutischen Zirkel, den zwischen den Polen iterativ oszillierenden Prozess zwischen Zweckfindung und operativer Umsetzung, zwischen operational-kreativen und kritisch-rationalen Ansätzen und zwischen theoretischem und empirischem Zugang taktgebend zu leiten bzw. zu moderieren hat und deshalb in beiden Denkwelten gleichermaßen zu Hause sein muss (im Sinne des Deferred Judgment-Modells die ausgewogen operational-kreative und kritisch-rationale Grundbefähigung). Er findet auf a priori rationalem Weg eine erste prinzipielle Lösungsmöglichkeit für das Problem bzw. die Aufgabe. Diese wird im Gegensatz zu „Commander‘s Intent" aber nicht zum Vorbehaltsentschluss – sie dient zunächst nur als Orientierungshilfe für die Auswahl der Arbeitshypothese, die als erste in den Beurteilungskreislauf geschickt wird. Durch diesen Schritt, in dem er auch auf seine kriegstheoretischen bzw. philosophischen Fähigkeiten zurückgreift, soll ein Korrektiv geschaffen werden, mit dem verhindert wird, dass seine teilstrategische Fachexpertise durchschlägt und die Sicht auf die übrigen Perspektiven gesamtstrategischen Denkens verstellt. Darüber hinaus öffnet dieser Schritt auch den Blick für prinzipiell neue, bisherige Denkgewohnheiten hinter sich lassende Lösungsansätze (Henry Ford hat dazu einmal bemerkt „Wenn ich sie gefragt hätte was sie von mir wollen – sie hätten gesagt schnellere Pferde"). Größere Konzerne hatten schon früher damit begonnen, Sicherheitspolitiker als Berater einzustellen, um die Unternehmensstrategie besser auf gesamtpolitische Entwicklungen ausrichten zu können. Nunmehr gibt es erste Ansätze, auch Philosophen beizuziehen.

Die Fähigkeit zwischen den Denkwelten der beiden Spielfeldhälften moderieren zu können, ist für den Stabschef von noch größerer Notwendigkeit als für den Kommandeur, weil er die Taktgebung und Koordination im laufenden Führungszyklus gerade dann wahrnehmen muss, wenn der Kommandeur nach Auswahl der ersten Arbeitshypothese wie der Speerwerfer zur Seite tritt und sich gedanklich mit möglichen Zwecksetzungen des nächsten Beurteilungshorizontes beschäftigt. Damit ergibt sich zwischen Kommandeur und Stabschef im übertragenen Sinn eine Zwecksetzungs-/Umsetzungs-Rollenteilung, wenn man die Koordinierung des Führungszyklus der zur strategischen Zwecksetzung im ersten Beurteilungshorizont führt, bezogen auf das

---

er ständig revolvierend den strategischen Zweckerreichungsgrad und steuert erforderlichenfalls durch Adaptierung auf Zweck- oder Ressourcenseite nach.

Vorausdenken des Kommandeurs für den nächsten, als „Umsetzungsplanung“ sehen will.

Für die Formierung einer „Kreativzelle“ kann auf Stabsfunktionen zurückgegriffen werden, die im Sinn des „Deferred Judgment“ über einen Überhang an operational-kreativer Denkfähigkeit verfügen. Diese Zelle wäre deshalb auch zur Gänze in der entsprechenden operational-kreativen Spielfeldhälfte verortet. Im Bereich der militärischen Führung beispielsweise wären diese Funktionen in den für das Finden von Möglichkeiten zuständigen Teilen der Planungszelle des Führungsgrundgebietes 3 oder des Führungsgrundgebietes 5 zu finden. Kreative Querdenker wären hier auch bei niedrigem Lebensalter richtig am Platze, weil Erfahrung bezogen auf diese Aufgabe nicht nur wenig bringt, sondern sogar hemmend wirkt. Wenig ausgeprägte kritisch-rationale Fähigkeiten stellen daher kein Hindernis für eine Einteilung dar – vielmehr sollen kritisch-rationale Einwände in diesem Schritt ja sogar bewusst unterdrückt werden, weil die ressourcenbezogene Machbarkeitsanalyse und die Falsifikation der Arbeitshypothese ohnehin erst zeitlich nachgestaffelt und durch Stabsteile der anderen Spielfeldhälfte erfolgen. Die Möglichkeiten, die es zu finden gilt, sind in einem ersten Durchlauf Ansätze für eine strategische Zwecksetzung, später eigene Optionen zur Umsetzung des vorgegebenen Zwecks oder gegnerische Optionen, die einer solchen Umsetzung entgegenstehen. Zu den Aufgaben dieser Kreativzelle gehört auch die gedankliche Antizipation möglicher langfristiger Entwicklungstrends oder *der* „denkbaren Zukünfte“, die den Ausgangspunkt von Szenarienmanagement-Ansätzen bilden. Bewertungskriterium für die Arbeit der Zelle ist nicht die Plausibilität der gefundenen Möglichkeiten oder der Anteil der tatsächlich umsetzbaren an den insgesamt gefundenen, sondern deren Neuigkeitswert und die Frage, ob *alle* denkbaren Optionen erfasst worden sind. Im übertragenen Sinn müssen eben alle Bestimmungsstücke der Clausewitzschen Versuchsanordnung eines „absoluten Krieges“ erkannt werden, damit zumindest versucht werden kann, eine Lösung zu finden, die allen denkbaren Entwicklungen gerecht wird. Auch wenn mit den verfügbaren Ressourcen nicht alle erkannten Entwicklungen beherrschbar sein werden, so muss jedenfalls verhindert werden, dass der beurteilende Stab von einer gegnerischen Option überrascht oder eine günstigere eigene nicht ausgemacht wird.

Der Kommandeur wählt nun gemeinsam mit dem Chef des Stabes diejenige von der Kreativzelle gefundene Möglichkeit aus, die zur Arbeitshypothese für den ersten Durchlauf ernannt wird. Der Kommandeur lässt sich dabei vorrangig durch seine a priori rationale Sicht leiten, die es ihm erlaubt, die gesamtstrategische Einbettung der späteren Lösung im Auge zu behalten. Der Stabschef macht seinen Auswahlvorschlag aus eher kritisch-rationalen Überlegungen, die aber nicht zum vorzeitigen Ausscheiden einer Möglichkeit führen dürfen, sondern lediglich dazu, dass sie aufgrund dieser ersten groben Machbarkeitsprüfung hinsichtlich des Beurteilungsdurchlaufes vor- oder nachgereiht wird. Unbeschadet seiner Brückenfunktion zwischen den beiden „Denkwelten", rückt der Stabschef aufgrund dieser Aufgabe etwas stärker in die kritisch-rationale Spielfeldhälfte.

Die Arbeitshypothese ist dabei keineswegs schon ein Vorbehaltsentschluss. Sie kann aufgrund der Induktionsproblematik auch nicht „verifiziert" werden. Vielmehr bedarf es einer größeren Anzahl von Durchläufen mit immer neuen Arbeitshypothesen, weil mit jedem Beurteilungszyklus, in dem eine Option nicht falsifiziert werden konnte, die Wahrscheinlichkeit ihrer Gültigkeit steigt. Falsifikation darf in diesem Verfahren also nicht als „Fehleistung" gesehen werden – sie ist das konstitutive Erfolgsprinzip. Auch die Reihenfolge der Abarbeitung der Arbeitshypothesen drückt keine inhaltliche Wertung oder Vorentscheidung aus – sie ergibt sich in der Regel eher aus methodisch-arbeitstechnischen Gründen. Führungsverfahren dieser Ebene würden sich ad absurdum führen, wenn sie nicht mit einem so großen Zeitvorlauf bzw. einem derartig weiten Beurteilungshorizont angesetzt werden, dass eine Beschränkung der Zahl der Arbeitshypothesen bzw. Beurteilungsdurchläufe ausgeschlossen werden kann.

Es erfolgt die Übergabe der operational-kreativ generierten, vorwiegend a priori rational ausgewählten ersten Arbeitshypothese an die andere Spielfeldhälfte. Dabei wird zunächst ein nur „kurzer Kreislauf" beschrieben. Mit dieser ersten, ressourcenbezogenen, groben Machbarkeitsanalyse wird das Mehr an Kreativität, das bei der Findung der Arbeitshypothese unter bewusstem Verzicht auf kritisch-rationale Überlegungen erzielt wurde, im Nachhinein „erkauft". Damit soll verhindert werden, dass Hypothesen, die schon aus Ressourcensicht absolut keine Chance auf Umsetzung haben, in den aufwendigen Analyse und Falsifikations-Prozess gelangen und dort unnötig Beurteilungsressourcen vergeuden. Hypothesen, die nur ein kleines Delta zu den verfügbaren Ressourcen aufweisen, gehen auf kurzem Weg, das heißt ohne den Analyse- und Falsifikations-Prozess zu durchlaufen, zur Anpassung bzw. Nachbesserung an die Kreativzelle zurück. Dieser kurze Kreislauf wird solange wiederholt, bis eine erste Übereinstimmung der Hypothese mit den verfügbaren bzw. verfügbar zu machenden Ressourcen hergestellt ist und der Kommandeur der Abänderung der Hypothese bzw. der vorgeschlagenen Verfügbarmachung zusätzlicher Ressourcen zugestimmt hat.

Die auf ressourcenmäßige Abdeckbarkeit geprüfte Hypothese wird nun dem Analyseprozess des „vollen Kreislaufes" unterzogen, in dem durch Stabsteile der *kritisch-rationalen* Sphäre (im militärischen Bereich wären das die Teile der Führungsgrundgebiete, die auf mathematisch berechenbare, statistisch erfassbare und auf Kräftegegenüberstellungsalgorithmen rückführbare Umsetzungsplanungen ausgerichtet sind) angestrebt wird, sie zu falsifizieren. Dabei wird versucht, sich in die Rolle des Gegners zu versetzen und die Hypothese unter Ausschöpfung aller denkbaren Ansätze und Möglichkeiten aus dem Sattel zu heben. Je größer der Grad an Einfallsreichtum, Hartnäckigkeit und „Rücksichtslosigkeit" der Beurteilenden ist, bei dem die Arbeitshypothese nicht aus dem Feld geschlagen werden kann, umso höher ist die Wahrscheinlichkeit, dass sie zu den zielführenden zählt (damit wird die Popper´sche Induktionsproblematik umschifft). „Rücksichtslosigkeit" bedeutet in diesem Zusammenhang, dass die Beurteilenden keinen Respekt vor unreflektierten, unbegründeten Annahmen zeigen und sich auch nicht scheuen, eine durch den Kommandeur autorisierte Hypothese zu bekämpfen. Der Kommandeur wird seinerseits die „rücksichts- und respektlose" Bekämpfung der Arbeitshypothese auch bewusst herausfordern, weil er anderenfalls eine unzureichend bewährte ziehen und so seinen Kräften Verluste bescheren könnte, die bei entsprechend vehementer Falsifikation hätten vermieden werden können.

Der Kommandeur oder Leiter des Führungsverfahrens ist derart erfahren, fachlich fundiert ausgebildet und hinsichtlich aller erforderlichen Persönlichkeitskräfte so umfassend entwickelt, dass der „kritische Dialog" mit seinem Stab auch dann nicht zu einem Glaubwürdigkeitsverlust führt, wenn eine Arbeitshypothese verworfen werden muss – umso mehr, als es sich ja um keinen Vorbehaltsentschluss handelt, hinter und zu dem er mit seinem Beurteilungskönnen stehen müsste, sondern um eine echte Hypothese, deren Wert sich erst aus der Möglichkeit der Falsifikation ergibt. „Commander´s Intent" geht eher in die Richtung eines vorläufigen Entschlusses des Kommandeurs und erlaubt daher kaum eine grundsätzliche Hinterfragung oder gar Falsifikation durch den Stab, die nicht zur Beschädigung seiner Glaubwürdigkeit führen würden.

Die Stabselemente dieser Spielfeldhälfte bilden nicht nur die kritisch-rationalen Komponente der Falsifikationsaufgabe sondern stellen auch deren *empirisches* Moment dar, indem sie ihre Erfahrung aus vergleichbaren Lagen einbringen und zur Grundlage der Analyse machen, kriegsgeschichtliche Beispiele soweit abstrahieren und von epochenabhängigen Faktoren befreien, dass sie auf die Beurteilung angewandt werden können, indem sie Wargaming-Ansätze einbeziehen und computergestützte Simulationen durchführen. In Beurteilungsprozessen, die durch ein Szenarienmanagement begleitet werden, können sie bei der Ermittlung der Schlüsselfaktoren unterstützen, die jeweilige Arbeitshypothese hinsichtlich ihrer Zuordenbarkeit zu dynamischen oder zukunftssicheren Szenarien bewerten, auf diese Weise das mit der Option verbundene Risiko einstufen und damit eine wesentliche Grundlage für die Erwägungen des Kommandeurs schaffen. In den seltenen Fällen, in denen die Voraussetzungen dafür gegeben sind, können in diesem Schritt auch spieltheoretische Simulationen zum Einsatz kommen.

Falsifizierte Arbeitshypothesen werden ausgeschieden, nicht falsifizierbare werden an die operational-kreative Spielfeldhälfte übergeben und dort in einem Pool abgelegt, aus dem heraus sie in die Erwägungen einfließen. Arbeitshypothesen, die mit geringfügigen Nachbesserungen erwägenswert gemacht werden können, gehen an den Stabschef zurück, der diese Adaptierung unter Einbindung der Kreativzelle und der entsprechenden Stabsfunktionen der kritisch-analytischen Seite vornimmt. Hat sich aus den Gründen, welche zur Ausscheidung einer Hypothese geführt haben, eine neue, von der Kreativzelle nicht erkannte ergeben, so kann diese den zu analysierenden Optionen hinzugefügt werden. Eine solche Hinzufügung müsste deswegen mit Augenmaß erfolgen, weil einerseits die bewusste, führungsleistungssteigernde Trennung zwischen operational-kreativer und kritisch-analytischer Beurteilungsqualität nicht aufgeweicht werden soll, weil aber andererseits auch auf, sich als Kollateralnutzen ergebende Kreativitätsleistungen nicht verzichtet werden darf, nur weil sie von der kritisch-analytischen Stabsseite erbracht worden sind.

In jedem Beurteilungsdurchlauf wird eine neue, von der Kreativzelle erkannte Möglichkeit, in der vom Kommandeur festgelegten Reihenfolge, zur jeweils neuen Arbeitshypothese ernannt. Sind nach mehreren Durchläufen alle Arbeitshypothesen (einschließlich der adaptierten und nachträglich hinzugefügten) abgearbeitet, legt der Chef des Stabes die Bewertungskriterien für die Erwägungen fest. Hinsichtlich der Bewertung von Faktoren wie z.B. Überraschungswert und Originalität von Lösungsansätzen lässt er sich dabei von den Stabsteilen der operational-kreativen Seite beraten. Hinsichtlich der Bewertung von Faktoren wie z.B. zahlenmäßig erfassbare, auf Kampfkraftgegenüberstellungen rückführbare Befunde, Kampfkraftfaktoren, Reichweiten, Ressourcenlage, mit der Option verbundenes einzugehendes Risiko, wird er von den Stabsteilen der kritisch-rationalen Spielfeldhälfte unterstützt. Anschließend bewertet er die im Pool der erwägenswerten Optionen gelandeten Lösungen unter Mitarbeit der für die Definition der Bewertungskriterien zuständigen Stabsfunktionen. Schließlich erarbeitet er gemeinsam mit dem Kommandeur eine erste Gewichtung der Erwägungskriterien.

Der Kommandeur bringt die für die Einbettung der Lösung in einen übergeordneten gesamtstrategischen Zusammenhang relevanten Beurteilungskriterien ein und lässt sich dabei von seinen philosophisch bzw. polemologisch geschulten Experten beraten. Er führt diese gesamtstrategische und philosophisch/polemologische Beurteilungsdimension mit den Ergebnissen aus den Erwägungen zusammen und entscheidet sich für eine Möglichkeit, welche den zu definierenden strategischen Zweck oder aber auch die Lösung einer Aufgabe zur Erreichung dieses Zwecks darstellen kann. Bei der Entscheidung ist er vom weiter oben beschriebenen Clausewitz´schen „Takt des Urtheils“ und von einem unbestreitbaren Quäntchen echter Intuition geleitet, das aber nicht darüber hinwegtäuschen darf, dass systematische militärwissenschaftliche Forschung bzw. Lehre, Ausbildung, Übung, Internalisierung und Führungserfahrung den Löwenanteil der Anstrengung zur Erreichung dieser Urteilsfähigkeit ausmachen.

Mit der Entwicklung dieses strategischen Führungsmodells aus Trennschnitten, die auf, von der militärischen Führungslehre entwickelten bzw. aus ihr abgeleiteten, abstrahierten Prinzipien gesamtheitlich strategischen Denkens aufbauen, sollte ein Beispiel dafür gegeben werden, was eine systematische Militärwissenschaft über den militärischen Bezug hinaus, zur Überwindung des gegenwärtigen Strategiedefizits beitragen könnte. Um eine solche Beitragsleistung – insbesondere für die Bereiche Politik, Sicherheitsexekutive, hoheitliche Verwaltung und privatwirtschaftliches Unternehmertum – auch tatsächlich verwirklichen zu können, bedürfte es einer Festigung und institutionalisierten akademischen Anerkennung der militärwissenschaftlichen Kernfächer (das beträfe vor allem Strategie, Kriegstheorie, Führungsphilosophie, Polemologie, operative Führungslehre und Logistik) und der Stärkung des Bewusstseins, dass Generalstäbe durchaus aufgerufen sind, ihr inhaltlich gesamtstrategisches Denken weiter zu entwickeln und als *entscheidungsvorbereitenden* Beitrag im Vorschlagsweg *(also unter uneingeschränkter Geltung des Primats der Politik)* an die alleinverantwortlich *entscheidende* politische Ebene heranzutragen.

Grundlagen strategischen Denkens

Robert E. Schmidle

Meine Überlegungen befassen sich mit den Beziehungen der Prinzipien militärstrategischer Überlegungen und den damit zusammenhängenden Grundlagen einer umfassenden nationalen Strategie.

Ich möchte dabei von den Prozessen des *Operational Design* ausgehen, das wir für unsere militärischen Planungen verwenden. Diese Grundlagen sind auch für die Entwicklung unserer nationalen Sicherheitsstrategie anwendbar. Bei der Erläuterung dieser Prozesse werde ich auch auf einige allgemeingültige konventionelle Thesen eingehen, so auf den Umstand, dass jede Militärstrategie sich an der nationalen Sicherheitsstrategie orientiert, oder genauer, dass diese immer ein Teil letzterer sein muss bzw. in dieser eingebettet ist. Darüber hinaus möchte ich betonen, dass dies allein noch nicht ausreichend aufzeigt, dass letztlich das eine das andere bedingt und hier nicht bloß eine „Eltern-Kind" Beziehung vorliegt. Es ist auch Allgemeinwissen, dass Krieg eine Interaktion von Menschen ist, womit sich die Komplexität dieser Beziehungen erklärt.

Betrachtet man die Beziehung zwischen Militärstrategie und nationaler Strategie, kommt man zur Frage nach den Grundlagen einheitlicher und durchgehender strategischer Überlegungen, womit man beim Prozess des Aufbaues eines strukturierten Strategiegebäudes landet. Nach diesem Modell baut man auch operative Planungsprozesse (Operational Design) auf. Diese orientieren sich nach den gegebenen Vorgaben, die dann zu einer umfassenden Strategie führen (Comprehensive Strategy). Ich möchte dabei besonders auf den Umstand verweisen, dass die Beziehung zwischen einer Militärstrategie und einer nationalen Strategie aufeinander abgestimmt sein müssen, gleichzeitig aber nie starr sein darf, um auf außergewöhnliche Entwicklungen flexibel reagieren zu können.

In diesem Zusammenhang möchte ich auch auf die Implikationen zwischen militärischem Denken und der zivilen Sichtweisen hinweisen, was die Notwendigkeit unterstreicht, beide einem ähnlichen Bildungsprozess zu unterwerfen, um das Verstehen ihrer Inhalte zu verbessern.

Eine gemeinsame Grundlage vorausgesetzt, kann man an das Verstehen strategischen Denkens herangehen und dessen Folgerungen für die Entwicklung einer Strategie einleiten:

- **Ermittlung der wirtschaftlichen und materiellen Grundlagen:** Beide sind zu erfassen, unsere eigenen, wie auch jene unserer möglichen Gegner. Man muss wissen, dass alle Strategien letztlich ressourcenabhängig sind. Eine sinnvolle Strategie erfasst daher einmal die vorhandenen Ressourcen und dann mögliche weitere, die man benötigt, um ein gewünschtes strategisches Ergebnis zu erzielen. Dabei muss man mögliche Defizite und Risiken berücksichtigen.
- **Was kann der Gegner?** Eine Beurteilung der Möglichkeiten des Gegners klingt einfach, wird aber oft unterschätzt. Ein oft beobachteter Fehler im Zuge der Feindbeurteilung liegt bei den Beurteilenden selber, die den Gegner auf Grund ihrer sehr persönlichen Betrachtungen bewerten. Umgekehrt sind unsere rationalen Beurteilungen („rational actor model") nicht ohne Risiko, wenn wir Staaten bewerten, die von bürokratischen Systemen gesteuert werden, oder man es mit terroristischen Strukturen zu tun hat. Schwerfällige Systeme oder Terror sind die beiden Extreme, die jedoch beide versuchen werden ihre Möglichkeiten im Rahmen ihrer je eigenen spezifischen „Rationalität" auszuschöpfen. Die Beurteilung der Gegner unter den diversen Sichtweisen, wie auch unter wechselnden Bedingungen, ist eine der Ursachen für uneinheitliche Bewertungen durch eigene Militärs und Experten.
- **Bewertung unserer eigenen Möglichkeiten:** Was sind die typischen „Stammesrituale" in unserer eigenen Regierung, in unserem Verteidigungsministerium, in den „warfare communities" und den üblichen Verfechtern von Lösungen mit bestimmten bevorzugten Tendenzen und somit bevorzugten Lösungen – etwa analog unserer Teilstreitkräfte, die eine vorhandene Strategie unterstützen oder gegen diese opponieren. Eine weitere Variante ist die Unterstützung der gewählten Strategie, aber Opposition zur gewählten Vorgangsweise.
- **Die „lange Sicht" bezüglich anderer Optionen:** Es gibt immer eine Suche nach Alternativen zu einer militärischen Intervention, wie Sanktionen oder Handelsbeschränkungen. Und Kostenabwägungen sind im Moment im Pentagon ein Dauerthema, auch im Hinblick darauf, welche Kosten man einem Gegner durch politische Handlungen aufbürden kann. Das ist etwas anderes als das Zählen von Raketen, es geht vielmehr um die finanziellen Reserven, die ein Gegner zur Verfügung hat. Eine solche Maßnahme funktioniert aber nur, wenn die Kosten für den Gegner wirklich hoch sind und seine möglichen Reaktionen gegen uns schwach wären.

- **Die Berücksichtigung menschlichen Verhaltens:** Menschen verhalten sich oft unberechenbar und irrational. Planungen berücksichtigen ja nur das logisch zu erwartende eigene Verhalten, wie auch jenes unserer Gegner – was aber wenn wir uns hier irren? Historisch betrachtet sind ja Kriege vom Verhalten der Menschen beeinflusst, dieses Verhalten wird auf beiden Seiten durch Tapferkeit, Angst, Ehre oder Unvernunft gesteuert. Man kann dieses Verhalten deswegen aber nicht als „irrational" bezeichnen, wie man auch nicht sagen kann, dass sich Rationalität völlig eingrenzen lässt. Menschliches Verhalten hat bei Interkationen seine Besonderheiten und im Krieg kommen diese stärker an die Oberfläche.
- **Die Zukunft ist schwer vorherzusagen:** Alles was man vorhersagen kann, ist, dass man in der Zukunft immer mit Überraschungen rechnen muss. Das heißt aber nicht, dass man deswegen überhaupt keine Vorhersagen treffen soll, vielmehr sind Trends sinnvoll und zumeist auch richtig, so in den Bereichen Technologie, Waffenentwicklungen, bei der Entwicklung der Taktik und deren Überprüfung bei Szenarien und im War Gaming, samt den sich dabei ergebenden Erkenntnissen.

Ich möchte nun zum Operational Design und dessen Rolle bei der Abfassung einer kohärenten nationalen Sicherheitsstrategie kommen. Zunächst ist zwischen der Entwicklung eines Strategiemodells (design) und der Planung zu unterscheiden. Die Entwicklung eines Strategiemodells ist die Erfassung eines auftretenden Problems, dessen Ursachen, die dynamischen Prozesse, die das Problem bedingen, und letztlich das Erkennen möglicher Folgen. Diese Problemanalyse wird auch Möglichkeiten aufzeigen, welches Problem man allenfalls militärisch bewältigen muss.

Das ist aber keine Planung über die anzustrebende Problemlösung, vielmehr eine Darstellung des Problems selber. Diese Phase wird auch aufzeigen, ob es sich um ein bekanntes Problem handelt oder um ein neues, ob es bereits Analysen oder Planungen aus der Vergangenheit gibt, oder nicht.

Die darauffolgende Planung beschreibt, wie das Problem zu lösen wäre. Die Planung legt eine Aufeinanderfolge von logischen Schritten fest und orientiert sich bei der Formulierung des Ziels an der vorhergehenden Problemanalyse. Hier geht es um praktisch umzusetzende Maßnahmen.

Ist die Analyse und sind die darin enthaltenen Überlegungen oft nur ein Konzept, manchmal nur abstrakt formuliert, so ist eine Planung hingegen konkret und verlangt daher praktische Schritte.

Das Operational Design ist ein Gesamtprozess, bei dem das Design den Plan mitbestimmt. Umgekehrt kann das Design sich nicht völlig von den realen Möglichkeiten (und somit Planungsgrundlagen) entfernen. Das Design geht dem Plan voraus, aber der Plan benötigt umgekehrt ein brauchbares umsetzbares Design, und das Design muss sich wiederum an den strategischen Vorgaben und Möglichkeiten orientieren. Das bedingt ein gemeinsames Vorgehen, möglicherweise sogar ein sequentielles.

Das Operational Design kann man als vorhergehenden Prozess sehen, der dem eigentlichen Plan vorausgeht, welches dem Kommandanten aufzeigt, ob das Problem erstens von Wichtigkeit ist, weil dies die Dringlichkeit der Planung bestimmt, zweitens legt es bereits eine klare Vorstellung über das Problem vor und drittens, wie die Planung erfolgen sollte. Damit ist das Problem erfasst, auch von verschiedenen Betrachtungen her beurteilt, und erlaubt erste Überlegungen für den Plan selber.

In einem weiteren Schritt kommt es zu Überlegungen im Zusammenhang mit bereits laufenden Einsätzen, oder, ob es sich um ein komplett neues Problem handelt; sind die Annahmen der Analyse somit richtig und sind die Antworten innerhalb der (militärischen) Möglichkeiten und analog des vorhandenen Paradigmas, ist das Planen eher konventionell, oder aber die aufgezeigten Lösungen erfordern den Entwurf eines neuen Paradigma.

In seinem Buch *The Structure of Scientific Revolutions* hat Thomas Kuhn ausgeführt, dass alte Paradigmen dann zu verwerfen sind, wenn sie neu entstandene Probleme nicht mehr lösen können. Das Newton'sche klassische Modell über die Mechanik kann heute das Verhalten von sub-atomaren Partikeln in einem Atom nicht mehr erklären, damit wurde eine neue Theorie erforderlich, nämlich die Quanten-Mechanik. In gleicher Weise können bestimmte neue Gegebenheiten ein neues Operational Design erforderlich machen, um neue Herausforderungen zu bewältigen.

Jede militärische Operation ist auch eine komplexe soziale Auseinandersetzung, auch im Zuge der Umsetzung von Design und Planung. Viele Individuen auf verschiedenen Ebenen sind Beteiligte beim Erfolg oder Misserfolg einer Militäroperation. Je mehr Personen an einer Planung und deren Realisierung beteiligt sind, desto mehr Personen sind mit oft sehr unterschiedlichen Vorstellungen zu koordinieren: Der für die Durchführung des Plans und der Operation Verantwortliche muss daher einen Weg finden, die vorhandenen Diversitäten bereits am Beginn des Analyseprozesses zu bündeln und das Vorhaben so steuern, dass alle Beteiligten erkennen, dass trotz der hohen Komplexität das Problem zu lösen ist.

Die sozialen Prozesse sind oft komplexer als die rein militärischen, dazu kommen unvorhersehbare Variable. Umgekehrt kann man feststellen, dass der gesamte Prozess – Design plus Plan – ein oft nicht-linearer bzw. nicht-sequentieller sozialer Prozess ist, wobei die Fähigkeiten und auch die unterschiedlichen Meinungen zum Gelingen positiv beitragen können.

Strategisches Denken darf daher Unabwägbarkeiten nicht außer Acht lassen. Gilles Deleuze hat in seinem Buch *A Thousand Plateaus* dieses Problem beschrieben: Er geht davon aus, dass Analysten wie auch Planer bereits eine feste Meinung über ein Problem haben, und daher oft von der Mitte her in beide Richtungen planen und meinen, Anfang und Ende bereits zu kennen, also einen nicht-linearen Prozess ablaufen lassen und eben nicht am Beginn eines Prozesses beginnen, sondern versuchen von der Mitte her zum Ziel zu kommen.

Ein weiterer Punkt: Beim Entwickeln des Designs wird oft versucht, im Rahmen eines logischen Ergebnisses, eine Lösung vorzugeben bzw. die Operationsplanung bereits zu berücksichtigen, womit das Problem für die Planer scheinbar geringer wird, aber am Sinn des Designs vorbeigeht und die Planer einschränkt, die ja von sich aus Lösungen suchen sollen.

Ich möchte nochmals zum Problem der sozialen Interaktion der handelnden Personen zurückkommen, was ja im Krieg eine wichtige Rolle spielt:

Dieses Element ist bei der Verfassung von Militärstrategien zu beachten und ich betone nochmals, dass die Militärstrategie ein wichtiges Element für die nationale Sicherheitsstrategie darstellt, nur gibt es eine Reihe von Ungereimtheiten. Krieg wird heute in die Bereiche Interstate-Krieg und Intrastate-Konflikte geteilt. Auch der Kriegsbegriff wird ja heute ähnlich inflationär verwendet wie der Strategiebegriff. Ich erinnere an Begrifflichkeiten wie „war on cancer“, „war on drugs“, „trade wars“ etc. Daher ist es heute auch so schwierig von Siegern und Besiegten zu sprechen; außerdem befinden wir uns gegenwärtig ständig in einem Krieg mit irgendwem und über irgendwas. Im klassischen Sinn gab es in einem Krieg immer einen Feind in einem bestimmten Raum mit einem bestimmten Beginn und Ende. Der Zeitrahmen war ausschlaggebend, denn jeder Krieg ging ja vorüber. Dies hat sich allerdings geändert, denn nun sind die Kriege dauerhafter und es ist unklar, wie man einen begonnenen Krieg beendet. Und was Krieg ist, ist weitgehend Auslegungssache, je nachdem wer was von welcher Situation her betrachtet.

Die Charakterisierung von Siegern und Verlierern ist weitgehend von der historischen Betrachtung anhängig und ist angesichts der kaum mehr endenden und sich überlagernden Kriegsphasen schwieriger geworden. Es ist aber nicht nur schwierig geworden festzustellen, wer Sieger ist oder wer besiegt wurde, sondern auch wenn man dies erkennt, sind solche Ergebnisse sehr oft vorübergehender Natur.

Wir können aus unserer Perspektive sehr genau feststellen, welcher potentielle Gegner stärker oder schwächer wurde. Dasselbe gilt auch im Krieg nach einer Schlacht, zum Beispiel auf der taktischen Ebene. Aber auch wenn wir solche Erkenntnisse gewonnen haben, sollen wir nicht die langfristigen Entwicklungen („the long view“) übersehen. Der Ausblick in die Zukunft zeigt auch die Schwierigkeit auf, durch den vorhandenen Nebel klar zu sehen, wer eigentlich gewonnen und wer verloren hat.

Die Beziehungen der Staaten und die politische Situation in den Staaten selbst werden vom Krieg und nicht vom Frieden bestimmt. Krieg hat Einfluss auf alle Institutionen und enorme Auswirkungen auf Gesellschaften wie auch auf das Militär selber, ebenso auf die Wirtschaft und jene Industrien, die für die Erfordernisse der Kriegführung ausschlaggebend waren. In diesem Zusammenhang kann man es beinahe als eine Ironie betrachten, dass Präsident Eisenhower (zuvor ein General) am Ende seiner Amtszeit vor den Auswüchsen des Militärisch-Industriellen Komplexes warnte. Die kombinierte Macht von Militär und Wirtschaft bedeutete aus seiner Sicht die indirekte Fortsetzung des Krieges durch eine fortgesetzte (und viel zu hohe) Produktion von Rüstungsgütern im Frieden.

In diesem Zusammenhang ist ein Blick auf unsere Gesellschaft sinnvoll, auch in Hinblick auf deren Beziehung zum Militär, in weiterer Folge die Beziehung zwischen der Militärstrategie und unserer nationalen Sicherheitsstrategie. Ich empfehle sehr, die nächsten Strategien gemeinsam zu verfassen, also holistisch, nicht sequentiell. Die Logik des modernen Krieges gebietet es, den Blick jenseits der rein militärischen Erfordernisse und möglicher Operationen zu werfen. Krieg ist eine Auseinandersetzung von Gesellschaften, samt ihren komplexen Zuständen, ist Sieg oder Unterwerfung, nach Clausewitz eine Art Ringkampf, mit dem Versuch den jeweils anderen auf die Matte zu zwingen. Daher bedarf es bei der Entwicklung von Militärstrategien einer umfassenden Berücksichtigung der gesellschaftlichen Beziehungen, nicht nur ein Vergleichen von sich gegenüberstehenden Streitkräften.

Zuletzt noch einige Anmerkungen über die Probleme bei der Erstellung eines Operational Designs: Einmal geht es um die rein militärische Planung, dann um einen umfassenden nationalen Sicherheitsansatz. Ich möchte hier auf den veränderten Charakter des Krieges selbst verweisen und auf die damit einhergehenden Veränderungen bei der Formulierung von Strategien. Erkennbar erfordert dies eine Ausweitung der Ausbildung unserer höheren Offiziere und jener Zivilisten, die am Formulieren unserer Strategien beteiligt sind. Wie müssen zwingend davon ausgehen, dass unsere zivilen Experten den gleichen Bedarf an strategischer Ausbildung benötigen und aufweisen, die wir unseren Militärs vermitteln. Wir wissen, dass zivile Experten ohne eine formelle und umfassende Ausbildung in Strategie und Geschichte, im Diskurs mit den planenden Militärs und unserem Generalstab Probleme haben.

Gleichzeitig möchte ich anführen, dass die Bildung unserer Offiziere über die Befähigung Operationspläne zu verfassen hinausgehen muss. An vorderster Stelle muss die Geschichte stehen und ich meine nicht nur Militärgeschichte, sondern eine umfassende Geschichtsvermittlung, dazu Psychologie, Soziologie, Philosophie und auch Kenntnisse der Literatur. Hans Gadamer hatte recht als er meinte, wir könnten die Welt immer nur aus unserer eigenen Perspektive erfassen – aber gerade deswegen ist es besonders wichtig, auch andere Perspektiven zu kennen, so durch das Studium der Geschichte und fremder Kulturen. Damit bekommen wir einen breiten interdisziplinären Ansatz beim Untersuchen unserer strategischen Herausforderungen, bei den operationellen Fragestellungen, bei den Entscheidungen, die wir zu fällen haben, und vor allem bei der Durchführung unserer Einsätze selber.

Die Kenntnisse über die Vergangenheit lassen uns die Fragen von heute besser verstehen und auch besser beantworten. Die Strategie erfordert umfassende Kenntnisse über die Geographie und ein neues Problem ist die Bewältigung des Tempos bei der Bewältigung von Konflikten und Krisen, die heutigen Ansprüche sind eben völlig andere als jene von früher.

Die Kontrolle der laufenden Veränderungen und das Verstehen der Ursachen solcher Veränderungen sind eine ständige Herausforderung, sie erfordern auch eine weiterentwickelte Logik von den dynamischen sozialen Veränderungen sowie jener der Faktoren Raum (Geographie) und Zeit. Damit ändern sich auch unsere Vorstellungen von Analysen bzw. unserer Design-Vorstellungen. Wir erkennen die Probleme bereits beim Formulieren des Designs, weil sich die fixen Parameter von gestern immer mehr auflösen und uns immer mehr zu holistischen Ansätzen zwingen, etwa bei der Operationsplanung, wo sich das Problem weg von der Geographie immer mehr hin zur Bewältigung der knappen Zeit verschiebt. Der holistische Ansatz hilft uns den Nebel etwas zu lichten und die Komplexität besser zu bewältigen.

Europa vor alten, neuen und künftigen Gefahren – Herausforderung für die Nationen Europas, die EU und die NATO

Klaus Naumann

Der „Brexit“ kann für die Geschichte Europas einen Wendepunkt darstellen. Zum ersten Mal seit dem Ende des Kalten Krieges geht es nicht um die Aufnahme neuer Mitglieder, sondern erstmals überhaupt um den Austritt eines großen europäischen Staates – eine der beiden europäischen Atommächte, ein ständiges Mitglied des Weltsicherheitsrates – und die Briten wollen eventuell aus einer der beiden Organisationen austreten, die Europa die längste Friedensperiode seiner blutigen Geschichte geschenkt haben. Vielleicht erleben wir damit aber auch ein Symptom unserer frei nach Aldous Huxley „Schönen Neuen Welt“, einer global vernetzen und miteinander verbunden Welt, die aus allen Fugen zu geraten scheint, weil die in der westfälischen Staatenordnung und im vergangen Jahrhundert erfundenen Ordnungssysteme, in der Welt der Polarität, der Unsicherheit, der Dynamik, der Komplexität und der Ambiguität nicht mehr zu halten scheinen oder gar zu zerbrechen drohen. Der Traum, die Forderung der Menschen in den Staaten, bleibt aber unverändert, sie wollen Sicherheit. Die Schutzaufgabe des Staates bleibt die erste und vornehmste Pflicht eines jeden Staates, wird der Staat dem nicht mehr gerecht, dann wenden sich die Menschen von ihnen ab, dann schwindet das Vertrauen in die Politik und die Scharlatane gewinnen Zulauf. Es ist also höchste Zeit, Strategie neu zu denken und ich bin sehr dankbar, dass hier diese Initiative ergriffen wurde. Wollen Staaten Sicherheit schaffen, dann müssen sie zuerst fragen, in welchem Maß das derzeit gelingt, welche Gefahren zu meistern sind, und falls die Antwort nicht ausreichend oder nicht genügend ist, zu entscheiden, was zu tun ist, um den neuen und künftigen Herausforderungen gerecht zu werden.

Am 27. Juni 1989 zerschnitten bei Sopron, keine 70 km von hier entfernt, der österreichische Außenminister Alois Mock und sein ungarischer Amtsbruder Gyula

Horn den Grenzzaun. Das war der Anfang vom Ende der bipolaren Welt, gekennzeichnet von der Rivalität der damaligen Supermächte USA und Sowjetunion; es war eine erstarrte, aber doch berechenbare Welt, die vor allem von den beiden Bündnissystemen NATO und Warschauer Pakt in einem relativ stabilen Gleichgewicht gehalten wurde. Es gab durchaus Risiken, aber die Risiken waren beherrschbar. Diese Welt zerbrach mit dem Zerfall der Sowjetunion 1991, und jetzt folgte die auch noch stabile unipolare Welt der amerikanischen Hegemonie, die nach kaum mehr als einem Jahrzehnt an „9/11“ in den Staubwolken des einstürzenden World Trade Center unterging. Seitdem, seit fast 15 Jahren, gerät die Welt mehr und mehr aus den Fugen, seitdem kämpfen Soldaten und Polizisten gegen globalen Terrorismus, seitdem stehen unsere freiheitlichen Rechtsstaaten vor der Schicksalsfrage, ob sie der Sicherheit Vorrang vor der Freiheit geben sollen. Man bezeichnet unsere heutige Welt euphemistisch als multipolare Welt, vergisst dabei aber gerne, dass eigentlich niemand weiß, wie man in einer Welt mit vielen Polen Interessenausgleich und Stabilität erreichen kann, schon gar nicht, wenn diese Pole sehr unterschiedlich sind und nur ein einziger unter ihnen in allen Feldern der Politik global handeln kann. Allein deswegen ist Multipolarität ohne eine dominante Vormacht immer mit Instabilität verbunden, und zugleich verlangt Multipolarität von allen Polen globales Denken und Handeln.

Die gewohnte regionale Sicherheitsvorsorge, auf die alle unsere Sicherheitsorgane gebaut sind, ist damit Vergangenheit. Hinzu kommt, dass in unserer multipolaren Welt voll Terrorismus und voller zerfallender Staaten das bisher wichtigste Instrument „Kriegsverhinderung durch Abschreckung“ kaum noch funktioniert und die bisherigen Sicherheitsarchitekturen nicht mehr ausreichende Sicherheit bieten. Das ist das dritte Kennzeichen unserer Welt ohne Weltordnung. Die westfälische Staatenordnung scheint zu zerbrechen, weil nicht-staatliche Akteure über mehr Macht verfügen können als die Staaten. Als Beleg hierfür dienen die Finanzvolumina. Alle Staaten dieser Welt gaben im Jahr 2014 für Verteidigung 1,2 Billionen US-Dollar aus. Die Gewinne aller kriminellen Organisationen dieser Welt, so weit wir es wissen, betrugen im gleichen Zeitraum mehr als das Doppelte. Die Kriminellen sind weder an Recht noch an Gesetz gebunden. Sie können Geld blitzschnell in Macht, in unkontrollierte Macht, umsetzen. So weit der Befund bis 2014. Europa schien in dieser Welt auf einer Art Trauminsel zu leben, ein Ort der Sicherheit mit garantierten Grenzen, in dem man von ewigen Frieden und freundschaftlicher Partnerschaft träumen konnte.

Doch galt plötzlich im Frühjahr 2014 nicht mehr, woran man 25 Jahre geglaubt hat. Die Charta von Paris wurde zerrissen, die Grenzen der Ukraine, die die ständigen Mitglieder des Weltsicherheitsrates 1994 im Austausch gegen die Atomwaffen der UdSSR in Budapest garantiert hatten, wurden von einem der ständigen Mitglieder des Sicherheitsrates mit Gewalt völkerrechtswidrig verschoben, fremde Truppen marschierten in ein souveränes Land ein, und seitdem herrscht in der Ukraine ein unerklärter Krieg unter Beteiligung Russlands. Heute weiß man nun, dass Russland kein

Partner sein will, es nutzt die *frozen conflicts* im Osten Europas reaktiv, um eine Pufferzone an seiner Westgrenze gegen die Ansteckungsgefahr aufzubauen, die für Autokratien von Ideen wie Demokratie und Rechtsstaatlichkeit ausgeht, und es nutzt die *frozen conflicts* aktiv in Verbindung mit einer aufwändigen, geschickt gelenkten Medienkampagne, um die unter der ungelösten Eurokrise ächzende EU zu spalten und den Einfluss der USA immer weiter zu schwächen. Dabei ist Russland in einer schwierigen Lage: es ist militärisch keineswegs überlegen und wirtschaftlich schwach, zudem hat das Land gewaltige demographische Probleme und es leidet unter einer Abwanderung einer großen Zahl seiner hochqualifizierten jungen Menschen. Haltbare und belastbare Sicherheit kann Russland langfristig nur durch Partnerschaft mit dem Westen erreichen, denn China wird Russland immer als Juniorpartner sehen und ihm keinen echten Einfluss zubilligen.

Die alte Gefahr Russland ist vielleicht am einfachsten zu bewältigen. Das kann gelingen, wenn der Westen Stärke und Geschlossenheit zeigt: nur Stärke ist für Russland Anreiz zur Kooperation, Schwäche und Uneinigkeit ist Anlass, weiter auf eine Spaltung des Westens und eine letztlich Russland ruinierende Politik scheinbarer Stärke zu setzen. Doch von dieser alten Gefahr wissen wir, wie wir mit ihr umgehen müssen. Es gilt erneut Krieg in Europa zu verhindern, und das können wir. Doch da ist eine neue zusätzliche Gefahr: das sind die anhaltenden Konflikte in der Welt des Nahen Ostens und der drohende Zerfall in der erstarrten Welt des erweiterten Nahen Ostens, das sind die ungelösten Flüchtlingsprobleme, und da ist die Bedrohung durch internationalen Terrorismus, verkörpert durch Al-Qaida und dem Islamischen Staat; sie gefährden Europas Sicherheit, übrigens auch die Russlands. Es ist aber nicht nur die Illusion garantierter Grenzen, die zerbrach, auch das Gewaltmonopol der Staaten geriet in Gefahr. Die Ereignisse Ende 2015 in Paris und dann später in Brüssel – brutale Schläge aus dem Dunkel heraus – zeigten den Bürgern Europas, dass ihre Staaten, aber auch die bestehenden Sicherheitsorgane sie nicht ausreichend schützen können. Zu den alten Gefahren gesellt sich die des internationalen Terrorismus. In dieser als globale Unsicherheit empfundenen Lage schwindet das Vertrauen der Menschen in die Politik schlechthin. Der Nationalismus – oder besser: der Egoismus der Nationen – ist wieder auf dem Vormarsch. Der „Brexit“ ist eine Ausdrucksform dieser Erscheinung, das Erstarken nationalistischer Parteien in vielen Ländern Europas eine andere. Kann nur Europa diese globalen Gefahren noch meistern?

Die einzige globale Organisation sind die Vereinten Nationen, sie sind geschaffen für eine Welt der Starken. Konfliktverhinderung ist damit in der Welt der Gegenwart von den Vereinten Nationen nicht zu erwarten und in einer höchst ungewissen Zukunft erst recht nicht. So bleiben in Europa die im Kalten Krieg entstandenen Organisationen OSZE, NATO und EU sowie im asiatisch-pazifischen Raum das angesichts der aktuellen Spannungen dort Besorgnis auslösende Geflecht, das besonders schwierig ist, weil Sicherheitsorgane fehlen und damit ein Vakuum erzeugt wird. In Europa hing und hängt Sicherheit von den USA ab, sie allein haben globale Reichweite und sie allein sind Garant, dass weder Russland noch irgendein anderer bestehender oder künftiger Nuklearwaffenstaat Europa nuklear bedrohen oder gar erpressen können. Angesichts der Renaissance des Nuklearen, die man in Russland besorgt zur Kenntnis nehmen muss und mit Blick auf die mit dem Iran-Deal keineswegs gebannte Gefahr weiterer nuklearer Proliferation könnte die Welt schon bald eine Welt mit einer größeren Zahl von Nuklearwaffenstaaten werden, allein schon dieses Umstands wegen ist Strategie jetzt neu zu denken. Nimmt man dann die Töne aus dem amerikanischen Wahlkampf nur halbwegs ernst, dann weiß man, dass Europa schon bald eine wahrhaft existenzielle Debatte ins Haus stehen dürfte.

Für die NATO kommt es angesichts der russischen Rechtsbrüche und mit Blick auf die durchaus provokanten Muskelspiele Russlands darauf an, Osteuropa glaubhaft zu versichern, dass jeder Angriff auf einen NATO-Staat ein Angriff auf die gesamte NATO ist, den das unverändert mächtigste Militärbündnis der Welt geschlossen und entschlossen mit allen gebotenen Mitteln beantworten wird. Im Kalten Krieg galt angesichts der damaligen Kräfteverhältnisse der Grundsatz, wer als erster schießt, stirbt als zweiter. Heute muss jeder Angreifer wissen: wer als erster auf die NATO schießt, stirbt auch als erster. Hierzu muss die NATO weitere Schritte zur Verbesserung ihrer Fähigkeiten vornehmen, um das Bündnisgebiet im Osten wie im Süden zu verteidigen. Das bedeutet auch, dass die meisten europäischen Mitgliedstaaten ihre Verteidigungshaushalte baldmöglichst zu erhöhen haben. Ob die bisherigen Maßnahmen ausreichen, die Herausforderung der näheren Zukunft zu meistern, ob sie genügen werden, Russland zu erneuter Kooperation zu bewegen – diese Kooperation ist notwendig –, lässt sich noch nicht sagen. Eins aber kann man gewiss schon sagen: Ohne eine erneute Überprüfung und Anpassung des strategischen Konzepts kann die NATO die Zukunft nicht meistern.

Diese Überprüfung kann aber erst in Angriff genommen werden, sobald die neue amerikanische Regierung fest im Sattel sitzt, also frühestens im Frühjahr 2017, dann wird man auch wissen, welche Folgen das Votum Großbritanniens haben wird. Zunächst einmal bedeutet es einen dramatischen Einflussverlust für Großbritannien selbst, aber schlimmer noch, es könnte den Zerfall der bröckelnden EU einleiten – nicht ohne Folgen für die NATO. Für das zukünftige sicherheitspolitische Gewicht der EU folgt im Rahmen einer „neuen" Sicherheitsstrategie nichts bahnbrechend Neues, vermutlich die Forderung nach neuen Institutionen wie beispielsweise den Rat der Verteidigungsminister, sicher die Forderung nach mehr Zusammenarbeit und Koordination, gewiss aber nicht die Bildung einer Europaarmee. Das Grundübel Europas, das nationale Nebeneinander und die damit verbundenen Verzettelungen und Überlappungen, wird man wohl einmal mehr noch nicht einmal antasten.

Was das aber heißt, zeigt eine McKinsey-Studie, die Europa bescheinigt, allein durch das Nebeneinander der nationalen Rüstungsindustrien 13 Milliarden Euro pro

Jahr sinnlos auszugeben. Es wird also wohl weiterhin die nationale Lobby bedient werden, es wird weiter eine Unzahl nationaler Ausbildungseinrichtungen, weiter kopflastige Strukturen in Europa – also zu viele Häuptlinge, aber zu wenige und noch dazu schlecht bewaffnete Indianer – geben, der Grundbefund wird für Europa weiter gültig sein. Wir geben 50% bis 60% dessen aus, was die USA für Verteidigung ausgeben, wir erreichen aber, wenn wir gut rechnen, vielleicht 20% der Leistungsfähigkeit der USA. Vor allem bleibt die EU bis auf Weiteres weit davon entfernt, in allen fünf Dimensionen moderner Operation handeln zu können: auf dem Land, in der Luft, im Weltraum, auf See und im Cyberspace. Dazu kommt die politische Zersplitterung Europas in NATO, EU und neutrale Staaten. Einheitliches Handeln mag in Ausnahmefällen unter extremem Druck für Europa möglich sein, aber das bereits heute – vor allem aber in der Zukunft – gebotene präventive Handeln wohl kaum.

Europa bleibt deshalb in allen Fragen der Sicherheit abhängig von den USA, heute vielleicht sogar noch mehr, als in den Zeiten des Kalten Krieges. Die USA aber werden nur dann helfen, wenn Europa bereit ist, den USA auch in den Krisen beizustehen, von denen Europa nicht direkt und unmittelbar betroffen ist. Sie werden Europa wissen lassen, dass europäische Sicherheit mehr und mehr eine Sache der Europäer sein muss, weil die USA global ihren Schwerpunkt, übrigens durchaus im Interesse Europas, überwiegend in der Konfliktverhinderung in Asien sehen. Die USA werden Europa zwar verbunden bleiben, aber sie werden in Krisen nicht mehr führen. Das werden sie uns Europäern überlassen, auch in der NATO.

Es ist also noch nicht einmal angesichts der letztlich alten Gefahr, mit der Europa gegenwärtig ringt, ein positives Bild von Europas Fähigkeit zu zeichnen, von der Zukunft ganz zu schweigen. Selbst für die bereits gegenwärtigen Gefahren – Zerfall des Mittleren Ostens und Terrorismus – hat Europa keine Antwort. Sicher, Erfolge können hier, wenn überhaupt, nur mittelfristig erzielt werden, doch es gilt Wege zu finden, die Bürgerkriege in Syrien und in Libyen sowie den Stellvertreterkrieg im Jemen zu beenden und ein Übergreifen auf die Nachbarstaaten zu verhindern. Das verlangt in erster Linien politische Schritte, denn es müssen die regionalen Mächte, die Stellvertreterkriege dort austragen lassen, zum Einlenken bewegt werden. Gelingen kann das nur, wenn die USA, die EU, Russland und wegen seiner Veto-Macht auch China endlich gemeinsame Wege finden. Alle Lösungen werden von uns Europäern gewaltige wirtschaftliche Hilfen verlangen und sie bedeuten, einen voraussichtlich jahrelangen Transformationsprozess im Nahen Osten abzusichern, auch mit militärischen Mitteln, denn am Ende dieses Prozesses wird vermutlich eine völlig veränderte politische Landkarte des Nahen Ostens stehen.

Daneben muss der Islamische Staat weiter bekämpft werden. Ihm muss sein „Staatsgebiet" genommen werden, das ist seine Rekrutierungsbasis, und das unterscheidet ihn von allen anderen Terrororganisationen, die wir kennen. Dazu wird man sicher Bodentruppen brauchen, aber die werden vorwiegend aus der Region kommen müssen, müssen allerdings massiv und koordiniert vom Westen und durch Russland unterstützt werden, denn es geht um die Sicherheit beider, Europas und Russlands.

Das sind die Aufgaben der Gegenwart, und nun die Frage: Wie sieht das mit den künftigen und neuen Risiken aus? *Erstens* werden wir die Entwicklung einer Welt mit vielen regionalen Machtzentren ohne eine unumstrittene Ordnungsmacht erleben. Einzig die USA werden in allen Machtkategorien global handlungsfähig sein, doch diese USA sind und bleiben es leid Weltpolizist zu sein, für andere zu handeln, um dafür dann von den Trittbrettfahrern auch noch beschimpft zu werden. Sie werden sich nach innen wenden, aber sie werden sich nicht von der Welt abwenden. *Zweitens* werden wir eine zunehmend urbanisierte Welt mit riesigen Städten erleben, in der neue, fast von jedermann genutzte Technologien vermehrt durch international kooperierende Kriminalität genutzt werden wird. Das Gewaltmonopol der Staaten könnte zerbrechen, innerstaatliche Konflikte könnten zunehmen und es dürfte durchaus noch mehr unregierbar werdende und dann zerfallende Staaten geben. *Drittens* scheint in weiterer Zukunft die Bildung riesiger industrieller Kartelle denkbar, die zwar nominell noch in einem Land ihr Hauptquartier haben, aber global fertigen und sich jeder nationalen Kontrolle, ja sogar jedem politischen Einfluss in ihrem Stammland entziehen. Sie könnten mächtiger werden, als jede Regierung der Welt, und sie werden nur den Gesetzen des Marktes folgen. *Viertens* ist auch eine Welt, in der die gewohnten Ordnungen von Staaten und Gesellschaften selbst hier in Europa zerbrechen könnten, nicht auszuschließen. Sollten unsere Staaten sich in den Augen unserer Jugend als unfähig erweisen, mit den zunehmend komplexer werdenden Fragen der Zukunftssicherung fertig zu werden und weiterhin wie heute zu Lasten künftiger Generationen Wohlstand verbrauchen, dann könnte auch unsere Jugend die einzige Hoffnung im Zerschlagen alter Ordnungen sehen.

In dieser Welt ohne Weltordnung und ohne eine verbindende Werteordnung gibt es zudem die weiterhin bekannten Konfliktursachen wie ungelöste territoriale Ansprüche, ethnische Probleme, religiöse Spannungen. Doch es treten drei neue hinzu: demographische Verschiebungen, Ressourcenknappheit und die Folgen des sehr wahrscheinlichen Klimawandels. Nach meiner Ansicht werden in unserer Welt die demographischen Veränderungen in Verbindung mit Ressourcenmangel und Klimawandel die möglicherweise schwerwiegendste Konfliktursache der Zukunft sein, zum Teil verursacht durch Flüchtlings- und Migrationsprobleme. Europa muss mit seiner alternden und schrumpfenden Gesellschaft Zusammenhalt, Wohlstand und ein gewisses Maß an sozialer Sicherheit sichern und es muss auch dem ohne Klimawandel steigenden Bevölkerungsdruck aus Afrika begegnen. Wir dürfen nie vergessen, dass die Bevölkerung Afrikas bis 2050 um wahrscheinlich 2 Milliarden Menschen wachsen wird. Auch die Bevölkerung des Nahen Ostens wird zunehmen und wird jünger werden. Die gegenwärtigen Flüchtlingsbewegungen sind allenfalls ein Vorspiel dessen, was uns erwartet. Doch dramatischer noch als die Lage des Kerneuropas ist die Lage Russlands. Die Bevölkerung könnte auf weniger als 100 Millionen sinken und davon könnte um das Jahr 2050 die Hälfte muslimisch sein. Auch äußere Gefahren dürfte dieses Russland kaum noch aus eigener Kraft bewältigen können. China wird zusätzlich zur Auflösung des Familienverbundes Überalterung erleben, und damit wird die unzureichende Altersversorgung ein Spaltpilz für die Gesellschaft, es wird Arbeitskräftemangel geben; zusätzlich wird es als Folge der Einkindpolitik lebenslangen Frauenmangel für bis zu 50 Millionen chinesischer Männer geben, auch das kann die Gesellschaft belasten.

Auch Chinas asiatischer Rivale Indien, das schon bald bevölkerungsreichstes Land der Welt, wird gewaltige innere Spannungen erleben. Beide Staaten – China wie Indien – brauchen wegen ihrer erheblichen inneren Probleme kontinuierlich reales Wachstum, um ihre Völker ruhig halten zu können, doch das scheint mehr als fraglich. In den USA wie in Südamerika nimmt die Bevölkerung zu und bleibt so jung wie heute. In den USA könnte allerdings die wachsende Zahl der Hispanics und der Asiaten die bestehende Spaltung der Gesellschaft noch verstärken und auch die Abwendung von Europa beschleunigen. Das wahre globale Problem aber ist das Bevölkerungswachstum in Afrika und in der arabischen Welt, doch zum Risiko wird es vor allem für Europa, denn der Migrationsdruck erzeugt in unserer alternden und abnehmenden Bevölkerung Konflikte.

Zusätzlich wird unsere Welt mit gewaltigen Ressourcenproblemen fertig werden müssen. Für die Menschheit des Jahres 2050, dann vermutlich neun Milliarden Menschen, steigt der Lebensmittelbedarf um etwa 30%. Um 9 Milliarden Menschen ernähren zu können, müsste die Produktivität der Landwirtschaft um 60% gesteigert werden und die heutige maßlose Verschwendung von Lebensmitteln – wir werfen etwa 50% aller produzierten Lebensmittel Jahr für Jahr in den Müll – müsste ein Ende finden. Wir sollten nie vergessen, dass am Anfang der Französischen Revolution Hunger stand und am Anfang des Sturzes von Mubarak ein um 70% gestiegener Brotpreis. Heute hungern etwa 800 Millionen Menschen, und es wird immer schwerer werden, sie zu ernähren und unterzubringen. Damit wird auch das heute schon bestehende Trinkwasserproblem noch größer werden. Wassermangel dürfte zur Konfliktursache des 21. Jahrhunderts werden.

Das heute bestehende Trinkwasserproblem wird noch größer werden. Heute sind 870 Millionen Menschen ohne Trinkwasser, davon allein 300 Millionen Chinesen, jeden Tag sterben rund 1000 Kinder auf dieser Welt, weil sie verschmutztes Wasser getrunken haben. Die Lösung sehen die Staaten in Staudammprojekten; aber die machen die Sache letztlich nur schlimmer, wie das Beispiel des riesigen Mekong-Staudamms zeigt, mit dem China seinen Wassermangel zu beseitigen versucht. Für China geht es um Trinkwasser und Wasser für die Landwirtschaft, doch damit fehlen Vietnam die Schwemmstoffe, die das Mekong-Delta zur Kern- und Kornkammer Indonesiens gemacht haben. Aber auch um andere Ressourcen dürfte es Streit geben, nicht einmal vorrangig um Gas und Öl. Nehmen Sie den Mangel an seltenen Metallen und seltenen Erden, die für große Teile Europas überlebenswichtig für unsere Industrieproduktion sind. Verteilungs- und vor allem Zugangskonflikte sind für die Zukunft nicht auszuschließen, nicht zuletzt auch wegen des Rohstoffkolonialismus der Volksrepublik China.

Klimawandel dürfte die Ursache Nummer drei werden. Vor Europas Haustür liegt eines der am stärksten vom Klimawandel betroffenen Seegebiete, der Arktische Ozean. Lösungen des Problems sind noch nicht mal angedacht und der Arktische Rat ist nicht unbedingt ein Muster an Kooperationsbereitschaft. Alle Nationen Europas hängen aber von der Nutzung der Hohen See ab, wird sie verweigert, ist das Überleben von Nationen in Gefahr. *Access Denial* könnte so eine Bedrohung der Zukunft werden. Am dramatischsten aber werden die Folgen des Klimawandels bei Trinkwasserversorgung und bei der Nahrungsmittelproduktion sein; auch hier nur ein Beispiel: Hält das Abschmelzen der Gletscher des Himalaja an, dann könnte die Trinkwasserversorgung von etwa 2 Milliarden Menschen gefährdet sein.

An Konfliktursachen besteht also kein Mangel, und leider werden diese Konflikte auch noch leichter zu führen sein. Das Gewaltmonopol könnte brechen, denn der Zugang zu Waffen und Mitteln der Gewaltanwendung wird immer leichter und deren Anwendung wird vielfach einfacher. Die meisten Konflikte im 21. Jahrhundert werden aber ganz anders verlaufen als die bekannten Kriege zwischen Staaten, die sind in Europa bekanntlich noch immer ziemlich unwahrscheinlich. Damit werden natürlich auch die gewohnten Methoden der Kriegführung immer weniger anwendbar und wir alle, große oder kleine Staaten in Europa, müssen uns sicher schon heute die Frage stellen, ob wir unseren Streitkräfteplanungen mit dem Krieg von gestern nicht unverhältnismäßig viel Gewicht geben. Die noch ungelöste Herausforderung ist es, neue Formen und Wege der Konfliktverhinderung in anderen neuen Konflikten zu suchen, in denen sich Akteure, die über das volle Gewaltpotential der Staaten verfügen, mit Starken anlegen könnten oder die in der Lage wären, durch Cyber-Operation Staaten zu lähmen, um sie wehrlos zu machen. Denken sie an die bereits erwähnte ungeheure Geldmenge in der Hand von Kriminellen, sie gibt ihnen Zugang zu allen Machtmitteln und die Vernetzung der Welt erlaubt es, sie blitzschnell zu verschieben. Täglich sind auf unserer Welt 9 Millionen Menschen im Flugzeug unterwegs und es werden Tag für Tag 115 Millionen Tonnen in der Luft transportiert, auf See werden pro Jahr sagenhafte 9,5 Milliarden Tonnen Material transportiert. Viele Konflikte der Zukunft könnten also ganz oder teilweise von nichtstaatlichen Akteuren, von Terroristen, organisierten Kriminellen, Söldnern, Piraten und in ferner Zukunft auch von Robot-Streitkräften geführt werden.

Besondere Gefahr entsteht, weil die Proliferation von Massenvernichtungswaffen anhalten wird, und weil das volle Spektrum der Cyber-Operation genutzt werden dürfte. Analog zur Industrie 4.0 entsteht derzeit in den modernen Staaten dieser Welt, also nicht in Europa, das Militär 4.0, und das wird schon bald durch neue Technologien wie Robotics, Nanotechnologie und biochemische Mittel geführt und geleitet von Quantencomputern zum Militär 5.0 ungewandelt werden. Die Gefahr der Weitergabe von Atomwaffen wächst mit jeder neuen Atommacht, wir haben bereits die Weitergabe von Atomwaffen durch Pakistan gesehen, Nordkorea dürfte wohl auch kaum zögern und ein in Isolation verharrender Iran wäre sicher ein Kandidat. Der Iran ist eine virtuelle Atommacht und wir haben lediglich 10 Jahre Zeit gewonnen – mit Glück.

Für weit gefährlicher als Atomwaffen halte ich biologische Waffen, die schon ab 2020 schwere, heute noch kaum abschätzbare Gefahren für die verwundbare, sicher nur schwer zu schützende Staatenwelt bringen können. Biologische Kampfmittel skrupellos eingesetzt, könnten Pandemien auslösen und – punktuell verwendet – Staaten lähmen. Sie entwerten alle Abschreckung, weil – ähnlich wie bei Cyber-Operation – der Ursprung nicht mehr zu erkennen ist. Deshalb allein sind sie für Terroristen die Traumwaffe schlechthin. Auch die Raketen-Proliferation dürfte weitergehen, Gleiches gilt für die Weitergabe von Cruise Missiles und Drohnen. Alle Staaten dieser Welt können schon sehr bald von außen aus großer oder kleinerer Entfernung und nach sehr kurzen Warnzeiten getroffen werden. Kein Staat der Welt kann sich dagegen noch alleine schützen. Das gilt auch für die Abwehr von Cyberwarfare, eine fast schon gegenwärtige Gefahr.

Der Cyberspace dürfte die Dimension künftiger Konflikte sein. Schon mittelfristig könnten sich über Cybercrime und Cyberterror die Tore zum Cyberwar öffnen. Bislang sind die zahlreichen, heute bereits täglich stattfindenden Angriffe auf staatliche und kommerzielle Netzwerke fast ausnahmslos unterhalb der Schwelle eines auf Lähmung zielenden Angriffs einzuordnen, aber das Potenzial der Angreifer wächst schneller als die Fähigkeit der Staaten sich zu schützen; die Angreifer sind stets im Dunkeln, wir wissen nicht, woher der Angriff kommt. Die Entwicklung könnte in Richtung einer umfassenden, den Gegner wehrlos machenden präventiven Lähmung gehen, ohne kinetische oder zerstörende Gewalt anzuwenden. Sun Tzu hielt das schließlich schon vor 2500 Jahren für die wirkungsvollste Form der Kriegführung. Sehr große Staaten könnten ab 2020 in der Lage sein, kleinere Staaten teilweise oder ganz elektronisch auszuschalten, ohne dass der Angreifer identifiziert werden kann. Aber auch Terroristen und Kriminelle dürften schon bald in der Lage sein, die wesentliche Funktion eines Staates für begrenzte Zeit ganz oder teilweise zu lähmen.

Die Dimension dieser neuen Gefahr ist global, hier entstehen neue ungelöste Schutzaufgaben. Niemand hat bis jetzt ein schlüssiges Konzept, es gibt keine umfassende Strategie und deshalb fehlen auch die Mittel, sich zu schützen und gegen den Gegner vorzugehen. Eine nukleare Drohung geht ins Leere, weil der Angreifer nicht lokalisiert werden kann. Gleiches gilt für Interventionen. Die beste Fähigkeit klassischen Krieg zu führen bringt nichts, wenn der Gegner den Staat lähmen kann. Schutzlos gewordene Staaten aber könnten zerfallen oder in die Hände von Kartellen fallen;

es zeichnet sich also wirklich diese Welt voll Ungewissheit, Unsicherheit und Unordnung ab, in der die von uns heute beherrschten Instrumente nicht mehr greifen, aber neue noch nicht entwickelt sind.

Es bleibt uns kaum lange Zeit uns vorzubereiten oder über die Vorbereitung nachzudenken. Weder militärische Mittel allein noch pazifistischer Verzicht auf sie können Frieden sichern. Die bestehenden staatlichen wie internationalen Organisationen müssen also Schritt für Schritt, während sie in Operation sind, an die sich abzeichnenden Entwicklungen angepasst werden, um somit sicher zu stellen, dass die Kernaufgabe des Staates, den Schutz seiner Bürger wahrnehmen zu können, auch erfüllt werden kann. Wir müssen handeln, wir Europäer müssen handeln, obwohl wir schwach und abhängig und uneins sind wie seit Jahrzehnten nicht mehr und deshalb gilt es gerade jetzt für uns Europäer, Strategie neu zu denken, und damit komme ich zu meinem dritten Abschnitt „Strategie neu denken".

Das klassische Paradigma der Strategie ist es, die Machtmittel des Gegners zu zerstören, um ihm dann den eigenen politischen Willen aufzuzwingen. Das ist immer dann möglich, wenn der Gegner ein Staat oder Bündnis ist und so über ein Gebiet lokalisierbar ist. Diese Strategie ist selbst bei Beschränkung auf strategische Verteidigung also auf Reaktion, anwendbar. Sie konnte in der bipolaren Welt genutzt werden, obwohl sie einen globalen Konflikt hätte nach sich ziehen können. Das Problem dieser Strategie war es, den Konflikt zu begrenzen und aus der Reaktion durch kontrollierte Eskalation die Initiative zu gewinnen. In der multipolaren und damit unberechenbaren Welt könnte es nur gelingen, wenn einer der Pole mächtig genug wäre mit allen anderen Gruppierungen selbst dann fertig zu werden, wenn diese sich zusammenschließen würden. Das aber ist wenig wahrscheinlich. Die bisherige Strategie ist also nicht länger eine Lösung.

Wir werden wohl, so möchte ich das nennen, einen Paradigmenwechsel der Strategie erleben. Strategie heißt künftig nicht mehr reaktiv, sondern möglichst präventiv zu handeln, und dafür bietet die Technik neue Möglichkeiten. Es könnte eine Strategie der Lähmung möglich werden. Damit könnte die Nutzung militärischer, nicht mehr auf Zerstörung zielender Mittel nicht mehr das letzte, sondern ein frühes Mittel der Politik werden, es bleibt aber immer das äußerste Mittel der Politik. Das größte Problem präventiven Handelns ist es zu erkennen, ab wann das Handeln des Gegners unmittelbar bevorsteht, denn ab dann ist auch nach heutigem Rechtsverständnis präventives Handeln rechtmäßig. Unverändert dagegen bleibt auch in einer Strategie der Lähmung das Ziel der Schutz des eigenen Gebiets, den Gegner dazu zu bringen unsere politische Ziele zu akzeptieren, und das möglichst ohne Anwendung zerstörender Gewalt. Das bedeutet Ausschalten und Lähmung aller Machtmittel eines Gegners durch präventives Handeln unter Einsatz aller Instrumente der Politik in einem festgelegten Interessenbereich, ohne zwingend gleich zu Beginn erkennbar zu machen, wer da handelt und woher die Handlung kommt. Man könnte eine solche Strategie eine

Strategie des „*Preventive Denial*" nennen. Sie ist natürlich auch vom Gegner anwendbar, und deswegen kann man sie nur nutzen, wenn der eigene Machtbereich umfassend geschützt ist. Das ist die Voraussetzung. Nur wenn Letzterer umfassend geschützt ist, kann er die Machtmittel eines Gegners ausschalten, bevor dieser sie nutzen kann.

Preventive Denial verlangt in seinem ersten Element den vorbeugenden Schutz vor direkter Gefahr gegen einen bedrohenden Gegner zunächst durch Cyber- und Media-Operations in Verbindung mit nachhaltiger Beeinflussung gesellschaftlicher Gruppierungen des Gegners. Die Stimmung der Bevölkerung des Gegners ist gegen dessen Regierung zu lenken. Dann werden in steter Steigerung die Macht- und Ordnungsmittel des Gegners in ihrer Wirksamkeit so eingeschränkt, dass die Menschen in dessen Machtbereich den Eindruck gewinnen, die Regierung des Gegners sei unfähig den Staat zu lenken, geschweige denn seine Menschen zu schützen. Es muss der Eindruck erreicht werden, der Gegner sei wehrlos, weil die Machtmittel des Staates gelähmt sind. Demonstrative Einsätze militärischer Mittel können dabei diesen Eindruck der Wehrlosigkeit verstärken. Parallel sind die außenpolitischen Bemühungen – Isolierung des Gegenspielers durch intensive Zusammenarbeit mit Freunden resp. Verbündeten und mit internationalen Organisationen – mit dem Ziel zu verstärken, den Gegner außenpolitisch zu isolieren und ihm die Schuld für die Krise anzulasten, ohne allerdings Regimewechsel anzustreben. Damit könnte das Einlenken auch ohne den umfassenden Einsatz militärischer Kräfte erreicht werden.

Preventive Denial wäre dann am Ziel und wird abgeschlossen, wenn man einer neuen, vom Volk des Gegners selbst bestimmten Führung Hilfe beim Wiederaufbau anbietet. Preventive Denial könnte eine wirkungsvolle, weil initiative Strategie gegenüber den neuen künftigen Gefahren sein, die den eigenen Bereich vorbeugend schützt, die durch Handeln außerhalb des eigenen Gebietes Gefahren fernhält und die zugleich auch abschreckt, weil sie den Gegenspieler wehrlos macht. Doch Schutz des eigenen Gebiets allein durch Preventive Denial, das nenne ich die operative Phase, ist nicht genug des Vorbeugens. Es gilt auch weiterhin, Gefahren auf Distanz zu halten und den Gefahren vorbeugend dort zu begegnen, wo sie entstehen. Ziel ist es dabei, Konflikte in Krisenzonen zu verhindern, indem man dort vorbeugend die Konfliktursachen bekämpft. Das muss geographisch begrenzt im eigenen geostrategischen Vorfeld geschehen. Im Falle Europas also im Raum des erweiterten Nahen Ostens und in Afrika bis hin zu den Ländern des äquatorialen Afrika. In dieser Zone müsste wirtschaftliche Hilfe und Unterstützung beim Aufbau von Staaten nach den Vorstellungen der Menschen dort und nicht nach unseren geleistet werden.

Versucht werden müsste, Stabilität und eine eventuelle Neuordnung der politischen Landkarte zu erreichen, und diese durch die erforderliche Präsenz von Hilfskräften aller Art auch stabil zu gestalten. Ziel dieses zweiten Elements der Strategie des Preventive Denial ist es, Menschen in ihren Regionen zu halten, um dort folgende politische Umbrüche denkbar zu machen. Damit soll die Destabilisierung der eignen verwundbaren, weil alternden Bevölkerung durch ungelenkte Migration, Flüchtlingswellen oder die Folge anhaltender Kriege im geostrategischen Vorfeld verhindert werden. Die zur Absicherung dieser Prozesse erforderlichen Stabilisierungskräfte müssen neben Polizei und Militär alle Funktionen eines Staates so abbilden können, dass Kräfte aus der Region angeleitet werden, bis sie diese Aufgabe selbst übernehmen können. Die eigenen Stabilisierungskräfte müssen aber auch fähig sein, Kräfte der Region notfalls kämpfend nachhaltig zu unterstützen, um die zur Stabilisierung der Region erforderliche Abwesenheit von Krieg zu erreichen.

Das dritte Element schließlich, das nur im äußersten Fall anzuwendende Element, ist es, einem Gegner – wenn nötig – durch proaktiven Zugriff die Teile seiner Machtmittel zu nehmen, mit denen er die eigenen Mittel ausschalten oder beschädigen könnte oder diesen zumindest die Operationsmöglichkeit zu nehmen. Das kann natürlich nur geschehen, wenn ein Einsatz dieser Mittel unmittelbar bevorsteht, nur dann ist es rechtmäßig – so zum Beispiel bei biologischen Kampfmitteln. Wenn man sichere Erkenntnis hat, dass sie eingesetzt werden sollen, dann wäre ein präventiver Zugriff rechtmäßig und zweckmäßig. Das ist eine Domäne, die vorwiegend vom Militär zu bestreiten ist. Dafür sind Kräfte erforderlich, die koordiniert und gemeinsam mit Verbündeten unter nationaler oder integrierter Führung in allen fünf Dimensionen moderner Kriegführung Land, Luft, See, Weltraum und Cyberspace im Bündnisgebiet und in dessen Vorfeld kämpfen können. Mit diesem Element und seiner glaubhaften Fähigkeit zu handeln wird jedem Gegner signalisiert, dass Preventive Denial in seiner proaktiven Form eben auch heißt, dass die Instrumente des Gegners durch Zugriff entrissen werden können, sei er nun ein Staat, ein Bündnis oder ein Kartell.

Die dafür notwendige Handlungsfreiheit gewinnt Europa nur, wenn es gelingt, Russland von weiteren Abenteuern abzuhalten und zugleich zu verhindern, dass dieses riesige Land sich durch seine selbst verschuldete Isolation weiter destabilisiert. Glaubhafter Schutz vor Russland, die alte, neue und fortbestehende Aufgabe der NATO, ist somit Voraussetzung dafür, das mittelfristig Unabwendbare zu tun, nämlich Sicherheit gemeinsam mit Russland vor den neuen und künftigen Gefahren zu schaffen. Dazu braucht Europa weiterhin die USA fest an seiner Seite.

Doch kann man das mit einer Strategie, wie ich sie vorschlug, die so eindeutig auf Europa und den Nahen Osten und den Norden Afrikas zugeschnitten ist, überhaupt erreichen? Ist es eine Leistung, die amerikanische Bereitschaft auslöst, Europa künftig auch zu schützen? Ich denke schon. Ich denke, man kann den USA beweisen, dass von Europa wesentlich erreichte Stabilität in Europa, im erweiterten Nahen Osten und im Norden Afrikas auch Amerika Sicherheit bringen würde, weil dadurch eine der beiden Gegenküsten der globalen Seemacht USA beherrschbar bliebe. Aber zusätzlich müsste Europa bereit sein, als Partner mit den USA in einen strategischen Verbund mit deren asiatisch-pazifischen Verbündeten einzutreten und so gemeinsam zu versuchen, in dieser Schlüsselregion des 21. Jahrhunderts, aus dem asiatisch-pazifischen

Raum, einen Ausgleich mit China und Indien zu suchen. Das kann für Europa bedeuten, auch dort von Fall zu Fall militärischen Beistand leisten zu müssen.

So weit mein Denkanstoß unter der Überschrift dieser Konferenz „Strategie neu denken"; zumindest ein Anstoß, bessere Ideen zu entwickeln und die auszuformen, und dann müsste man im kommenden Jahr, sobald die neue Regierung der USA bestätigt ist, an eine Überprüfung und vermutlich Neufassung der Strategie der NATO herangehen und gleich danach an die grundlegende Revision einer den Realitäten angepasste EU-Sicherheitsstrategie. Dem werden Richtlinien für die Planung aller Sicherheitsorgane der NATO und der EU Staaten zu folgen haben sowie Ideen für die Vertiefung der Zusammenarbeit der regionalen und globalen Organisationen, also eine regelrechte Vernetzung von NATO, EU, Afrikanischer Union, Gulf Cooperation Council, ASEAN, Organisationen afrikanischer Staaten, World Health Organisation und World Food Programme. Wäre das erreicht, dann hätte man zwei der drei Komponenten jeder Strategie, nämlich das Konzept und man hätte Fähigkeiten. Was dann noch fehlt ist der politische Wille, zu handeln, wo es geboten ist. Das ist derzeit die größte Schwäche Europas in seiner ganzen Uneinigkeit und Zerrissenheit.

Die Flüchtlingskrise hat den Menschen die Augen geöffnet, auch in Wellness- und Spaßgesellschaften. Man weiß wieder, dass man etwas tun muss, wenn man Frieden, Freiheit und Wohlstand schützen will. Aber die Bereitschaft dafür, gegebenenfalls auch präventiv zu handeln, die gibt es noch nicht, weil unsere Menschen noch nicht klar genug sehen wie groß die Gefahr ist und weil unsere Politiker das ihnen auch gar nicht gerne sagen. Doch wenn sie den Bürgern die Augen nicht öffnen, dann wächst die Verunsicherung, dann schwindet das Vertrauen. Was sich dann entfaltet, ist eine der zwei Dynamiken, die jedes politische Handeln bestimmt. Das ist die Dynamik der Angst und diese Dynamik der Angst nützt nur den Demagogen und den Populisten. Deshalb meine ich, ist es an der Zeit ein überzeugendes und machbares Konzept zu entwickeln für den Schutz unserer Staatenwelt und damit die Dynamik der Hoffnung zu wecken und zu entfalten. Wir müssen den Menschen klar sagen, wo wir stehen, welche Wege wir haben, und dass wir es schaffen können, wenn sie mitziehen. Also wir müssen Strategie neu denken und diese an den Anfang einer Dynamik der Hoffnung stellen. Ich denke, dafür ist es noch nicht zu spät. Europa könnte das schaffen – Europa muss das schaffen!

Wissenschaftliche und sicherheitspolitische Grundlagen der staatlichen Strategie und Militärstrategie Russlands

Vasily K. Belozerov

Wie die Realität zeigt, wenn den politischen Akteuren das Verständnis für die Inhalte der politischen Zusammenhänge fehlt, führt dies zu Fehlschlüssen und zu gegenseitigem Misstrauen, was die internationale Zusammenarbeit erschwert. Die Verfolgung einer manifest und konsequent verfolgten Strategie stellt die Transparenz der staatlichen Politik sicher und erleichtert die Kommunikation. Solche Strategien fördert die Sinnhaftigkeit der staatlichen Politik und gibt der Entwicklung des Staates Sicherheit. Staatliche Strategie ermöglicht die Sicherheit der Bürger und schafft einen Ausblick in die Zukunft. Inzwischen hat der Begriff „Strategie“ ins politische Lexikon und in den wissenschaftlichen Dialog des postsowjetischen Russlands Eingang gefunden.

Im vorliegenden Beitrag werden wissenschaftliche und sicherheitspolitische Grundlagen der staatlichen Strategie und Militärstrategie Russlands aus der Sicht des Verfassers dargestellt. Dazu kommen auch die Probleme der Gestaltung und Verwirklichung dieser Strategie. Hier geht der Verfasser davon aus, dass die Strategie gleichzeitig Vergangenheit, Gegenwart und Zukunft ist. Daher wird in einigen Fällen ein Exkurs in die Geschichte benötigt.

Zuerst ist zu bemerken, dass die Gestaltung und Verwirklichung der staatlichen Strategie eine klare Antwort auf folgende Fragen braucht:

(1) Wie sieht das Land die eigene Zukunft?
(2) Wie erreicht das Land diese Zukunft?
(3) Welches Modell der gesellschaftlichen und politischen Ordnung hat das Land gewählt und was kann es der Welt bieten?

Entwicklung der wissenschaftlichen und sicherheitspolitischen Grundlagen der staatlichen Strategie Russlands

Festzuhalten ist, dass unser Land seit jeher beeindruckende Projekte verfolgt hatte, wobei zu den Besonderheiten der vom zaristischen Russland und der Sowjetunion realisierten Projekten die hohe Ideologisierung, die Orientierung an der Zukunft, globale Verantwortlichkeit und der Messianismus zählen.

Als erstes Beispiel sei das bekannte Konzept „Moskau – das Dritte Rom" erwähnt, welches im ersten Drittel des 16. Jahrhunderts formuliert und entwickelt wurde; es war eine ideelle Grundlage der in Russland verbreiteten messianischen Vorstellungen über die Rolle und Bedeutung des Landes in der Welt. Die Auswirkungen dieses Konzeptes fanden sich in der praktischen Anwendung staatlicher Politik im vorrevolutionären Russland. Es entwickelte sich aus einer besonders religiösen und politischen Betonung Russlands als Nachfolgers des Römischen Reiches und von Byzanz, getragen von der Idee eines „Transfer des Imperiums" (translation imperii). Die nationale Idee und die staatliche Strategie Russlands seit der Mitte des 19. Jahrhunderts wurden in der inhaltsreichen Formel „Orthodoxie, Autokratie und Volkstümlichkeit" verankert.

In der sowjetischen Periode verwirklichte unser Land das Programm des Aufbaus des Kommunismus im eigenen Land und dem Versuch einer Ausweitung auf die ganze Welt. Die entsprechenden offiziellen Einstellungen dazu sind gut bekannt, sie wurden im Programm der Kommunistischen Partei der Sowjetunion (1961) und in der Verfassung der UdSSR (1977) dargelegt.

Das heutige Russland sucht und findet allmählich Antworten auf die Fragen, wie weit frühere Staatsideen bei der Ausarbeitung und Umsetzung der staatlichen Strategie unseres Landes und des langfristigen globalen Projektes Russlands Gültigkeit haben. Diese Fragen sind nicht einfach zu beantworten. Die Vertreter der heutigen russischen politischen Führungsschicht zeigen periodenweise ein verstärktes Streben in die Zukunft und sind von der Überzeugung getragen, dass die Forderungen gerechtfertigt sind.

In diesem Zusammenhang sind der Artikel von Dmitri Medwedew „Russland, vorwärts!" (vom 10. September 2009) und die Vorwahlartikeln Wladimir Putins (vom Januar-Februar 2012) beispielhaft. Mit den Visionen über die Zukunft des Landes treten auch bekannte russische Politiker auf, die sich vor allem in den Vorwahlperioden und in Erwartung einer Korrektur des politischen Kurses zu Wort melden.

Die praktischen Erfahrungen bestätigen, dass in Russland die Fragen über die Zukunft und über die Perspektiven des Landes ständig im Mittelpunkt stehen. Brauchbare Antworten darauf wurden auch in der postsowjetischen Zeit nicht gefunden. Das heißt, schon fast ein Vierteljahrhundert ist nun ohne gültige Antworten vergangen. Außerdem verschärft sich diese Frage, und das Problem der Wegfindung der Entwicklung Russlands wird immer häufiger ein Diskussionsgegenstand in den Politikkreisen und unter Experten.

Früher haben sich die russischen Denker die Aufgabe der wissenschaftlichen Begründung der staatlichen Strategie Russlands gestellt und auch beantwortet. Sogar der berühmter Chemiker Dmitri Mendelejew (1834-1907) widmete seine Aufmerksamkeit auf die weitere Landesentwicklung. Diese Probleme hatte er in seinen späteren Büchern „Zur Erkenntnis Russlands“ und „Wertvolle Gedanken“ dargelegt.[1] Zum ersten Mal erschienen diese Bücher 1903 und 1906. Nach Mendelejews Berechnungen sollte die Bevölkerung Russlands zum Jahr 2000 auf 500 Millionen Menschen ansteigen und bis 2050 auf etwa 800 Millionen. Hätte es in Russland keine soziale Katastrophen und Kriege gegeben und wäre die Politik des Staates intelligent und verantwortungsvoll gewesen, hätten sich diese Zahlen vermutlich erreichen lassen.

Anfang des 20. Jahrhunderts kam in Russland der Begriff „höhere Strategie“ in Gebrauch. Es ist bemerkenswert, dass gerade am Vorabend des Ersten Weltkrieges eine Reihe von Werken diverser russischer Offiziere zu diesem Thema veröffentlicht wurde. 1913 erschien die Broschüre „Höhere Strategie“ des Offiziers der Kaiserlich Russischen Marine Wiktor Novitsky[2]. Der Verfasser versuchte eine theoretische Begründung der höheren Strategie in Bezug auf und in der Interaktion mit Militärstrategie zu geben. Seiner Meinung nach besteht die Aufgabe der höheren Strategie darin, unabhängige Existenz und die weitere Entwicklung des Staates im Einklang mit seinen politischen, wirtschaftlichen, historischen und kulturellen Interessen zu gewährleisten.

Im selben Jahr erschien das Buch von Alexei Wandam (Edrichin) „Die größte Kunst. Übersicht der modernen internationalen Lage im Lichte der höheren Strategie“. Wandam fand es notwendig, eine Koalition von Landmächten – Russland, Deutschland und Frankreich – zu schaffen, die sich gegen den „feinen Despotismus Englands“ richten sollte. Novitsky, Wandam und ihre Gesinnungsfreunde wurden mit ihren Ideen damals nicht gehört und ihre Ideen daher auch nicht weiter verfolgt. Das Werk von Wandam wurde im Jahre 2002 neu aufgelegt.[3]

In der Sowjetunion erschien im Jahr 1926 das Buch „Strategie“[4] von Alexander Swetschin. Im Jahr darauf wurde die zweite Auflage veröffentlicht und der Autor wurde mit dem Staatspreis ausgezeichnet. Diese Schrift ist eine der besten über Strategie. Obwohl der Autor über Militärstrategie schrieb, ist das ganze Buch mit politischen Ideen durchsetzt, weil Swetschin vom Primat der Politik ausging. Die Vorbereitung und der Einsatz der Militärgewalt sind in seiner „Strategie“ als Teil der Staatspolitik zu

[1] Siehe: Менделеев Д.И. Познание России. Заветные мысли. – М.: Эксмо, 2008. 688 с.

[2] Siehe: Новицкий В.Я. Высшая стратегия. – Санкт-Петербург: тип. Мор. м-ва, 1913. 97 с.

[3] Siehe: Вандам (Едрихин) А.Е. Геополитика и геостратегия / Сост., вступ. ст. и коммент. И. Образцова; заключ. ст. И. Даниленко. – Жуковский; М.: Кучково поле, 2002. 272 с.

[4] Siehe: Свечин А.А. Стратегия. – Жуковский; М.: Кучково поле, 2003. 952 с.

sehen. Er verknüpfte seine Betrachtungen mit dem engen Bezug der staatlichen Strategie mit der Militärstrategie.

Fast zehn Jahre nach der Veröffentlichung seiner „Strategie" bemerkte er: „Die direkt auf Clausewitz folgende Generation von Militärschriftstellern hatte sogar Angst davor, das Wort „Strategie" im Titel ihrer Arbeiten zu verwenden"[5]. Auf solche Weise akzeptiert Swetschin, dass es auch für ihn schwierig war, sich für diesen Begriff zu entscheiden.

Man betrachte die Bedeutung der staatlichen Strategie: Diese beantwortet auch die Fragen im Zusammenhang über den Einsatz der Streitkräfte, was auch mit der Nutzung der gesamten staatlichen Ressourcen verbunden ist, weil sich nur so das erfolgreiche Endziel des Krieges erreichen lässt. Krieg wird geführt, um konkrete politische Ziele zu erreichen und wird daher in ihren Grundzügen von der Politik bestimmt.

Der ganze Inhalt der Militärstrategie stellt in der Tat das Nachdenken über die Militärgeschichte dar. Er bezeichnet dies als die Lehre der politischen Kunst: Jeder Kampf für eigene Interessen kann nur dann planmäßig und bewusst geführt werden, wenn alle sich über die Ziele des Kampfes klar werden:

- Der Krieg ist ein Teil des politischen Kampfes.
- Der Krieg wird nicht nur auf der rein militärischen Front, sondern auch auf Klassen- und Wirtschaftsfronten geführt. Alle Aktivitäten werden mit der Politik koordiniert.
- Das ganze internationale Leben im Frieden stellt einen ständigen Zusammenstoß der Interessen von einzelnen Ländern dar, die gegenseitig in einem ununterbrochenen wirtschaftlichen Kampf stehen.
- Die erste Pflicht der politischen Kunst im Bezug auf die Strategie besteht in der politischen Zielbestimmung des Krieges. Jedes Ziel muss für sein Erreichen streng mit den verfügbaren Mitteln vereinbart werden. Das politische Ziel muss den Kampfhandlungsbedingungen entsprechen.

Die politische Fixierung des Kriegsziels ist in Wirklichkeit eine große Herausforderung für die Politik, obwohl diese Orientierung auf ein Ziel zunächst einfach aussieht. Falsche Vorstellungen über einen künftigen Krieg führen zu falschen Vorstellungen über die Vorbereitung und Führung des Krieges.

Alexander Swetschin formulierte auch eine Konzeption „des integralen Feldherren". Die oberste Staatsgewalt führt den Krieg, denn die Entscheidungen, die für die Kriegsführung getroffen werden, sind zu komplex und zu wichtig, um diese Entscheidungen irgendwelchen Militärs anzuvertrauen.

---

[5] Swetschin, Alexander. Clausewitz. Mit einem Geleitwort von Vizeadmiral Ulrich Weisser. Olaf Rose / Hans-Ulrich Seidt (Hrsg.), Bonn 1997, S. 224-225.

Verständlicherweise sind die Ideen von Alexander Swetschin nicht die einzige Errungenschaft der sowjetischen Periode zum Thema des Wesens, der Inhalte und der Umsetzung der staatlichen Strategie. Man kann Verdienste der sowjetischen Wissenschaft in der Ausarbeitung von solchen Begriffen, wie Planung (u.a. programmierte und zielorientierte Planung), Projektierung, Prognostizierung und Modellierung der politischen und gesellschaftlichen Prozesse nicht verneinen.

Die ersten Jahre der postsowjetischen Periode in der russischen Geschichte werden durch die Ablehnung der sowjetischen Erfahrung, vielen ihrer deutlichen Errungenschaften, darunter die Ignoranz der Fragen der staatlichen Strategie und der perspektiven Planung, charakterisiert. Kennzeichnend war, dass in der Verfassung der Russischen Föderation, die im Jahre 1993 angenommen wurde, folgende Einstellung verankert wurde (siehe Artikel 13): „Keine Ideologie darf als staatliche oder verbindlich festgelegt werden“. In der Tat geht es um die Ablehnung einer eigenen Strategie Russlands, man verneinte damals deren Notwendigkeit.

In der Mitte der 1990er Jahre begannen in Russland jedoch neue Arbeiten für die Planung der Staatspolitik im Bereich der Gewährleistung der nationalen Sicherheit und Landesentwicklung. Im Juni 1996 wandte sich Präsident Boris Jelzin an die Föderalversammlung Russlands mit dem Hinweis der Notwendigkeit einer Neukonzeption der nationalen Sicherheit. Im Dezember 1997 wurde die erste Konzeption nationaler Sicherheit der Russischen Föderation bestätigt. Im Januar 2000 wurde von Wladimir Putin eine neue Redaktion für die Konzeption der nationalen Sicherheit eingesetzt.

Neun Jahren später, am 12. Mai 2009, wurde die *Strategie der Nationalen Sicherheit der Russischen Föderation* für die Zeit bis zum Jahr 2020 in Kraft gesetzt. Es ist zu betonen, dass das Wort „Strategie“ im Titel dieses Dokuments erschien. Ende 2015 verfügte Wladimir Putin die neueste Version der *Strategie der Nationalen Sicherheit der Russischen Föderation.*

In der Tat flossen in jüngerer Zeit mehrere langfristige Planungen in die Staatspolitik ein. Diese Prozesse fanden nicht schmerzlos statt. Eigentlich entwickelte sich ein Kampf auf der Ebene der föderalen Behörden der Staatsmacht und im Sicherheitsrat Russlands, nicht nur über die Notwendigkeit und Rechtsmäßigkeit des Aufbaues der Planung der Landesentwicklung und der Gewährleistung der nationalen Sicherheit, sondern auch um die Notwendigkeit der strategischen Zielsetzungen des Landes.[6]

Diese Situation änderte sich mit der Entscheidung des Präsidenten. In diesem Zusammenhang bemerkte damals der Stellvertretende Sekretär des Sicherheitsrates Russlands Wladimir Nasarow nicht ohne Ironie: „Gerade ein Amt, das vor kurzem die

---

[6] Siehe: Назаров В.П. Стратегическое планирование: сейчас или опять потом? // Власть. 2007. № 11. С. 5.

Entbehrlichkeit und sogar die Schädlichkeit der Planung in Rahmen der Marktwirtschaft behauptete, arbeitet jetzt mit Beschleunigung an deren Realisierung. [7]

Heutzutage wird die Notwendigkeit der strategischen Planung auf höchster staatlicher Ebene und in der politischen Führungsschicht nicht angezweifelt. Der Sicherheitsrat der Russischen Föderation ist nicht nur beratendes Organ beim Präsidenten, sondern übt auch die Funktion der Strategischen Planung aus. Es soll auch berücksichtigt werden, dass das Föderale Gesetz „Über die strategische Planung in der Russischen Föderation" am 28. Juli 2014 erlassen wurde. In den doktrinären Dokumenten Russlands werden die Verbindung und der Zusammenhang von Problemen der Nationalen Sicherheut und der Entwicklung des Landes besonders unterstrichen.

Vor diesem Hintergrund sind viele in und auch außerhalb Russlands publizierten Arbeiten und Ideen nachgefragt, vor allem solche, die mit Themen der staatlichen Strategie verbunden sind. Deshalb hat man in Russland auch aktiv angefangen, die ausländische Erfahrung der Ausarbeitung und der Umsetzung der staatlichen Strategien und der wissenschaftlichen Betrachtung dieses Phänomens zu erforschen. Hier ist die österreichische Erfahrung zu bemerken. Interesse verdienen zum Beispiel das Buch von Oberst Andreas Stupka[8], die Österreichischen Militärischen Zeitschrift und andere Publikationen der Landesverteidigungsakademie.

Zurzeit ist in Russland in der Reihe der Bildungseinrichtungen die Schulung der Fachleute im Bereich der politischen Strategien organisiert. So realisiert man an der Moskauer Staatlichen Linguistischen Universität das vom Lehrstuhl für Politikwissenschaft ausgearbeitete Masterprogramm „Strategische Projektierung in der Politik".

Zur Bewertung des gesamten Problems ist es zweckmäßig die Liste der Determinanten zu nennen, auf denen die staatliche Strategie Russlands beruhen sollte, die, nach Meinung des Verfassers, die Ziele Russland der ganzen Welt besser erklären könnten:

- Russland ist ein Land mit der großen ehrenwerten, eigenständigen und dramatischen Geschichte, das die schwierigen Bedingungen überlebt hat und sowohl ganz Europa als auch die ganze Welt vielmals vor Vernichtung gerettet hat;
- das Volk Russlands hat sich im Laufe der Jahrhunderte in ein riesiges Land eingewöhnt und trägt die Verantwortung dafür;
- Russland ist ein einzigartiges Beispiel des friedlichen Zusammenlebens und gegenseitigen geistigen Bereicherung und Entwicklung vieler Völker, die verschiedene Kulturen haben, sich ethnisch und konfessionell unterscheiden, aber durch das gemeinsame historische Schicksal eng verbunden sind;

[7] Ebenda. C. 7.

[8] Andreas Stupka: Strategie denken, Wien 2008.

- Russland ist ein Land der großen Kultur und Wissenschaft, die der Welt hervorragende und allgemein anerkannte Errungenschaften geschenkt hat;
- Russland hat umfangreiche Ressourcen für Entwicklung und schafft zielmäßig die Bedingungen zur Erweiterung seines Potentials;
- Russland bekennt die Probleme, die seine nachhaltige Entwicklung und Nationalsicherheitsgewährleistung behindern, und löst sie beharrlich und konsequent;
- Russland wird fest seine Unabhängigkeit, Souveränität, Identität, den historisch gewachsenen politischen Aufbau und sein Recht auf die selbständige Bestimmung des Entwicklungsweges im Rahmen des Völkerrechts verteidigen;
- Russland ist offen für die Zusammenarbeit mit seinen Partnern und Alliierten auf gleichberechtigter Grundlage und erfüllt seine Verpflichtungen in Beziehungen mit ihnen;
- Russland bekennt seinen Status in der Weltpolitik, leistet einen wesentlichen Beitrag zur Lösung globaler und regionaler Probleme und hat eigene Einsichten zur Weltordnung.

Die genannten Ideen sind natürlich nur im Rahmen der wissenschaftlichen Diskussion vorgeschlagen. Außerdem müssen sie von der Öffentlichkeit und der politischen Führungsschichte Russlands anerkannt sein.

Entwicklung der wissenschaftlichen und sicherheitspolitischen Grundlagen der Militärstrategie Russlands

Offiziell und traditionell betrachtet man die Militärstrategie in der Russischen Föderation als „einen Teil der Kriegskunst, und als deren höchste Ebene, die Theorie und Ausübung der Militärtätigkeit des Staates, dort die Kriegsvorbeugung, die Vorbereitung des Landes und der Streitkräfte für die Abwehr der Aggression, die Planung und Durchführung der strategischen Operationen und des gesamten Krieges“[9].

Dabei steht im Gegenstand der Militärwissenschaft die Forschung des bewaffneten Kampfes, der Vorbereitung und des Einsatzes der Streitkräfte im Mittelpunkt. Es scheint, dass ein solcher Ansatz keine volle Vorstellung über die russische Militärstrategie als Bestandteil der staatlichen Strategie darstellt und Ergänzungen bedarf.

Festzuhalten ist zunächst, dass für das Verständnis der Militärstrategie und ihren Bezug zur staatlichen Gesamtstrategie auch die Grenzen der russischen Militärwissenschaft bzw. deren Ansätze zu überwinden sind. Zweckmäßig ist es, in diesem Fall davon auszugehen, dass die Militärstrategie eben ein Teil der Staatsstrategie darstellt, und

---

[9] Военный энциклопедический словарь. – М.: Воениздат, 2007, С. 699.

– in concreto – ein Teil der Strategie der Gewährleistung der nationalen Sicherheit sein muss.

Dabei ist zu berücksichtigen, dass sich die Staatsführung in Bezug auf die Militärentwicklung auf einen strategischen und langfristigen Ansatz abstützen muss. In einem seiner Vorwahlartikel hat Wladimir Putin folgende Frage gestellt und auch beantwortet: „Wo befinden wir uns und wohin gehen wir"? Die Antwort folgt unter Beachtung der Bewertung globaler Entwicklung[10].

Im Artikel, der den Problemen der nationalen Sicherheit und Verteidigung des Landes gewidmet war, betont Wladimir Putin: „Russland braucht einen Mechanismus für die Reaktion nicht nur auf schon bekannte Bedrohungen, vielmehr muss man lernen „Sichtgrenzen zu überwinden", um die Bedrohungen für die nächsten 30 bis 50 Jahre einzuschätzen. Das ist eine ernste Aufgabe, die sowohl die Mobilisierung der Zivil- und Militärwissenschaft, als auch den Algorithmus einer sicheren langfristiger Prognose fordert.[11]

Der offizielle Standpunkt unseres Staates über die Vorbereitung, die Bedingungen und erlaubten Grenzen des Einsatzes der Militärgewalt ist in der Militärdoktrin 2015 dargelegt (unterzeichnet vom Präsidenten Putin am 25. Dezember 2014).

Es muss erwähnt werden, dass die Militärdoktrin in Bezug auf die Nationale Sicherheit einen unterordneten Charakter hat. Dabei wurden Ideen vom Generalleutnant der Kaiserlich Russischen Armee, Evgeniy Martynov (1864-1937), realisiert, die er in seinem Werk „Die Verpflichtungen der Politik in Bezug auf Strategie" vorgeschlagen hat. Dieses Werk wurde noch im Jahre 1899 veröffentlicht.

Im heutigen Russland ist die Militärdoktrin „ein System vom Staat angenommener Anschauungen für die Vorbereitung zum bewaffneten Schutz der Russischen Föderation". Entsprechend seiner Bestimmung hat das Dokument zwei Aspekte:

Erstens: die Doktrin ist ein offenes Dokument. Sie manifestiert den russischen Bürgern und den Zielgruppen im Ausland (hauptsächlich der politischen Führungsschicht), welche Ziele, Bedingungen, Limits, Formen und Auswirkungen des Einsatzes der Militärgewalt unser Land erreichen will. In diesem Zusammenhang ist die Behauptung des ehemaligen Verteidigungsministers Igor Rodionov berechtigt, dass eine „Militärdoktrin eine besondere Art der Militärverfassung des Landes darstellt, dessen Bestimmungen allen Menschen bekannt sein muss."[12] Mit der Doktrin erklärt Russland außerdem, was für den Staat nicht mehr hinnehmbar ist, gibt eine Linie vor, die ande-

---

[10] Siehe: Путин В.В. Россия сосредотачивается – вызовы, на которые мы должны ответить // Известия. 2012. 16 января.

[11] Путин В.В. Быть сильными: гарантии национальной безопасности для России // Российская газета. 2012. 20 февраля.

[12] Родионов И.Н. Какая оборона нужна России? // Независимое военное обозрение. 1996. № 22.

re nicht überschreiten sollen, weil dann möglicherweise der Einsatz der Militärgewalt folgt.

Zweitens: Die Doktrin ist außerdem dafür vorgesehen, die Streitkräfte Russlands auf konkrete Aufgaben vorzubereiten, um diesen Zielen vorzugeben und sie auf die zielorientierte Vorbereitung hin auszurichten. Diese Eigenschaft ist eine der wichtigsten Kriterien für die Einschätzung der Doktrin. Alexander Swetschin schrieb darüber: „Soldaten brauchen in ihrem Feldlager Götter und brauchen Tafeln ihrer Erfolge.“[13]

Der Gestaltungsprozess der Militärdoktrin des Landes ist ein langfristiger und komplexer Prozess der Akkumulation und der Reflexion der vorhandenen Kriegserfahrungen bzw. der Organisation der Landesverteidigung. Im Jahre 2014 wurde in der Militärdoktrin Russlands die These formuliert, dass die globale Entwicklung auch durch den Wettbewerb der Wertesysteme und der Entwicklungsmodelle charakterisiert ist. Es steht fest, dass auch der Einfluss jener Staaten stärker wird, die auch wirtschaftlich im Aufstieg begriffen sind. Das sind auch neue Zentren mit politischer Anziehungskraft.

In der Militärdoktrin vom Jahre 2014 bestimmt Russland klar und offen seine Sicht auf die Kernprobleme der modernen Weltpolitik. Die Stellung unseres Landes wird nicht immer von seinen Partnern unterstützt. Es geht aber um die Anknüpfungen an die „universellen Werte“; im Gegensatz dazu stehen der Terrorismus mit seinen zahlreichen Opfern, Regimewechsel, die Absage an die traditionelle politische Ordnung, Souveränitätseinbußen etc. Deshalb sind in der Doktrin auch die negativen Aktivitäten angeführt, die die Sicherheit Russlands beeinträchtigen können, so

- die Verlagerung von Gefahren und Bedrohungen in den Informationsraum und in die innenpolitische Sphäre;
- die Destabilisierung der innenpolitischen Lage;
- der Aufbau von konkurrierenden nationalen und interkonfessionellen Gefahrenherden, Separatismus und Extremismus;
- die Schaffung und Unterstützung von politischen Gruppen in Nachbarländern, welche die Politik und Interessen Russlands bedrohen.
- Einfluss über Kommunikation und Information auf die Bevölkerung, in erster Linie auf die Jugend, um geschichtliche, geistige und patriotische Traditionen der Vaterlandsverteidigung zu erschüttern;
- der Teilnahme russischer Staatsbürger an ausländischen Militärdienstleistern und Kriegshandlungen;
- der Einsatz von indirekten und asymmetrischen gegen Russland gerichteten Vorgehensweisen;

---

[13] Свечин А.А. Основы военной доктрины. В кн.: Постижение военного искусства: Идейное наследие А. Свечина. – М.: Военный университет, Русский путь, 1999. С. 202.

- politische Kräfte, die von außen finanziert und kontrolliert werden.

Um die Stichhaltigkeit solcher Bedrohungen abschätzen zu können, ist immer das Gebot von Clausewitz zu beachten: „Das russische Reich ist kein Land, was man förmlich erobern, d.h. besetzt werden kann (...) Ein solches Land kann nur bezwungen werden durch eigene Schwäche und durch die Wirkungen des inneren Zwiespaltes. Um auf diese schwachen Stellen des politischen Daseins zu stoßen, ist eine bis ins Herz des Staates gehende Erschütterung notwendig“[14].

In der Tat geht es in der Doktrin darum, dass das Potential der russischen Streitkräfte für die Neutralisierung der Bedrohungen genutzt wird. Ausgehend von nationalen Werten und Interessen gehören zu den Aufgaben der Führung der russischen Streitkräfte

- die Erreichung der Zielsetzungen des Militäraufbaues und der Prioritätensetzung;
- die Bestimmung der Grundsätze für den Einsatz der Militärgewalt sowie
- die Unterstützung der Bürger und Soldaten bei der Vorbereitung und bei dem Einsatz der Streitkräfte.

Deshalb fordert das Nationalinteresse Russlands folgendes:

- Die Aufrechthaltung des Großmachtstatus, einschließlich der Besitz von Kernwaffen;
- die Vorbereitung und der Einsatz der Streitkräfte im Rahmen der politischen Möglichkeiten;
- die Aufrechterhaltung der Einsatzbereitschaft der Streitkräfte;
- die rechtliche Reglementierung des Einsatzes der Streitkräfte und rechtzeitige Aktualisierung der geltenden doktrinären Dokumente und Rechtsakte;
- die Bestimmung der Art und des Umfanges von Militäraktivitäten, die mit den internationalen Pflichten der Mitgliedschaft in den internationalen Sicherheitsinstitutionen verbunden sind.

Außerdem nimmt die Möglichmachung der nationalen Interessen bei der Streitkräfteführung die folgenden Aspekte an:

- die Wahrung der demokratischen Prinzipien der zivil-militärischen Beziehungen und Einsatz unter den gegebenen Rechtsnormen;
- die Unzulässigkeit von Privat- und Gruppeninteressen zum Schaden der nationalen Interessen;

[14] Carl von Clausewitz: Vom Kriege, 18. Auflage, Bonn 1973, S. 1024.

- die Beachtung der Normen des internationalen Rechts und der nationalen Gesetzgebung. Der Einsatz der Militärmacht muss äußerstes Mittel bei der Anwendung der politischen Gewalt sein;
- die Beschränkung des Streitkräfteeinsatzes innerhalb der Grenzen des Auftrages der Streitkräfte.

Schlussfolgerungen

In Russland werden allmählich doktrinäre, rechtliche und wissenschaftliche Grundlagen für die staatliche Strategie gebildet. Dieser Prozess ist jedoch komplex. Die Eckpunkte der staatlichen Strategie Russlands sind die Erhaltung der Landeseinheit Russland.

Die Ausarbeitung und Umsetzung der staatlichen Strategie und Militärstrategie Russlands erfordern auch die Beachtung von eigenen historischen Erfahrungen wie auch ausländische Erfahrungen.

Die Militärstrategie ist ein Bestandteil der staatlichen Strategie. In Bezug auf die Militärstrategie wirkt das Prinzip vom Primat der Politik.

Das amerikanische *Rebalancing* und die sich daraus ergebenden Implikationen für Europa aus amerikanischer, europäischer und russischer Sicht (Panel 1)
Dokumentation von Einleitung, Referaten, Diskussion und Zusammenfassung

Friedrich Korkisch

Teilnehmer:

General a.D. Dr. Klaus-Dieter NAUMANN
LtGen Robert E. SCHMIDLE, PhD, USMC
Prof. Dr. (habil.) Vasily K. BELOZEROV
Prof. Dr. Prof h.c. mult. Wulf LAPINS
Dipl. Pol. Jörg-Dietrich NACKMAYR
Friedrich KORKISCH, PhD
Brigadier Wolfgang PEISCHEL, PhD

Friedrich KORKISCH

Einführung zum Panel

Meine Damen und Herren:

Wir haben vor, uns mit dem Kernthema des Verschiebens des Schwerpunktes der US-amerikanischen globalen Strategie vom Bereich Atlantik, Europa, EUCOM und NATO in Richtung Pazifik und Asien zu befassen.

Diese Verlagerung, oder dieses „rebalancing", ist aber nur ein Element in einer sich schrittweise verlagernden geopolitischen, geostrategischen, ökonomischen und auch geo-kulturellen Situation, hin zu einer mehrdimensionalen Konfrontation zahlreicher Akteure mit unklarem Ausgang. Ich nenne die Themen China, NATO, Culture Wars, Terrorismus und Energie. Wir sehen aber gerade in den letzten 12 Monaten wieder ein Re-Rebalancing in Richtung EUCOM bzw. NATO.

Heute stehen wir ja vor der Abstimmung bezüglich BREXIT – der Austritt Großbritanniens aus der Europäischen Union, mit noch unklaren Auswirkungen auf die EU, aus meiner Sicht werden sich diese in sehr engen Grenzen halten. Aber egal wie diese Abstimmung ausgeht, sie wird, falls sie nicht 70 zu 30 für einen Verbleib in der EU ausgeht, sondern mit 52 zu 48 oder noch knapper für einen Verbleib, die EU nachhaltig verändern. Nach diesem Tag wird die EU anders aussehen, auch wenn die Abstimmung für einen Verbleib Großbritanniens ausgehen sollte.[1]

Und wie stellt man sich denn in der EU oder in Glasgow eine EU-Mitgliedschaft von Schottland vor – mit Grenzkontrollen und Visapflicht?

Damit stellt sich die Frage, ob die EU nicht bei ihrer Gründung schwerwiegende Fehler gemacht hat. Warum wurde der gute Vertrag von Maastricht von 1991 nicht konsequent umgesetzt? Ich erinnere an den Titel V betreffend der Verteidigung Europas, von der Europa gemeinsam mit der Atlantischen Allianz, aber es war vor allem Frankreich, das den Vertrag dann blockierte.

Dann haben wir aktuelle Fragen zum Thema der Sicherheit des Westens. Ganz oben steht die Frage nach den Abgrenzungen – was ist Geopolitik, was ist Geostrategie, was ist Strategie, was ist Militärstrategie – oder besser: was bedeuten die Militärstrategien? Davon gibt es eine Vielzahl. In den USA steht die Policy ganz oben, darunter ist die Nationale Sicherheitsstrategie, die eigentlich die Policy für jeweils drei bis fünf Jahre strukturiert, aber nicht für Einzelfälle, sondern generalisierend, als Richtline für die nationalen politische Ziele; für den jeweiligen Einzelfall gibt es dann eine jeweilige Presidential Directive, mit einem ersten Entwurf für einen Course of Action und für eine Execute Order. Dann kommt die National Defense Strategy und darunter die weitgehend idente National Military Strategy. Parallel dazu gibt es viele weitere Grundlagen, etwa zum Thema National Interest, Deployment, Combatant Commands, Planungsrichtlinien etc.; in Europa haben wir nichts dergleichen.

Betrachtet man aus politikwissenschaftlicher Sicht die globale Ordnung, muss man feststellen, dass es keine gibt. Die English School of International Relations, ich erwähne hier etwa Barry Buzan, sieht die Staatengemeinschaft in einer Anarchie, es gibt über den Staaten keine Ordnung. Schließen sich Staaten auf Grund gemeinsamer Interessen oder Werte zusammen, wobei das nicht immer Bündnisse sein müssen,

[1] Die Abstimmung entschied sich für einen Austritt Großbritanniens, der jedoch nur mittelfristig erfolgen wird. Wochen nach der Abstimmung wurde ein Brite sogar Kommissar für Terrorbekämpfung, die EU hat es daher auch nicht eilig.

kommt es, so Buzan, zu einer Society of States – der Westen, die EU, die NATO sind solche Societies. Dazu eine Anmerkung: In der EU und NATO gibt es einige wichtige Security Providers und auch einige typische Security Seekers, dazu fallweise „Appeasement Pushers".

Kluge Strategien und die massive Migration nach Europa passen nicht zusammen. Ich sehe das besonders kritisch, vor allem durch den importierten Terrorismus, Kriminalität, die enormen sozialen Kosten und damit die brüchige Zukunft der EU und der NATO und ich erwähne hier etwa Samuel Huntington.

Lassen Sie mich hier für einen Moment zynisch werden: Wenn man die Geschichte der letzten 200 Jahre betrachtet, haben alle Pakte, Gemeinschaften oder Bündnisse, zwischen 30 bis 50 Jahren gehalten, ehe sie zerbrachen. Lässt man die EWG weg, und nimmt man die EG und EU, dann nähern wir uns dieser Grenze. Staaten, die ihre Bürger nicht schützen wollen oder können, haben keinen Anspruch auf Loyalität.

Robert Art hat in seinem Buch *A Grand Strategy for America* [2] schon vor Jahren auf die geopolitischen Veränderungen hingewiesen und ist auf Fragen wie Rebalancing bzw. Balancing und Reduktion des militärischen Engagements der USA in Europa, unter zwingender Kontrolle der Gegenküsten und Kontrolle der „lines of communication" auf den Ozeanen, als geopolitische Alternative von massiven Truppenstationierungen in Europa eingegangen, also eine Mahan'sche Kernaussage in die heutige Zeit transformiert, etwa für den Fall, dass die NATO zerbricht. Aber auch für diesen Fall haben die USA besonders enge Beziehungen zu den Atlantik-Anrainern, wie Großbritannien, Norwegen, Dänemark, die Niederlende oder Frankreich, auch zu Portugal und Spanien. Seit 1918 gilt in der außenpolitischen Literatur in den USA zudem der Rhein als erste Verteidigungslinie in Europa – „the eastern line of defense in Europe".

Die Bedrohung US-amerikanischer maritimer und strategischer Interessen durch China erfordert Gegenstrategien, etwa im Sinne eines SeaAir-War Planning-Prozesses, quasi als maritime Variante der AirLand-Battle der 1980er Jahre für Europa.

Damit kommt es zu einer Reduktion US-amerikanischer Interventionen mit direkten Implikationen für das National Interest der USA. Das ist trotz der drei Reden von Präsident Obama zur Interventionspolitik der USA 2009, 2012 und 2014 nicht ganz neu; man erinnere sich an die Rede von Präsident Nixon in Guam, was dann zur „Nixon Doctrine" wurde. Auch Carter hatte die Rolle der USA als „Global Cop" relativiert.

Obama hatte jedenfalls betreffend militärischen Interventionen der USA immer mehr in Frage gestellt, also von der Rolle als „Empire Builder" bis Bush,

---

[2] Robert Art: *A Grand Strategy for America. A Defensible Defense*, Cornell Univ. Press, Ithaca, 2003.

immer weiter von Interventionen Abstand nehmend, sich aus dem internationalen Engagement heraushaltend. Obama hat sogar das ohnedies enge Engagement in Libyen als seinen größten außenpolitischen Fehler bezeichnet. Libyen war ja die Idee von Sarkozy, der für die kommenden Wahlen einen außenpolitischen Erfolg wollte, ohne EU und ohne NATO und dazu die Briten hineinzog, diese dann die USA.

Die US-amerikanische Politik folgt im 21. Jahrhundert natürlich keiner isolationistischen oder Jeffersonian Policy, in der Zwischenkriegszeit auch „Fortress America" genannt, sondern einem „Battleship America"-Ansatz, um Bedrohungen so weit wie möglich von der eigenen Küsten fernzuhalten, daher auch die Investitionen in Missile Defense. Und sie folgt US-amerikanischen Interessen, nicht europäischen: Wenn man sich in Europa über US-amerikanische Politik beklagt, muss man die Frage nach Alternativen stellen und solche fehlen oder werden schroff als „Kriegsrhetorik" abgewiesen, denn man folge ja einem Kant'schen Ideal. Europa sei ein Friedensprojekt, egal was kommen mag; Klagen über fehlendes Engagement in Syrien wird in Washington indes mit der Frage nach einem europäischen Engagement entgegnet.

Damit stellt sich der Relevanz von Strategiepapieren: Wie General Schmidle in seinem Referat ausführt, gibt es eine Diskrepanz zwischen den verfassten Strategien und der auf politische Ad hoc-Veränderungen reagierenden Politik. Es stellt sich daher die Frage, wie weit solche Strategy Papers Relevanz besitzen; ich erwähne hier etwa die Sicherheitsstrategie Österreichs. Und was ist mit der NATO-Strategie, an der sich niemand orientiert – liest das überhaupt jemand?

Ich schließe mich dem Vortrag und Wortmeldungen von General Naumann und einiger Diskutanten an, die meinten, sie hätten, abgesehen von einigen Schlagworten, nichts von einer angedachten Politik von Donald Trump erkennen können. Ich hatte die Liste der gegenwärtigen Berater von Trump gesehen und muss feststellen, dass ich, mit Ausnahme von Christie, Gouverneur von New Jersey, niemand kenne; von denen ist bisher noch niemand als Verfasser eines Beitrages in einer maßgeblichen Publikation aufgefallen. Ich kann mir nicht vorstellen, dass das das Team ist, mit dem Trump im Weißen Haus Politik machen will.[3]

Ich war in den letzten Wochen in Washington und habe dort einige sehr kritische Kommentare zu Obama gehört; der Präsident gilt als jemand, der seinen ei-

---

[3] In der Zwischenzeit hat Donald Trump seine Mitarbeiter und sein Kabinett zusammengestellt. In einer ersten Rede zu seiner Außenpolitik erklärt er, er werde von militärischen Interventionen weitgehend Abstand nehmen, weil diese ohnedies nicht funktionieren, was man im Irak erkennen konnte. Die USA benötigen mehr Auslandsaufklärung und Sicherheit im Inneren. Er erklärte, die Rolle der NATO anzuerkennen, nur müssten die europäischen Staaten mehr für ihre Verteidigung tun. Er schlug strenge Einreisekriterien für Moslem vor.

genen Überlegungen folgt, ist kaum zu beraten und ein bezeichnender Satz eines ehemaligen Mitglieds des National Security Councils lautete „We should never ever elect a President who won the Peace Nobel Price".

Es ist daher nicht überraschend, dass Chuck Hagel, Robert Gates und auch der gegenwärtige CIA Director Brennan die China- und Mittel-Ost Politik von Obama als orientierungslos kritisierten. Die USA sind heute von Ölimporten aus dem Mittleren Osten weitgehend unabhängig und für mich stellt sich die Frage, wie die Politik der USA in diesem Raum in Zukunft aussehen wird, etwa auch die Rolle von CENTCOM. Reduziert sich diese dann eher auf eine Vermittler- und Koordinierungsrolle wie etwa SOUTHCOM.

Man soll bei aller Kritik aber nicht übersehen, dass die USA derzeit in rund 30 Staaten militärisch aktiv sind, vor allem das Special Forces Operations Command.

Warum es in Europa Kräfte gibt, siehe etwa solche in Österreich und in der Bundesrepublik Deutschland, vor allem in der Wirtschaft, die einer Eurasischen Union mit Russland das Wort reden, damit einer stillen Beseitigung der NATO, ist mir unklar, denn die Russische Föderation ist im Abstieg befindlich. Wir haben in Kalifornien fast das doppelte Bruttosozialprodukt von Russland. Das Land befindet sich in einem „decline". In Sibirien, zwischen dem Ural und Wladiwostok, leben noch zehn Millionen Menschen, Tendenz fallend, aber mit einer zunehmenden chinesischen Infiltration und Präsenz in der Wirtschaft. Für die russische Sicherheitspolitik gibt es heute zwei strategische Bedrohungen, den Islam und China.

Das Thema Türkei ist nun eines mit Brisanz und in Washington wird davon geredet, dass die USA ihre A-Waffen aus der Türkei abziehen wollen. Die CIA beklagt, dass es seit Monaten keine Kontakte mehr zum türkischen Geheimdienst gibt. Es ist auch unklar, welche Position die sich zunehmend islamisierende Türkei in der NATO einnehmen will und ich erinnere an deren Haltung 2011 bei der Libyen-Luftoperation. In keinem NATO-Staat ist die Öffentlichkeit durch die staatlichen Medien derart antiamerikanisch beeinflusst worden, jetzt kommen zunehmend die Polemiken gegen die EU dazu.

Und dass sich Chinesen in Europa ohne jede Behinderung Hi-Tech-Firmen nach Belieben gegen Bargeld aneignen können, ist bedenklich, aber dass man sogar bereit war den Flugplatz Hahn zu verkaufen und der Käufer ankündigte, damit Frankfurt Konkurrenz machen zu wollen, habe nicht nur ich nicht verstanden. Was läuft da im Hintergrund? Gibt es in Europa keine nationalen Interessen mehr?

Ein weiterer und letzter Punkt ist die dramatische Schwächung des Völkerrechts, das außerhalb der westlichen Demokratien immer weniger beachtet wird, man erinnere sich an die klaren Aussagen russischer, chinesischer oder afrikanischer Politiker und solche aus den islamischen Staaten. Diese Entwicklung ist bedenklich. Soviel von meiner Seite.

Panelreferate

General a.D. Dr. Klaus-Dieter NAUMANN

Zum Thema

Nach dieser Stichwortesammlung würden wir die nächsten sieben Stunden diskutieren.

Ich möchte ganz nüchtern mit Henry Kissinger beginnen, der meinte Nationen haben keine Freunde, sondern Interessen. Das ist der Leitsatz, der auch über dem amerikanisch-europäischen Interesse steht. Die Vereinigten Staaten von Amerika sind die einzige globale Macht und auch die einzige maritime Macht. Russland ist auch ein globaler Akteur, aber nur im nuklearen Bereich, sonst nirgends.

Der gute alte Admiral Mahan hat vor mehr als einhundert Jahren geschrieben, eine maritime Macht kann nur überleben, wenn sie beide Gegenküsten unter Kontrolle hat. Und das ist das stärkste Pfund, das wir Europäer haben, nämlich dass wir den Amerikanern eine der strategischen Gegenküsten anbieten, und zwar als „friendly coastline".

Daher müssen die USA auch ihren Preis bereit sein zu zahlen, nämlich Europa zu halten. Dafür sprechen auch die Wirtschaftszahlen, nämlich was an amerikanischen Investments in Europa stattgefunden, und was an europäischen Investments in Amerika stattgefunden hat. Das kann man nicht auflösen.

Das gilt auch für Großbritannien, für den BREXIT: Ich meine ein BREXIT ist ein BREXIT und dass es da keinen Schleichweg zurück gibt, aber ein Verhältnis in Freundschaft und Fairness muss dominieren. Ich hoffe, dass dies auch die Haltung der Europäer und auch des Herrn Juncker ist, der mich, wenn ich an meine Infanteriezeit zurückdenke, die Eigenschaft eines „Hammelburger Wackelschützen" hat, eine Zielscheibe, die beim ersten Einschlag umfiel.

Also, ich denke, einen kompletten Rückzug Amerikas aus Europa wird es daher nicht geben. Die Europäische Union bleibt ein globaler Wirtschaftsakteur, was nicht von der Hand zu weisen ist – und mit dem man Verbindung halten muss.

Wenn man die Politik und die strategische Idee der US-Amerikaner in den letzten 25 Jahren verfolgt, wird man erkennen, dass man versuchte, Europa immer so zu stabilisieren, dass man möglichst viel Einfluss auf möglichst viel von Europa hat. Dies ist auch die strategische Idee für die Erweiterung der NATO. Das hat eigentlich nur wenig mit territorialen Vorteilen gegenüber Russland zu tun, denn das ist nicht der entscheidende Punkt.

Ich erinnere daran – und das werden die wenigsten wissen – dass der erste Plan einer Verteidigung Europas aus dem Jahr 1947 so aussah, dass man, bei einem sowjetischen Vorstoß über den Rhein in Richtung Westen, Großbritannien halten wollte. Man rechnete dann mit zwei Jahren Seekrieg und nach einer Mobilmachung in den USA hätte man dann über Indien angreifen wollen, um in die tiefe Flanke der Sowjetunion zu stoßen, um damit die Lage zu bereinigen. Dieses Denken ist in einigen Kreisen in den USA auch heute noch präsent.

Europa ist eine Halbinsel, die in den Atlantik hineinreicht, und deren Kontrolle man bewahren wird wollen. Daher auch die Idee, möglichst viele Demokratien zu schaffen und diese so weit wie möglich nach Osten vorzuschieben, aber nicht um eine Angriffsplattform gegenüber Russland zu schaffen, das war überhaupt kein Thema.

Ich war ja 1997 und 1998 bei den Gesprächen über die Erweiterung der NATO im russischen Außenministerium und im Verteidigungsministerium dabei. Im Gegenteil, wir haben den Russen immer wieder gesagt, diese Erweiterung ist eine Weichenstellung in Richtung Stabilisierung, um Russland abzudecken, damit diesem aus dem Westen keine Gefahren drohen. Das hat auch einen historischen Bezug zur russischen Geschichte, denn es gab für Russland immer wieder Vorgänge, die seine Existenz bedrohten, denken wir an Karl XII., Napoleon, den Ersten Weltkrieg, der schreckliche Friede von Brest-Litowsk und Hitlers Angriffskrieg.

Das Interesse der Amerikaner ist jedenfalls da, wie sich das im Detail manifestieren wird, werden wir aber erst Ende 2018 wissen, denn 2018 wird, wie es die gesetzlichen Verpflichtungen verlangen, die neue Regierung dem Kongress eine neue National Security Strategy vorlegen. Was in dieser stehen wird, kann man noch nicht sehen.

Ich mahne zur Vorsicht mit der Verteufelung von Trump. Denn sollte er gewählt werden, ist er der rechtmäßig gewählte Präsident der USA und wir werden einen Weg zu suchen haben, wie wir mit ihm klar kommen. Es wird auch im Trump-Lager nicht so heiß gelöffelt werden wie es gekocht wurde. Das Team wird sich anders formieren und auch die Äußerungen werden anders werden. Die Republikaner werden sich uneingeschränkt und geschlossen hinter Trump stellen, denn es geht um mehr, nämlich um die Mehrheit im Kongress und vor allem um die Mehrheit im Repräsentantenhaus zu bewahren, wofür es gute Chancen gibt. Es werden 34 Senatoren neu gewählt, alle Abgeordneten des Repräsentantenhauses und viele Gouverneure.

Darüber hinaus wage ich aus meiner persönlichen Erfahrung die Aussage, dass es auch mit Hillary Clinton für die Europäer nicht einfach werden wird. Die Linie, dass man von uns mehr verlangen wird, wird bestehen bleiben, egal ob das Rebalancing voll ausgeführt werden wird oder nicht – Europa muss aus US-amerikanischer Sicht bereit sein, seine Verantwortung für seine Sicherheit in die eigenen Hände zu nehmen. Das heißt nicht unbedingt mehr Soldaten, aber mehr aus dem herausholen, was Europa derzeit für seine Verteidigung ausgibt.

Und wir müssen auch sehen, dass wir vor einer veränderten globalen Situation stehen, die auf uns zukommen kann, und über die wir heute schon ausführlich gesprochen haben: China schiebt geostrategisch zwei Zangen nach Europa vor.

Die eine Zange geht über das Arktische Meer von Asien nach Westen, eine Entwicklung, die heute schon sehr gut herausgearbeitet wurde, eine Entwicklung, die das maritime Bündnis NATO noch gar nicht auf seinem Radarschirm hat. Es geht dabei über riesige Räume, um Seewege und was man brauchen wird, um diese zu überwachen und um die Freiheit der See sicherzustellen. Es geht um große Umschlaghäfen, etwa in Spitzbergen und in Island für eisgängige und nicht-eisgängige Schiffe.

Und wir Deutschen wären gut beraten, uns auf jene völlig neue Aufgaben vorzubereiten, die auf uns zukommen. Dazu gehören auch unsere Aufklärungsfähigkeiten mit global agierenden Flugzeugen, oder wie mit dem leider gescheiterten „Eurohawk" durchzuführen, wobei dieser nun, mit neuen Lebenszeichen versehen und mit einem neuen Namen, wieder in Diskussion steht.

In dieser Richtung werden wir mehr nachdenken müssen, auch wie wir Europäer unsere U-Jagdfähigkeit verbessern können. Es wurde schon heute ausgeführt, dass vieles, was heute über Wasser passiert, dann unter Wasser stattfindet. Wir müssen in der Lage sein, das frühzeitig zu erkennen, um rechtzeitig handeln zu können.

Die zweite, betont wirtschaftliche Zange, und das zeigt auch die geduldige Vorgangsweise und das langfristige Denken Chinas, diese zweite Zange läuft vom Pazifik über den Indischen Ozean, aber auch über Land, weil sich China nicht durch die Straße von Malakka oder die anderen Wege, die über See heute nach China führen, verwundbar machen will. Dazu gehören der Bau der Pipeline von Burma nach China, die Verhandlungen über Hafenrechte entlang der Küsten bis Pakistan. China ist von der Rohstoff- und Energiezufuhr abhängig, das ist Chinas Achillesferse, und da können die Amerikaner sie packen.

Die Amerikaner werden daher alles tun, um Südostasien in ihrer Containment-Strategie zu halten und kontrollieren zu können. Aber die Amerikaner haben den Nachteil, dass es keine Bündnisse gibt, nur bilaterale Absprachen. Aber sie machen ihre Absichten deutlich, indem sie nun in Australien permanent Truppen stationieren, eine Brigade an einem Punkt, von dem man Machtprojektion erzielen kann.

Die Amerikaner werden das Rebalancing durchführen, ich glaube, das ist eine Konstante im US-amerikanischen strategischen Denken. Heißt das aber, dass sich die USA von Europa abkoppeln? Nein. Wenn wir unsere Verantwortung für unsere Peripherie wahrnehmen, und wir den Amerikanern signalisieren, dass wir uns um Europa kümmern sowie den Raum des erweiterten Nahen Ostens und Nordafrika abdecken, dann flanschen wir uns nahtlos an die US-amerikanischen strategischen Konzepte für den Indischen Ozean und dem südost-asiatischen und pazifischen Raum an. So können wir zusammenwirken.

Damit bringen wir die Gegenleistung, die wir brauchen, um den russischen nuklearen Erpressungen, sollte sich diese Politik fortsetzen, gefeit zu sein. Daher sehe ich dem Rebalancing mit großer Entspannung entgegen.

Prof. Dr. Prof h.C. mult. Wulf LAPINS

Auswirkung und Perspektiven des US-Rebalancing auf Europa

Vor dem 19. Gipfeltreffen der Südostasiatischen Staatengemeinschaft (ASEAN) auf Bali am 18./19. November 2011, zu dem erstmals die USA eingeladen wurden, erklärte Präsident Obama auf dem Weg dahin vor dem australischen Parlament in Canberra:

"My guidance is clear... The United States is a Pacific power, and we are here to stay…Indeed, we are already modernizing America's defense posture across the Asia Pacific."

Die Botschaft ist klar. Sie speist sich aus der Sorge vor der robust wachsenden Macht Chinas. Der US-Präsident schien den Zweiten Hauptsatz der Thermodynamik, demnach – verallgemeinert formuliert – sich Unordnung vergrößert, wenn keine neue Energie aufgewendet wird, um die Ordnung aufrecht zu halten, durch das sicherheitspolitische Prisma zu lesen.

Heute, vier Jahre nach der Ankündigung des Pivot nach Asien, baut China weiterhin (noch) ungehindert mit Hochdruck seine Hochseeflotte auf und setzt mit dem Aufwurf von künstlichen Inseln im südchinesischen Meer geostrategische Fakten.

Unter einer Präsidentin Hillary Clinton würde aller Voraussicht nach die Obama-Politik in wesentlichen Zügen fortgesetzt werden. Clinton wird bemüht sein, den weltpolitischen Status quo zu erhalten. Doch in der US-Außenpolitik schlägt sie eine härtere Gangart ein als ihr Vorgänger. Sie ist eine demokratische Interventionistin. Ihr außen- und sicherheitspolitischer Schlüsselbegriff ist „Smart Power". Es ist ein Konglomerat aus dem Einsatz von Diplomatie, sozialen Medien, Ökonomie, Militär, Intelligence und Etablierung neuer US-orientierter völkergewohnheitsrechtlicher Regeln als Rechtsquelle des Völkerrechts. Unter ihrer Führung würde der EU die Eigenverantwortung für das Krisenmanagement in seinen benachbarten Regionen zugewiesen werden: Maghreb, Osteuropas, Kaukasus.

Meiner Einschätzung nach regiert sie nur eine Legislaturperiode. Danach käme es zum erneuten Wechsel. Unter der dann folgenden Präsidentschaft wird wahrscheinlich ein Bruch mit dem Status quo stattfinden, das Ende der US-amerikanischen Außenpolitik, wie wir sie in den vergangenen 20 Jahren erlebt haben.

Vier Szenarien für 2025 für EU-Europa

Szenario 1: Rückbau von EU-Europa zu einem postmaterialistischen leistungsstarken Kerneuropa für verstärkte Integration und anderen EU-Ländern mit dauerhaft abgestuftem Integrationswillen.

Szenario 2: Formal weiter existente EU, jedoch ohne reale gemeinsame politische Agenda. Ökonomisch leistungsstarke EU-Länder haben sich zu regionalen Wachstumszentren zusammengeschlossen.

Szenario 3: In Konsequenz starker parlamentarischer und außerparlamentarischer Rechtsentwicklungen übernehmen auch die moderaten Parteien in den EU-Ländern, um die EU vor ihrem Zerfall zu bewahren, rechtsnationale Programmpunkte. Die Außengrenzen der EU sind durch Hochtechnologie gesichert. Nennenswerte Zuwanderung von außen, aber auch Arbeitsmigration innerhalb der EU, findet durch die jeweiligen nationalistischen Innenpolitiken nicht mehr nennenswert statt.

Die ökonomische Disbalance zwischen Nord- und Südeuropa, aber auch zwischen West- und Ostmitteleuropa ist erheblich. Dies befeuert wiederum weitere gesellschaftliche Entwicklungen nach "rechts". Die Polarisierung von nationalegoistischen Fliehkräften mit dem Orientierungsraum ihres Nationalstaates und nationalistische Geisterfahrer als historische Gespenster des „alten“ Kontinents gegenüber Globalisierungs-Protagonisten in den europäischen Staaten lähmt das gemeinsame europäische Projekt.

Szenario 4: EU als Mischform der Szenarien 1-3.

Conclusio

Bis Ende der Obama-Administration wird der US-Pivot to Asia nicht mehr signifikant-strukturell implementiert werden. Eine Präsidentin Clinton wird jedoch den chinesischen faits accomplis in Südostasien nicht tatenlos zusehen können. Mit welchen Instrumenten und mit welcher Intensität sie aus dem Ensemble der Smart Power hierauf reagieren wird, ist noch nicht prognostizierbar.

Dipl. Pol. Jörg-Dietrich NACKMAYR

Zu Europa und USA

Lassen Sie mich mit einem Bonmot von Winston Churchill beginnen, der einmal unnachahmlich und wahrsprechend gesagt hatte „die Amerikaner machen immer alles richtig, aber erst nachdem sie jeden möglichen Fehler ausprobiert haben“. Und ich will versuchen das kurz ein wenig zu „deklinieren“.

Ich glaube nachdem William Clinton das Pazifische Jahrhundert eingeläutet hatte, dass das verkündete Rebalancing in den sicherheitspolitischen Kreisen bei uns in Europa einen Schock ausgelöst hatte, weil man dachte, es geht um eine „Entweder-Oder-Frage“. Ich habe dies jedoch nicht so gesehen und ich würde daher eher von einem „fine-tuning“ sprechen.

Die Entwicklungen seit der Krim-Krise haben auch bestätigt, dass es eben nicht um ein Entweder-Oder geht. Die Amerikaner haben seit der Krim-Krise erstaunlich schnell ein „Reassurance“ praktiziert, und sie sind natürlich daran interessiert, dass die

Sicherheitsarchitektur Europas funktioniert; sie stehen uns wie bisher zur Seite und garantieren uns jene Freiheit, die wir uns in der NATO gegenseitig versprochen haben, und die wie auch in der Europäischen Union – noch – praktizieren.

Ich glaube auch, dass die Rückkehr der Amerikaner nach Keflavik ein weiterer Beweis dafür ist, dass sie aus Fehlern gelernt haben. Denn als sie sich 2006 aus Keflavik zurückzogen, haben sie ein Vakuum hinterlassen und es hat sich ja auch in anderen Teilen der Welt gezeigt, welche Folgen solche Entscheidungen hatten. Fragen wir uns einmal ganz ehrlich: Hätte es den Islamischen Staat mit allen den Folgen gegeben, wenn sich die USA, nach der gescheiterten Intervention im Irak, nicht dann aus diesem zurückgezogen hätten? Ich behaupte nein. Die USA produzieren vielfach auch jene Probleme, die sie dann hinterher lösen müssen. Das ist kein Vorwurf, sondern das ist ein Faktum.

Die USA sind aber extrem lernfähig, und sie sind die einzige westliche Macht, die ausreichende Ressourcen hat und diese auch schnell einsetzen kann.

Ich wiederhole mich, aber ich glaube, dass das Rebalancing ein Fine Tuning ist und solche Neubewertungen gehören einfach dazu; das ist ein professionelles Verhalten einer Großmacht und es bedeutete nicht, dass sich die USA von uns abwenden oder Europa den Rücken zuwenden.

Ich denke jedoch, dass die USA, in der Tat, in innenpolitische Probleme hineinrutschen können, denn es gibt zunehmende Veränderung der ethnischen Zusammensetzung der Bevölkerung der Vereinigten Staaten von Amerika und es ist das erste Mal, dass sich katholische und Spanisch sprechende Menschen nicht mehr an dem Weg zum „Amerikanischen Traum“ beteiligen; das ist eigentlich neu und daher auch faszinierend, weil bisher ja jeder Neuankömmling, egal wo er herkam, binnen kürzester Zeit zum Amerikaner wurde.

Jetzt entstehen sozusagen „neue Amerikaner“, die möglicherweise gänzlich andere kulturelle Beziehungen haben und aus einem Gebiet bzw. aus Lateinamerika kommen, in dem Spanisch gesprochen wird und wo die europäische Kultur, historisch gesehen, einen großen Beitrag geleistet hat.

Und das könnte wiederum eine Situation sein, die für Europa eine „Win-Win“-Situation bedeutet, oder eine Situation, in der sich für Europa Chance ergeben. Ich warne allerdings davor, sich schon heute festzulegen und zu wissen, wohin sich das alles entwickeln wird.

Ich habe ja fünf Jahre in Brüssel arbeiten dürfen und davon zweieinhalb Jahre im Kabinett des EU-Parlamentspräsidenten Hans-Gert Pöttering – ich war sein sicherheitspolitischer Berater – und deswegen erlaube ich mir einmal was zum Brexit zu sagen.

Also mich wundert die Debatte in Deutschland und in Europa schon sehr. Da wird gewarnt, da werden zahllose Szenarien entwickelt, aber für mich stellt sich die

Debatte völlig anders dar: Wenn wir die Vertiefung in Europa wollen, und ich halte sie für unerlässlich, dann brauchen wir den Brexit, mit England gibt es keine Vertiefung der Union. Ich durfte ja, immerhin auf Kabinettsebene, die Verhandlungen hinter geschlossenen Türen immer wieder verfolgen, und Englands Diplomaten und Spitzenbeamte, auch in der Europäischen Kommission, verfolgten nur ein Hauptziel, nämlich die Vertiefung der Europäischen Union zu verhindern. Ich könnte ihnen unglaubliche Geschichten erzählen, wie das dann im Detail ablief, und die machen das ausgesprochen geschickt, eigentlich „breath-taking", wie man das vielleicht im Englischen sagt.

Ich sehe vielmehr die Chance nach dem Brexit ein „Europa 2.0" neu zu starten. Der Brexit ist eine überfällige Chance, die Vertiefung der Union endlich zu beginnen. Und ich wundere mich, dass das in der Debatte hier in unseren Medien so gar nicht diskutiert wurde.

Ich lebe jetzt in Island und kann nicht mehr so viele Tageszeitungen lesen, aber ich sehe mir das ausführlich im Internet an. Also nochmals: der Brexit ist eine Chance, eine überfällige Chance.

Ich habe auch eine ganz andere Sorge, und das hängt mit der bisherigen Werteüberlegenheit des Westens zusammen. Wir haben ja geglaubt, dass die Werte, die wir vertreten, ein Gesellschaftsmodell geschaffen haben, welches das lebenswerteste auf unseren Planeten Erde ist. Und dieses Modell wird nun zunehmend herausgefordert – und zwar nicht nur durch das Chinesische Modell, sondern gerade hier in Europa durch autoritäre Parteien, die sich selber sogar für konservativ-national halten, aber in erstaunlicher Weise in Herrn Putin einen interessanten Partner und politischen Helfer sehen. Und ich finde die Nähe von Parteien, wie die Front National oder die AFD, zu russischen Positionen, also auch zu deren politischen Ordnungs-Vorstellungen, oder die deren Gesellschaftsmodell als Vorbild betrachten, erschreckend.

Und ich finde es ebenso erstaunlich, dass zunehmend Menschen, hier in Europa, dieses Lebensmodell, diesen Wurf, den wir geschaffen haben, nicht mehr fortsetzen wollen. Ich habe darauf keine Antwort. Wir laufen hier in ein Problem hinein, das wir mit den bisherigen Instrumenten der politischen Bildung und was wir bisher für die Bewahrung unseres Demokratiemodells eingesetzt haben, nicht lösen können, weil wir damit diese Menschen nicht mehr erreichen können. Da laufen wir in eine Krise hinein, die wir nach meinem Dafürhalten sehr ernst nehmen müssen.

Ich habe noch eine Anmerkung zum Sicherheitsbegriff zu machen, über den wir ja sehr viel diskutiert haben. Ich denke, wenn wir über Sicherheit sprechen, sollten wir eine Unterscheidung machen: Der Sicherheitsbegriff, den wir hier im Westen haben, und über den General Naumann ganz hervorragend referierte, unterscheidet sich ganz fundamental von jenem autoritärer Regimes. Bei solchen Regimen geht es doch nur um Systemerhalt. Das Leiden der eigenen Bevölkerung etwa ist dort kein Thema, und die Abwehr von terroristischen Attacken ist nur sofern von Interesse, soweit sich damit das eigene System, die eigene Clique, an der Macht halten kann.

Und das bedeutet auch, dass wenn wir über Sicherheit sprechen und wenn diese Länder mit uns über Sicherheit sprechen, haben wir zwei ganz verschiedene Perzeptionen; russische Politiker zum Beispiel verstehen darunter etwas ganz etwas anderes als wir. Und ich denke, das sollten wir immer und immer im Auge behalten. Ich bin ja in Berlin geboren, bin also römisch-katholischer Preuße, aber eigentlich – und wenn es darum geht Zukunftsfragen einzuschätzen – bin ich Kölner.

Ich sage das deswegen, weil ich meine, dass wir, wie die Kölner, viel mehr Selbstbewusstsein haben sollten. Wir sollten die Art und Weise bewahren, mit der wir so erfolgreich waren und an unsere Erfolge sollten wir uns erinnern und an diesem Weg stärker glauben, sollten die Flexibilität in unserem System bewahren und sollten an all dem auch festhalten Und: Wahlen können politische Entscheidungen und bestimmte Entwicklungen wieder korrigieren.

Wir sollten auch nicht kleinmütig sein – wir haben dazu keinen Grund und wir haben auch im Kalten Krieg durchgehalten, obwohl das nicht immer einfach war. Und daher sollten wir viel mehr Selbstvertrauen zeigen. Wir haben vom Römischen Imperium herauswachsend ein gesellschaftliches System geschaffen, auf das wir stolz sein sollten – so wie die Kölner in ihrer Tradition. Und das alles sollte uns auch nicht davon abhalten, unsere eigene Lage laufend genau zu analysieren und jetzt endlich jene Ressourcen bereitzustellen, die wir brauchen, um sicherheitspolitisch reagieren zu können.

Und das ist meine letzte Anmerkung: Ich finde es ehrlich gesagt unerträglich, wie die Bundesrepublik Deutschland sich über die Medien zum Zuchtmeister bei der Einhaltung der Maastricht-Kriterien aufspielt, einmal gegenüber unserem französischen Partner wie auch gegenüber anderen. Würde Deutschland 2% des BIP für Verteidigung ausgeben, wie es die NATO von uns wünscht, würden wir die Maastricht-Kriterien auch nicht einhalten. Ich finde es fatal, wenn wir sicherheitspolitischer Trittbrettfahrer sind und gleichzeitig den anderen finanzpolitische Belehrungen erteilen.

Wenn meine Generation aus der Geschichte etwas gelernt hat, dann dies: Wir dürfen uns nie wieder zwischen konkurrierenden Mächten in einer Mittellage befinden und wir dürfen nie wieder in Europa isoliert sein. Deutschland muss ein Partner und ein Teil Europas werden, aber nicht in einer sich immer weiter erweiternd Union, sondern in einer sich hoffentlich vertiefenden.

Ich glaube, hier hat die Bundesregierung noch einen Lernprozess vor sich. Ich erinnere hier an das alte Lammers-Papier, bei dem man den Eindruck haben könnte, es sei vor wenigen Wochen geschrieben worden.

Ich danke für ihre Aufmerksamkeit.

Anmerkung von General Naumann zur EU und zur Forderung der NATO für ein 2% Verteidigungsbudget und zu Herrn Nackmayr

Ich möchte eine kurze Anmerkung zu den Fragen nach der Vertiefung und Erweiterung der Europäischen Union – also zu mehr Integration – und zu den 2% (BSP-Anteil für Verteidigung) machen.

Zum Problem der Vertiefung meine ich – und das Schäuble-Lammers Papier (von 1994) ist natürlich, so denke ich, für einen solchen Fall eine wunderbare Grundlage, weil wir bei 27 oder 28 Mitgliedstaaten Einstimmigkeit nicht mehr zu erwarten haben. Als Ausweg sah man schon damals und von Schäuble wurde das erneut vor einigen Wochen wieder aufgegriffen, eine Entscheidung von den wichtigen EU-Staaten gemeinsam mit den EU-Institutionen vor. Wenn diese ebenfalls ausfallen sollten, sollten Entscheidungen auch ohne diese erfolgen, also über eine Staatengruppe ähnlich dem „Kern-Europa".

Aber ich bezweifle, ob irgendein europäischer Staat heute bereit wäre hier mitzugehen, selbst die engsten Bündnispartner, wie etwa Frankreich sicherlich nicht, die haben vor solchen Schritten Angst, denn das wäre möglicherweise ein weiterer Schritt für einen Zerfall der EU.

Die 2% sind vor 2002, vor den zahlreichen Erweiterungen, in die NATO-Papiere aufgenommen worden. Ich glaube, dass wenn heute Deutschland diese 2% akzeptieren würde, das Verteidigungsministerium Probleme hätte, eine 2% Formel in eine Planungsmasse umzusetzen und damit zur Kassa zu gehen. Derartige Wechsel benötigen einen Vorlauf von drei oder vier Jahren, wenn man Glück hat.

Ich habe sogar Zweifel, dass (Verteidigungsminister) Frau von der Leyen, heute, bei allen möglichen rechnerischen Tricks, sogar Probleme hätte 1,4% umzusetzen.

Prof. Dr. (habil.) Vasily K. BELOZEROV

Die Sicht Russlands

Ich möchte hier nicht meine persönliche Position vorstellen, vielmehr einen kurzen Überblick der Position der Russischen Föderation hinsichtlich der strategischen Lage und der Eigenheiten des Asien-Pazifischen Raums wiedergeben. Diese Position ist in diversen Dokumenten Russlands festgelegt.

Zur angesprochenen Sicherheit und den Eigenheiten dieses Raumes sowie dessen Bedeutung für Russland möchte ich drei Überlegungen anführen:

Erstens: Bei der Beurteilung des Platzes Russlands in der modernen Welt ist die Politik Russlands eine, die auf die Rolle des Machtfaktors in den internationalen Beziehungen verzichtet. Es ist dennoch sichergestellt, dass die Prinzipien der gleichwertigen und unteilbaren Elemente der Sicherheit in der Atlantischen, Eurasischen und den Asien-Pazifischen Regionen Gültigkeit haben.

Russland unterstreicht die negativen Einflüsse auf die globale und regionale Stabilität infolge der Stationierung der Komponenten der amerikanischen Raketenabwehr im Asiatisch-pazifischen Raum und infolge der Global-Strike-Konzeption und Stationierung hochpräziser Waffensysteme.

Zweitens: Russland nennt als vorrangige Institutionen für die strategische Sicherheit und als gleichberechtigte strategische Partnerschaften, die die Stabilität sicherstellen, die Eurasian Economic Union, BRICS, die Shanghai Organisation für Zusammenarbeit und die Asiatisch-Pazifische Wirtschaftsgemeinschaft (APEC).

Russland setzt sich für die Schaffung von supranationalen Mechanismen ein, die regionale Stabilität und Sicherheit auf blockfreier Grundlage in diesem Raum gewähren. Russland konzentriert sich auf eine Effizienzsteigerung, auf politische und wirtschaftliche Zusammenarbeit mit allen Ländern in diesen Region, auf die Erweiterung von Wissenschaft, Bildung, Kultur und anderer Bereiche im Rahmen der regionalen Institutionen und Strukturen.

Drittens: Russland ist interessiert daran, eine umfassende Partnerschaft mit den Vereinigten Staaten auf der Grundlage gemeinsamer Interessen einzugehen, und eine solche Partnerschaft vor allem im wirtschaftlichen Bereich zu bilden; Russland geht von der Schlüsselrolle und dem Einfluss geordneter internationaler Beziehungen aus. Die wichtigsten Bereiche einer solchen Partnerschaft mit den Vereinigten Staaten sind dabei folgende:

Eine Verbesserung der Rüstungs-Kontrollmechanismen wie sie in internationalen Verträgen festgehalten sind, eine Verbesserung der Vertrauensbildenden Maßnahmen, die Nichtverbreitung von Massenvernichtungswaffen, die Entwicklung der Zusammenarbeit bei der Terrorbekämpfung und eine Zusammenarbeit beim internationalen Konfliktmanagement.

Ein Schwerpunkt der russischen Außenpolitik ist das Konzept für den Osten, und hier geht es auch um den Pazifischen Raum. Dazu eine Feststellung: Bei der Beurteilung der modernen Welt und den Schlussfolgerungen für die Außenpolitik Russlands ist anzumerken, dass sich der dominierende Einfluss des historischen Westens auf die Weltwirtschaft und die Weltpolitik verringert hat. Der globale Schwerpunkt des Kräfte- und Entwicklungspotentials zieht sich auseinander, verlagert sich nach Osten, also auf Asien und den Pazifischen Raum. Neue Akteure tauchen in der Weltpolitik und Weltwirtschaft auf, aber die westlichen Staaten trachten danach, ihren feststehenden Platz zu behaupten. Damit verstärkt sich der globale Wettbewerb.

Das Gesamtergebnis ist eine Steigerung der Instabilität der internationalen Beziehungen. Es ist daher das Ziel des außenpolitischen Konzepts Russlands – und hier geht es auch um den Pazifischen Raum – einzelne Friedens- und Sicherheitsoasen zu schaffen. Die Einhaltung von universellen Prinzipien ist die einzige Möglichkeit, im Atlantischen, Eurasischen und Pazifischen Raum eine unteilbare und zuverlässige Sicherheit zu erhalten bzw. diese vor möglichen Erschütterungen zu bewahren.

Bei der Beschreibung der außenpolitischen Prioritäten Russlands in der Lösung von globalen Problemen ist im Konzept festgehalten, dass unser Staat alle Maßnahmen einleiten wird, um seinen Status als Transitraum für die Handels- und Wirtschaftsbeziehungen zwischen Europa und dem Asien-Pazifikraum zu festigen. Im Konzept ist dies als wichtige politische Komponente ausdrücklich festgehalten. Dazu gehört aber auch die Festigung der russischen Positionen im Asien-Pazifikraum

Eine vorrangige Aufgabe des Konzepts ist der Aufbau der Eurasischen Wirtschafts-Union. Dieser Union zugrunde liegt einmal das Prinzip eines effizienten Verbindungsgliedes zwischen Europa und dem Asien-Pazifik-Raum, in das sich die Gewichte der Weltwirtschaft nunmehr laufend verschieben. Daher hat Russland ein Interesse daran, seine Position im Asien-Pazifik-Raum zu festigen; es handelt sich nicht nur um einen geopolitisch wichtigen Raum, der ein Anker der Weltpolitik, sondern auch der Weltwirtschaft sein wird. Russland will hier eine Stabilitätszone gleichberechtigter Partner schaffen.

Russland hat daher folgende Interessen:

- Aktive Teilnahme an Interventionsprozessen in diesem Raum;
- die Sicherung der Möglichkeiten der Wirtschaftsentwicklung von Sibirien und des Fernen Ostens;
- die Schaffung transparenter und gleichberechtigter Mechanismen für Sicherheits- und Partnerschaftsarchitekturen und anderer regionaler Verbindungen auf der Grundlage vielseitiger Kooperationen;
- Russland findet es richtig die Bildung und Förderung von partnerschaftlichen Regionalverbänden zu unterstützen.

Russland beabsichtigt daher, sich an der Bildung von effektiven Friedens- und die Sicherheit im Raum fördernden Strukturen teilzunehmen, ebenso an einer für alle vorteilhafte Zusammenarbeit. Dies ist auch ein Ziel der neuen Russischen Sicherheitsarchitektur für den Asien-Pazifikraum.

Daher hat auch die Shanghai Organisation für Zusammenarbeit für Russland eine besondere Bedeutung. Sie ist ein Teil der Grundlage für die regionale Kooperation.

Im Militärkonzept Russlands werden die Aufgaben Russlands für die Konfliktdämpfung und Konfliktprävention festgehalten. Dazu kommt die Beobachtung und Bewertung der militärpolitischen Lage auf globaler wie auch auf regionaler Ebene sowie die Mitwirkung bei der Bildung neuer sicherheitspolitischer Modelle für den Asien-Pazifik-Raum. Dazu gehört auch die Zusammenarbeit mit den blockfreien Staaten in diesem Raum.

Lassen sie mich nun auch einige Sätze über die politische Praxis anführen:

Ende April 2016 fand in Moskau die 5. Welt-Sicherheitskonferenz statt, an der mehr als 500 Personen aus 23 Staaten teilnahmen, darunter hochrangige Vertreter bzw. Beamte aus Verteidigungs- und Außenministerien.

Außerdem gibt es Tagungen der Verteidigungsminister der ASEAN-Staaten, organisiert von der Shanghai Organisation für Zusammenarbeit, wobei die letzte Tagung am 8. Juni stattfand. Dazu einige Schlussfolgerungen:

- Russland wendet sich dem Osten zu.
- Russland will die Stabilität in diesem Raum erhöhen.
- Militärische Instrumente sind nicht vorrangig.
- Russland hat nicht vor, sich an Konflikten zu beteiligen, und will auch nicht von anderen für solche benützt werden.

Ich danke für ihre Aufmerksamkeit. Ich betone, das ist die offizielle Position Russlands.

LtGen Robert E. Schmidle, PhD, USMC

The American Vision

Herzlichen Dank, doch zu allererst möchte ich mich bei den Dolmetschern bedanken, die einen wirklich hervorragenden Job machen.

(Applaus)

Ich danke für die Möglichkeit, dass ich neben einem Kameraden aus Russland sitzen kann – ich weiß, dass ich noch nie so nahe neben einem russischen Offizier sitzen konnte, zumindest bis heute nicht.

Ich präsentiere hier meine persönliche Meinung, nicht die der USA oder einen offiziellen Text und daher werde ich auch nachher keinen Anruf aus dem Weißen Haus bekommen. Ich wolle dies der Ordnung halber anführen.

Was ich aber klar zum Ausdruck bringen möchte, ist die aus der Geopolitik herrührende Strategie der USA. Henry Kissinger sagte einmal, Nationen haben keine permanenten Alliierten oder Freunde, und sie haben auch keine permanenten Feinde, was sie aber sicherlich haben, sind permanente Interessen. Kissinger hatte Recht und das müssen wir uns immer in Erinnerung rufen, wenn wir in die Zukunft blicken,

Was wir in den USA daher begegnen, sind Debatten darüber, mit was wir in Zukunft rechnen müssen, und danach richten wir unsere Strategien aus. Und die im Hintergrund wirkenden Themen bei uns und in den anderen Staaten sind zunehmender Nationalismus, Wirtschaftsfragen, Isolationismus etc., und das ist gegenwärtig in allen Staaten dasselbe.

Die Themen, die der Panelleiter eingangs anschnitt, und was dann von den anderen Referenten hier ausgeführt wurde, berühren genau diese Fragen. Und er hat auch auf die Kritik an den USA und unsere politische Führung verwiesen. Andererseits kann man dieses Ritual als Teil und Privileg unserer offenen Demokratie und unseres politischen Systems in Washington verstehen. Genau genommen – und das ist fast eine goldene Regel – Kritik gibt es immer.

Zurück zur strategischen Agenda dieses Panels: Ich denke es ist wichtig zu verstehen, dass auch unsere Außenpolitik von den innenpolitischen Debatten gesteuert wird. Dabei darf man nicht vergessen, welche Rolle der Kongress spielt und wie man Strategien verfasst. Einige Redner haben das ja bereits angesprochen.

Erinnern Sie sich daran, was alles geschrieben wurde, als der Kalte Krieg endete, und dass nun der ewige Friede ausbricht, aber wir mussten genau in dieser Phase die nächste Strategie entwerfen. Also waren wir zunächst mit einer unilateralen, dann mit einer multipolaren Welt konfrontiert – und definierten, welche Rolle die Vereinigten Staaten in dieser spielen wollten. Im Kalten Krieg hatten wir es mit dem Monolithen Sowjetunion bzw. dem Kommunismus zu tun, denn China hatte damals noch keine Kapazitäten, die uns substantiell bedrohen konnte, aber in der Zwischenzeit haben sie dieses Potential, denn das entstand nach dem Kalten Krieg.

Damit mussten wir die Rolle der USA in der Welt anders definieren, denn erkennbar waren die früheren Strategien für die neue multipolare Welt ungeeignet, auch konnte nicht eine Strategie allein für alle Regionen der Welt gleichermaßen geeignet sein.

Was hier wichtig ist und das ist in allen Gesprächen, die ich geführt habe, von mir immer betont worden, wir müssen die Motive die Staaten in bestimmten Situationen haben, schon davor erkennen. Und da spielt auch die Geschichte all dieser Staaten eine Rolle, denn diese ist oft die Ursache für bestimmte Verhaltensweisen und erklärt uns, warum sich Staaten so verhalten und nicht anders.

General Naumann sprach heute über unsere engen Verbindungen mit Europa und ich stimme dem zu, man sehe sich nur die engen wirtschaftlichen Beziehungen an und die bilateralen Rüstungsprogramme und wie viel Geld da hineinfließt. In meiner gegenwärtigen Position im Verteidigungsministerium sehe ich all diese Kooperationen und was unsere Alliierten bei uns kaufen.

Ein anderes Beispiel: Wir verwenden Raketenmotoren, die wir in Russland kaufen, weil sie zuverlässig und wirklich sehr kostengünstig sind, und wir tun das nun schon seit vielen Jahren so. Und nun sagte uns der Kongress, dass wir das nicht mehr dürfen, und nun beginnen wir eigene Triebwerke zu entwickeln, was Zeit und Geld kostete. Aber das ist ein gutes Beispiel dafür, wie rasch sich Dinge ändern können.

Einige Worte zu einem Aspekt der Strategie der US Navy, unserer maritimen Strategie. Die „Iceland Gap“ zwischen Island und Großbritannien war schon immer im Zentrum unserer strategischen Überlegungen, denn die Marine der Sowjetunion hatte erkannt, dass diese nicht nur eine ideale Annäherung an Nordamerika erlaubt, sondern man konnte dort auch auf unsere Transportlinien für die Verstärkungen nach Europa einwirken. Nun ist diese Route erneut ein Thema. Und die Präsentation heute Morgen betreffend Island war hervorragend. Ich war mir gar nicht bewusst, welchen ökonomischen Einfluss China im Nordatlantik bereits hat. Ich wusste von einer Reihe anderer Initiativen, aber das war mir neu. Ich muss allerdings zugeben, dass ich mich mit China in dieser Region nicht befasst hatte, auch nicht mit Island.

Die Fragen betreffend unsere China-Strategie sind schon deswegen interessant, weil wir mit neuen Phänomenen konfrontiert sind. Bisher war es ja so, dass wenn wir militärisch wo präsent waren, sich die anderen Mächte abseits hielten und außerdem konnten wir immer Marines oder andere Kräfte wo stationieren. Im Prinzip konnten wir hinfahren, wohin wir wollten, und wir wollen ja in bestimmten Regionen präsent sein. Nun lernen wir, dass wo hinfahren wollen und wo stationiert sein zwei verschiedene Dinge sind. Also haben wir einen Nachholbedarf und wir haben daher Schiffe in Singapur und Truppen und Luftkontingente in Australien. Ich habe vor vielen Jahren eine Staffel dort kommandiert. China erkennt außerdem das bislang gültige Seerecht nicht an, auch nicht die Freiheit der Meere und auch nicht die Navigationsfreiheit. Das wird Probleme schaffen.

Senator Hillary Clinton sprach „Soft Power“ als politisches Instrument an und dass es dann darüber Kommentare gab, kann nicht verwundern. Aber in meinen Augen ist das kein Problem, denn egal wer der nächste Präsident sein wird, er oder sie wird, ganz egal was er oder sie jetzt sagt, mit einer Fülle von Problemen konfrontiert sein. Und man wird eine Strategie für die zukünftige reale Welt scheiben und auch umsetzen müssen.

Ich war dabei, als die Amtsübergabe an Obama erfolgte, und auch davor hatte es ja zahlreiche Aussagen gegeben, mit denen viele nicht einverstanden waren. Aber dann war die Kälte der realen Welt da und jeder Versuch eines moderaten Herangehens an die Probleme war illusorisch, denn jede Macht hat ihre eigenen nationalen Interessen und die kollidieren mit unseren. Die im Wahlkampf abgegebenen Versprechen, etwa aus dem Irak und aus Afghanistan herauszugehen, hatten dann böse Folgen und man kann auch den Schluss ziehen, dass man sich von bestimmten Kriegen fernhalten sollte.

Ich möchte festhalten, dass ein „Rebalancing“ im Pazifik keinen Abzug aus Europa bedeutet, das ist kein „Entweder-Oder“. Ich war im Pentagon der, der Truppen hin und her schob, aber Europa den Rücken zuzukehren war nie ein Thema, vielmehr war das immer ein Abwägen. Und: Amerika ist eine Kontinentalmacht, weil es eine Seemacht ist. Daher hatten wir unsere Aufmerksamkeit immer vielen Regionen zu schenken, eben auch Australien, denn das ist schon seit jeher (seit dem Zweiten Weltkrieg) ein wichtiger strategischer Anker für uns.

Was unsere demographische Entwicklung betrifft, muss ich festhalten, dass die USA in großen Teilen bilingual ist, Spanisch ist eine zweite Sprache. Aber auch die Spanier und ihre Kultur sind ja europäischen Ursprungs und die Immigranten aus Lateinamerika sind nun die größte Minderheit bei uns. Meine Enkelkinder haben ein Kindermädchen aus Lateinamerika, unsere beiden Töchter sprechen fließend Spanisch, obwohl wir keinen solchen Hintergrund haben.

Professor Belozerov hat die offizielle Position der Russischen Föderation zur Politik seines Landes verlesen und ich danke für seine offenen Worte, wenngleich ich der Meinung war, die Fragen zur unserer Raketenabwehr in Europa und im Pazifik wären längst von Russland akzeptiert worden. Ja, es gibt strittige Themen in unseren Beziehungen, denn nun ist Russland scheinbar der Meinung, dass wir keine nationalen Interessen haben sollten und dass diese die Atmosphäre unserer Beziehungen beeinträchtigt. Aber vielleicht sollten wir einmal eine Diskussion über unsere nationalen Interessen führen. Natürlich haben wir auch gemeinsame Interessen mit China und Russland und auch mit vielen anderen Staaten. Es gibt also Partnerschaften dort, wo es gemeinsame Interessen gibt, denn solche haben wir ja alle.

Und unabhängig von der Rolle, die die USA in der politischen Umwelt spielen, oder welche Atmosphäre herrschen mag: die USA sind eine globale Macht, sind eine Seemacht und so fort, was ja bereits gesagt wurde, und ich wünsche daher auch die Einhaltung der Freiheit der Meere und der Navigation und was da alles dazugehört. Und dank unserer Seemacht sind wir eine globale Macht und haben dafür die geeigneten Strategien, die das alles miteinander verbindet.

Fragen aus dem Publikum

Erste Frage an das Panel

Herr General, Sie haben zuvor gesagt, es gibt keine Prognosen für die Zukunft, aber wir haben Szenarien wie Hunger, Klimawandel, oder wer hat vorhergesehen, was mit der Krim passieren wird?

Als ich 2001 Fähnrich war, wurde uns gesagt, wir müssen mit Migrationswellen rechnen, aber keiner sah voraus was sich 2015 abspielen würde. 2008, als ich Hauptmann war, wurde gesagt, wenn sich die NATO weiter in Richtung Osten erweitert, könnte es Krieg geben, es gab aber keinen. Nun hören wir, was in Zukunft alles passieren könnte. Nur, auf was soll man sich wirklich vorbereiten? Nehmen wir einmal den Fall an, es gäbe ernsthafte Spannungen der EU mit der Türkei – immerhin ein geostrategisch wichtiges NATO Mitglied –, kommt es dann zu einer EU-Russland-Kooperation gegen die Türkei?

Naumann

Ich nehme dazu gerne Stellung. Also erstens hat die NATO betreffend der Türkei schlechte Karten, denn das Argument „Wertegemeinschaft“ zieht deswegen nicht, weil die NATO in den letzten Jahren Staaten aufgenommen hat, die weit davon entfernt sind echte Demokraten zu sein. Ich denke hier an Rumänien, Bulgarien oder Albanien, auch Montenegro, und es gibt ja weitere Staaten, die bald Mitglied sein wollen wie der Kosovo.

Zweitens, was uns von der Türkei entgegengehalten wird, ist, dass wir das Militär in der Türkei als Stabilisierungsanker im Inneren entmachtet hatten – und zwar auf Druck der EU. Das hat zu Instabilität im Land beigetragen. Diese Entmachtung wurde im Zusammenhang mit dem Kurdenkonflikt etwas korrigiert und Erdogan suchte den Burgfrieden mit dem Militär. Aber wir werden sehen wie das weitergeht. Ich erinnere hier nochmals daran, dass für uns die Türkei aus wirtschaftlichen und geostrategischen Gründen besonders wichtig ist. Und ich möchte hier nicht Merkel zitieren, aber es passt, nämlich, dass wir betreffend der Türkei „ohne Alternative sind".

Und der dritte Punkt, den ich erwähnen möchte, ist die Notwendigkeit, die Beziehungen zur Türkei so eng wie möglich zu halten. Ich erwähne hier den gigantischen neuen Flugplatz von Istanbul für 160 Million Passagiere, der fünfmal so groß ist wie der Flugplatz von Berlin, der aber pünktlich und im Kostenrahmen fertig wurde. Das ist ein „Hub" für den Passagier und Güterverkehr zwischen dem Atlantik, Westasien und Ostafrika. Das ist so eine phantastische strategische Idee, dass man dazu ein Zitat bei Clausewitz suchen müsste, aber man wird keines finden.

Die Türkei hat somit eine überragende geostrategische Schlüsselstellung im Mittleren Osten. Und sie ist für uns nicht nur wegen der Flüchtlingsfrage wichtig, sondern weit darüber hinaus, und wir müssen aus geostrategischen Gründen die Türkei in unserem Camp halten.

Nackmayr

Die europäische Literatur beginnt mit einem Buch, das einen zehnjährigen Krieg beschreibt, der genau an jener Meerenge stattfindet bzw. genau dort beginnt, wo heute die Türkei liegt. Die geostrategische Bedeutung hat sich seither überhaupt nicht verändert. Ich kann mir daher nicht vorstellen, dass die NATO, der Westen, da unten mit Russland gemeinsame Sache machen, denn die Beute kann nur einem gehören. Und diese geostrategische Bedeutung sowohl von Griechenland wie auch der Türkei ist auch die Erklärung dafür, dass wir diesen beiden Ländern so viel durchgehen lassen. Also die Bedeutung dieses Raumes wird auch noch in 2500 Jahren die gleiche sein.

Naumann

Ich möchte noch hinzufügen, dass die Entdeckung großer Gasfelder in der Ägäis bzw. bei Zypern und Israel die Bedeutung dieses Raumes noch erhöht hat, man diesen Raum daher schon deswegen nicht geringschätzen darf.

Lapins

Noch eine Anmerkung: Der Zypern-Konflikt wird, mit großer Wahrscheinlichkeit, und die liegt im 75%-Bereich, in zwei Jahren Geschichte sein; meine Freunde, die die Situation kennen, ich bin mit diesen in laufendem Kontakt, erzählen mir von den Fortschritten in den Gesprächen zwischen Griechenland und der Türkei. Die Türkei spielt also auch eine positive Rolle, das wird oft übersehen. Nur wer ist die Türkei? Wir machen ja den Fehler, dass wir die Vorgänge der Innenpolitik der Türkei sofort auf deren Außenpolitik transformieren. Wir werden ja bald feststellen – und das wird sich bei den kommenden Wahlen in der Türkei herausstellen –, ob die Türkei ein Präsidialregime errichten wird und welches.

Man könnte vermuten, dass der Beinahe-Bürgerkrieg in der Türkei dazu beiträgt, um Erdogan jene nationalistischen und patriotischen Kräfte zu sammeln, die Erdogan benötigt. Damit ist aber noch nicht gesagt, dass der Präsident die gleiche Rolle spielen wird wie jetzt. Die Türkei hat im Raum kaum Freunde, weder Israel, noch Russland – wobei dieses Verhältnis immer ganz besonders schwierig war – noch Amerika, das sind keine echten Freunde. Und die Zahl der Freunde, die die Türkei in Deutschland hat, wird immer geringer. Es ist die Frage, ob die Türkei ihre Borderline-Politik gegen die Kurden so fortsetzen kann und will, denn das kann dazu führen, dass die letzten Gönner der Türkei sagen, das alles können wir nicht länger akzeptieren.

Politiker können sich natürlich ändern: Erdogan hatte ja als Bürgermeister von Istanbul kluge Politik gemacht. Auch Putin hatte ja einmal im Bundestag eine phantastische Rede gehalten. Es sind ja nicht einzelne Leute, die Politik machen, das sind immer Apparate. Und alles kann sich ändern…

Und wenn wir von der NATO reden, hören wir immer, die NATO sei eine Wertegemeinschaft, so auch im Kosovo, wo ich gerade tätig bin. Jede Gemeinschaft ist ja eine Wertegemeinschaft, doch welche Möglichkeiten hat denn die NATO, auf die geopolitisch so wichtige Türkei Einfluss zu nehmen? Aber das kann Herr General Naumann viel besser beurteilen. Die Frage ist, ob man unter Freunden auch über Werte spricht – oder ob das alles nur eine harte, neorealistische Politik ist.

Belozerov

Noch eine Anmerkung zu diesem Raum: Es gibt eine Reihe vom Staaten um das Schwarze Meer herum mit unterschiedlichen Intentionen. Russland versucht daher die Spannung dort abzubauen und hat daher zu einem Treffen der Außenminister dieser Staaten geladen und dazu natürlich auch die Türkei und die Ukraine eingeladen.

Korkisch

Ein Aspekt, der vielleicht nicht ganz hierher gehört, ist die Tatsache, dass die CIA beklagt, dass sie seit Monaten keinen Kontakt zum türkischen Geheimdienst hat. Dafür gibt es laufend Geheimdienstkontakte von Pakistan mit den USA; dessen Leiter ist jedes Jahr ein- oder zweimal in Washington, wichtig auch wegen der Intentionen Chinas in diesem Raum.

Zweite Frage an das Panel

Ich habe ein Wort von Ihnen gehört, das mich nachdenklich gemacht hat, nämlich, dass wir uns auf einen Angriff vorbereiten müssen, bis hin zu einer Verteidigung gegen einen Atomangriff Russlands. Ich habe das als hart empfunden, aber wie real ist das oder wie haben Sie das gemeint?

Die NATO betreibt ja selber auch keine friedensfördernde Politik, etwa durch die Entsendung von Bataillonen in das Baltikum etc. Vielleicht sprengt das den Rahmen hier, aber nachdem Sie die atomare Bedrohung angesprochen haben, habe ich nun diese Frage gestellt.

Naumann

Ich möchte das gleich beantworten.

Also, mir ist keine einzige NATO-Übung bekannt, bei der mit dem Einsatz von Atomwaffen gegen neutrale Staaten gedroht wurde. Russland hat das vor wenigen Monaten getan und erklärt, man werde Stockholm angreifen und dies sogar durch einen autorisierten Sprecher des Generalstabes angekündigt. Mir ist auch keine Lage bekannt, bei der, auf kurze Anweisung hin, doppelt so viele Soldaten für sogenannte „snap-exercises" zusammengezogen wurden, und das alles als Reaktion auf die Übung in Polen. Insgesamt hat Russland in wenigen Monaten rund 800.000 Mann für Übungen mobilisiert. Die NATO könnte in Europa gar nicht so viele Soldaten zusammenbekommen.

Und das alles nur, weil vier Bataillönchen in vier Staaten auf Rotationsbasis stationiert werden sollen? Und sich dann darüber aufregen wegen der vier Bataillone in Polen und in den drei Baltischen Staaten – und das bei Information von Russland und voller Transparenz? Ich kann mir nicht vorstellen, dass wegen dieser vier Bataillone der russische Generalstab – wegen einer solchen „Bedrohung" Russlands – überhaupt nachdenklich würde, und schon gar nicht, wenn ich mir ansehe, was allein im Oblast Königsberg oder im Westen Russlands stationiert ist.

Das Bedrohungsempfinden Russlands kann ich mir nur so erklären, dass Russland als Kontinentalmacht und auf Grund der Geschichte den europäischen Westen als Einfallspforte sieht. Aber es gilt auch heute, was im NATO-Gipfeldokument von 1982 steht, nämlich, dass die NATO keine Waffen einsetzen wird, es sei denn, sie würde bedroht. Und ein diesbezügliches Aquis war auch Teil der Verträge bei der ersten NATO-Osterweiterung für Polen, Tschechien und Ungarn. Und wir haben diesen Ländern dies auch ausdrücklich gesagt, dass das, was 1982 vereinbart wurde, auch für sie gilt. Eine stärkere Versicherung kann man niemanden geben. Ich hatte General Kwashnin gesagt, wenn ich in ihrem Stuhl säße, hätte ich Sorge um drei Grenzen: Die Grenze im Westen, die im Süden mit dem moslemischen Unterbau und die im Osten wegen China. In Sibirien leben, das wurde bereits gesagt, sechs Millionen ethnische Russen. Und ich sagte Kwashnin, dass vom Westen her nie eine Angriffshandlung gegen Russland kommen wird.

Und das, meine Damen und Herren, das ist auch der strategisch-historische Hintergrund der NATO-Erweiterung. Das war die Idee einer strategischen Stabilisierung Osteuropas. Denn genauso empfinden das die Polen, denen die Russen 1945 große Teile des Landes weggenommen haben, und auch die Balten, denen nach 1940, auch aus Mitschuld Deutschlands, viel Unrecht zugefügt wurde. Daher muss man auch die Haltung all dieser Länder verstehen, das sollte man bedenken, wenn wir über die NATO und die NATO-Osterweiterung sprechen.

Ich sagte Kwashnin, die Bewahrung des Friedens sei auch eine Verpflichtung unserer Generation, denn ich habe das Bild meines Vaters vor mir, der in Russland gefallen ist, und ich brauche keine weiteren Gefallenen Deutschen.

Und ich sagte ihm – off the record –, wenn ich Russland wäre, würde ich auch in die Zukunft blicken, denn eines Tages wird Russland unsere Hilfe an seiner Ostgrenze brauchen, auch dies wäre eine Option, wenn wir nun über die NATO und NATO-Osterweiterung reden. Es ist keine Frage, dass wir Sicherheit gegen Russland schaffen können, das schaffen wir immer, das ist überhaupt kein Thema, aber was wir erreichen müssen ist Stabilität, und die schaffen wir nur mit Russland.

Belozerov

Koalitionen entstehen ja immer für konkrete Aufgaben. Betreffend Russland muss ich allerdings anführen, dass wir im Moment nicht in der Lage sind, solche langfristige Koalitionen für bestimmte militärische Aufgaben einzugehen. Aber wir helfen anderen Ländern. Es gibt mit den USA oft einen Austausch scharfer Rhetorik, aber wir arbeiten auch zusammen, etwa in Syrien.

Schmidle

O.K., sehen wir uns einmal für einen Moment das Thema Prognosen an. Also, ich glaube, kaum jemand hätte vor zwei Jahren geahnt, dass das russische Militär fähig wäre, Kräfte nach Syrien zu verlegen und sich dort, weit weg von zu Hause, zu engagieren. Aber sie haben es gemacht, weil sie ein strategisches Interesse dort haben. Wie schon gesagt wurde, es gibt bleibende Interessen und Motive und militärisches Handeln folgt solchen Interessen. Und man soll nie „niemals" sagen. Ich habe nie zu jenen gehört, die nie „niemals" gesagt haben, es gibt kein „niemals", daher kann man dann auch nicht überrascht werden. Und dazu gehört auch, dass man manchmal auch seine

Verbündeten wechselt oder wechseln muss. Auch diese hängen ja von Bedrohungen und Interessen ab, und solche können wechseln.

Wenn Sie anfangs August 2001 Planer im Pentagon gewesen wären und jemand hätte ihnen gesagt, dass in zwei Jahren 200.000 US-amerikanische Soldaten im Irak stehen würden, hätten Sie den vermutlich als Verrückten betrachtet. Aber so ist das mit der Politik. Das heißt natürlich nicht, dass man keine Entwicklungen erkennen und voraussehen kann. Und wir sagen unseren Leuten daher: Rechnen Sie immer mit dem Unerwarteten. Und natürlich haben wir auch immer eine Reihe von strategischen Optionen, aber wir können heute nicht konkret sagen, wie sich Staat Y und Staat X in einer bestimmten Situation morgen verhalten wird, oder auch, wie sich die meisten Staaten verhalten werden, weil ja alle Staaten immer eine Reihe von strategischen Optionen haben, und einer werden sie dann eben folgen. Ich nehme an, das beantwortet ihre Frage.

Dritte Frage an das Panel

Ich vertrete die These, dass die künftige Europäische Sicherheitsordnung sinnvoller Weise nur in enger Kooperation mit Russland möglich ist. Es gibt ja in der NATO den NATO-Russland-Rat.

Herr Professor Beloserov, sehen Sie von russischer Seite eine Möglichkeit, die ja nach wie vor bestehende und gültige Grundakte zwischen der NATO und Russland wieder zu beleben?

Belozerov

Lassen Sie mich darauf folgendermaßen antworten: Russland schätzt die NATO als politische Realität. Natürlich gibt es den Rat, aber es gibt keine Kontakte. Also suchen wir nach Bereichen, die für beide Seiten von Interesse sind. Es gibt natürlich solche Bereiche, aber wir wollen nicht vor der Tür stehen und bitten und warten, dass wir eingelassen werden. Die sicherheitspolitische Lage ändert sich jedoch laufend, also sehen wir einmal, welche Vorschläge wir bekommen.

Lapins

Das Problem des NATO-Russland-Rates ist ja, dass dieser, bei allem Respekt vor unseren US-amerikanischen Freunden, auf Drängen der Amerikaner suspendiert wurde. Der NATO-Russland-Rat war ja vor allem ein Instrument für die Kooperation im Krisenfall. Und ich dachte, nur der NATO-Russland-Rat wäre suspendiert worden, aber der deutsche Vertreter in Brüssel sagte mir, auch die Red Hotline zwischen den Militärs sei gekappt worden. Es gibt überhaupt keine Kontakte mehr. Alles wurde gekappt.

(Einwand von **Nackmayr:** Das stimmt nicht, es gab Kontakte, die Russen wurden mehrmals als Beobachter zu NATO-Vorhaben eingeladen, haben das aber zumeist ignoriert. **Lapins:** Ja, aber nicht über den NATO-Russland-Rat, nicht dort, das ist seit der Ukraine-Invasion nichts mehr passiert).

Die deutschen Vertreter in der NATO haben nun alles getan, damit der NATO-Russland-Rat wieder aktiviert wird. Russland wird natürlich damit nicht zufrieden sein, nur am Spielfeldrand zu stehen, sondern will in die Entscheidungen eingebunden werden. Ich sehe da eine Lösung, dass wir das russische Militär vorab informieren.

Die Diplomaten werden darüber reden, die reden ja immer sehr viel, wir werden also sehen, was die zusammenbringen. Es wird neue, vielleicht zunächst vertrauliche Initiativen geben, damit der NATO-Russland-Rat wieder aktiviert wird oder ob der NATO-Russland-Rat nicht völlig neu überdacht werden muss, etwa durch ein institutionalisiertes Gremium, in dem man stufenweise wieder Kooperationen herbeiführt. Es ist ja ein Botschaftertreffen zwischen der NATO und Russland im Juli vorgesehen.[4]

Naumann

Ich möchte dazu noch etwas sagen, weil ich ja derjenige war, der 1997/98, als Vorsitzender des NATO-Militärausschusses, das damals abgehandelt hatte, und den militärischen Bereich des NATO-Russland-Rates in den ersten Tagen mit dem russischen Generalstabschef Kwashnin auch verhandelt hatte.

Im Zuge der Verschärfung der Kosovo-Krise hatten wir mit den Russen eine ernsthafte Kooperation, das ging so weit, dass sogar Intelligence-Daten ausgetauscht wurden. Der NATO-Russland-Rat ist dann daran zerbrochen, weil die Russen geglaubt hatten, sie könnten, wie ein NATO-Mitglied, bei Entscheidungen der NATO ein Veto einlegen, aber das kann eben nur ein NATO-Mitglied, und das hatten wir den Russen auch mehrfach gesagt. Und das ist in der Gründungsakte des Rates auch so festgehalten. Wir hatten den Russen mehrfach angeboten, dass wir sie über unsere Streitkräfteplanungen uneingeschränkt informieren, erwarteten aber auch von russischer Seite informiert zu werden. Bei Vorleistung muss Gegenleistung erfolgen, das ist ja ein ganz normales internationales Verhalten, aber das haben sie abgelehnt, weil dies „ein Schritt zu weit" gewesen sei.

Wie gesagt, diese Kooperation ging bis 1999 und war sehr eng, aber wir hatten über den Kosovo die Russen verloren. Wir hatten das damals offen und ehrlich bedauert. Denn damals ging es um Tod oder Vertreibung von 1,1 Millionen Kosovo-Albanern, und wir mussten Milosevic in die Arme fallen, wir hatten keine andere Wahl

---

[4] Dieses fand am 17. Juli 2016 statt, brachte aber keinen Fortschritt; Thema war der Krieg in Syrien.

als zu handeln, es gab keine andere Chance. Es wäre besser gewesen, wenn wir mit Russland gemeinsam hätten handeln können.

Nackmayr

Ich möchte zu Protokoll geben, dass ich meinem Freund Wolf Lapins ausdrücklich widersprechen möchte. Ein totes Pferd immer weiterzureiten halte ich für Tierquälerei, für politische Tierquälerei. Ich glaube, dass der Völkerrechtsbruch, den Russland im Rahmen der Ukraine-Krise begangen hat, so fundamental ist, dass wir mit den alten Institutionsverfahren nicht weitermachen dürfen. Erst muss sich Russland bewegen.

(**Naumann:** Eine Rückkehr zu den Vereinbarungen von Paris. **Nackmayr:** Das wäre gut.)

Und dann das typische Argument verschiedener politischer Kreise, „wir müssen miteinander reden, denn das wäre sicherheitspolitisch wichtig". Gut, nur ich halte das für falsch, denn nochmals, der völkerrechtliche Bruch war so eklatant, dass wir einen Neubeginn brauchen, aber dann müssen verschiedene Dinge auch deutlich angesprochen werden und daher kann ich Prof. Lapins wirklich nicht zustimmen.

Lapins

Zum Kosovo: Die Russen hatten ja auch einen Flugplatz im Kosovo und dann kam es zum Zerwürfnis, richtig?

Naumann

Die Russen hatten, ohne Information der NATO, und unter Bruch der für Bosnien und Herzegowina gültigen Vereinbarungen, SFOR-Truppenteile aus Bosnien Herzegowina abgezogen und mit diesen den Flugplatz von Pristina besetzt.

Anmerkung **Korkisch:** Die Russen hatten nicht einmal ausreichend Verpflegung mit, und mussten von den Briten und Deutschen versorgt werden.

Naumann

Das Amüsante an dieser Sache war, dass diese Truppen unter Kommando jenes Generals standen, der der Vertreter Russlands im NATO-Militärausschuss war (General Iwaschow). Der Kosovo und alle Truppen dort standen ja unter der Operational Control des Supreme Allied Commander Europe. Dass die Russen dann da waren, merkte man erst, als die am Flugplatz auspackten und Stellung bezogen hatten. Aber so geht das nicht, und es ist auch klar, dass Vertragstreue anders aussieht und man mit einem solchen Partner keine Abkommen schließen kann.

Vierte Frage an das Panel

Ich möchte nicht provokant sein, jedenfalls werde ich das nicht versuchen, aber ich möchte auf eine Reihe von Entwicklungen verweisen und auf den Begriff des „Balancing“ zurückgehen. Ich konzentriere mich dabei auf Asien bzw. konkret auf China. Die Daten, die ich hier anführe, sind aus Wikipedia. Demnach hat China 2014 die USA beim BIP und bei der Gesamtkaufkraft vermutlich überholt. Die Stahlproduktion Chinas entspricht der von ganz Europa. China hat die zwei schnellsten Supercomputer, hat das Trauma von 150 Jahren partieller Fremdherrschaft und ich nenne hier nur 1838 und 1842 – ich meine den Opiumkrieg –, was in den Schulbüchern Chinas im Bewusstsein gehalten wird, China produziert für die ganze Welt die Unterhaltungselektronik und wird auch in anderen Gebieten aufholen, die Zeit bleibt ja nicht stehen.

Der Westen hat ideologisch was? Die europäischen und amerikanischen Werte. Die USA, Europa – und ich nehme Russland dazu – haben gemeinsam gerade eine Milliarde Menschen, also weniger als das was China heute hat, aber wir planen gerade den nächsten Bruderkrieg. China investiert in Afrika und baut an der Infrastruktur von Zentralasien und ich erwähne nur die neue Seidenstraße. Man kann China vielleicht durch Indien durch ein „Balancing“ neutralisieren, aber was ist, wenn das nicht funktioniert? Und was geschieht mit Europa in den nächsten zehn oder zwanzig Jahren? Wir fokussieren uns in Europa auf die kurzfristigen Probleme, übersehen aber die langfristigen Perspektiven. Ich bitte um Ihre Einschätzung.

Nackmayr

Günter Ederer, den kennen sie vielleicht vom ZDF, der hatte 1990 ein Buch mit dem Titel „Das leise Lächeln des Siegers“ geschrieben, über den kometenhaften Aufstieg Japans und wie uns die Japaner zeigen werden, wo es langgeht. Das war damals gerade im Zuge der Wiedervereinigung ein tolles Buch, nur es kam ganz anders.

Warum? Weil man aktuelle Wahrnehmungen nicht linear in die Zukunft projektieren darf. Weil sich alles nicht linear, sondern in Zyklen entwickelt. Bei allem was Sie gesagt haben, möchte ich doch darauf verwiesen, welche Probleme China hat. General Naumann hat das ja heute schon in seinem Vortrag beschrieben. Bei Prognosen, die länger als fünf Jahre in die Zukunft blicken wollen, würde ich daher extrem vorsichtig sein.

Lapins

Es ist nicht häufig der Fall, dass ich meinem Freund zustimmen kann, aber es ist so. Und ich möchte meinen Kommentar mit dem verbinden, was er gesagt hat. Es gibt jetzt auch gute Prognosen für Leute, die keinen Zugang zu nachrichtendienstlichen Quellen haben. Wenn sie etwa STRATFOR oder ähnliche Publikationen lesen, finden sie dort sehr gute Prognosen. In den zwölf Staaten, in denen ich bisher tätig gewesen bin, haben mir solche Prognosen immer sehr gut geholfen. Was uns heute fehlt, ist Vorausschau und vorausschauendes Denken.

Wir haben so um 1995 das Kölner BIOS-Institut aufgelöst, ein hervorragendes ost-wissenschaftliches Institut. Nun sagt der deutsche Außenminister, wir brauchen dringend Expertisen zu Russland, wir brauchen daher ein Russland-spezifisches Forschungsinstitut.

Was wir in Deutschland nicht gut entwickelt haben, ist strategische Geduld, das hat General Naumann heute bereits ausgeführt. Wohin kann sich etwas entwickeln, also vom Ende her denken. Was wir in Deutschland dafür sehr gut entwickelt haben, ist Tugend-Hochmut und Sühne-Stolz.

Belozerov

Natürlich entwickelt sich China sehr schnell. China hat Hunger nach Rohstoffen und Russland ist für China zuerst eine Rohstoffquelle. Wir haben keine Illusionen an den Interessen Chinas. Ich weiß nicht, ob Sie wissen, dass Tadschikistan an China rund 1000 Quadratkilometer Gebiet abgetreten hat, als Bezahlung für Waren und zur Schuldentilgung. Putin hat gemeint, China ist keine Gefahr sondern eine Herausforderung. Danach richten sich unsere Politik und unsere Zusammenarbeit.

Wir kennen die Probleme von China. Vor einigen Monaten hat unser Landwirtschaftsminister China Trinkwasser angeboten. Ich weiß zwar nicht wie eine derartige Lieferung funktionieren sollte, aber China will nun Wasser vom Baikalsee.

Korkisch

Ich war vor einigen Jahren in Moskau und hatte dort mit Karaganow gesprochen, dem außenpolitischen Berater von Putin, er war davor Berater von Jelzin. Karaganow sagte mir, Russland hat zwei Todfeinde: den Islam und China.

Ich erinnere an Ihr phantastisches Bild vom chinesischen Tiger, der um die russische Burg schleicht, das illustriert die Lage perfekt.

Wenn ich daran denke, dass vom Ural bis Wladiwostok gerade noch zehn Millionen Menschen leben, sehe ich für Russland schon deswegen eine enorme Gefahr. Wenn ich nach Osten blicke, würde ich, wenn ich Russland wäre, alles tun, um mit allen Staaten in der Peripherie Bündnisse zu schließen, als ein Counter-Balancing für den Fall, dass das mit der Achse nach China schief geht.

Naumann

Das erinnert mich auch an die seinerzeitigen Wünsche Russlands der NATO beizutreten.

Nackmayr (an Beloserov gerichtet)

Wenn Russland das Pazifische Jahrhundert ernst nimmt, dann müssen Sie Ihre Hauptstadt nach Osten verlegen. Wenn ich Ihr Präsident wäre, würde ich die Hauptstadt Russlands nach Wladiwostok verlegen. In Sibirien leben heute gerade noch sechs Millionen ethnische Russen. Nur wenn Sie das machen, dann haben Sie noch eine Chance. Wenn Sie in Moskau bleiben, wird Ihnen in den nächsten 50 Jahren Ihr asiatischer Hinterhof weggenommen.

Belozerov

Es gibt schon einige Entwürfe über die Verlegung der russischen Hauptstadt, ich nenne hier Jekaterinburg oder Novosibirsk. Jetzt habe ich (…) einen neuen Vorschlag gehört.

Fünfte Frage an das Panel

Herr General: Bezieht sich die Erklärung des NATO-Dokuments aus dem Jahr 1982, Waffen nur im Fall einer kollektiven Selbstverteidigung der NATO einzusetzen, nur gegenüber Russland, oder auch gegen andere Staaten?

Das wäre ja im Prinzip ein Verbot, Waffen gegen Staaten einzusetzen, die die NATO nicht angreifen – ich beziehe mich dabei auf Serbien und Libyen, also kann man das auch anders interpretieren.

Naumann (umgehend eingeschobene Antwort)

Dieses Verbot besteht im Prinzip gegenüber allen Staaten, war eine Verpflichtung der NATO allen Staaten, denen die NATO gegenüberstand, und das ist auch noch heute gültig. Aber die NATO kann ja, völlig getrennt davon, auch im Namen der UNO bzw. bei Entscheidungen des UN-Sicherheitsrates weltweit eingesetzt werden, das sind dann aber andere Ebenen.

Fortsetzung der Frage:

Ohne ein besonders Russland-affiner Mensch zu sein, das kann ich zugeben, kann man im Falle Serbiens – den damaligen Einsatz fand ich gut und richtig – oder im Baltikum das Heranrücken der NATO auch als eine Einmischung des Westens in das „nahe Ausland" sehen. Aus russischer Perzeption kann man das vermutlich als Bedrohung sehen, ist das vielleicht sogar ein Vertrags- oder Wortbruch, jedenfalls kann man das so interpretieren.

Und dass Russland über den Ausgang der Intervention gegen Libyen befremded war, kann nicht verwundern. Das kann nachvollziehbare Ängste erzeugen. Ich meine nun, dass man sich in die Zwänge, Strategien, Interessen und Konzeptionen des Ge-

genübers hineindenken soll. Dann können wir zwar, so wie Sie es ausgedrückt haben, Checks and Balances erreichen und eine konfrontative militärische Sicherheit zum Schutz – gegen wen auch immer – aufbauen, aber keine Stabilität erreichen.

Naumann

Mit meinem zuvor gemachten Hinweis auf den Kosovo, glaube ich, habe ich angedeutet, um was es dort ging, und ich glaube, ich brauche das nicht mehr zu wiederholen. Dass wir im Kosovo über eine Schwelle gegangen waren, die wir am liebsten nie überschritten hätten, brauche ich nicht zu betonen. Aber die Alternativen waren die, die ich geschildert hatte. Ich füge noch hinzu, dass ich der einzige Deutsche war – und das kann man nachlesen –, der vor dem Internationalen Gerichtshof in Den Haag aussagen musste. In den qualvollen 26 Stunden, die ich Milosevic gegenübersaß, wurden ja einige Dinge klar ausgesprochen.

Zunächst gab es den erfolgreichen Versuch, die Serben zum Abzug aus dem Kosovo zu bewegen, was dann im Oktober 1998 auch erfolgte. Dann aber hatten wir wiederum kein Instrument, um die Kosovaren zu bändigen. Sie wissen ja, das ist der Unterschied von Vakuum und Nicht-Vakuum. Denn, als der Kosovo zum ersten Mal im Frühjahr 1998 ein Thema im NATO-Rat war, wurde auf Betreiben der Briten und Türken die UCK als „Terroristische Organisation" bezeichnet. Daher meinten einige NATO-Staaten dann, mit Terroristen reden wir nicht, aber diese waren damals einer der Vertreter der Kosovo-Albaner. Manchmal sind es eben solche Kleinigkeiten, die die Geschichte verändern können. Wie waren also in unsere eigene Fall gelaufen: „Die NATO verhandelt nicht mit Terroristen."

Zurück zu Milosevic: Am Ende dieser 26 Stunden ersuchte ich dann, er möge das Protokoll unterschreiben, was er zunächst nicht wollte; er unterschieb aber dann doch, weil ich ihm sagte „ohne ihre Unterschrift zählt in Serbien nichts". Am Ende sagte er mir dann den bedeutungsschweren Satz, er werde im Frühjahr 1999 den Kosovo einer „Endlösung" zuführen.

Sie können sich vorstellen, dass ein Deutscher beim Wort „Endlösung" aufmerksam wird. Ich fragte ihn daher, was er damit meine, und er sagte, er mache das so, wie man es 1946 in Trenica gemacht habe. Ich bekannte meine Unkenntnis, was in Trenica geschah, und er meinte, „wir haben die damals alle zusammengetrieben und dann erschossen".

Ich habe ihn diese Aussage dann vor dem Internationalen Gerichtshof ins Gesicht gesagt und er hat das dann gar nicht abgestritten. Er meinte nur, meine Aussage korrigierend, er habe mir anschließend ein Gras Sliboviz angeboten, das sei falsch, denn er habe nie in seinem Leben Sliboviz getrunken, sondern nur Marillen-Brandy. Ich gab an, ich sei im Gegensatz zum Herrn Präsidenten kein Alkohol-Experte.

Das alles als Episode, wie es zum Einsatz im Kosovo kam.

Betreffend Libyen gebe ich ihnen in einem Punkt Recht. Auch betreffend Libyen gab es ein Mandat der Vereinten Nationen. Ich meine allerdings, dass wir durch die Art der Durchführung den Verdacht schufen, dass im Hintergrund dieser Aktion Regime-Change stehen würde. Ich halte das für einen Fehler und wenn ich heute nochmals mit den Russen zu verhandeln hätte, würde ich vorschlagen, in einer Erklärung festzuhalten, dass Regime-Changes nicht das Ziel solcher Einsätze sein können.

Allerding möchte ich anführen, dass Gaddafi und viele Leute seiner Umgebung von seinen eigenen Leuten liquidiert wurden. Dennoch, wir sollten es nach solchen Interventionen hinterher den Völkern selber überlassen, welche Führung sie dann wollen, denn das kann nicht unsere Aufgabe sein. Wir haben ja bezüglich des Iraks gesehen, dass die Implementierung von Demokratie völlig danebengehen kann – ein Fehler, an dem wir heute noch leiden.

Korkisch

Lassen Sie mich zu Libyen einige Anmerkungen machen: Libyen hatte ja eine Vorgeschichte, die lange vor 2011 begann. Die Libyen-Intervention war ja eine Idee von Sarkozy, der bei den kommenden Wahlen wiedergewählt werden wollte und einen außenpolitischen Erfolg suchte. Er wandte sich dann an den gerade kurze Zeit im Amt befindlichen britischen Premier Cameron und erinnerte diesen an ein zusätzliches Geheimabkommen im St. Malo Vertrag betreffend eines Combined Air Operation Centers, CAOC, außerhalb der EU und außerhalb der NATO.

Aber Cameron sah dann die Liste der Waffensysteme der libyschen Streitkräfte und hatte Angst, das könne vielleicht zu hohen Verlusten führen. Cameron kontaktierte dann die USA, die wiederum dann meinten, gut, wir können das Problem in zwei Tagen erledigen, was dann auch geschah. Nur die NATO benötigte dann Wochen und Monate, um die No Fly Zone zu etablieren.

Naumann: Und es gab eine Knappheit an PGMs bei den NATO Luftstreitkräften.

Korkisch

Ja, eine Knappheit an PGMs, aber auch andere Defizite wie bei den Briten die fehlende Nachtausbildung, Defizite bei Luftbetankungen und bei Nachteinsätzen mit PGMs bei den Tornados, Treibstoffknappheit etc., also die gleichen Fehler, die man schon 1999 bei der Kosovo-Krise hatte, nur nun noch drastischer. Ich habe das in mehreren Beiträgen, auch in einem in der ÖMZ, im Detail ausgeführt.

Gibt es dazu noch einige Anmerkungen am Panel? General **Schmidle?** You were responsible for the planning in the Pentagon – er ist für die Planungen im Pentagon zuständig gewesen. Nein? Professor Belozerov?

Belozerov

Ja, bezüglich NATO und Russland und ich habe in den letzten 15 Minuten so viel Gesichtspunkte zu Russland und der NATO gehört, dass eine Antwort auf diese mehrere Stunden erfordern würde. Und ich möchte ein paar Sätze zu Herrn General Naumann sagen. Sie haben gesagt, wir müssen unsere Grenzen im Osten verteidigen, ja, und auch im Süden, gut, ja, und auch im Westen, ja, aber leider haben wir (…) nicht so viele Streitkräfte, Truppen, um das alles zu sichern, es gibt allerdings Prioritäten. Danke.

Schlußwort zum Panel: Friedrich Korkisch

Meine Damen und Herrn, wir haben als Richtzeit 20 Uhr angegeben und ich möchte die Zeit einhalten. Wir kommen daher zum Ende.

(Applaus)

Meine Damen und Herren, wir haben eine weite Wanderung gemacht vom Kosovo und die CIA nach Zypern, Russland, China und zurück zur NATO und Serbien.

Ich möchte daher allen Herren hier am Panel für ihre wirklich interessanten Ausführungen, für die Diskussion und die Kommentare danken, dem Plenum für die rege Teilnahme. Wir haben einiges dazugelernt und es war für mich außerordentlich spannend. Nochmals herzlichen Dank und ich möchte nun Herrn General Peischel bitten, das Panel zu schließen.

(Applaus)

Schlusswort zum Panel: Bgdr Wolfgang Peischel

Meine Damen und Herren, es bleibt mir nicht mehr viel mehr zu sagen. Ich möchte nur anmerken, eine derartige Zusammenballung von Fachwissen, Gründlichkeit, Ehrlichkeit und Vielfalt an Informationen werden Sie selten finden.

Ich danke auch für die fachlich hervorragenden Fragen aus dem Publikum. Ich bin tief beeindruckt und danke allen für diesen Abend. Für weitere Gespräche stehen Ihnen allen nach dem Buffet der Clubraum und das ganze Haus der Landesverteidigungsakademie zur Verfügung. Nochmals herzlichen Dank.

Friedrich KORKISCH

Zusammenfassung und Kommentar zum Panel 1

Eine Vorbemerkung

Die informativen und auch sehr kritischen Referate und die nachfolgenden Debatten waren in mehrerer Hinsicht aufschlussreich:

Sieht man vom Beitrag von General **Schmidle** ab, waren die meisten Vorträge von großer Besorgnis über die Zukunft und mangelhaften äußere Sicherheit Europas geprägt. Der russische Beitrag war betreffend Russland hingegen zu optimistisch, denn Russland ist ein typischer „failing state", allerdings mit 12.000 Atomwaffen.

Ein Teil meiner in der Einleitung aufgeworfener Fragen ist von den Referenten beantwortet worden, andere wiederum nicht, und General Naumann hatte darauf verwiesen, dass dazu mehr Zeit erforderlich gewesen wäre. Keine Rede und auch kein Panelreferat hatte betreffend der Europäischen Union Optimismus erkennen lassen. Angesichts der herausragenden Positionen und umfassenden politischen und militärischen Einblicke der Referenten war dies bemerkenswert.

„Rebalancing" im Sinne von Robert Art, den ich in San Francisco traf, ist der Rückzug der USA auf die transozeanischen Küsten, also die Beschreibung einer Post-NATO-Ära. In den europäischen Kapitalen hätten 2012 die Alarmglocken läuten müssen, dazu hätte es aber einer geopolitischen Analyse bedurft.

Geostrategischer Verschiebungen

Makropolitisch gesehen, hat sich die Welt nach 1945 nun zum vierten Mal maßgeblich verändert: Die erste Veränderung erfolgte durch den Gegensatz zwischen Demokratie und Freiheit auf der einen, und Sowjet-Kommunismus und Maoismus auf der anderen Seite; zweitens, durch die Auflösung der Kolonialreiche in den Fünfziger- und Sechzigerjahren; drittens durch den Zusammenbruch des sowjetischen Lagers, und nun zuletzt, durch die Versuche Chinas, das strukturell weiter bestehende Ost-West-System von Ostasien her aufrollen zu wollen, samt den Versuchen Russlands, das abgefallene Erbe der Sowjetunion durch eingeleitete gewaltsame Gebietserweiterungen und Drohungen wieder „heimzuholen", was allerdings scheitert, weil sich Russland mehr aufgebürdet hat als es verdauen kann und nur jenen Staaten etwas anzubieten hat, die noch ärmer sind als Russland selber. Die Bevölkerung der Krim erleidet derzeit einen spürbaren Verlust an Wohlstand und Pro-Kopf-Einkommen.

Die Vermutung, dass Indien und Brasilien in ihren Einflussbereichen ebenfalls expansiv werden könnten, blieb Fiktion. Indien hat kein Einflusszentrum schaffen können, denn es ist von islamischen Staaten und von China umgeben, Brasilien wiederum hat keine nennenswerten Streitkräfte und ist wirtschaftlich seit drei Jahrzehnten angeschlagen. Russland setzt hier in Staaten Erwartungen, die historisch und auch geopolitisch keinen Bezug zu Moskau haben. Das kann man als „geopolitische Schwäche" interpretieren.

Die Referate und Debatten haben gezeigt, dass wir uns erneut vor einem Wechsel der geopolitischen Konstellation befinden, wobei die stärksten Veränderungen von den negativen Playern wie Syrien, IS/ISIS und vom Terrorismus ausgehen. Negative Akzente kommen gegenüber Europa von Russland, das seine ökonomische und auch militärisch-konventionelle Schwäche durch außenpolitischen Aktivismus kompensiert,

Europa und den europäischen NATO-Staaten gleichzeitig bzw. einseitig mit Atomwaffen droht und eine Einschüchterungspolitik gegenüber der EU ausspielt. Dasselbe versucht China in Südostasien.

Europa, ein Ort gesteigerter Unsicherheit

Es ist für alle, im Plenum hier wie auch am Panel, klar geworden, dass der Zustand Europas, der der Transatlantischen Beziehungen, wie auch der der NATO unerfreulich ist, wobei ich die Hauptschuld an den negativen Trends fast ausschließlich Europa anlasten möchte. Obama hat ja nur schon Jahrzehnte vorhandene Entwicklungen verstärkt. Ich erinnere nochmals an der bis Kennedy und Nixon zurückgehenden Europakritik, auch der von Dean Rusk über Caspar Weinberger und Madeleine Albright, Donald Rumsfeld und Robert Gates bis Ashton Carter und jene zahlloser Militärs wegen den unzureichenden Budgets für Verteidigung und NATO. Die Kritik europäischer Politiker und der Massenmedien an Donald Trump erinnert an jene, die man gegen Barry Goldwater oder Ronald Reagan vorbrachte; hier reden und schreiben Leute, die die USA und ihre politischen Rituale nicht kennen.

Bis jetzt hat das „Soft Power EU-Europe“ sicherheitspolitische Themen gerne gemieden, nun müssen sie beantwortet werden. Es wird nicht reichen, US-amerikanische Verstärkungen für und A-Waffen in Europa als „nicht friedensfördernd“ zu kritisieren, gleichzeitig die eigenen Verteidigungsbudgets weiter zu kürzen und bereitwillig russischen Interessen den Weg zu ebnen. Für einen dubiosen nach Asien und in neue und essentielle Krisen führenden „eurasischen Weg“ wird es in Europa keine Mehrheiten geben.

Europäische Politiker wollten lange Zeit – und dies gilt bis heute – keine kritischen Anmerkungen zum Zustand Europas und nationale Politiker keine über den Zustand ihres Staates, seien die Themen Staatsverschuldung, Budgetdefizite, Arbeitslosigkeit, Kriminalität, Mängel bei der Terrorbekämpfung oder militärische Impotenz. Nun sind alle in einer Untergangsstimmung oder bemühen eine multikulturelle Gesellschaft, die nur eine kleine Minderheit akzeptiert.

„Rebalancing“ oder nicht: Ein Richtungswechsel in Washington ist zwingend geboten

Die USA werden zunehmend strategische Ziele ohne Verbündete zu erreichen versuchen. Verlagern die USA ihre Strategie nach Asien? Zunächst ist ein Wechsel von „Asian Tilt“ zu „Atlantic Tilt“ und umgekehrt ein laufender Prozess seit dem Spanisch-Amerikanischen Krieg von 1898. Im Panel ging es vor allem um die Rolle der USA und um das transatlantische Verhältnis, das immer mehr gestört ist, vor allen durch einige Entwicklungen in Europa und fehlender Lenkung durch einen passiven Präsidenten, der seit seinem Amtsantritt 2009 die Notwendigkeit eines starken Engagements nicht verstanden hat oder vorsätzlich einem solchen auswich, so wie er vor vier Jahren im Wahlkampf ein Engagement betreffend Benghazi mied, was nun, im Wahlkampf 2016, Hillary Clinton schadete. Es besteht auch der der Eindruck, Obama wolle die letzten 18 Monate seiner Präsidentschaft einfach durchtauchen.

Das „Rebalancing" in Richtung eines Containment Chinas, samt Truppenverstärkungen im Pazifik, soll einem kommenden Konflikt in Asien militärstrategisch vorbeugen. Die Konflikte in Asien können sich unkontrollierbar überlagern: China gegen Japan, Japan gegen Russland, Nordkorea gegen Südkorea und Japan, Vietnam gegen China, China gegen Taiwan, die USA gleichzeitig gegen China, Nord Korea und Russland. Dazu kommen Gegensätze zwischen China und Indien sowie Indien und Pakistan. Wie wir gehört haben, ist China gegen Russland wahrscheinlicher geworden. Das sind alles Atommächte. Und man soll den Gegensatz von Iran gegen Israel und Iran gegen Saudi Arabien nicht übersehen.

Wer somit mit wem gegen wen steht, ist aus heutiger Sicht unklar, aber einige Verlierer stehen fest: Sollte Nordkorea Atombomben einsetzen, wird es von der Landkarte verschwinden, Russland könnte die Kurilen und Teile von Sibirien verlieren und Chinas dünnes und fragwürdiges „Inselimperium" würde sich wieder auflösen.

Es ist zu erwarten, dass Trump sich deutlicher gegen China wenden wird und Tabuthemen neu aufgegriffen werden, etwa über westliche Werte, der Zustand der Demokratie, unzureichendes Crime Punishment und Hyper-Liberalismus, was in Summe die Demokratie gefährdet und somit zwingende Rückkehr zu „Law and Order". Die Politik gegenüber China wird schärfer werden und die EU wird sich dem anschließen müssen, will sie nicht zur Müllhalde chinesischer Überproduktionskapazitäten werden.

General **Schmidle** betonte die maritime Komponente der US-amerikanischen „Grand Strategy" und die geopolitische Dominanz der US-amerikanischen Politik. Es ist daher zulässig festzuhalten, dass die Mittel und Möglichkeiten der USA eine andere Herangehensweise an die politischen und strategischen Fragen erlauben.

Ich beobachte die Vorgänge in den USA seit fünfzig Jahren, oft aus nächster Nähe und mit größter Sympathie, doch kann ich mich nicht erinnern, eine außenpolitisch so wenig konkret agierende Präsidentschaft erlebt zu haben. Das betraf zahlreiche Fragen, beginnend bei TTIP, der offensiven Politik Russlands und Chinas, dazu die IS/ISIS und Nord-Korea, das begrenzte Engagement in Afghanistan und im Irak und nun erneut in Libyen, sowie der Erkenntnis, dass auch das „offizielle" Saudi Arabien bei den Terroranschlägen im September 2001 eine nicht unwesentliche Rolle gespielt hat. Was ist mit der Duldung russischer Propaganda im Westen bei Verbot westlicher Sender in Russland?

Es wird späteren Historikern oder den Experten von „presidential studies" vorbehalten bleiben, die Hintergründe der Zurückhaltung des Präsidenten auszuleuchten, denn andere im Weißen Haus haben ja, wie wir wissen, andere Entscheidungen vorgeschlagen. Eine Art „Hidden Presidency", wie phasenweise jene von Eisenhower, liegt sicherlich nicht vor, denn dazu war die Informationsflut seit 2009 zu umfangreich.

Außenpolitik ist auch Sache des Secretary of State, und man muss John Kerry außerordentliches Bemühen anrechnen, und aus meiner Sicht wäre er ein sehr guter Präsident geworden. Was hingegen offen ist, sind Fragen bezüglich der oft indifferenten Haltung Obamas zu Syrien und zu Israel, hier besonders seine offene Gegnerschaft zu Netanyahu, der sich wiederum, wenig zurückhaltend, immer wieder abfällig über Obama geäußert hat. Andererseits ist auch festzuhalten, dass die laufende Ausweitung des israelischen Siedlungsbaus auf arabischem Boden einem politischen Konsens, so ein solcher überhaupt möglich wäre, zuwiderläuft.

Der Abzug aus dem Irak (der auch von Malaki aus innenpolitischen und interkonfessionellen Gründen trotz eines bilateralen Truppenstationierungs-Abkommens betrieben wurde) und der gerade noch verhinderte aus Afghanistan (der alle Erfolge seit 2002 zunichte gemacht hätte) führten in Washington zu Kontroversen zwischen Politik und Militär, Experten und Obama, Weißem Haus und Kongress, Pentagon und State Department, Massenmedien und einer erkennbar eher desinteressierten Öffentlichkeit, Wahlversprechen contra politischer Vernunft.

Hoch gespielte Medienkommentare über ein angeblich gutes Verhältnis von Trump zu Putin wurden von russischen Quellen behauptet, dann in US-amerikanischen Medien wiedergegeben, dann vom RT unter „quoting US sources" so umgedreht, dass der Eindruck entstand, dies käme originär von diesen – ein Paradebeispiel wie man Gerüchte erzeugt. Aber Trump ist nicht in der Rolle eines Bittstellers, Putin eher schon. Ich füge das hinzu, weil diese Fragen betreffend „Trump und Putin" kaum beantwortet wurden.

Ergänzend sei angeführt, dass sich die unter Clinton hochgespielten Erwartungen an eine Globalisierung und weitgehenden Liberalisierung nicht erfüllten. Die Globalisierung kosteten den USA 15 Mio. Arbeitsplätze und die Liberalisierung von 1998 war die Hauptursache für die Krise ab 2008.

Zwingend geboten: Ein Bekenntnis Europas zum Westen und Neubesinnung auf eine westliche Außen- und Sicherheitspolitik

Die Referate des Panels zum Thema „Rebalancing" der USA gingen über diese Kernfrage hinaus und führten auch zur Besorgnis über den Zustand des Westens, dessen abnehmendem Zusammenhalt, dem fehlenden Konsens in der EU, und ökonomische Schwächen, die in einigen Staaten bereits systembedrohende Ausmaße angenommen haben.

Ist das Ende der Europäischen Union schon eingeleitet? Dieses Ende ist erstmals seit der Gründung der EG nicht mehr denkunmöglich. Allerdings hat die EU zu ihrer Hinterfragung selbst beigetragen, als sie den Fehler machte, eine gigantische Normen-

und Regelungsmaterie mit unüberschaubaren Strukturen und anonymen Entscheidungsmechanismen aufzubauen, die die Rechte der Staaten, der Parlamente und Bürger immer mehr beschränkte, Hinterfragungen auswich und immer weniger allgemein akzeptierte Gegenleistungen aufzuweisen hatte. Die Parole lautet nun, mehr Freiheit statt mehr Europa, weniger Bevormundung und auch keine EU-Streitkräfte. Die Betreiber dieser Entwicklung saßen aber nicht in London, sondern in den EU-Hauptstädten auf dem Kontinent.

Zählen sich diverse europäische Parteien noch zum Westen und zur westlichen Demokratie? Oder sehen viele den Westen als lästige Regierungsform ohne Handlungskompetenz oder gar einem „Führerstaat-Modell" unterlegen? Und wenn ja, ergründet man warum? Erkennbar gibt es eine Zurückhaltung der EU sich eindeutig zum demokratischen Westen zu bekennen und westliche Werte deutlich zu vertreten. Der Niedergang der konservativen Parteien ist Teil dieser Entwicklung. Es gibt nur mehr kollektive Werte, die man nicht erklären kann und die für niemanden mehr eine Verpflichtung darstellen.

Ein Problem ist die Fehlentwicklung der europäischen Demokratien in eine Sozialleistungs-Demokratie, Selbstbedienungs-Demokratie, in der alle alle Rechte haben wollen, sich aber zu nichts verpflichtet fühlen. Ein Grund dafür mag auch sein, dass in der EU fast jeder 50% seines Einkommen an den Staat abführen muss und die Bürger daher meinen, der Staat habe ihm ab sofort nichts mehr vorzuschreiben.

Die kaum mehr gestellten und daher auch nicht beantworteten Fragen lauten: Was ist der Westen? Was sind westliche Interessen? Bekennen wir uns zum Westen und warum ist dies wichtig? Was sind westliche Werte? Warum erleben die westlichen Demokratien einen ideologischen Niedergang?

Mit dem Wegfall des äußeren Feindes Sowjetunion und Kommunismus haben die europäischen Demokratien ihre Orientierung als Verfechter westlicher Freiheiten, Zusammengehörigkeit und Suche gemeinsamer Interessen, manifest in der EU und NATO, immer mehr in Frage gestellt, die Transatlantischen Beziehungen sogar als unzeitgemäß hinterfragt. Die westlichen Demokratien hatten durch ökonomische Reorientierungen und auch energiepolitischen Abhängigkeiten den Osten als Investitionsoption gesehen und über diese Hintertüren die Erfolge von 1990 zu Erfolgen Russlands gemacht.

Dann aber ereigneten sich europaweit die typischen Fehler einer überzogenen Sozialpolitik, die man nicht mehr abbremsen konnte: Mit der „Friedensdividende" wurden die Sozialausgaben auch dann noch erhöht, als man die roten Linien der Schuldenaufnahmen und Schuldentilgungsfähigkeit überschritt und damit auch die Maastricht-Grenzen missachtete. Trotz ökonomischen Krisen versuchte man die Sozialleistungen auf gleicher Höhe zu halten, musste diese aber aufgrund steigender Arbeitslosigkeit und einer älter werdenden Bevölkerung plus Kosten einer unkontrollierten Zuwanderung sogar erhöhen. Der Glaube, dass laufende Umverteilung von oben nach unten den unteren Schichten mehr Wohlstand bringt, ist ein Irrtum, was sich etwa in Schweden und Dänemark zeigte, wo trotz extremer Umverteilung die Armut immer weitere Kreise erfasst hat und die Soziallasten fast zum Staatsbankrott führten. Diese Tatsache ist schon seit dem 19. Jahrhundert ökonomisches Allgemeinwissen.

Fazit: Das Modell keynesianischer Krisenbewältigung schuf steigende Schuldenberge, die die Handlungsfreiheiten der Regierungen immer weiter einschränkten. Man erreichte dennoch keine Reduktion der Arbeitslosigkeit, weil sich die Anforderungen des Arbeitsmarktes bleibend verändern. Weder Friedman noch Keynes haben daher in der ersten schweren Nachkriegskrise ab 1978 brauchbare Modelle zur Krisenbewältigung angeboten.

Das und politische Lösungsdefizite haben das westliche Demokratiemodell beschädigt. Es wieder zu stabilisieren, könnte, bei durchaus offenem Ausgang, eine volle Generation erfordern. Die europäischen Demokratien haben die Schwächung des demokratischen Systems selber verursacht, weil man meint(e), die negativen sozialpolitischen Symptome mit steigenden Sozialbudgets beseitigen zu können. Das führte zu gigantischen Schulden, ohne die Armut auch nur ansatzweise beseitigen zu können. Armut ist eine Frage der Herkunft, Bildung, persönlicher Bereitschaft am Aufstieg aktiv mitzuwirken. Sozialhilfe wird (dazu gibt es umfangreiche Untersuchungen in den USA) auch zur Bequemlichkeits-Droge und erzeugt Gewöhnung.

Die Bedrohung Europas ist keine Fiktion: Äußere und innere Sicherheitsprobleme

Alle Referenten betonten, dass sich in und um Europa herum die Lage verschärft, einmal durch weitere Konflikte am Balkan und weitere politische Krisen, dann durch russische Bomber, die die Lufträume europäischer Staaten verletzen, dann Moskaus Drohungen gegen die Baltischen Staaten und Polen, Gewalt gegen die Ukraine oder der Druck auf Moldawien. Dazu kamen seit 2014 Drohungen mit Atomwaffen. Europa und die NATO sind zudem mit einer immer antagonistischer werdenden Türkei konfrontiert und die EU steht unter Druck von Wirtschaftsflüchtlingen aus Asien und Afrika, für die es keine Arbeitsmöglichkeiten gibt, samt Mitwirkung nordafrikanischer Staaten beim Übersetzen dieser nach Europa; diese weigern sich aber dann, solche Flüchtlinge zurückzunehmen, was Europa, mit deutlicher aber unverständlicher Ohnmacht, zur Kenntnis nimmt.

Komplex sind auch die Vorgänge in Syrien, im Irak und Yemen, der Dauerkonflikt zwischen Schiiten gegen Sunniten, alle gegen Alewiten und Christen, die Zukunft von Bosnien und Herzegowina, schwachen Regierungen in Libyen, Tunesien und im Libanon, dazu die sonderbare Rolle von Saudi Arabien als Förderer des radikalen Islams. Da sich alle diese Spannungen auf die Minderheiten in Europa übertragen können, sind offene Auseinandersetzungen nicht auszuschließen.

Besorgnis galt neben der Kritik an EU- bzw. NATO-Mitgliedsstaaten, besonders an den USA, auch der Türkei. Ein Austritt der Türkei aus der NATO ist nicht mehr auszuschließen, die Türkei als klassischer „Führerstaat" passt nicht in die demokratische NATO, hier sind Überraschungen denkbar. Das würde jedoch Auswirkungen auf den Balkan und Griechenland haben; auch hier ist eine politische Abstinenz Obamas zu konstatieren.

Der gesamte Nahe und Mittlere Osten von Mauretanien bis Saudi Arabien ist für Europa eine Problemregion, wobei Israel in den letzten Jahren nur deswegen nicht im Blickpunkt stand, weil die USA sich nicht mehr so eindeutig für Israel engagierten, was sich unter einem neuen US-amerikanischen Präsidenten (mit weniger Distanz zu Israel und mehr Distanz zum Islam) rasch ändern könnte. Das ersparte einmal der EU, vor allem aber den diversen Regierungen Europas, sich für die eine oder andere Seite entscheiden zu müssen.

Europas Importabhängigkeit bei Energie wird zunehmen, wenn die Bundesrepublik Deutschland aus der Atomenergie aussteigt und dann vermehrt auf fossile Brennstoffe und Stromimporte umsteigen muss. Nutznießer wird dann vor allem Russland sein und es stellt sich die Frage, ob im Hintergrund nicht schon seit längerer Zeit entsprechende Weichenstellungen genau in diesem Sinne vorbereitet wurden. Und: Der Niedergang der europäischen Bankenlandschaft schuf weitere Anti-EU-Stimmungen.

Die Referenten waren sich darin einig, dass der Austritt Großbritanniens aus der EU keine dramatischen Folgen haben wird, denn beide Seiten werden versuchen einen gangbaren Weg zu finden, der nicht alle Brücken abbrechen wird. Andererseits ist dieser Austritt auch eine Folge des Verlassens der ursprünglichen europäischen Idee. Die EU wird derzeit aufwendig verwaltet, ist zunehmend Gegenstand von Kontroversen zwischen Kommission und Parlament einerseits und dieser mit den Regierungen der EU-Mitgliedsstaaten andererseits.

Umgekehrt ist die Schwäche der EU eine aller Institutionen, die nach 1945 geschaffen wurden: UNO, NATO, Weltbank, IMF, EWG/EG/EU, OECD, WTO und letztlich die aus der KSZE hervorgegangene OSZE. Nationalstaaten sind gegen den Internationalismus der Nachkriegszeit, dessen letztes Produkt die EU ist. Die nationalen Reaktionen innerhalb der EU waren daher keine Vertiefungen mehr, keine Erweiterung der EU mehr, eine Rückabwicklung der Übertragung nationaler Rechte, politisch gelebte Außerkraftsetzung des EU-Vertrages von 2007 (wie dies auch Griechenland, Frankreich oder die EZB bereits vorexerzierten), keine EU-Streitkräfte unter EU-Kommando, keine nationalen Kräfte in der NATO außerhalb nationaler Führungsinstanz.

Die negativen Trends bei der äußeren Sicherheit beeinträchtigen auch das Wahrnehmen der Defizite der inneren Sicherheit, weil man längst aufgegeben hat, deren selbstverschuldete Mängel „aktiv" zu bekämpfen. Steigende Kriminalität steht einer Polizei gegenüber, die personell schwächer ist als vor 1990. Der Unwillen der Staaten hier Abhilfe zu schaffen und eine immer mehr „behind the curve" agierende Polizei, dazu ein Justizsystem, das meint, durch einen humanen Strafvollzug – womit man oftmals auf diesen völlig verzichtet – Überbelegungen in den Strafanstalten vermeiden zu können, schuf Verunsicherungen, die zur Kritik an den Regierungen und der Demokratie selber führten.

Massenkriminalität, Vandalismus und Terrorismus, deren Bekämpfung mit den Methoden und Spielregeln der 1960er Jahre (mit einer um zwei Drittel geringeren Deliktzahl) musste scheitern; nun meint man, durch Aufforderungen zu mehr privatem Schutz fehlende staatliche Prävention zu kompensieren. Ansonsten dominieren ideologische Sichtweisen: Bestehende „Inequality" löst man durch „Reichensteuern", durch Schuldzuweisung an die Gesellschaft, da diese ihre Kriminalität selbst erzeugt und damit kein Recht auf Bestrafung der Täter habe, dazu statistischen Manipulationen, um den sich aufstauenden Grad der Unzufriedenheit gering halten zu können. Allerdings reduziert dies die Loyalität all jener, die das System finanzieren müssen, ohne aber jene gewinnen zu können, die davon profitieren, was den Zusammenhalt des Staaten gefährdet, denn immer mehr sind für einen „Regime Change" offen.

Dass sich die EU bis heute, nach 25 Jahre Terrorismus, zu keiner gemeinsamen Anti-Terrorstrategie durchringen konnte, erstaunt – dies ist ein politisches Versagen ohne Beispiel. Ebenso auch, dass man des Terrors Verdächtige und auch Personen mit mehreren Vorstrafen wegen Gewalthandlungen nicht einsperrt, aber auch nicht abschiebt, ja nicht einmal überwachen kann, weil die demokratische Rechtsordnung dies nicht zulässt, man diese aber auch nach Hunderten Terrortoten nicht ändern kann, ist bemerkenswert. Der Rechtsstaat ist erkennbar ohnmächtig und begünstigt damit den Terror.

Erklärungen wie „wir werden unseren Lebensweise nicht ändern" gehen ins Leere, weil sich diese bereits umfassend verändert hat, die westlichen Demokratien sich in einen Überwachungsstaat verwandelt haben, wobei heute weniger die mobilen potentiellen Gewalttäter und Kriminelle, sondern vielmehr die unbescholtenen Bürger überwacht werden.

Die EU und Russland

Russland will die EU beseitigen, weil diese ein Instrument demokratischer westlicher Wirtschaftsinteressen ist. Die USA haben gegen Widerstand einiger EU-Staaten erreicht, vor allem durch den Richtungswechsel von Sarkozy und Hollande, die sich bei ihrer Afrikapolitik vor allem und fast nur auf die USA abstützen konnten, dass EU und NATO nun enger kooperieren und die Verteidigung Europas nunmehr primär Sache der NATO ist.

Genau dies wollte Putin verhindern, ist aber dabei gescheitert; nun will er die Sanktionen beseitigen und findet dabei Unterstützung einer kleinen Minderheit von Unternehmern, umfassende hingegen von Parteien am rechten Rand des politischen

Spektrums. Es sei daran erinnert, dass die Politik gegen Europa in Frankreich mit Le Pen ihren Anfang nahm, dieser aber auf die nationalistische Haltung der Gaullisten und der Dritten Republik aufbauen konnte, deren Proponenten gegen die USA, gegen die NATO, gegen Großbritannien, gegen Deutschland argumentierten, die EG unter französische Kontrolle halten wollten und statt der NATO die stillgelegte WEU forcierten, 1990 gegen die deutsche Wiedervereinigung auftraten und Mitterrand sogar eine weitere Stationierung (sowjet-)russischer Truppen in Deutschland forderte, was Gorbatschow ablehnte.

Einige westliche Politiker hatten es sich zur Aufgabe gemacht, die NATO zu schwächen, ein Prozess, der bereits 1990 mit diversen Auflösungsforderungen einsetzte, und vor allem von Chirac gefördert wurde. Dazu kam die gleichzeitige Hinwendung von Schröder zu Russland. Dazu kommt die Duldung russischer Propaganda über die TV-Kabelnetze.

Und eine EU, die von Berlin dominiert wird, war nicht das Europa Frankreichs, das der Briten, Serben, Griechen etc.; vielmehr wurde eine derartige Union für einige zum Anlass, der EU mit Ablehnung gegenüberzutreten, andere wiederum unterstützen Putin beim Kampf gegen die EU, was eine Interessensgemeinschaft zur Folge hatte, bei der russische Interessen, EU-Gegnerschaft und Neonationalismus zusammenfielen.

Eine EU-Strategie? Und wer setzt diese um?

Es ist daher unmöglich geworden eine einheitliche westliche Strategie zu schaffen, die als Leitlinie für politisches und sicherheitspolitisches Handeln dienen könnte. Die neue, gerade publizierte Sicherheitsstrategie der EU *Global Strategy for the European Union's Foreign and Security Policy – Shared Vision Common Action: A Stronger Europe*, ist dafür ein gutes Beispiel:

Der Text ist eine gute Lagebeurteilung, aber trotz der Kapitel über „Action" fehlen klare Anweisungen darüber, wer was wann und wie erledigen soll; die Teile betreffend der Türkei sind, da undurchführbar, bereits überholt. Hinweise darüber, was die EU tun wird und was von den EU Mitgliedsstaaten erwartet wird, bleiben vage; was nun vorliegt ist eine Themensammlung, wie man sie in der *Financial Times* oder in der *Frankfurter Allgemeinen Zeitung* lesen konnte.

Jeder Staat will eine Strategie, die dann ohnedies ignoriert wird

Jeder Staat Europas formuliert seit einigen Jahren Strategien, die jedoch inhaltlich eine Sammlung von Stehsätzen sind. Wenn ein Kleinstaat meint, eine Strategie damit einleiten zu müssen, dass er für Freiheit, Frieden, Wohlstand, Demokratie und Menschenrechte eintritt, muss es erlaubt sein zu fragen, wie er diese in Afrika, Russland oder China umsetzen will – wenn dies nicht einmal die UNO selber zustande bringt –, es sei denn, er richtet diese Forderung quasi als „Erinnerungspost" nur an sich selbst, aber dazu bedarf es keiner Strategie, denn bis vor wenigen Jahren kamen alle Staaten ohne eine nationale „Strategie" aus und nun ist dies plötzlich nicht mehr möglich? Der britische Referent von RUSI, Michael **Codner,** meinte, Kleinstaaten benötigen keine Strategie, denn sie können ein solche gar nicht umsetzen.

Kein Staat hält sich an eine Strategie und wenn dies ohnedies nicht möglich ist, muss man fragen, warum solche überhaupt verfasst werden.

Wulf Lapins

Robert S. Schmidle

Klaus Naumann

Vasily K. Belozerov

Jörg-Dietrich Nackmayr

Friedrich Korkisch

„Aus der europäischen Vernetzung erwachsende Chancen für militärfachlich/militärwissenschaftliche Medien – die Rolle militärischer Medien für die fachliche und militärwissenschaftliche Bildung künftiger Führungskräfte" (Panel 2)

Moderation und Bericht

René Segur Cabanac

Teilnehmer:

Jörg ASCHENBRENNER (AUT), Redaktion TRUPPENDIENST
Michael CODNER (GBR), RUSI for Defence and Security Studies
Ossian HARTIG (FIN), Stv. Redakteur RUOTUVÄKI
K. Friedrich JESCHONNEK (DEU), Redakteur Hardthöhenkurier
Jérôme PELLISTRANDI (FRA), Chefredakteur Revue Défense Nationale
Kristin SCHÜNEMANN (DEU), Zentralredaktion Bw (Social Media)

Bereits nach dem Einleitungsstatement der Diskussionsteilnehmer wurde offensichtlich, dass die elektronischen und Printmedien auf sehr unterschiedliche Zielgruppen ausgerichtet sind und daher sehr differente Methoden und Werkzeuge für ihre jeweiligen Medienaufgaben zu nützen haben.

Die unterschiedlichen nationalen Zielgruppierungen umfassen im Wesentlichen

- Wehrpflichtige
- Kader- und Berufssoldaten (Führungskräfte)
- Bürger der jeweiligen Zivilgesellschaft
  als das Umfeld von politischer Willensbildung im Land.

Zusammengefasst definieren sich zumindest zwei große Wirkungsfelder:

1. glaubwürdige und transparente Informationstätigkeit über militärrelevante Thematiken für Angehörige von Streitkräften und Bürger der jeweiligen Zivilgesellschaft
2. militärfachliche und militärwissenschaftliche Informations-/ Bildungsaktivitäten vor allem für Angehörige der Streitkräfte.

Wirkungsfeld 1

Angehende Soldaten, Angehörige von Streitkräften im Einsatz als auch die Bürger der Zivilgesellschaften, welche die Mittel für Erhalt und Weiterentwicklung von Streitkräften bereitzustellen hat, sind durch größtmögliche Transparenz und Ehrlichkeit in der journalistischen Arbeit zu informieren.

Dies soll vor allem durch Nutzung mittels Social Media (z.B. Youtube, Instagram, Facebook) hohe Aktualität der Information als auch die aktive Einbindung des Zielpublikums in die Berichterstattung ermöglichen.

Hierbei stehen besonders die Sinnhaftigkeit von Streitkräften im Außen sowie die Akzeptanz für die Arbeit im Innen der Streitkräfte im Fokus.

Eine besondere Aufgabe stellt zum Beispiel in Deutschland dar, die Akzeptanz der Bürger für die Bundeswehr und deren Soldaten zu steigern und Interesse für ihre Themen zu wecken.

Ähnlich verhält sich die journalistische Herausforderung für die Redaktion von „Ruotuväki“ in Finnland, wo neben professionellen Mitarbeitern auch ausgesuchte Wehrpflichtige während ihres Wehrdienstes aktiv Beiträge für die Zeitschrift gestalten und dabei die Sicht junger finnischer Bürger im Hinblick auf Information und Kommunikation einbringen.

Generell sind alle Redaktionen durch die Nutzung von „Social Media“ bemüht, den Bürger im Allgemeinen thematisch als auch in der täglichen Umsetzung bei der Arbeit in den Streitkräften, in der Einsatzvorbereitung im Frieden in der Heimat sowie in die Einsätze vor Ort mitzunehmen. Durch Live-Videos und der Möglichkeit von Q&A’s kann im Format „Embedded Community“ authentisch und transparent, zum Beispiel über den Soldaten der Bundeswehr, berichtet werden.

Gemeinsames sicherheitspolitisches Wirksamwerden von multinationalen Streitkräften stellt für diese Anwendungen von Information und entsprechend angepasster Kommunikation nach außen zukünftig eine besondere Herausforderung dar.

Wirkungsfeld 2

In der Rolle militärischer Medien für die fachliche Bildung von Führungskräften stehen für Medienverantwortliche andere Zugänge zum Anwender im Vordergrund. Hier werden neben Printmedien zunehmend verschiedenartige Datenträger wie CDs, DVDs, E-Books, Internetplattformen verwendet.

In zahlreichen Streitkräften finden verstärkt digitale Ausbildungshilfsmittel und -formen Anwendung. Digitale Ausbildung unter Einbindung moderner Medien reicht von Daten auf Datenträgern, interaktiven Lernprogrammen bis hin zur Gestaltung virtueller Klassenräume.

Mittels Vernetzung, Datenbereitstellung und -übertragung können moderne Medien in der Wissensvermittlung und darüber hinaus bis zu Prüfungsprozessen genützt werden. Der aktuelle Grad der Vernetzung ermöglicht bereits heute moderne Medien für die Ausbildung von Führungspersonal zu nutzen.

Dies findet derzeit vor allem in der Vorbereitungsphase zu Lehrgängen bzw. als begleitende Unterstützung in der Präsenzphase in Lehrveranstaltungen Anwendung. Dadurch kann der Lehr-/Lernerfolg in der Ausbildung von Führungskräften erhöht und darüber hinaus die individuelle Vertiefung von Lehrinhalten für die Probanden ermöglicht werden.

Modernes Wissensmanagement für Ausbildung und den Alltag erfolgt durch Bereitstellung von Information über moderne Medien. Unterstützt wird die Recherche für Studierende aber auch militärwissenschaftliche Forscher durch sogenannte „Fachinformationszentren".

Fachliche und wissenschaftliche Ausbildung für Führungskräfte umfasst nicht nur Vermittlung von Wissen, sondern auch die Schulung von Führungsprozessen.

Fall- und Stabsübungen ermöglichen mit Nutzung wissenschaftlicher Methoden und virtueller Methodenbaukästen wiederholbar unterschiedliches Herangehen an komplexe Führungsaufgaben.

Darüber hinaus werden Führungskräfte befähigt mit modernen Medien umzugehen und den Informationsraum aktiv zu nutzen. Dies bedeutet für Führungskräfte „mediengerecht" aufzutreten und das vorhandene Spektrum an Nutzungsmöglichkeiten in militärischen Führungsaufgaben aber auch bei Informationsbedarfen für das zivile Umfeld erfolgreich nutzen zu können.

In der weiterentwickelten Ausbildung für Führungskräfte wird besonders auf die gemeinsame streitkräfteüberschreitende Nutzung von bereitgestelltem Wissen und kompetenzorientierte Ausbildung Wert gelegt (z.B. virtuelle Klassenzimmer).

Es gilt jedoch ebenso bei der militärfachlichen und militärwissenschaftlichen Bildung von Führungskräften die Dimension des Informationsraumes zu begreifen und der damit verbundenen Auseinandersetzung mit dem Faktor Information im

Allgemeinen und diesbezüglich möglicher Manipulation im Besonderen mehr Raum zu geben.

Moderne Medien können in Ausbildung und Wissensbereitstellung zur Effizienz von Streitkräften sowie durch operative und strategische Information der Bürger und Entscheidungsträger zur Stabilität von Gesellschaften beitragen.

Ebenso ermöglichen sie aber Aggressoren/Terroristen bewusste Fehlinformation und Darstellung jeweils subjektiver politischer Positionen, die sich destabilisierend und verheerend auf die eigene staatliche Sicherheit und Ordnung auswirken können.

Auch dieser Konfrontation im sogenannten Cyberraum gilt es für Führungspersonal der Zukunft in dessen Aus- und Weiterbildung besonderes Augenmerk zu schenken.

Jörg Aschenbrenner

Ossian Hartig

K. Friedrich Jeschonnek

Kristin Schünemann

Michael Codner

Jérôme Pellistrandi

Militärhistorische Anmerkungen zur Reichweite und den Grenzen bei der Genese „neuer“ Strategiebildungstheoreme

Eberhard Birk

Hinführung

Strategy is en vogue – oder sollte es zumindest sein, so die Forderung von Wissenschaftlern, Theoretikern und Praktikern auf den unterschiedlichsten Terrains, die den Topos Strategie für das Verständnis ihrer Disziplinen – Staat, Politik, Gesellschaft, Wirtschaft (und natürlich Militär) – als unabdingbare Voraussetzung reklamieren. In der Regel aber verweisen sie den historischen Ursprüngen des Begriffes nur durch kurzes Anreißen einiger „klassischer“ Namen und Zitate Referenz, um dann – nicht selten durch die Verwechselung von „Strategie“ (gelegentlich auch „Operation“) und „Taktik“ – durch die Übernahme von Versatzstücken in ihr Metier auf der Grundlage (vermeintlicher) „historisch“ oder „philosophisch“ legitimierter Ableitung disziplin-immanente Modelle weiterzuentwickeln.

Diese Feststellung ist keine Kritik daran, sich der Wurzeln vergewissern zu wollen. Wer „Strategie neu denken“ will, kommt nicht umhin, den Blick „nach hinten“ zu richten. Schließlich gilt nach wie vor der bekannte Zusammenhang: *bad history, worse policy, wrong strategy.* Hierbei spielte das Militärische – freilich im Zusammenhang mit dem Politischen – seit jeher eine geradezu bevorzugte Rolle, weil es historisch der *älteste* Zugang und grundsätzlich in Theorie und Praxis der *letzte* Ausdruck politischen Handelns darstellt bzw. darstellen kann. Strategiefragen dieser (militärischen) Art bedürfen folglich der Zusammenschau mit dem Bildungsangebot der Militärgeschichte und den Herausforderungen der Sicherheitspolitik. Das erneute und gelegentlich auch wiederholte Durchdeklinieren alter Theorien, die stets auf das Neue Antworten geben woll(t)en, ergibt durchaus Sinn, wenn es – abseits der Funktion als Wissensspeicher – gelingt, Ableitungen für die Gegenwart hinzubekommen.

Es gilt daher einen der Chronologie folgenden kursorischen Rückblick vorzunehmen, um auf dieser Basis nach Analyse und Interpretation abstrakte Überlegungen zu entwickeln, die – durchaus über Umwege – in die Gegenwart und nahe

Zukunft führen. Diesem Ansatz sind zwei Prämissen voranzustellen: Erstens produziert eine derartige Vorgehensweise „Friktionen“ im Grenzraum zwischen ereignis- und prozessorientierter (militär-) geschichtlicher Betrachtung einerseits und abstrakter Modellbildung, die eine thesengeleitete Synthese anbieten will, andererseits. Diese Friktionen sind indes hinzunehmen, wenn eine Untersuchung versucht, einen „Lehrwert“ zu erzielen – zumal jegliches Wissen, das über das *hic et nunc* hinausgeht, stets aus dem Vergangenen abgeleitetes theoretisches Wissen ist. Zweitens besteht der Lehrwert, wenn er „vernünftig“ verstanden wird, eben nicht in der Bildung eines Dogmas. Der Historiker – und hier der Militärhistoriker – ist kein Prophet der Zukunft. Er kann (und muss?!) vielmehr aufzeigen, wo, abgleitet aus der Geschichte, Grenzen bei der Genese allgemein verbindlicher strategischer Weisheitslehren (verborgen) liegen könnten. Dieser Prämisse liegt das zugrunde, was der ehemalige deutsche Bundespräsident Richard von Weizsäcker im Jahre 1985 auf dem Historikerkongress in Stuttgart formulierte: „Die geistige Auseinandersetzung mit der Geschichte bietet dem Menschen nicht Ausbildung, sondern Bildung, nicht Handlungsanweisung, sondern Horizonte. Man lernt aus der Geschichte nicht, was man tun soll: Aber man kann aus ihr lernen, was man bedenken muß.“

Dies gilt für die Strategie in Theorie und Praxis insbesondere dann, wenn sich das ereignet, was mit der „black swan“-Metapher[1] beschrieben wurde, also das Eintreten einer Situation, mit der niemand rechnen konnte – und, so wäre weiter zu klären: wie viele „grey swans“ sind noch verborgen, auf die es fast genauso schwer ist, sich vorzubereiten? Insbesondere die Phänomenologie der „neuen“,[2] „kleinen“,[3] asymmetrischen[4] oder hybriden Kriege[5], haben in den letzten beiden Jahrzehnten das sicherheitspolitische und strategische Denken bestimmt und zu einer Renaissance in den Strategiewissenschaften geführt.

---

[1] Vgl. Nassim Nicholas Taleb, The Black Swan: The Impact of the Highly Impropable, New York 2007.

[2] Vgl. Herfried Münkler, Die neuen Kriege, Reinbek bei Hamburg 2002 und Mary Kaldor, Neue und alte Kriege: Organisierte Gewalt im Zeitalter der Globalisierung, Frankfurt 2000.

[3] Vgl. Christopher Daase, Kleine Kriege – Große Wirkung. Wie unkonventionelle Kriegführung die internationale Politik verändert, Baden-Baden 1999.

[4] Vgl. Herfried Münkler, Der Wandel des Krieges. Von der Symmetrie zur Asymmetrie, Weilerswist 2006 und Beatrice Heuser, Rebellen, Partisanen, Guerilleros. Asymmetrische Kriege von der Antike bis heute, Paderborn 2013 sowie Felix Wassermann, Asymmetrische Kriege. Eine politiktheoretische Untersuchung zur Kriegführung im 21. Jahrhundert, Frankfurt/M. 2015.

[5] Vgl. Uwe Hartmann, Hybrider Krieg als neue Bedrohung von Freiheit und Frieden. Zur Relevanz der Inneren Führung in Politik, Gesellschaft und Streitkräften (= Standpunkte und Orientierungen, 6), Berlin 2015.

Strategie hat also zu tun mit Brüchen, jeweils neuen Herausforderungen und (technologischen) Möglichkeiten sowie als Aufgabe daraus mit dem steten Suchen nach einem den eigenen Zielen dienenden Handlungscluster zu deren Bewältigung, die bei einem Erfolg genauso wie bei einem Misserfolg den (historischen) Erfahrungsschatz erweitern und vertiefen. Das Angebot der (Militär-) Geschichte ist groß.

Historisch-politische Banalitäten?

Die Geschichte des Nachdenkens über die „Strategie“ hat von der Antike bis in die Gegenwart mehrere Entwicklungsstufen durchlaufen[6]: von der reinen Feldherrenkunst, die mehr auf taktische und operative Gesichtspunkte fokussiert war,[7] über die grundlegenden Einsichten des preußischen Generals Carl von Clausewitz, der in ihr einerseits „den Gebrauch des Gefechts zum Zwecke des Krieges“, andererseits aber auch die politische Dimension des Krieges betonte,[8] hin zu dem durch militärhistorische Studien unterlegten theoretischen Ansatzes der „indirekten Strategie“ von Liddell B. Hart,[9] sowie André Beaufre[10] und Henry Kissinger,[11] bei denen die Strategie zu einer systematischen – „totalen“ – Denkmethode wurde. Der Begriff der Strategie entwickelte sich dabei immer weiter vom genuin militärischen Raum weg – davon unberührt bleiben die grundsätzlichen taktischen und operativen Elemente der Kriegführung, die „Principles of War“, die – selbst in ihren zeitbedingten Wandlungen – eine außerzeitliche Gültigkeit besitzen.

Parallel dazu entwickelten sich die (geografischen und „elementaren“) Bezugsebenen der Kriegführung von ihrer ursprünglichen Landzentrierung über die maritime Dimension sowie die fast bindungslosen Bereiche Air und Space zu den Möglichkeiten des Cyber-Space. Hinzu traten (ordnungs-) politische, geografische und technologische Erweiterungen der sicherheits- und verteidigungspolitischen Varia-

---

[6] Vgl. generell Albert A. Stahel, Klassiker der Strategie – eine Bewertung, Zürich 1996.

[7] So etwa bei den „alten“ Griechen sowie dem Werk des byzantinische Kaisers Leo VI., Johann W. von Bourscheid, Kaiser Leo des Philosophen Strategie und Taktik in 5 Bänden (Wien: 1777–1781), in dem Strategie noch als „die Kunst der Feldzüge“ beschrieben wurde.

[8] „Das Unterordnen des politischen Gesichtspunktes unter den militärischen wäre widersinnig, denn die Politik hat den Krieg erzeugt, sie ist die Intelligenz, der Krieg aber bloß das Instrument“, vgl. Clausewitz, Vom Kriege, 17. Aufl. Bonn 1966, S. 891.

[9] Vgl. Liddel B. Hart, Strategie, Wiesbaden 1954, S. 16: „Die Geschichte der Strategie ist grundsätzlich eine Sammlung aller Anwendungsfälle und Weiterführungen des Begriffs des indirekten Vorgehens.“

[10] Vgl. André Beaufre, Totale Kriegskunst im Frieden. Einführung in die Strategie, Berlin 1964, S. 14f.

[11] Vgl. Henry Kissinger, Kernwaffen und Auswärtige Politik, München 1959.

tionsmöglichkeiten und Machtmittel, die durch bestimmte Strukturmerkmale wie sicherheitspolitische Geografie (A-, Uni-, Bi- oder Multipolarität) und ideologische Ordnungsvorstellungen (liberales vs. sozialistisches Friedensmodell) in ihrer Reichweite konstituiert bzw. begrenzt wurden.

Damit wurde der Strategiebegriff kontinuierlich ausdifferenziert. Nichts könnte dies eindrucksvoller belegen als die Weiterführungen des Strategiebegriffes in den unterschiedlichsten Wissenschaftsdisziplinen, aber auch durch dessen Inbesitznahme durch diese – wie zum Beispiel: Internationale Beziehungen,[12] Geopolitik,[13] aber auch in nahezu allen Teilgebieten der Wirtschafts- und Finanzwissenschaften.[14] Dies hatte parallel dazu, seit Ende des Kalten Krieges, auch zur Folge, dass in sämtlichen nationalen und europäischen wie nordatlantischen Strategiepapieren das Konstatieren von neuer und zunehmender Komplexität der Herausforderungen zum Kodifikations-Mantra wurde, was sich auch in dem vielbeschworenen Ansatz „comprehensive approach"[15] spiegelt.

Jeder Staat, jede Gesellschaft, aber auch jeder Theoretiker des Krieges[16] oder der militärischen Strategie[17] – seien sie land-, see- oder luftbasiert,[18] lagen ihnen

---

[12] Vgl. Colin Gray, War, Peace and International Relations – An Introduction to Strategic History, London 2007.

[13] Für einen konzisen Überblick vgl. statt vieler Jürgen Osterhammel, Die Wiederkehr des Raumes: Geopolitik, Geohistorie und historische Geographie, in: Neue Politische Literatur 43, S. 374-397 und Jan Helmig, Geopolitik – Annäherung an ein schwieriges Konzept, in: Aus Politik und Zeitgeschichte 20-21/2007, S. 31-37 sowie kritisch: Hauke Ritz, Die Rückkehr der Geopolitik. Eine Ideologie und ihre fatalen Folgen, in: Blätter für deutsche und internationale Politik 3/2013, S. 71-80. Zu den Klassikern zählen: Friedrich Ratzel, Politische Geographie oder die Geographie der Staaten, des Verkehres und des Krieges, München/Leipzig 1897; Halford John Mackinder, Britain and the British Seas, New York 1902; Rudolf Kjellén, Der Staat als Lebensform, Leipzig 1917. Für die Gegenwart insbesondere: Zbigniew Brzezinski, Die einzige Weltmacht. Amerikas Strategie der Vorherrschaft, Frankfurt/M. 1999 und Samuel P. Huntington, Kampf der Kulturen. Die Neugestaltung der Weltpolitik im 21. Jahrhundert, München 2002.

[14] Vgl. statt vieler Harro von Senger, 36 Strategeme für Manager, München 2006 und ders., Die Klaviatur der 36 Strategeme. In Gegensätzen denken, München 2013.

[15] Vgl. etwa JOINT COMMUNICATION TO THE EUROPEAN PARLIAMENT AND THE COUNCIL. The EU's comprehensive approach to external conflict and crises vom 11.12.2013 http://www.eeas.europa.eu/statements/docs/2013/131211_03_en.pdf (30.07.2016).

[16] Vgl. Peter Paret/Gordon A. Craig, Felix Gilbert (Hg.), Makers of Modern Strategy from Machiavelli to the Nuclear Age, Oxford 1986; Werner Hahlweg (Hg.), Klassiker der Kriegskunst, Darmstadt 1960; Jehuda Wallach, Kriegstheorien. Ihre Entwicklung im 19. und 20. Jahrhundert, Frankfurt/M. 1972; Colin S. Gray, Modern Strategy, Oxford 1999; Herfried Münkler, Über den Krieg. Stationen der Kriegsgeschichte im Spiegel ihrer theoretischen Reflexion, Weilerswist 2003; Beatrice Heuser/Anja Hartmann (Hg.), Thinking War, Peace and World Orders from Antiquity until the 20th century, London 2001 sowie Heuser, Clausewitz lesen!, München 2005 und dies., Den Krieg denken. Die Entwicklung der Strategie seit der Antike, Paderborn 2010.

weltanschauliche Postulate oder machtpolitisch-geometrische zwischen Uni-, Bi-, Multi- oder A-Polarität zugrunde –, haben versucht, den Staat, die Politik, die (Rüstungs-) Wirtschaft, manchmal auch die Gesellschaft,[19] insbesondere aber das Militär, so „in Schuss" zu bringen, dass der maximale Erfolg eigener Anstrengungen, sei es zur Vermeidung oder Führung eines Krieges (verstanden als ultimative strategische bzw. sicherheitspolitische Herausforderung), erreichbar war oder schien.

Jedes politische Gemeinwesen – ganz gleich ob Staat oder Reich, ob weltlich oder geistlich, ob Diktatur oder Demokratie, alleine oder in einem Verband – ging oder geht unausgesprochen, als Basis resp. unabdingbare Voraussetzung strategischen Denkens, davon aus, dass es das gegenwärtig beste Ergebnis politischer Herrschaft verkörpert resp. auf dem besten Weg dorthin ist. Es versteht sich daher als Verkörperung des ihm eigenen historisch-politischen Lernprozesses. Daraus zieht es seine Legitimation. Es ist sich selbst das Optimum.

Jedes dieser Gemeinwesen ist daher de facto insofern strukturkonservativ als es seinen Zustand mindestens erhalten oder graduell optimieren will. Deshalb werden auch alle seine Organe – Beamte, Polizisten und Soldaten – auf den *status quo* vereidigt. Ihn gilt es zu erhalten und bei dessen Infragestellung durch andere Kräfte ggfs. auch zu verteidigen, um den „idealen" *status quo ante* wieder herzustellen. Dieser Sachverhalt gilt – gleichwohl etwas modifiziert – übrigens auch für Akteure, die weitaus offensivere oder aggressivere Vorstellungen für die Gestaltung der Zukunft haben. Eine grundsätzliche Selbst-Infragestellung eines Gemeinwesens ist daher *per se* auszuschließen. Es gilt vielmehr daraus einen politischen Selbsterhaltungswillen abzuleiten. Das schließt die Bereitschaft zur Optimierung durch Reformen nicht aus. Revolutionen hingegen sind Angelegenheiten von Gesellschaften, nicht von Staaten oder deren Organen – zumindest wenn es um den eigenen Staat geht. Anders ist es, wenn Akteure eine aktive Veränderung ihres Vorfeldes, verstanden als sicherheitspolitisches Glacis, anstreben.

Der Selbsterhaltungstrieb eines Gemeinwesens und dessen außen- und sicherheitspolitische Absicherung basieren auf einer konstruierten Ordnung, die von Akteuren getragen wird – unabhängig vom Grad ihrer Legitimation. Beide sind –

---

[17] Vgl. den Abriss bei Albert Stahel, Klassiker der Strategie – eine Bewertung, Zürich 2004.

[18] Vgl. Alfred Thayer Mahan, Der Einfluss der Seemacht auf die Geschichte 1660-1812, Herford 1967 und Giulio Douhet, Il dominio dell'aria, 2. Aufl. Rom 1927. Die 1927 erschienene Auflage seines Werkes war die Grundlage der deutschen Übersetzung: Luftherrschaft, Berlin 1935.

[19] Vgl. Barbara Kuchler, Kriege. Eine Gesellschaftstheorie gewaltsamer Konflikte, Frankfurt/M. 2013.

selbst wenn die Geschichte, über die Zeitachse betrachtet, davor warnt – auf „Dauer" angelegt.

Natürlich ging man im Mittelalter davon aus, dass das „Feudalsystem" genauso wie die Vorherrschaft einer Kirche auf Dauer trägt – dann kam die Reformation.[20] Sie veränderte theologisches Denken, schuf Konfessionen, in deren Schatten eine moderne Staatsbildung erwuchs und die damit verbunden auch zu einer Zunahme kriegerischer Konflikte führte – und unser Kontinent erlebte einen Dreißigjährigen Krieg.[21]

Natürlich ging man im darauf folgenden Absolutismus davon aus, dass das System auf Dauer trägt. Aufklärung und Rationalität verdrängten barocke Lebenslust und strebten nach abstrakter „absoluter" Kontrolle von politischer Herrschaftsausübung und der Hegung der Kriegsgöttin Bellona[22] – dann kam die Französische Revolution. Sie veränderte politisches Denken, schuf politisierte Nationen und Gesellschaften, modernisierte die Staatsgewalt – und unser Kontinent erlebte einen Zwanzigjährigen Krieg durch, mit und gegen Napoleon.[23] Auf dem Wiener Kongress wurde vor 200 Jahren eine Ordnung geschaffen,[24] die über die Rückkehr zu alten Strukturelementen Stabilität schaffen wollte und doch gleichzeitig über den zunehmend dynamischen Gesellschaften des (vor-) industrialisierten Zeitalters schwebte, und vor 100 Jahren im Ersten Weltkrieg ihre Kulminationskatastrophe erfuhr.[25]

Gegen Ende des Ersten Weltkrieges und kurz danach traten an die Stelle von nationalistischen oder überregionalen Ordnungsentwürfen neue Elemente des Politischen: mit dem demokratisch-kapitalistischen Ansatz konkurrierten Ideologien als säkularisierte Religionen mit geradezu messianisch-überzeitlichem Anspruch, egal ob Faschismus in seinen Variationen, der Nationalsozialismus oder sozialis-

---

[20] Vgl. statt vieler Horst Rabe, Deutsche Geschichte 1500-1600. Das Jahrhundert der Glaubensspaltung, München 1991.

[21] Vgl. Johannes Burkhardt, Der Dreißigjährige Krieg, Frankfurt/M. 1992.

[22] Gerhard Ritter, Staatskunst und Kriegshandwerk. Das Problem des ›Militarismus‹ in Deutschland, Bd. 1: Die altpreußische Tradition (1740–1890), München 1959, S. 59.

[23] Vgl. Eberhard Birk/Thorsten Loch/Peter Andreas Popp (Hg.), Wie Napoleon nach Waterloo kam. Eine kleine Geschichte der Befreiungskriege 1813-1815, Freiburg 2015.

[24] Vgl. Eberhard Straub, Der Wiener Kongress. Das große Fest und die Neuordnung Europas, Stuttgart 2014; Brian Vick, The Congress of Vienna. Power and Politics after Napoleon, Cambridge (Mass.) 2014 und Thierry Lentz, 1815. Der Wiener Kongress und die Neugründung Europas, München 2014.

[25] Vgl. Jürgen Angelow, Der Weg in die Urkatastrophe. Der Zerfall des alten Europa 1900-1914, Berlin 2010 und Christopher Clark, Die Schlafwandler: Wie Europa in den Ersten Weltkrieg zog, München 2013.

tisch-kommunistische „Erlösungstheorien“[26]. Sie veränderten politisches Denken, schufen politisierte „totale“ Gesellschaften, auch „modernisierten“ sie die Staatsgewalt – und unser Kontinent erlebte erst einen weltanschaulich heißen Krieg[27] und danach über Jahrzehnte einen Kalten Krieg.[28]

Dessen politisch-militärisches Rational war das Prinzip der Abschreckung: „Abschreckung ist die Verständigung derer, die sich nicht miteinander verständigen können (...) Die Gegner einigen sich (...) negativ über die Existenz von Leiden (...) und infolgedessen über ein Rechtsprinzip, das durch Abschreckung vom (bösen) Handeln abhält, anstatt durch überzeugende Vorschriften zum (guten) Handeln zu ermutigen.“[29] Mit ihren drei Funktionen – Abschreckung, Ausgleich / Gleichgewicht und Bestrafung[30] – schuf sie eine antagonistische Stabilität, die gleichwohl paradox war, denn „Abschreckung ist wahrscheinlich das einzige politische Konzept, das total versagt, wenn es nur zu 99,9 Prozent erfolgreich ist.“[31]

Das Ende des Kalten Krieges aber schuf anstelle des vorschnell prognostizierten „Endes der Geschichte“[32] keine erhoffte „ewige“ Friedensordnung, sondern eine neue, nicht-intendierte „ewige“ und geradezu „anarchische“[33] Unübersichtlichkeit, i.e. es kam – pointiert formuliert – geradezu zu einer Rückkehr des Arguments der Geschichte. Alte Konfliktmuster wurden im Kalten Krieg eben schockgefroren und tauten nun wieder auf – sie erscheinen in alten und neuen Gewändern. Die Beschreibung der zersplitterten Ordnung ist Legion. Kaum ein Jahr vergeht, ohne dass neben den beiden Zeitikonen *11/9* (Mauerfall 1989) und *9/11* (WTC 2001) eine zusätzliche Herausforderung qualitativer oder regionaler Art zu einem ganzen Katalog hinzugekommen wäre. Und: Nach der Krise ist vor der Krise!

---

[26] Vgl. Gottfried Niedhardt, Internationale Beziehungen 1917-1947, Paderborn 1989, S. 11-29.

[27] Vgl. statt vieler MGFA (Hg.) Das Deutsche Reich und der Zweite Weltkrieg (10 Bde.), Stuttgart 1978-2008 und Christian Hartmann, Unternehmen Barbarossa. Der deutsche Krieg im Osten 1941-1945, München 2011.

[28] Vgl. grundlegend John Lewis Gaddis, Der Kalte Krieg. Eine neue Geschichte, München 2007; Bernd Stöver, Der Kalte Krieg. Geschichte eines radikalen Zeitalters 1947-1991, München 2007; Bernd Greiner, Christian Th. Müller, Dierk Walter (Hg.), Heiße Kriege im Kalten Krieg, Hamburg 2006 und Georges-Henri Soutou, La guerre de Cinquante Ans. Le conflit Est-Ouest 1943-1990, Paris 2004.

[29] André Glucksmann, Philosophie der Abschreckung, Frankfurt/M. 1986, S. 51.

[30] Vgl. Hermann Kahn, Nachdenken über den Atomkrieg, München 1983, S. 52.

[31] Leon Wieseltier, Frieden durch Abschreckung. Strategische Überlegungen zur Verhinderung eines Atomkrieges, München 19844, S. 93.

[32] Vgl. Francis Fukuyama: Das Ende der Geschichte: Wo stehen wir?, München 1992.

[33] Vgl. Robert Kaplan, The Coming Anarchy, in: Atlantic Monthly, Nr. 273 (1994), S. 44-76.

Allein dieser kursorische Überblick verdeutlicht eindringlich: Kein innen- oder außenpolitisches Ordnungssystem trug ewig und jede bisherige neuzeitliche europäische Ordnung hielt auf der Zeitachse stets kürzer als die vorangegangene. Keine „neue" Ordnung wurde aber mit so euphorischen Hoffnungen verbunden wie jene seit dem Mauerfall. Die in den jeweiligen Epochen verfolgten politischen und militärischen Strategien fanden – so der offensichtliche, empirisch-historische Befund – ihre jeweils „zeitlichen" Grenzen.

Das MR-Paradigma

Selbst wenn im Zuge des seit einigen Jahrzehnten aufkommenden historiographischen Bestrebens, Geschichte weniger „von oben" als „von unten", weniger als „Politik" und mehr als „Gesellschaft" und „Wirtschaft", weniger als ereignis- denn als prozessorientiert, weniger als Erfolgs- und mehr als Leidensgeschichte, weniger als Abfolge von „statischen" Singularitäten als von langanhaltenden Grundströmungen in kulturellen, sozialen und mentalen „Räumen" zu betreiben,[34] so erfordert der Versuch eines epochenübergreifenden Ansatzes gleichwohl gewisse Reduktionen vorzunehmen.

Hierzu soll über einen militärgeschichtlichen Modellbildungsansatz der Versuch unternommen werden, Kontinuitäten und Diskontinuitäten herauszuarbeiten, die die Grenzen von Strategiebildungsprozessen aufzeigen können. Dabei kann erkannt werden, dass – obwohl ältere Formen der Kriegführung immer Konjunktur haben –, die großen Veränderungen stets von außerhalb des militärischen Raumes, gleichwohl verstanden als *Militärische Revolutionen*, auf diesen einwirken. Der gedankliche Ansatz folgt dabei im Grundsatz jenem der Theorie des Paradigmenwechsels[35]: „Military revolutions (...) fundamentally change the framework of war (...) Military revolutions recast society and the state as well as military organiza-

---

[34] Vgl. als Auswahl: Lutz Raphael, Geschichtswissenschaft im Zeitalter der Extreme. Theorien, Methoden, Tendenzen von 1900 bis zur Gegenwart, München 2003; Winfried Schulze, Deutsche Geschichtswissenschaft nach 1945, München 1989; Pietro Rossi (Hg.), Theorie der modernen Geschichtsschreibung. Frankfurt am Main 1987; Barbara Stollberg-Rilinger (Hg.), Was heißt Kulturgeschichte des Politischen? Berlin 2005; Ute Frevert, Heinz-Gerhard Haupt (Hg.), Neue Politikgeschichte: Perspektiven einer historischen Politikforschung. Frankfurt a.M. 2005; Jürgen Kocka, Sozialgeschichte in Deutschland seit 1945. Aufstieg, Krise und Perspektiven, Bonn 2002; Silvia Serena Tschopp, Wolfgang Weber, Grundfragen der Kulturgeschichte (Kontroversen um die Geschichte), Darmstadt 2007; Michael Maurer, Kulturgeschichte. Eine Einführung, Böhlau, Köln 2008; Jörg Döring/Tristan Thielmann (Hg.), Spatial Turn. Das Raumparadigma in den Kultur- und Sozialwissenschaften, Bielefeld 2008.

[35] Thomas S. Kuhn, Die Struktur wissenschaftlicher Revolutionen. Suhrkamp, Frankfurt am Main 1967.

tions. They alter the capacity of states to create and project military power. And their effects are additive."[36]

Gleichzeitig ist hierbei darauf hinzuweisen, um Missverständnisses auszuschließen, dass die Militärischen Revolutionen – sie betreffen die Ebenen von politischer und militärischer Strategie – sauber zu trennen sind von den *Revolutions in Military Affairs*, mit dem sie in der Regel verwechselt werden: „Revolutions in military affairs are periods of innovation in which the armed forces develop new concepts involving changes in doctrine, tactics, procedures, and technology (...) And revolutions in military affairs take place almost exclusively at the operational level of war. They rarely affect the strategic level, except insofar as operational success can determine the larger strategic equation (...) Moreover revolutions in military affairs *always* occur within the context of politics and strategy – and that content is everything."[37]

Unter Ausschluss der „vor-westfälischen" Zeit lassen sich folgende Militärische Revolutionen identifizieren: Die *erste* fundamentale Revolution war die „Erfindung" des *modernen Staates*, womit der Privatcharakter des Krieges überführt wurde in eine „staatliche" Zuständigkeit, durch die stehende Heere, aufgrund der Steuerhoheit der Krone, auf Dauer finanziert werden konnten. Die Dauerpräsenz schuf das Berufsbild des (adeligen-dynastischen) Offiziers, der über die Transformation des ständischen zum militärischen Ehrbegriff an seinen Monarchen gebunden wurde. Die politisch-(militär-)strategische Zielsetzung bestand darin, Provinzen auf diplomatischem Wege „hinzuzugewinnen", konnte dieses politische Ziel nicht erreicht werden, so galt es begrenzte Kriege zu führen, die aus Gründen der Ressourcenknappheit und des Risikos sowie der Furcht vor der Wiederholung des Traumas Dreißigjähriger Krieg darauf zielten, unter dem Paradigma des *begrenzten Kriegsbildes* Schlachten nach Möglichkeit zu vermeiden. Der Verlust einer Schlacht konnte schließlich unabsehbare Folgen für die Systemstabilität nach sich ziehen. Dadurch entstand später der Eindruck vom Krieg als „Sport der Könige".[38]

Die „Erfindung" der Nation im Zuge der *Französischen Revolution* als *zweite* Revolution schuf – nicht zuletzt durch die Einführung der *leveé en masse* – eine Massenbasis für eine insbesondere auf personale Ressourcen keine Rücksicht nehmende neue, *entgrenzte Kriegführung*, die bei nahezu unveränderten Waffensystemen ihre

---

36 MacGregor Knox and Murray Williamson (Hg.), The Dynamics of Military Revolutions 1300 – 2050, Cambridge University Press 2001, S. 6-7.

37 So eine von vielen möglichen Variationen bei MacGregor Knox/Williamson Murray, The Dynamics of Military Revolutions, S. 179-180.

38 Arnold J. Toynbee, Der Gang der Weltgeschichte, Bd. 1, Aufstieg und Verfall der Kulturen, 7. Aufl., Zürich 1979, S. 379.

Erfolge dadurch erzielte, dass sie Sendungsbewusstsein mit Schnelligkeit, der Schaffung neuer Führungsebenen und Rigorosität (Tendenz zur Vernichtungsschlacht) verschmolz und damit das absolutistische Kriegsbild mit seinen systemimmanenten Beschränkungen (begrenzte Kriegführung, Manöverstrategie, Magazinsystem, Lineartaktik) hinwegfegte.

Den *dritten* Einschnitt bildet die *Industrielle Revolution* durch technische „Erfindungen" wie Eisenbahnen, Telegraphie sowie leistungsfähigeren Handfeuerwaffen und Artilleriesysteme. Sie verkürzten durch Telegraphie die Zeit und strukturierten durch die Eisenbahnen den Raum neu. Verbunden mit der Idee der Nation, neuer Führungsprinzipien (verkürzt: „Auftragstaktik") und der Funktionstüchtigkeit moderner Generalstäbe zeigt diese Phase auf, dass der militärische Erfolg fortan mehr von der Adaption technischer Möglichkeiten auf militärischem Terrain abhängig war als von der Größe der Armeen. Das Kriegsbild war dadurch im Wesentlichen geprägt von Planbarkeit und Wissenschaftlichkeit, verbunden mit Doktrinbildung, zügiger Schwerpunktverlagerung und durch – im Falle Preußens – eine geradezu *neo-absolutistische politische Begrenzung der Ziele* durch Unterlaufen der Einflussnahme anderer Mächte.

Auch wenn die europäischen Mächte mit freilich sehr viel größeren Heeren im Vergleich zum 19. Jahrhundert in den Ersten Weltkrieg zogen, so zeigt sich bei aller Dominanz der Auswirkungen des „industrialisierten Krieges" gegen dessen Ende eine neue – *vierte* – Tendenz mit dem schleichenden Übergang zu einer „Totalität" von zuvor ungeahnten Ausmaßen, die insbesondere im Zweiten Weltkrieg „geschichtsmächtig" wurde. Zu den Prinzipien Masse und Industrie trat die Komponente *Ideologie*. Sie führte – systemimmanent logisch – zu einer erneuten *Entgrenzung des Kriegsbildes*, das schon alleine deshalb, um einem „unconditional surrender" zu entkommen, in einem – freilich variierten – clausewitz'schen Sinn zum „Äußersten" tendieren musste: Vernichtung des „totalen" Gegners.

Planten Generalstäbe auf allen Seiten bis 1945 den Sieg im militärischen Konflikt, so änderte sich dies mit der *fünften* Militärischen Revolution fundamental. So wichtig in der bipolaren Systemkonfrontation der Selbstbehauptungswille war, so sehr hing er in der Ära des „*nuklearen Damoklesschwert*" davon ab, wie glaubwürdig die Abschreckung konzipiert war. Essentiell war das Produkt aus Willen (Selbsterhaltung und Bereitschaft zum Einsatz), einem Waffenarsenal „full spectrum" für die Eskalationsfähigkeit und der Glaubwürdigkeit beim Gegner. Für die Theorie der Strategiebildung war und ist es dabei irrelevant, ob dieser tatsächliche Aggressionsabsichten besaß. Wichtig ist: Sank einer der Faktoren auf Null, versagte die Philosophie der Abschreckung. Nie zuvor in der Militär- resp. Kriegsgeschichte aber zwang das Nukleare zu einer *absoluten politischen Begrenzung des Kriegsbildes.*

Dies änderte sich mit dem Wegfall des Kalten Krieges. Die (vermeintliche?) Attraktivität des „Siegers" (allgemeiner Freiheitsgedanke für Individuen, Wirtschaft und Kultur) sowie die militär-technologische Überlegenheit schufen zwar eine ungeahnte Dominanz für materielle und digitale Duell-Situationen – diese traten indes de facto nicht ein. Die Phänomenologie der Formen der Konfliktaustragungsmodi veränderten sich genauso schnell wie die Suche nach den Begrifflichkeiten, mit denen sie um- bzw. beschrieben werden können. Gemeinsam ist ihnen zweierlei: Sie finden in *kulturell* anderem Umfeld statt, für das – bei Betrachtung der äußeren Perspektive – bereits in den 1990er Jahren der Begriff „islamisch-kaukasischer Krisenbogen" geprägt worden ist. Die Mixtur aus religiös-kulturellem (i.d.R. „islamischen") Selbstverständnis auf Seiten der Opponenten konfrontiert(e) die westlichen Soldaten in den Einsatzländern allzu oft mit eschatologisch-jenseitig codierten Weltanschauungen, die sich, militärisch gewendet, als eine *einseitige Entgrenzung des Kriegsbildes* manifestiert(e), das in seiner terroristischen Variante längst auch – in ihrer inneren Perspektive – in den Staaten und Gesellschaften des Westens angekommen ist.

Letztlich ist – summarisch und generell-abstrakt – bei den genannten und zur Diskussion gestellten Militärischen Revolutionen zu erkennen, dass

(1.) ein zu enggefasstes strategisches und operatives „lessons learned" nur im Sinne einer *ceteris-paribus*-Klausel funktioniert, i.e. wenn die Rahmenbedingungen nahezu stabil gehalten werden, und daher in der Regel mit Eintritt einer Militärischen Revolution für alle Akteure viele alte Gewissheiten wieder auf „Null" gesetzt werden;

(2.) die Perfektion innerhalb eines (veralteten) Kriegsbildes meist im nächsten zur Niederlage führt; gleichwohl aber auch ältere strategische Prinzipien trotz ihrer „Untauglichkeit" in einem zurückliegenden Kriegsbild nach einem sicherheitspolitischen Paradigmenwechsel in einem zukünftigen Szenario plötzlich eine hohe Relevanz gewinnen können;

(3.) folgt daraus die Notwendigkeit, die neuen Rahmenbedingungen zu adaptieren und den eigenen Selbstbehauptungswillen sowie die eigenen Ziele und Mittel „rundzuerneuern", um neuen Herausforderungen erfolgreich begegnen zu können;

(4.) ist zu erkennen, dass sich dabei – wohl mehr Regel als Zufall – das Kriegsbild durch die Abfolge resp. Ablösung von harten und weicheren Faktoren gravierend verändert und chargiert resp. oszilliert zwischen be- und entgrenztem Kriegsbild;

(5.) ist als generelle Ableitung evident, dass jede Generation ihre eigenen „Hausaufgaben" zu erledigen hat. Dies lenkt auch den Blick auf die Gegenwart, in der sich die Form der Gewaltanwendung veränderte(e).[39]

Ein Blick in die Gegenwart

Unzählige Akteure stellen die Statik „westlicher" Werte und Überzeugungen durch ihre jeweils eigene Dynamik in Frage. Wir befinden uns – abstrakt betrachtet – mitten in einem hochgradig volatilen und mit unzähligen extremen Ausschlägen geprägten Umbruch- bzw. Übergangsprozess, von dem keiner weiß, wie oder ob überhaupt ein stabiles System entsteht oder entstehen kann. Fürwahr kein rosiger Startpunkt für Überlegungen der Strategiebildung. Politik und auch Streitkräfte haben gleichwohl Entscheidungen zu treffen, gelegentlich auch ohne konzise Kenntnis davon, wer wo mit welchen Zielen und Mitteln als Beweger hinter den Ereignissen steht.

Natürlich war und ist – so werden viele Strategietheoretiker einwenden – ein wesentlicher Grund hierfür, dass in grundlegend neuen Situationen nicht nur Zeit und exaktes Wissen, sondern vor allem auch theoretische Grundlagen fehlen. Nicht wenige Strategie-Forscher attestierten deshalb vor einigen Jahren der Strategiediskussion eine „Unter-Theoretisierung".[40]

Dieses wissenschaftliche Desiderat steht jedoch im Gegensatz zur Wahrnehmung der Soldaten in ihren Einsätzen. Sie sollen sich – in der Theorie – als *„strategic corporal"*[41] verstehen und handlungssicher, militärisch professionell und interkulturell versiert in einer für sie vollkommen unübersichtlichen Situation die richtige, auch justiziable Entscheidung treffen, erhoffen sich indes Ableitungen für ihre konkrete Handlungssituation.

Nicht nur aus ihrer Perspektive könnte mittlerweile eher eine „Über-Theoretisierung" konstatiert werden. Historiker und Politologen, Ökonomen und Soziologen sowie selbstberufene „Experten" – so entsteht beim Studium der beinahe unüberschaubaren Literatur, die bisweilen einem Tsunami gleicht, der Eindruck – ergehen sich mittels Kaskaden neuer Wortschöpfungen in immer feinerer

---

[39] Vgl. Martin van Creveld, Die Zukunft des Krieges, München 1998 und Christopher Daase, „Der Krieg ist ein Chamäleon" – Zum Formenwandel politischer Gewalt im 21. Jahrhundert, in: Jörg Calließ (Hg.), Zivile Konfliktbearbeitung im Schatten des Terrors, Rehburg-Loccum 2003 (= Loccumer Protokolle 58/02), S. 17-35.

[40] So zum Beispiel Martin Wagener, Über das Wesen der Strategie, in: ÖMZ 4/2010, S. 443-453, hier S. 443.

[41] Vgl. Charles Krulak, The Strategic Corporal: Leadership in the Three Block War, in: Marine Corps Gazette Vol. 83, Issue 1 (January 1999), pp. 18-23.

Verästelung von Zustandsbeschreibungen. Das ist jedoch nicht nur negativ. Die exakte, multiperspektivische Lagefeststellung stellt schließlich die Grundlage für alle folgenden Maßnahmen dar.

Sie ist kursorisch – freilich unvollständig – wie folgt zu umreißen:

- Die „westliche“ liberale, demokratische Ordnung ist global, aber auch „inhouse“ in Europa und seiner Peripherie unter Druck gekommen. Und Kapitalismus funktioniert auch in autoritären, sogar schein-kommunistischen Ordnungen, aber auch beim IS.
- Wir befinden uns in einer Phase zunehmender individualistisch orientierter und pseudo-hedonistischer gesellschaftlicher Zersplitterung, verbunden mit einem Verlust an Identität, einem Zweifel daran, ob wir anderen damit Vorbild sein können. In vielen Staaten der westlichen Welt ist dieser Selbstzweifel überdies verbunden mit der Tendenz einer politischen und gesellschaftlichen Polarisierung.
- Gerade konträr dazu stehen Ordnungsentwürfe, die wir – vor dem Hintergrund unseres aus der europäischen Geschichte entwickelten aufgeklärten Menschenbild und Politikverständnisses – für schon lange überwunden glaubten. In unserem säkularen „westlichen Denken“ ist der Zeitpfeil in die Zukunft eher positiv besetzt. Anders sieht es aus bei eher vom Religiösen geprägten Gesellschaften. Der „ideale“ Zustand liegt bei ihnen in der Vergangenheit, als ein göttlich-reiner Ursprung, zu dem es, auch mit den Mitteln der Gewalt, nach Möglichkeit zurückzukehren gilt, weil die zunehmende Entfernung zum Ursprung nichts als „Verfall“ gebracht hat. Mit ihren „mittelalterlichen“ Denk- und Clanstrukturen, ihrem Rückgriff auf gelegentlich ältere militärischen Vorstellungen sowie der Verfügbarkeit von aktuellen Informations- und nahezu allen Waffensystemen schaffen sie eine „diabolische Trias“, von der wir als „Westen“ seit einigen Jahren täglich betroffen und damit auch herausgefordert sind.
- Der Wille aktiv gestaltend Politik größerer zeitlicher und räumlicher, und das heißt strategischer Reichweite zu betreiben, die *inhaltlich* über freien Warenverkehr, Klima-, Verbraucher- und Tierschutz (unter den Stichwörtern „Weltrettungsmodus“ und Nachhaltigkeit) oder *zeitlich* eine Wahlperiode hinausgeht, ist aber nicht immer festzustellen.
- Globale Aufrechterhaltung oder Neujustierung von Ordnung – sei es von US-amerikanischer, russischer oder chinesischer Seite, und selbst das zurückhaltende Agieren der EU – wird mit Verve kritisiert, ohne dass über diffuse Theoriemodelle, dem Einfordern von mehr „Zivilität“ und Geld für die vielbe-

schworene „Entwicklung“ hinaus eine Verantwortung, die auch, wenngleich nicht nur, militärischer Natur sein muss, entwickelt wird.

- Während sich Waffenverkäufe immer lohnen, weil es global zahllose Akteure staatlicher, proto- und nicht-staatlicher Art gibt, die unsere präferierte Ordnung entweder (vorgeblich) aufrechterhalten oder eben aktiv beseitigen wollen, verfolgen Teile des „Westens“ – und dies gilt insbesondere für Deutschland – nach wie vor ein vermeintlich rationales, als geschichtsbewusstes Argument überhöhtes Narrativ: der Einsatz von Militär sei keine Lösung.
- Die Komplexität und mehrfach auf unterschiedlichen Ebenen vernetzen Herausforderungen führten zunächst zu einem Mangel an brauchbaren „strategischen Theorien“. Das Nutzen alter Instrumente nach einem Paradigmenwechsel ist in Übergangszeiten verständlich. Schließlich sind die Entscheidungsträger auf allen Terrains in der „alten Zeit“ sozialisiert worden.
- Nach der Unterlegung der neuen Herausforderungen durch Analysen und dem Bilden von strategischen Theorien und Konzepten führen deren Komplexität vielfach im politischen Raum zur Entscheidung, Fehler durch Nichthandeln zu vermeiden. Pointiert formuliert: Wir marschieren getrennt, werden aber getrennt und isoliert gemeinsam geschlagen. Und Schuld sind immer die USA.
- Seit 2014 indes droht eine Renaissance des für uns „klassischen“ strategischen Denkens. Hat nicht gerade Putin schulbuchmäßig aufgezeigt, dass er unter Zuhilfenahme militärischer Fähigkeiten seine Lösung oder zumindest Teillösung gefunden hat? So zeigt es die Krim, so zeigt es das grenzwertige Verhalten in der Ost-Ukraine.
- Dahinter sind die „neuen strategischen Herausforderungen“ nach wie vor präsent – als „Hintergrundstrahlung“. Keiner kann abschätzen, wann sie nicht mehr nur dringlich und generell oder eher abstrakt sind, sondern aktuell und konkret hervortreten.
- Westliche Staaten und Gesellschaften mangelt es am Willen, ihr gesamtes Leben und Wollen auf den Prüfstand zu stellen, damit sie auf unverhoffte Veränderungen bestens vorbereitet sind. Es ist kein Geheimnis, dass dies für „satte“ Staaten und Gesellschaften schwieriger ist als für autokratisch organisierte Gebilde. Unsere Staaten und Gesellschaften wollen sich keinem permanenten geistigen und materiellen Mobilisierungsprozess unterwerfen; sie hätten kaum mehr Zeit zum Leben. Deshalb ist ja auch die Logik der Demokratie geprägt von der Dominanz des zivilen Alltags. Dieser aber erfordert den innenpolitischen Kompromiss. Dieses Lösungskonzept trägt indes bei außerstaatlichen Konflikten nicht in dem Maße.

- Es kann daher durchaus argumentiert werden, dass professionelle Strategieberater benötigt werden, die konventionell und kreativ denken und versuchen zu antizipieren, was möglich sein könnte im Zeithorizont einer Generation. Alles was darüber hinausgeht, nähme den Charakter des Fiktionalen an. Anders mag es bei der Planung von technischen Großprojekten sein, wenn Wissenschaftler nach den Sternen greifen wollen…

The way ahead?

Wenn Zustandsbeschreibungen Legion sind, und die Diagnose „steht" – wie sieht es mit der Therapie aus? Diese Liste ist freilich nicht annähernd so lang wie die zuvor umrissene. Das gilt für alle möglichen Felder, in denen Strategie als Topos mit Bezug zu den Begrifflichkeiten „Bildung" und „Entwicklung", „Dialog" und „Diskurs" einen die Diskussion bisweilen verflachenden Charakter erlangt hat.

Gleichwohl: Globalisierung und Fragmentierung, säkularisierte und religiöse Staaten, Kulturen und Gesellschaften, innenpolitische Radikalisierung und Weltoffenheit, regionaler Wohlstand und Massenarmut und was immer in die scheinbar endlose Auflistung als Begriffspaar noch aufzunehmen wäre, erzeugen nun einmal für alle, die sich auf ihren Terrains, seien sie national, transnational etc., privat oder auf dem öffentlichen Sektor, Gedanken über vorrausschauende, verantwortungsvolle und zielgerichtete Gestaltung von Gegenwart und naher Zukunft machen, die Notwendigkeit neuen Denkens. Sie alle stehen letztlich auf verschiedenen Ebenen vor derselben Herausforderung, nämlich jener, bei noch nicht umfassend vorhandener Analyse-, Bewertungs- und Handlungskompetenz „richtige Antworten" zu finden.

Allgemeine Überlegungen

Unzählige private, universitäre und regierungsamtliche Institute beschäftigen sich im Rahmen von „Strategic Studies" mit realen aktuellen Problemstellungen und dem mehr oder weniger freien Durchdenken fiktionaler Szenarien aller Art. Sie erweitern damit den Horizont strategischen Denkens. In der Regel zielen sie auf eine „wissenschaftlich angeleitete Vorausschau auf denkbare zukünftige Situationen oder Entwicklungen, die außen- und sicherheitspolitisch relevant"[42] werden können und fertigen hierfür entsprechende Studien an.

---

[42] Lars Brozus (Hg.), Unerwartet, überraschend, ungeplant. Zugespitzte Situationen in der internationalen Politik (Foresight-Beiträge 2015), Berlin 2015, S. 6.

Dabei liegen diese sicherheitspolitischen Think-Tanks gelegentlich daneben. Der Grund hierfür scheint zu sein, dass sie oftmals „Aktualität" in die Zukunft projizieren. Es ist ihren Szenarien meist immanent, dass sie für die erwartete „Realitätsnähe" unter der Prämisse der *ceteris-paribus*-Klausel arbeiten müssen. Dadurch haben ihre Ergebnisse meist lediglich den Charakter von partiellen Voraussagen, die „parallele" Szenarien zeitlich „hochrechnen".

Legen sie ihr Augenmerk indes auf Handlungsempfehlungen bei unvorhersehbaren Ereignissen mit extremem singulärem Charakter, so verlieren sie ihren wissenschaftlichen Status. Der Wert beider Ansätze ist indes das Aufzeigen des Möglichen und Denkbaren sowie das Kommunizieren von Herausforderungen und vorhersehbaren Gefahren, auf die es sich im Sinne strategischer Prävention vorzubereiten gilt.

Niemand kann sich heute auf alles vorbereiten. Gleichzeitig weiß jeder, dass zur Lösung strategischer Herausforderungen nicht alle Teile stets gleich wichtig sind. Aber: wer weiß vorher, welches „tool" wann in welcher Intensität wichtig wird? Ist für die Politik ein kluges politisches Argument, für die Bevölkerung eine „bearbeitete" und medial platzierte Information, ein „Bild" nicht gelegentlich wichtiger als ein einsatzfähiges Grenadierbataillon? Damit wird auch wieder die Chamäleon-Metapher von Clausewitz aktuell. Wenn Kriege oder kriegsähnliche Konflikte neu, asymmetrisch oder hybrid sind, wie verändert sich dann das „center of gravity": kann eines erkannt werden, sind es auf unterschiedlichen Ebenen mit rascher Veränderung mehrere oder unzählige, auf die es einzuwirken gilt?

Strategiebildung hat sich darüber hinaus ihrer „ethischen" Grenze bewusst zu sein. Gesellschaftliche Werte und Ideale unterliegen einem ständigen Wandel: Nicht alles, was der gegenwärtigen Generation als erhaltenswert erscheint, mag für die folgende einsichtig sein. Strategische Festlegungen der Gegenwart müssen folglich so gestaltet werden, dass sie einen Freiraum für spätere Flexibilität bewahren. Die Verantwortung dafür impliziert jedoch die Verpflichtung darauf, dass zukünftige Entscheidungen in Freiheit möglich bleiben.

„Neues Strategisches Denken" ist – unabhängig davon, welches Instrumentarium für angestrebte Ziele überhaupt vorhanden ist – zeitabhängig. Grundlage hierfür bleibt die Antwort auf die Frage: Wer will was wie erreichen? Dies erfordert als Grundkonsens den Selbstbehauptungswillen. Ziel muss es sein, hierfür nach Möglichkeit alle notwendigen Mittel bereitzustellen. Der Wille zur Durchsetzung der Ziele – i.d.R. die Erhaltung oder graduelle Verbesserung des *status quo* –, verbunden mit der Bereitstellung der hierfür notwendigen Mittel und dem Aufbringen der notwendigen Energie, verweist wiederum auf den Grundkonsens.

Dieser „Zirkel" ist also zahlreichen Friktionen ausgesetzt – und zwar auf allen Ebenen. Meist beginnt es schon bei der Lagefeststellung. Sie wird in der Regel mit (ideologischen) Scheuklappen unter dem Primat der Innenpolitik durchgeführt. Parteiinteressen und dynamische „gesellschaftliche Aushandlungsprozesse" überwiegen oft die nüchterne Analyse, weil ihnen eine gelegentlich zur Systemvoraussetzung erklärte und (publizistisch bzw. medial) überhöhte Rolle zugestanden wird; finanzielle Erwägungen stehen unausgesprochen über allem. Gelegentlich kommt auch noch eine Prise Mutlosigkeit dazu, vermengt mit (bewusst?) falsch verstandenen historischen Lehren.

Ist aber die Lagefeststellung fehlerhaft oder unvollständig, werden alle Folgerungen nicht besser. Es gilt vielmehr sich von nationalen Narrativen zu verabschieden, die einen Hemmschuh für die Formulierung von Strategie darstellen.

In den Verteidigungspolitischen Richtlinien der Deutschen Bundeswehr vom 18. Mai 2011 steht: „Streitkräfte sind Grundlage des Selbstbehauptungswillens und der Verteidigungsbereitschaft der Nation."[43] Daraus ist nicht zwingend abzuleiten, dass der Einsatz militärischer Mittel als *ultima ratio* auf der Zeitachse erst am Ende erfolgen muss, sondern dann, wenn er geboten ist, um die politische Eskalationsfähigkeit zu unterstützen. Ein Einsatz am Ende des Zeitstrahles würde nämlich bedeuten, dass die Politik keine Lösungen auf die Herausforderungen finden konnte und die *letzte* Entscheidung des Staates an das Militär delegiert. Wer vernetzen und gestalten möchte, muss zu jeder Zeit auf jeder (Eskalations-) Stufe alle Instrumente einsetzen können, um strategisch handlungsfähig zu bleiben.

Eine gesamtstaatliche Strategiebildung ohne Bündnisverflechtung aber ist genauso dysfunktional wie eine nicht vorhandene nationale Strategie. Deshalb reicht eine national ausgerichtete Vernetzung oder Synchronisierung nicht aus; sie muss im EU- oder NATO-Verbund erfolgen, sich gleichzeitig aber auch ihrer begrenzten Reichweite bewusst sein, denn Bündnisse sind kein Selbstzweck: ihre Genese, Kohärenz und Konstanz sind von einer dem Wandel unterliegenden mindestens teilidentischen Interessenkongruenz abhängig. Dies zeigt sich auch – auf europäischer Ebene – in der Problematik, aus den unterschiedlichsten Sicherheitsinteressen *eine* Sicherheitsstrategie zu entwickeln.

Strategische Grundlagen

Vor dem Hintergrund vielfältiger und nicht zu erahnender Herausforderungen, die die sicherheitspolitische Gegenwart genauso prägen wie die absehbare nahe Zukunft, ist es ratsam, weniger Teilkonzeptionen oder Teilstrategien mit ihren

---

[43] Verteidigungspolitische Richtlinien. Nationale Interessen wahren – Internationale Verantwortung übernehmen – Sicherheit gemeinsam gestalten, Kap. V.: Auftrag und Aufgaben der Bundeswehr und nationale Zielvorgabe, Bonn 2011, S. 20.

zwangsläufig begrenzten Reichweiten in immer schnellerer Geschwindigkeit und steigender Zahl zu verfertigen. Vielmehr gilt es sich, in dem Wissen, dass eine Rückkehr zu „alten" strategischen Grundlagen nicht auf jede „neue" Herausforderung die *eine* Lösung parat hält, zu konzentrieren auf zentrale Prinzipien, die aufgrund ihrer Reduktion auf das Wesentliche – dies ist ihr überzeitlicher Charakter – auch Raum für Flexibilität lassen.

Strategiefragen waren und sind immer eingebunden in einen sicherheitspolitischen Kontext als gesamtstaatliches Paket zu verstehen. Ganzheitliche Sicherheitspolitik hat zu umfassen: Willensbildung auf Basis der Selbstbehauptung, die Entscheidung für eine generelle strategische Leitlinie, die Festlegung der Strukturen sowie die Schaffung und Erhaltung der hierfür notwendigen Mittel, um das Ziel erreichen zu können.[44] Dieses lautet „klassisch": Schutz der Staats- und Bündnisziele vornehmlich gegen Gefahren von außen; vor dem Hintergrund der Entwicklungen und Erfahrungen des letzten Jahrzehnts und aufgrund der nicht mehr möglichen Trennung von „außen" und „innen" verlangt eine verantwortungsbewusste Sicherheitsvorsorge freilich eine stärkere Verzahnung von Lagefeststellung und Mitteln der Begegnung.

Als Strategiebegriff für beide Dimensionen mag – als einer unter Dutzenden von möglichen – jener dienen, der im Weißbuch der Deutschen Bundesregierung von 1979 definiert wurde: „Die Verknüpfung von Kräften und Zielen ist Strategie: ein System zum Gebrauch verfügbarer Kräfte, Ressourcen und Möglichkeiten, mit dem angestrebte Ziele erreicht werden sollen."[45]

Es ist evident, dass diese „weite" Definition jenen nicht gefallen wird, die eine konzise Festlegung auf einen Interessen- und Handlungsmuster-„Katechismus" setzten. Indes, jede Herausforderung, die es zu bewältigen gilt, ist anders als die vorherige. Die Mittel zur Bewältigung einer Krise in ihrem Kontext mögen bei der nächsten untauglich sein. Eine zu detaillierte definitorische Selbstverpflichtung ist daher in aller Regel kontraproduktiv.

Da strategische Entscheidungen immer politische Entscheidungen sind und sich auf der Zeitachse auswirken, kommt der „Erstentscheidung" eine besondere Bedeutung zu. Sie ist zu treffen auf Basis größtmöglicher Gewissheit über die der Krise zugrundeliegenden Komplexität. Und sie erfordert auch Klarheit über den Willen zu handeln, da keine, „falsche" und zu späte Entscheidungen krisenverschärfenden Charakter produzieren. Dies erhöht den Bedarf an ressortübergrei-

---

44 Vgl. Dieter Wellershoff, Mit Sicherheit. Neue Sicherheitspolitik zwischen gestern und morgen, Bonn 1999.

45 Der Bundesminister der Verteidigung (Hg.), Weißbuch 1979. Zur Sicherheit der Bundesrepublik Deutschland und zur Entwicklung der Bundeswehr, Bonn 1979, S. 121, Ziff. 154.

fender Expertise, die im „sicherheitspolitischen Aktionsfenster“ zwischen Auftreten des Konfliktes und „klassischem“ Verlauf auch für kreative Lösungsmöglichkeiten ihre Bewährung findet.[46]

Wesentliche Grundlage aller Überlegungen zu strategischen Fragen ist und bleibt gleichwohl der politische Selbstbehauptungs- und auch Widerstand überwindende Handlungs-Wille. Er entscheidet darüber inwiefern überhaupt politische, diplomatische, wirtschaftliche, aber auch militärischer Kräfte, militärische Hilfsmittel und Möglichkeiten zum Einsatz kommen. Ohne (Selbstbehauptungs-) Wille bleiben sämtliche zur Verfügung stehende Instrumente unglaubwürdig und daher stumpf.

Die Frage nach dem Benutzen des vorzuhaltenden Instrumentariums auf verschiedenen Handlungsterrains erfordert, die zwei zentralen Bezugspunkte eigenen strategischen Handelns zu umreißen: Bevölkerung und Politik.

Zunächst zur Wahrnehmung der sicherheitspolitischen Lage durch die Bevölkerung. Deren Umschreibung zeichnet sich – pointiert formuliert – gegenwärtig aus durch die Individualisierung in „spätrömischer Dekadenz“, eine generelle, weitestgehend unreflektierte pazifistische Grundeinstellung, sicherheitspolitische Interessenlosigkeit und gelegentlich kultivierte Ignoranz, eine daraus folgende Vogel-Strauß-Politik, verbunden mit dem Verzicht auf Selbstbehauptungs- und aktiven Gestaltungswille. Sie hat ihre Wurzel darin, dass die Unmittelbarkeit in Form einer akuten Bedrohung nicht ersichtlich scheint. Das alles ist keine gute Basis für eine strategische Zielformulierung, schon gar nicht für den Willen und die Durchhaltefähigkeit bei auftretenden Widerständen.

Möglicherweise ist es daher notwendig, eine veränderte Schwerpunktbildung im Rahmen der „Strategischen Kommunikation“ vorzunehmen: Die Analyse und Darstellung sicherheitspolitischer Komplexität, deren geistige Durchdringung und Reduktion auf das Wesentliche, das Einwirken auf das „innen“ und das „außen“ müssen zu ihren zentralen Aufgaben werden. Denn wenn diese feste Grundlage fehlt, werden auch alle Ziele und Instrumente von Sicherheitspolitik und Strategiebildung letztlich wirkungslos bleiben, weil sie – auch ihrer Komplexität wegen – von Bevölkerung und Gesellschaft, für die diese Anstrengungen ja erbracht werden, vielleicht nicht verstanden werden wollen oder nicht mehr verstanden werden können.

Mindestens genauso wichtig ist aber auch das Zusammenwirken von Wissenschaftlern und Politikern in sicherheitspolitischen resp. strategischen Angelegen-

---

[46] Vgl. hierzu zuletzt Peter Hofer/Peter Vorhofer, Strategisch denken und handeln im sicherheitspolitischen Aktionsfenster, in: ÖMZ 2/2016, S. 188-196.

heiten. Woran es mangelt, das ist die permanente, strukturierte Diskussion mit den politischen Entscheidern und bei jenen diese untereinander – aber: Neues strategisches Denken muss hauptsächlich beginnen an der Spitze. „Die Treppe muss von oben gekehrt werden."

Entscheidend hierbei ist natürlich die Frage, wie die Spezialisten an das Ohr des „Letztentscheiders" kommen, sodann wie der „Letztentscheider" im Hinblick auf sicherheitspolitische Fragestellungen vorgebildet und ob er zu handeln gewillt ist. Dies darf aber nicht immer nur anlassbezogen stattfinden. Nur der kontinuierliche Austausch zwischen Beratern und Entscheidern führt zu einem Lernprozess auf beiden Seiten. Hier muss der Stratege sehr viel mehr Wert legen auf das politische Denken und Handeln des Letztentscheiders – und er muss, um ihn bestmöglich beraten zu können, wissen, wie dieser „tickt":

Wenn alles mit allem vernetzt ist, haben jede Entscheidung und jede Handlung Auswirkungen auf das Gesamtgeflecht. Wenn aber die Auswirkungen auf das Gesamtsystem nicht konzis ansprechbar sind, gar zu neuen „Synapsen" führt, ist es dann für die Politik nicht richtiger, auf einen Eingriff mit potentiell unabsehbaren Folgen zu verzichten? Und: Wenn er entscheidet – auf welcher Basis entscheidet der politische „Entscheider" zwischen Pest und Cholera? Ist seine Entscheidung abhängig von Interessen oder Werten? Sind Werte Interessen? Werden Entscheidungen aus innen- resp. gesellschaftspolitischen oder aus außen- resp. bündnispolitischen Gründen getroffen? Überwiegt die Ratio oder die Angst vor negativer medialer Rezeption? Wird die richtige Entscheidung zum richtigen Zeitpunkt getroffen? Dies ist besonders wichtig bei der strategischen Initial-Entscheidung, von der alle anderen abhängen.

Aber selbst wenn Wissen, Information, Kompetenz und Hierarchie geklärt sind, entspringt daraus keine strategische Entscheidung – dies gehört zu den Eigengesetzlichkeiten des politischen Prozesses. Die „Hinnahme" von Nicht-Entscheidungen gehört genauso zum strategischen Prozess. Und: Gehört zum strategischen Denken und Handeln nicht vielleicht auch die Einsicht, auf mancherlei Herausforderung keine Antwort zu haben? Sind jeder Nationalstaat oder die EU oder der Westen sofort gefordert, wenn in Südamerika, Afrika, im Nahen, Mittleren oder Fernen Osten „ein Sack Reis umkippt"? Und ist vielleicht Hybridität, wenn wir den Begriff trennen vom Nahen Osten oder der Ost-Ukraine mit den „grünen Männchen", nichts anderes als ein Prozess, der sich selbst irgendwann zu Tode läuft. Dies mag Elemente des „Unmoralischen" beinhalten, verlangt es doch eine ganz andere „postheroische Gelassenheit", nicht alles in unserem – westlichen – Sinne strukturieren zu wollen.

Muss also Strategie – ganz gleich ob staatliche, wirtschaftliche oder auch militärische – immer mit dem Paradigma der sofortigen Handlungs-Entscheidung und dem „Erfolg“ verbunden werden? Setzen sich dadurch Theoretiker und „Entscheider“ nicht selbst so sehr unter Druck, dass sie in immer komplexeren Szenarien scheitern müssen? Vielleicht müssen Strategen auch die Möglichkeit durchdenken und diskutieren, dass sie nurmehr den Übergang in noch unbekannte Sphären moderat moderieren können.

Unabhängig von diesen Gedanken aber gilt es aus Verantwortung für den strategischen Diskurs einzufordern:

1. Einen strategischen Dialog der Wissenschaftler mit den und der relevanten Akteursgruppen untereinander – national wie auch im Bündnisrahmen.
2. Eine ehrgeizige strategische Planung, Steuerung und Führung, Klarheit des Wollens, Stehvermögen mit Bereitschaft zur Flexibilität – und dies
3. basierend auf einem strategischen Narrativ – jeweils „national“, aber auch „europäisch“.

Diese „Basics“ richtig anzuwenden, führt zwar nicht immer zum Erfolg, schließlich verursacht ein Gegenüber immer Friktionen. Und natürlich ist zu deren Überwindung immer eine gehörige Portion Energie aufzuwenden. Wenn aber die klare Zielvorstellung und der Wille als Grundlage fehlen, wie steht es dann um die Verantwortung der Politik bei ihren Entscheidungen, die strategische Auswirkungen haben, an die sie nicht gedacht haben, insbesondere jenen, bei denen sie Soldatinnen und Soldaten in zunehmend gefährlichere Einsätze schicken?

Ideologie und Strategie im Nahen Osten am Beispiel der Islamischen Republik Iran

Walter Posch

Auf erstem Blick mag es verwundern, die Interdependenz zwischen Strategie und Ideologie anhand der Islamischen Republik Iran zu thematisieren. Doch sprechen gleich mehrere Gründe dafür: Erstens die Tatsache, dass die Islamische Republik Iran als ideologisches Staatswesen aufgefasst wird. Das heißt, Teheran agiert im Rahmen einer gewissen Weltdeutung und Weltsicht. Das lässt sich schon daran erkennen, dass die Iraner ein der Forschung zugängliches Schrifttum zur eigenen Ideologie produzieren und die eigene Ideologie als anti-westlich bzw. anti-imperialistisch verstehen. Zweitens ist Iran aus westlicher, sprich EU- und NATO-Sicht, ein problematischer Akteur. Und zwar nicht nur wegen seines konkreten politischen und militärischen Verhaltens in der Region sondern eben auch wegen der – vermuteten oder unterstellten – Intentionen, die sich wiederum aus der Ideologie speisen. Darüber hinaus, drittens, ist Iran ein wichtiger Akteur und machtpolitischer Faktor in der Region, der sich nicht ignorieren lässt und der mannigfaltige Beziehungen zum Westen unterhält: mit Ausnahme der USA unterhält die Islamische Republik diplomatische Beziehungen zu allen westlichen Demokratien. Deutlich wird dies am Beispiel des Abschlusses des Nuklearabkommens zwischen Iran und den EU/E3+3, das eine diplomatischen Aufwertung Teherans bedeutet. Das erklärt auch, viertens, warum wir in diesem Aufsatz die bislang größte und absolute Herausforderung für den Westen nicht behandeln: Al-Qaida und ISIS. Während beim ISIS die Fronten klar zu sein scheinen, herrscht beim Umgang mit Iran nach wie vor Verwirrung. Eine Analyse des Nexus Ideologie und Strategie dieses Akteurs soll helfen, das widersprüchliche Verhältnis zu klären.

(I) Ideologie und Strategie in Okzident und Orient

Das Ende des Kalten Krieges gilt gemeinhin als das Ende der großen ideologischen Konfrontationen. Dementsprechend wenig Bedeutung wurde Fragen der Ideologie oder der Weltanschauung gewidmet. Der Grund hierfür liegt zunächst in der Schwierigkeit „Ideologie" einfach und greifbar zu definieren. Darüber hinaus herrscht meiner Ansicht nach die irrige Annahme, dass die ordnungspolitischen Vorstellungen des Westens bzw. die westliche Machtprojektion im Nahen Osten bar jeglicher Ideologie wäre. Im Gegensatz dazu spielten Ideologien im Nahen Osten immer eine Rolle, ohne dass sich westliche Autoren genügend Gedanken über die Art der Ideologien machten und die Kontinuität klassischer anti-imperialistischer Ideologien im modernen Islamismus übersahen. Die Erforschung des Islamismus blieb notwendiger Weise den Orientalisten und Islamwissenschaftlern vorbehalten, die in den wenigsten Fällen strategische Literatur rezipierten und daher nicht in der Lage oder willens waren, die Interdependenz zwischen Ideologie und Strategie zu thematisieren.

Ideologie und Strategie im Okzident

Der Begriff der Ideologie kam im Okzident ab den 1970er Jahren durch die Diskursanalyse von Jürgen Habermas, Jean-Francois Lyotard und vor allem Michel Foucault aus der Mode.[1] Gegen die Aufgabe des Ideologiebegriffs in der Philosophie und Politikanalyse sprach sich Anfang der 1990er der marxistische Literaturwissenschaftler Terry Eagleton energisch aus.[2] Allerdings blieb Eagletons Wirkung auf akademischer Ebene beschränkt und wurde im strategischen Schrifttum kaum berücksichtigt. Ähnlich erging es Alan Cassels, der die bisher beste Übersicht über die Rolle der Ideologie in den internationalen Beziehungen verfasst hat.[3] Größeren Einfluss auf strategisches Denken – allerdings mehr im Sinne der „grand strategy" – hatte Francis Fukuyama.[4] Dieser rief nach dem Zusammenbruch der Sowjetunion das Ende der Geschichte und damit einhergehend auch das Ende der Ideologien aus. Mit dieser These postulierte Fukuyama einen erwünschten Endzustand, nämlich die politische, militärische und ökonomische Hegemonie der USA, quasi als post-historischen und vermeintlich ideologiefreien Normalzustand der Welt. Dieser Normalzustand beinhaltet den weltweiten Siegeszug der freien Marktwirtschaft und der Demokratie. Die

---

[1] Jürgen Habermas, *Die neue Unübersichtlichkeit. Kleine Politische Schriften, V,* Frankfurt/M. 1985; Michel Foucault, *L'ordre du discours,* Paris 1970.

[2] Terry Eagleton, *Ideology. An Introduction,* 2., erweiterte Auflage London 2007.

[3] Alan Cassels, *Ideology and International Relations in the Modern World,* London 1996.

[4] Francis Fukuyama, *The End of History and the last Man,* New York 1992.

USA hätten damit die Voraussetzungen für den „ewigen Frieden" im Sinne Immanuel Kants geschaffen, auf den sich auch die Gründungscharta der Vereinten Nationen beruft.

Die globale Herrschaft der US-Amerikaner wurde in (West-)Europa anstandslos akzeptiert und entweder verschämt mit dem Oxymoron einer „wohlwollenden" oder „liberalen Hegemonie" versehen oder als „pax americana" historisiert und zum (teuren) „globalen öffentlichen Gut" hochstilisiert.[5] Europa würde mit den USA zwar um die Weltmärkte konkurrieren, die Verteidigung des alten Kontinents jedoch weiterhin von der NATO wahrgenommen werden, sodass die Formulierung einer eigenen Sicherheits- und Verteidigungspolitik oder der Aufbau eines eigenen militärischen Arms im Wesentlichen auf Symbolpolitik beschränkt blieben (GASP, ESVP).[6] Im Gegensatz zu Fukuyama betonte Samuel T. Huntington 1993 eine kommende „Konfrontation der Kulturen" (Clash of Civilisations, oft simplifizierend mit Kampf der Kulturen übersetzt). Er brachte damit kulturelle und kulturgeographische Aspekte zurück in die Debatte über internationale Beziehungen.[7] Wie Fukuyama wurde auch Huntingtons These in einer breiten Öffentlichkeit rezipiert und heftig diskutiert.

Dem auf die gesamte Welt bezogenen hegemonialen Selbstverständnis der USA – also der Ideologie – entsprach eine militärische Strategie, der die absolute militärische und wirtschaftliche Überlegenheit der USA zugrunde liegt. So hieß es Anfang der 1990er Jahre, dass mithilfe der sogenannte Revolution in militärischen Angelegenheiten (Revolution in Military Affairs - RMA) und neuer Informationsstrategiekonzepte (OODA – Loop/observe, orient, decide, act – John Boyd) ein sauberer Krieg nach dem Geschmack der Politik möglich wird. In dieser Art von Krieg würde es zu weniger Gefechten kommen bzw. das Gefecht obsolet werden, weil der Gegner durch Informationsverwirrung (cognitive confusion) auf allen Ebenen, nämlich taktisch, operativ und strategisch, paralysiert wird. [8] Dieses Konzept wurde wegen seiner Verleugnung der

[5] Peter Rudolf, „Rückkehr des liberalen Hegemon. Warnungen vor Überdehnung und Isolationismus sind unangebracht", in: *Internationale Politik,* Januar 2006, S. 6-15; Jens van Scherpenberg, *Pax Americana als globales öffentliches Gut,* (Diskussionspapier der SWP/FG4), Berlin, 2003.

[6] Siehe Robert Cooper, *The Breaking of Nations. Order and Chaos in the Twenty-First Century,* 2. Paperback Auflage, London 2004, S. 160-172. Für Sir Robert Francis Cooper siehe weiter unten im Text.

[7] Samuel Huntington, „The Clash of Civilisations", in: *Foreign Affairs*, Sommer 1993; Robert D. Kaplan, *The Revenge of Geography. What the Map tells us about Coming Conflicts and the Battle against Fate,* (paperback) London – New York 2013.

[8] Lawrence Freedman, *Strategy. A History,* Oxford 2013, S. 218, 219; Vgl. die Ausführungen zum OODA-Loop und über die strategische Paralyse bei Hervé Coutau-Bégarie, *Traité de Stratégie,* (5.,

physischen Aspekte des Militärischen – das Kriegshandwerk – kritisiert, dennoch blieb es für die folgende Dekade bestimmend und fand auch Eingang in die Dienstvorschriften des Marine Corps.

US-amerikanische Militärstrategen legten die absolute militärische Überlegenheit der eigenen Streitkräfte ihren weiterführenden Überlegungen zugrunde und schlussfolgerten, dass angesichts der US-amerikanischen Überlegenheit ihren Gegnern kaum eine andere Möglichkeit als asymmetrisch zu reagieren blieb – entweder durch irreguläre Kriegführung oder den Ausbau von Massenvernichtungswaffen – oder eben Kapitulation. Die Zukunft des Krieges liegt daher in der Asymmetrie. Lawrence Freedman wies jedoch zu Recht darauf hin, dass der Begriff Asymmetrie nun für jede Form des militärischen Widerstandes verwendet wird und damit seinen analytischen Wertes verlustig ging.[9] Als weitsichtig stellte sich jedoch die von William S. Lind formulierte Theorie der „vierten Generation des Krieges“[10] (4GW; Fourth Generation Warfare) heraus, der in seinen Ausführungen dem Technologie getriebenen Ansatz John Boyds fortsetzt. Wie Boyd betonte er die Technisierung des Gefechtsfeldes und die zentrale Bedeutung der Medienfront, wies aber auf die Kombination dieser beiden Aspekte mit Terrorismus und klassischen Formen der Kriegsführung hin. Linds Konzept fand seinen schärfsten Kritiker in Antulio J. Echevarria II, der in der von Lind beschriebenen, neuen Form des Krieges nichts anderes als Aufstandsbewegungen sah und das Konzept der vierten Generation des Krieges in Frage stellte.[11]

Allerdings ist festzuhalten, dass es Lind gelungen war, schon 1989 jene Art von Kriegführung, die der IS beinahe dreißig Jahre später führen sollte, in groben Zügen vorauszusagen. In der Realität dürften Lind und Echevarria weniger weit auseinander liegen, als sie selbst zuzugeben bereit sind, wenn man nämlich „Terrorismus“ und „Aufstandsbewegung“ gleichsetzt. Wenig Neues brachte daher der nach dem 11. September von George W. Bush ausgerufene „Global War on Terror – GWOT“. So fehlt dem Begriff „Terrorismus“ ähnlich wie der

---

erweiterte Ausgabe) Paris 2006, S. 655-662. Die Debatte über John Boyd und OODA-Loop wird nach wie vor heftig geführt. Der Luftwaffenoffizier Boyd selbst war Ideologien und strategischen Schulen gegenüber negativ eingestellt: zu viel hat sich seit Clausewitz geändert; noch mehr seit den Tagen Sun Tzus. Siehe Frans Osinga, *Science, Strategy and War. The Strategic Theory of John Boyd*, (Dissertation) Delft 2005.

[9] Lawrence Freedman, *Strategy. A History*, Oxford 2013, S. 221.

[10] William S. Lind (u.a.), „The Changing Face of War: Into the Fourth Generation“, *Marine Corps Gazette*, Oktober 1989, S. 22-26.

[11] Antulio J. Echevarria II, *Fourth Generation War and other Myths*, Strategic Studies Institute, Juni 2008.

Asymmetrie die analytische Schärfe, weil eine international gültige Terrorismusdefinition aus politischen Gründen bisher immer scheiterte. In der Regel werden als Terrororganisationen bzw. Terroristen jene Organisationen und Personen bezeichnet, die sich ideologisch gegen die Interessen mächtiger Staaten stellen. Dadurch soll dem Gegner die Legitimität abgesprochen und politische Lösungen, die immer mit schmerzhaften Kompromissen einhergehen, verbaut werden.

Ideologie und Strategie im Orient

Aus Sicht der sogenannten Dritten Welt handelt es sich bei den westlichen ordnungspolitischen Vorstellungen um nichts anderes als um eine weitere Spielart des Imperialismus, also eines Konzepts des 19. Jahrhunderts, gegen das sich antikoloniale und antiimperialistische Bewegungen auf der ganzen Welt formierten. Alle Ideologien, die im 20. Jahrhundert im Nahen Osten entstanden, sind antikolonialistisch oder antiimperialistisch. Das trifft auf Nationalisten wie z.B. die Kemalisten in der Türkei und die Nasseristen in Ägypten ebenso zu wie auf sozialistisch inspirierte Bewegungen wie die FLN in Algerien, die Baath-Partei in Syrien und im Irak oder die Islamisten im Iran oder Sudan; selbst Al-Qaida und der IS müssen in diesen Rahmen gestellt werden. Der politische und analytische Rahmen des Antiimperialismus wurde im Zuge der Dekolonialisierung in den 1950er und 1960er Jahren gesetzt und als sogenannte Dritte-Welt-Bewegung oder Tiermondialismus formuliert. Intellektuelle wie Frantz Fanon[12] adaptierten marxistische und maoistische Ideen und setzten sie in den Kontext der antikolonialen Befreiungskriege. Vor allem Fanons Rechtfertigung und Systematisierung der politischen Gewalt und das von ihm postulierte „revolutionäre Subjekt“ faszinierte und politisierte europäische Intellektuelle.[13] Auf realpolitischer Ebene formierten sich Staaten in der Blockfreienbewegung, die aus der Bandung Konferenz von 1955 hervorging sowie marxistisch-revolutionäre Bewegungen, die sich nach ihrem Gründungskongress 1965 in Kuba „Tricontinentale“ nannten. Islamische Denker und Bewegungen vom Ägypter Sayyid Qutb bis zu Ayatollah Khomeini und zur Islamische Republik Iran rekurrieren auf die säkulare antiimperialistische Tradition und bedienen sich ihrer Argumentationsstränge.[14]

---

[12] Frantz Fanon, *Die Verdammten dieser Erde,* München 1969 (Übersetzung aus dem Französischen, Paris 1961).

[13] Zur Wirkung Fanons auf Deutschland siehe Sabine Kebir, „Revolutionäre Subjekte bei Frantz Fanon“, in: *Aus Politik und Zeitgeschichte,* 14-15/2008, S. 28-33.

[14] Cassels, *Ideology*, S. 227-239.

Im Zuge der Debatte um den Irakkrieg 2003 und des EU-Einigungsprozesses versuchte Robert Cooper das Verhältnis zwischen erster und dritter Welt neu zu deuten. In seinem Essay *The Breaking of Nations* teilte er die Staatenwelt in post-moderne, moderne und vormoderne Staaten ein. Post-moderne Staaten hätten die Kriege der modernen Welt hinter sich gelassen und würden untereinander neue, pazifistische Kooperationsmodelle entwickeln, wie die EU; moderne Staaten würden nach wie vor notgedrungen auf Gewalt *(force)* im internationalen Umgang setzen und vormoderne Staaten haben eine schwach entwickelte Staatlichkeit und können oft ihr Gewaltmonopol nicht durchsetzen. Damit wurde „vormodern" zum gemeinsamen Überbegriff für gescheiterte Staaten *(failed states)* und für Schurkenstaaten *(rougue state)* und wird heute in erster Linie für islamische Länder verwendet. Coopers Definitionsversuch wurde in der akademischen Welt kaum rezipiert, wird jedoch immer wieder gerne von europäischen Diplomaten als Deutungsmuster für die chaotische Welt herangezogen; in der Dritten Welt und vor allem von muslimischen Intellektuellen wurde dieses Konzept energisch zurückgewiesen.

Die politischen und ideologischen Diskurse der sogenannten Dritten Welt[15] werden im Westen bestenfalls auf intellektueller und politisch-aktivistischer Ebene, also außerhalb des Kreises der Entscheidungsträger, diskutiert. Und selbst hier stehen sie vorwiegend im Kontext der Entwicklungshilfe bzw. des Neokolonialismus.[16] Auf akademischer Ebene, vor allem aber an den Lehrstühlen für Internationale Beziehungen (IR – International Relations) und ähnlichen Kaderschmieden der globaler Eliten, die sich überwiegend in den USA befinden, herrscht, wie John Mearsheimer in einem kurzen und prägnanten Artikel[17] jüngst formulierte, die „wohlwollende Hegemonie" US-amerikanischer Theorien, deren Wirkmacht im öffentlichen Diskurs er als gegeben voraussetzt. Dagegen warnte Lind vor antiimperialistischen Diskursen in der US-amerikanischen Öffentlichkeit. Er war einer der ersten, der von einer Gefahr des „Multikulturalismus" und der „Politica1 Correctness" sprach, die er als „kulturellen Marxismus" versteht.[18] Als Konsequenz derlei Gedankenguts

---

[15] Für eine politische Geschichte der Dritten Welt siehe Vijay Prashad, *The Darker Nations. A People's History of the Third World*, London – New York 2007; Christian Caryl, *Strange Rebels. 1979 and the Birth of the XXIst Century*, New York 2013.

[16] Ein typisches Beispiel ist die Arbeit von William Easterley, *The White Man's Burden. Why the West's Efforts to aid the Rest have done so much ill and so little good*, New York 2006.

[17] John J. Mearsheimer, „Benign Hegemony", *International Studies Review*, 2016, 1-3.

[18] William S. Lind, „What is Cultural Marxism", http://www.marylandthursdaymeeting.com/Archives/SpecialWebDocuments/Cultural.Marxism.htm.

fürchtete Lind die Verwässerung der eigenen kulturellen Identität und damit einhergehend die Schwächung der US-amerikanischen Fähigkeit zur Machtprojektion.[19] Seine politischen Thesen und ideologischen Ansichten wurden von einem Teil des politischen Spektrums in den USA und später in Europa aufgenommen. Da Lind ein angesehener Militärstratege ist, darf davon ausgegangen werden, dass militärische Entscheidungsträger in den USA mit seinen Thesen vertraut sind, auch wenn er die politische Debatte außerhalb seines eigenen politischen Spektrums kaum beeinflusst hat.

Die ideologische Tradition des Antikolonialismus und Antiimperialismus bzw. des Tiermondialismus führte in den muslimischen Staaten zu einer grundsätzlich positiven Bewertung anti-westlicher Aufstandsbewegungen. Immerhin hatten fast alle muslimischen Länder Befreiungskriege geführt oder können auf eine Tradition teils erfolgreicher, teils heroisch gescheiterter Guerilla-Bewegungen zurückblicken. „Widerstand" (*muqâvamah*) und „Befreiung" (*tahrîr*) gegen die westlichen Usurpatoren sind dermaßen häufig strapazierte Begriffe, dass sie, ähnlich wie Terrorismus oder Asymmetrie im Westen, wenig Aussagekraft besitzen und eine ganze Fülle von militärischer Aktionen beinhalten können: in der Regel werden Guerillaaktivitäten darunter verstanden, aber auch Operationen regulärer Armeen oder Sprengstoffanschläge. Jedenfalls ist der Widerstandsbegriff positiv besetzt und wird immer im Kontext der dementsprechenden Ideologie gelesen. Auf die Kombination von Ideologie und militärischem Widerstand wiesen 2008 Arnaud de La Grange und Jean-Marc Balencie[20] mit Nachdruck hin. Sie ziehen als Lackmus-Test für den Lind'schen Ansatz ein jihadistisches Strategiepapier des Abu Musab al-Suri aus dem Jahr 2005 heran. Dieser hatte nämlich genau jene Art vom totalen, aber dezentralisiert geführten, stark ideologischem, kombinierten, aus Kleinkriegsführung, operative Kriegführung und Terrorismus bestehendem Krieg für die islamische Welt formuliert, wie ihn Lind in seiner vierten Generation der Kriegsführung voraussah.[21] Ein knappes Jahrzehnt später griff der französische Islamexperte Gilles Kepel auf das Strategiepapier al-Suris zurück, um in der französischen Terrorismus- und Jihadismus-Debatte auf die Bedeutung von Ideologie und Strategie – im konkreten Fall die Einbeziehung der Front in Europa – hinzuweisen.

Im Endeffekt trug die Entwicklung im Irak maßgeblich dazu bei, dass sich die Lesart vom sunnitischen islamischen Jihad als globaler Aufstandsbewegung

---

[19] Freedman, *Strategy*, S. 226.

[20] Arnaud de La Grange, Jean-Marc Balencie, *Les Guerres Bâtardes. Comment l'Occident perd les baitailles du XXIe siècle*, Paris 2008.

[21] Ebenda, S. 31-37.

(global insurgency) durchsetzen konnte.[22] Diese Erkenntnis wurde in der französischen strategischen Literatur relativ früh vertreten, in den USA hat ähnliches erstmals der ehemalige CIA-Agent Michael Scheuer formuliert, dessen Thesen von keinem Geringeren als Osama bin Laden bestätigt wurden.[23] Auf die Region umgelegt heißt das, dass den „wohlwollenden" Hegemonialbestrebungen der USA ein global konzipierter, vom Nahen Osten ausgehender, islamistischer Aufstand (Jihad) gegenübersteht, auf den das Militär mit Aufstandsbekämpfung (COIN; Counterinsurgency) reagiert. Das erklärt das große Interesse nicht-militärischer Kreise an den Konzepten der militärischen COIN, die unter General Petraeus unter Rückgriff auf französische Vorbilder 2006 in einer neuen Dienstvorschrift gefasst wurden.[24]

Die Deutung der vierten Generation des Krieges als globaler Aufstandsbewegung hat zwei Konsequenzen. Erstens verdeutlicht sie den Widerspruch zwischen militärischer Praxis – COIN – und politischer Lesart – Terrorismus. Denn sosehr die Kämpfer von Al-Qaida, den Taliban oder des IS international als Terroristen gelten – immerhin verüben sie unbestreitbar Terrorakte – so wenig ist ihnen mit den Mitteln der Terrorbekämpfung beizukommen, weil Terror, wie von Lind vorausgesagt, Teil der Kriegführung ist.[25] Zweitens bedeutet aber COIN insoweit einen Erfolg des islamistischen Diskurses (Widerstand, Befreiung) gegenüber dem westlichen (GWOT, Terrorismus), als es in der islamischen Welt als Eingeständnis verstanden wird: Widerstand ist legitim, Terrorismus nicht. Auch wenn der Großteil der Muslime gegen die Methoden von Al-Qaida et alieni sind, das Ziel die westliche Hegemonie abzuschütteln gilt als legitim. Daher gehen Experten davon aus, dass selbst nach dem militäri-

---

[22] So zum Beispiel bei Max Boot, *Invisible Armies. An Epic History of Guerrilla Warfare from Ancient Times to the Present,* New York – London 2013, S. 547ff.

[23] Anonymous [d.i. Michael Scheuer], *Imperial Hubris: Why the West is Losing the War on Terror,* New York 2005.

[24] *Counterinsurgency, (FM-3-24, FMFM 3-24)* Juni 2006 https://fas.org/irp/doddir/army/fm3-24fd.pdf nimmt im Vorwort direkt Bezug auf Galula; eine Analyse dieser Traditionslinie siehe bei Cahier de la recherche doctrinale (Hg.), *From Galula to Petraeus. The French legacy in the US counterinsurgency doctrine,* Paris 2010; in der revidierten und jetzt gültigen Fassung der Dienstvorschrift fehlt jeder Hinweis auf Galula und Petraeus, siehe hierzu *Insurgencies and Countering Insurgencies, (F-M 3-24, MCWP 3-33.5)* Mai 2014 https://fas.org/irp/doddir/army/fm3-24.pdf; für die Kabale und Liebe um Petraeus siehe Fred Kaplan, „The End of the Age of Petraeus", *Foreign Affairs,* Bd. 92/1, Jänner/Februar 2013, S. 75-90; die letzte Entwicklung der COIN siehe bei Dirk Freudenberg, „Aufstandsbekämpfung im Lichte des bevölkerungszentrierten Ansatz", in: *Zeitschrift für Außen- und Sicherheitspolitik* 9/2016, S. 477-488.

[25] http://www.indianstrategicknowledgeonline.com/web/baylis3e_ch09.pdf.

schen Sieg über den IS die jihadistische Bedrohung nicht abnehmen wird und keineswegs gebannt ist.[26]

Den Jihad in der vorliegenden Form als vierte Generation des Krieges können sich die USA schon allein wegen des Flüchtlingsproblems eher als Europa leisten. Im Vergleich zur Herausforderung dieser vierten Generation des Krieges stellt die IR Iran eine viel geringere militärische und konzeptionelle Herausforderung für westliche Strategen dar. Gleichwohl muss sie ernst genommen werden und Kooperation oder Konfrontation mit ihr vor dem Hintergrund der europäischen Sicherheitsinteressen erwogen werden. Meine Analyse von Strategie und Ideologie der Islamischen Republik Iran beruht auf Studien, die ich gestützt auf Originaldokumenten in den letzten Jahren verfasst habe.[27]

(II) Ideologie(n) und Strategie(n) der Islamischen Republik Iran

Die Besonderheiten und Widersprüchlichkeiten der Sicherheitspolitik und Machtprojektion der Islamischen Republik Iran liegen darin begründet, dass der revolutionär-islamistische Ansatz einer Untergrundbewegung, die im Land 1979 die Macht ergriff, mit einem funktionierenden Staats- und Sicherheitsapparat vereint wurde. Es werden daher mehrere militärische und strategische Ansätze kombiniert (s.u.) sowie verschiedene Ideologien verschmolzen. Letztere lassen sich durch die simple Formel 4+3 darstellen (siehe unten Tabelle 1). Es handelt sich um vier ideologische „Pfeiler“ und drei sicherheitspolitisch bedeutsame Regionen.

Ideologie und Geographie

Die vier ideologischen Pfeiler erklären sich aus der Geschichte Irans und der Islamischen Bewegung in Iran, sie sind teilweise widersprüchlich. Es sind dies der Iranische Nationalismus, die traditionelle Schia, der Tiermondialismus oder die Drittweltideologie sowie der überkonfessionelle, revolutionäre Islamismus oder Khomeinismus. Die drei Regionen sind die unmittelbare Nachbarschaft, die Islamische Welt (vor allem der Nahe und Mittlere Osten) und die weitere Interna-

---

[26] Basma Salama, *Die Widerstandsfähigkeit des Islamischen Staates* (Schriftenreihe der Landesverteidigungsakademie) 5/2016, S. 180-190; Walter Feichtinger und Jasmina Rupp, „Kampf gegen den IS – mehr als nur Bomben“, *IFK-Monitor,* Jänner 2015; Jasmina Rupp, „Nach dem Kampf ist vor dem Kampf – ein Jahr Anti-IS Kampagne“, *IFK-Monitor,* September 2015.

[27] Im Folgenden beziehe ich mich, so nicht anders angegeben, auf Walter Posch, *Dritte Welt, Globaler Islam und Pragmatismus,* Berlin 2013.

tionale Gemeinschaft der sogenannten Dritten Welt. Die Regionen sind für die Ideologien nicht gleich wichtig: die „globale" Schia spielt in der iranischen Drittweltpolitik keine Rolle, während der Tiermondialismus in der Nachbarschaft keine Bedeutung hat. Oft werden mehrere ideologische Ansätze bemüht, um ein und dieselbe Politik zu rechtfertigen, wie dies in Syrien der Fall ist (s.u.). Die Grenzen zwischen den ideologischen Ansätzen und den Regionen sind in der Regel fließend. Die folgende Tabelle soll der groben Orientierung dienen:

Korrelation der Regionen und der Ideologien (*) wenig, (**) mittel, (***) sehr

	Global	**Regional**	**Nachbarschaft**
Nationalismus	*	**	***
Khomeinismus	**	***	**
Shia	*	**	**
3-Welt	***	*	*
Statusveränderung durch Atomwaffenfähigkeit	***	***	***

Die sicherheitspolitischen und strategischen Ableitungen der Ideologie[28] finden ihren Niederschlag in der iranischen Verfassung: Artikel 3/16 verlangt die Beachtung islamischer Grundsätze in der Außenpolitik, Artikel 11 betont die Brüderlichkeit der islamischen Völker, die Artikel 152-154 verbieten die Teilnahme an militärischen Bündnissen, den Aufbau ausländischer Militärstützpunkte auf iranischem Territorium und schreiben gleichzeitig die Unterstützung der „Unterdrückten" (*mostaza'fin*), i.e. revolutionäre Bewegungen weltweit, in die Verfassung, was von den USA als Unterstützung für den internationalen Terrorismus interpretiert wird. Allerdings wurden diese Verfassungsartikel meines Wissens in keinem gesamtstaatlichen Strategiepapier, wie z.B. einem Weißbuch o.ä. ausformuliert. Was es hingegen gibt, ist eine 2005 erschienene, bindende 25-Jahres-Strategie, die im Prinzip nichts anderes als eine Wirtschafts- und Entwicklungsstrategie ist.[29] Ginge es nach diesem Papier, würde die Islami-

[28] Posch, *Dritte Welt,* S. 14-17.

[29] Eine kritische Analyse dieses Programms bietet Jahangir Amuzegar, „Iran's 20-years Economic Perspective", in: *Middle East Policy*, 16, Herbst 2009, 3, S. 41-57, das Originaldokument, auf das sich Posch, *Dritte Welt,* S. 20 bezieht, ist im Internet nicht mehr auffindbar.

sche Republik Iran sich zur Energie- und Verkehrsdrehscheibe zwischen Zentralasien und dem arabischen Raum sowie zwischen Indien und Russland bzw. Europa entwickeln. Dieser Strategie wird von westlichen Beobachtern in der Regel wenig Bedeutung beigemessen, aber sowohl der geplante Ausbau der Nabucco-Pipeline, mit der iranisches Gas an die Verbrauchermärkte nach Europa hätte kommen sollen, als auch das Hafenbauprojekt in Tschah Bahar und die Eisenbahnprojekte von dort nach Afghanistan und Zentralasien und Russland waren bzw. sind Teil dieser Strategie.

Ein besonderer Fall ist das iranische Atomprogramm, das sowohl nationalistisch (Souveränität, Nationalstolz) als auch tiermondialistisch gedeutet wurde (nukleare Gerechtigkeit, technologischer Fortschritt)[30] und wofür Teheran bereit war harte Sanktionen zu erdulden. Dabei blieben die Iraner immer im Rahmen des Atomwaffensperrvertrages, dessen genaue Interpretation mit einer der Streitpunkte bei den Verhandlungen mit den EU/E3+3 (Großbritannien, Frankreich, Deutschland + China, Russland, USA) war.[31] Theoretisch macht der erfolgreiche Abschluss der Nuklearverhandlungen die Islamische Republik Iran zur virtuellen Atommacht. Allerdings kann Teheran die Früchte dieses Status nicht ernten, obwohl die Zunahme des iranischen Prestiges und Einflusses in der Nachbarschaft, in der Region und weltweit auf der Hand liegen sollte. Doch es gibt keine Anzeichen dafür, dass Iran in der Region jetzt als virtuelle Atomwacht betrachtet wird und die Nachbarstaaten ihre Außenpolitik danach ausrichten würden. Und schon gar nicht fühlt Israel den Druck, sich nun dem Atomwaffensperrvertrag anschließen zu müssen, weil alle Nachbarstaaten ihm beigetreten sind.

Ideologischer Pragmatismus

Würde Iran der Ideologie in seiner Strategie und Außenpolitik absoluten Vorrang einräumen, müsste Teheran eine aggressive Außenpolitik betreiben, welche die militärischen und wirtschaftlichen Fähigkeiten des Landes bei weitem übersteigt. Der nahezu sprichwörtliche politische Pragmatismus Teherans verhindert dies.

Auf ersten Blick irritiert die widersprüchliche Natur der vier ideologischen Grundpfeiler: der iranische Nationalismus und die traditionelle Schia sind im Prinzip inwärts gewandt und konservativ; der globale Islam und die Drittweltideologie sind hingegen revolutionäre und expansive Ideologien. Interessanter

---

30 Posch, *Dritte Welt,* S. 23-25.

31 Vgl. Bernard Hourcade, *Géopolitique de l'Iran,* Paris 2010, S. 125-134.

Weise versuchten die iranischen Eliten gar nicht, diese Widersprüche zu lösen, sondern erhoben den Pragmatismus zur außenpolitischen und strategischen Handlungsmaxime: Das Prinzip der *maslahat-e nezâm*, dem „Interesse des Systems", bedeutet, dass ideologische Reinheit hinter dem Überleben des Staates und des Regimes zurücktreten muss. Bei der Betonung des politischen Pragmatismus handelt es sich nicht nur um den Beginn der nachrevolutionären Phase, wie sie auch aus anderen Regimen bekannt ist. Vielmehr liegen die Wurzeln dieses ideologischen Pragmatismus in den Erfahrungen des iranischen Klerus, der seit über einem Jahrhundert das Prinzip „Ordnung in der Unordnung" (*nazm dar bî-nazmî*) etabliert hat. Das wiederum bedeutet, dass Kleriker mit verschiedenen Interpretationen und Ansichten über theologische und religiöse Themen sehr gut umgehen können und diese relative Offenheit auf die Politik innerhalb des vielfältigen islamistischen Spektrums umgelegt haben. So handelt Revolutionsführer Khamenei, dessen programmatische Reden die korrekte Interpretation der Ideologie und die Art der strategischen Ableitungen vorgeben, in keinem Vakuum sondern steht an der Spitze eines breiten, konsensualen und gesamtstaatlichen Entscheidungsfindungsprozesses, der von einer starken sicherheitspolitischen und strategischen Forschungslandschaft unterstützt wird.[32] Innenpolitisch sorgen ein ausgeklügeltes „Politruk"-System und eine effiziente Zensur dafür, dass die zugestandene Meinungsvielfalt das islamistische Spektrum nicht verlässt. Außenpolitisch heißt das zunächst, dass Teheran dadurch vermeidet, sich in fruchtlosen Richtungsstreits um den „politisch-korrekten" ideologischen Ansatz zu verzetteln.[33] Das ist nicht nur Kräfte sparend – es erlaubt auch politische Kurswechsel der Bevölkerung leicht zu vermitteln, ohne in Widerspruch mit der eigenen Ideologie zu kommen und sich dadurch der außenpolitischen Legitimität zu berauben. Beispiele für den ideologischen Pragmatismus und seine Bedeutung in der Außen- und Sicherheitspolitik des Landes gibt es zuhauf. Die wichtigsten sind der Waffenstillstand mit Irak 1988 und die Entscheidung 1998 in Afghanistan nicht zu intervenieren oder die iranische Syrienpolitik (s.u.). Darüber hinaus erleichtert der Pragmatismus die Priorisierung von Konflikten: so vertreten Iran und Russland gegensätzliche Positionen über den Rechtsstatus des Kaspischen Meeres, die zugunsten gemeinsa-

---

[32] Posch, *Dritte Welt,* S. 10, 11; Die einschlägigen Fachzeitschriften waren bis 2015 ohne Probleme über die üblichen iranischen Suchmaschinen zugänglich. Seit Anfang 2016 wurde der Zugang beschränkt, Interessenten müssen nun direkt mit den Herausgebern Kontakt aufnehmen.

[33] Damit ist nicht gesagt, dass die iranische Außen- und Sicherheitspolitik vom Klerus formuliert wird, dieser gibt vielmehr den ideologischen Rahmen vor. Zum Ablauf der Konsultationsprozesse siehe Posch, *Dritte Welt,* S. 7-13 und Mehran Kamrava, "Iranian National-Security Debates. Factionalism and Lost Opportunities", in: *Middle East Policy*, 14, Sommer 2007, 2, S. 84-100.

mer Interessen in der Atomfrage oder in regionalen Angelegenheiten, wie in Syrien, nicht thematisiert wurden.

Der iranische Pragmatismus verhindert zwar eine allzu rigide Auslegung der Ideologie, gleichzeitig sind auch ihm Grenzen gesetzt, das betrifft vor allem den Antizionismus und Antiamerikanismus sowie jene oben zitierten Artikel der iranischen Verfassung, die ideologisch zu lesen sind.

Beispiele hierfür sind Waffenlieferungen aus Israel und später aus den USA (Iran-Contra Affäre) in den 1980er Jahren, die von offizieller iranischer Seite immer geleugnet wurden und daher auch nicht zum in Washington und Tel Aviv erwünschten außenpolitischen Richtungswechsel Teherans führten. Ein Beispiel aus jüngster Zeit betrifft wieder die iranisch-russischen Beziehungen: als russische Medien über einen Luftwaffenstützpunkt im Iran schrieben, wurde dies sofort zum Politikum und veranlasste die iranische Regierung, den Russen die Verwendung des Flughafens Hamadan zu verweigern. Die verfassungsmäßig festgeschriebene Neutralität war also stärker als der militärische Nutzen der Kooperation mit Russland, obwohl gerade mit Blick auf Syrien die Interessenskonvergenzen zwischen Teheran und Moskau so groß sind, dass beide Seiten sogar von einem Bündnis sprechen.

Panislamismus, Widerstandsachse und Regionalmachtanspruch

Wie in der Tabelle dargestellt, bildet der Nahe Osten die Schwerpunktregion der iranischen Außenpolitik und Irans strategischer Interessen; anders ausgedrückt: Iran strebt Regionalmachtstatus an. Dies ist zunächst nichts Neues, da das Vorgängerregime sich aus demselben Grund seit den 1950er Jahren bereits im Libanon engagiert hat.[34] Mit der Revolution von 1979 hat sich jedoch die iranische Legitimation des eigenen Anspruchs verändert, weil Teheran nun nicht mehr den Konsens mit der internationalen Gemeinschaft suchte. So kam es auch zum Bruch mit dem Staat Israel, stattdessen wurde die Befreiung Palästinas in das Zentrum der außenpolitischen Debatte gerückt.

Dafür gab es mehrere Gründe, unter anderem entsprach eine offensive propalästinensische Außenpolitik dem damaligen Zeitgeist. Denn der Befreiungskampf der Palästinenser gegen Israel, das Iran wie die meisten muslimischen Staaten als illegitimen Fremdkörper in der Region betrachtet, wurde damals von allen politischen Richtungen gut geheißen. Darüber hinaus hat die is-

---

[34] William A. Samii, „The security relationship between Lebanon and pre-revolutionary Iran", in: Houchang Chehabi (Hg.), *Distant Relations, Iran and Lebanon in the last 500 years,* London – New York 2006, S. 162-180.

lamische Bewegung Irans seit den 1940er Jahren Kontakte zu Palästinensern und in den 1960er Jahren wurden hunderte junge politische Aktivisten im Libanon bei palästinensischen Gruppen militärisch ausgebildet, viele von ihnen sollten später Führungsfunktionen bei den Revolutionsgarden übernehmen.[35] Außerdem waren die Iraner die ersten, die die Palästinafrage im Sinne des überkonfessionellen Islamismus des Ayatollah Khomeini religiös und nicht nationalistisch deuteten und darin einen Kampf indigener Muslime gegen europäische Kolonialisten sahen. Damit entwanden sie einerseits den marxistischen Gruppen die Deutungshoheit über die Palästinafrage, andererseits überspielten sie mit ihrer Betonung der „pan-islamischen" Natur Palästinas ihr Manko als Schiiten und Perser eigentlich ein Außenseiter in der Region zu sein.

Die iranische Außenseiterrolle führte unmittelbar nach dem Angriff Saddam Husseins auf den Iran zum Aufbau enger strategischer Beziehungen mit der ideologisch fern stehenden baathistisch-säkularen Arabischen Republik Syrien.[36] Nach dem Wegfall des Iraks als Bedrohung musste diese Allianz umgedeutet werden: Syrien wurde aus iranischer Sicht Teil der „Widerstandsachse" (*mehvar-e moqâvemat)* gegen Israel.[37] In diese Achse wurden auch die libanesische Hizbullah, ein Teil der Hamas (vor allem die Gruppe von Khaled Mish'al) und der Palästinensische Islamische Jihad aufgenommen. Kleinster gemeinsamer Nenner dieser ideologisch unterschiedliche Akteure vereinenden Achse war wiederum die Palästinafrage bzw. die Feindschaft gegen Israel. Die ursprünglich rein militär-strategische Allianz gegen Saddam Hussein wurde somit zu einem ideologischen Bündnis gegen Israel. Dieses erlebte 2006 seinen größten Erfolg, als es der Hizbullah gelang einen israelischen Angriff zurückzuschlagen. Damals genossen Iran, Hizbullah und Syrien großes Ansehen bei der einfachen sunnitischen Bevölkerung in allen wichtigen arabischen Staaten, was maßgeblich zur Verunsicherung der arabischen Eliten beitrug.

Die Unterstützung der palästinensischen Befreiungsbewegungen und der Aufbau der sogenannten Widerstandsachse spielt auch im Kontext einer revolutionären strategischen Vision Irans eine Rolle. So sind die iranischen Eliten ganz im Sinne Khomeinis davon überzeugt, dass die Palästinafrage bei der muslimischen Bevölkerung der arabischen Staaten (sog. Arabische Straße) einen

---

[35] Stellvertretend für viele nenne ich den ehemaligen Kommandanten der Revolutionsgarden Yahya Rahim-Safavi, siehe Majid Najafi (Hg.), *Aus dem Süden des Libanons in den Süden Irans. Die Memoiren des Kommandanten Seyyed Rahim Safavi,* (persisch) Teheran 1383/2004.

[36] Jubin Goodarzi, *Syria and Iran. Diplomatic Alliance and Power Politics in the Middle East,* London – New York 2006.

[37] Posch, *Dritte Welt,* S. 28, 29.

zentralen Stellenwert einnimmt, während die vielerorts verwestlichten oder säkularen Eliten den Palästinensern gegenüber kritisch und Israel gegenüber pragmatisch eingestellt waren. Ausgehend von der eigenen Erfahrung kalkulierte Teheran, dass langfristig die Spannungen zwischen den säkularen und kulturell verwestlichten Eliten und der einfachen muslimischen Bevölkerung überall im Nahen Ostens zum revolutionären Bruch führen muss – diese Regime werden entweder von einer Revolution hinweggefegt oder im Zuge einer möglichen Demokratisierung aus dem Amt gewählt. Daher wurde der sogenannten „Arabischen Frühlings" in Teheran als „Islamisches Erwachen" aufgefasst und als Wiederholung der eigenen historischen Erfahrung verstanden. Nach iranischer Logik würden nach dem Abtritt der alten Eliten islamisch-populistische oder gar revolutionäre Regierungen die Macht ergreifen, die ihr Verhältnis zum Iran im Lichte der islamischen Brüderlichkeit und Gemeinschaft neu überdenken würden, was das Ende der Isolation Teherans bedeutet – wie es im Falle Ägyptens unter Mursi auch tatsächlich geschah. Auf seine wirtschaftliche und militärische Stärke vertrauend und unterstützt durch das Nuklearprogramm wären die Iraner problemlos in der Lage, das Ringen um die Vormachtstellung in der Region gegen Saudi Arabien für sich zu entscheiden und, wie oben ausgeführt, Druck auf Israel auszuüben. In den Jahren 2006, als ein israelischer Angriff im Libanon zurückgeschlagen wurde, und 2012, dem Jahr als der neue ägyptische Präsident Mursi Teheran besuchte, kamen die Iraner dieser strategischen Vision ganz nahe. Es war schließlich Saudi Arabien, das den panislamisch inspirierten Regionalmachtanspruch Teherans zunichtemachte.

Schiismus und die syrische Realität

Seit dem Ende des Zweiten Weltkrieges wechselten diplomatische Spannungen zwischen Riyadh und Teheran mit Tauwetterperioden ab. Den genannten Spannungen liegt eine strategische Rivalität mit Saudi Arabien zugrunde, die bis in die Zeit vor der Revolution zurückreicht und sich nach 1979 verschärfte, die aber lange im Schatten der iranisch-irakischen Spannungen stand.[38] Neben dem unmittelbaren Nahen Osten stand vor allem Afghanistan im Zentrum der strategischen Rivalität. Dort sponserten beide Staaten verfeindete sunnitische und schiitische politische Gruppen und Milizen, wodurch ihre Rivalität durch die

---

[38] Farzad Cyrus Sharifi-Yazdi, *Arab-Iranian Rivalry in the Persian Gulf. Territorial Disputes and the Balance of Power in the Middle East,* London – New York 2015; vgl. Michael P. Colaresi, Karen Rasler, William R. Thomason, *Strategic Rivalries in World Politics. Position, Space and Conflict Escalation,* Cambridge (u.a.) 2007, S. 14, 92, 106, 199; Abdolrezâ Hushang Mahdavi, *Die Außenpolitik Irans in der Pahlavizeit (1922-1979),* (persisch) Teheran 1386/2008.

Afghanen als Konfessionskrieg ausgetragen wurde. Mit dem Sieg der Taliban 1998 musste Teheran seine bisher größte Niederlage am Hindukush hinnehmen und kam erst auf dem Rücken der US-Amerikaner 2001 ins Land zurück. Spannungen zwischen Iran und Saudi Arabien entluden sich auch in Pakistan als gewalttätige konfessionelle Konflikte, die jedoch immer wieder de-eskaliert wurden.

Aus Teheraner Sicht bedeutet Konfessionalisierung eine strategische Katastrophe. Dafür gibt es mehrere Gründe, erstens scheiterte Anfang der 1980er Jahre die Revolutionierung der Schiiten in der Region. Daher wollte Teheran, zweitens, um jeden Preis vermeiden, als persisch-schiitisch und nicht einfach als islamische Macht in der Region wahrgenommen zu werden. Drittens wiederum sind die arabischen Schiiten anders organisiert und die meisten Netzwerke des hohen schiitischen Klerus in Najaf und Kerbala sind den Iranern gegenüber kritisch eingestellt.[39] Schließlich, viertens, war Teheran nicht in der Lage, den schiitischen Glaubensbrüdern zu helfen, als diese an Leib und Leben bedroht worden sind: so schwieg Teheran 1992 anlässlich des schiitischen Aufstandes im Irak, verzichtete 1998 auf eine militärische Intervention zu ihren Gunsten in Afghanistan, beschränkte seine Proteste gegen die saudische Intervention in Bahrain im Jahr 2011 im Wesentlichen auf Protestnoten und sah tatenlos zu, wie in den Jahren 2014-16 nigerianische Schiiten zum Opfer sunnitischer Attacken wurden. Das beredte Schweigen Teherans über das Schicksal der schiitischen Glaubensbrüder erklärt sich aus dem Unvermögen, ihnen militärisch und humanitär helfen zu können. Außerdem wollten sich die iranischen Strategen nicht Konflikte aufzwingen lassen, bei denen wenig zu gewinnen war. Das traf zum Beispiel auf den Konflikt im Jemen zu, wo Teheran allen Beschuldigungen zum Trotz kaum involviert ist und sein Engagement vor allem in der Medienfront an die libanesischen Hizbullah delegiert hat.

Die Konfessionalisierung der Konflikte ließ sich aber trotzdem nicht verhindern. Am Anfang spielte vor allem die Öffentlichkeitsarbeit Saudi Arabiens eine wichtige Rolle, der es geschickt gelang, die „Widerstandsachse“ nach dem Höhenflug der Hizbullah im Jahr 2006 in einen „schiitischen Halbmond“ umzudeuten und Iran und Hizbullah in den Augen der arabischen Öffentlichkeit zu desavouieren. Der saudische Erfolg wäre nur dann nicht so groß geworden, wenn die Lage im Irak und Syrien stabil geblieben und Al-Qaida und später IS nicht aufgetreten wären. Aber mit dem Ende der baathistischen Vorherrschaft

---

39 Laurence Louer, *Chiisme et politique au Moyen-Orient, Iran, Irak, Liban, Monarchies du Golfe,* Paris 2008.

im Irak und dem Zusammenbruch in Syrien wurde der Konfessionalismus zur bestimmenden Erklärungsmatrix beinahe aller Konflikte des Nahen Ostens.

Die syrische Realität stellt sich für Teheran aber anders als nur konfessionell dar. Ironischerweise bestätigte der „arabischen Frühling" in Syrien zunächst die iranische Lesart, weil ein Teil der Aufständischen tatsächlich aus islamistischen Kreisen stammte, die gegen ein säkulares Regime revoltierten. Allerdings erkannte man in Teheran sehr schnell, dass die Iraner keine Ansprechpartner in der syrischen Opposition hatten und aufgrund ihrer jahrelangen Kooperation mit dem Regime bei den politischen Vertretern des Widerstandes desavouiert und in weiten Teilen der Bevölkerung verhasst waren. Aus anderen Gründen – Aufrechterhaltung des Druckes auf Israel und der Rivalität mit Saudi Arabien – entschied sich Revolutionsführer Khamenei für die militärische Unterstützung Syriens als Teil der Widerstandsachse, wissend, dass in der iranischen Bevölkerung wenig Enthusiasmus für dieses Engagement bestand. Mit der zunehmenden Macht des IS und der Fortdauer der Kämpfe stieg der Blutzoll unter den iranischen bzw. iranisch geführten Freiwilligenverbänden und Teheran rechtfertigte seinen Einsatz im Land nicht mehr mit revolutionären Phrasen, sondern betonte die Notwendigkeit IS und ähnliche Gruppen in Syrien und im Irak zu bekämpfen, bevor sie im Iran eine Gefahr werden.

Anders ausgedrückt: der Bevölkerung gegenüber argumentiert die Regierung nationalistisch, in der Region kann es jedoch nur mehr eine schiitische Außenpolitik betreiben. Damit verändert sich das Verhältnis Teherans zu den arabischen Schiiten auf absehbare Zeit. So ist Hizbullah mittlerweile ein beinahe gleichberechtigter Partner Teherans und auch das Verhältnis zu den Großayatollahs im Irak hat sich verändert, seitdem diese die Aufstellung schiitischer Freiwilligenverbände erlaubten. In beiden Fällen – Betonung des Nationalismus und des Schiismus – bedeutet dies einen Rückschlag für die pan-islamische, khomeinistische Ideologie. Aus Sicht Teherans scheint dies jedoch kaum mehr von Bedeutung zu sein; was zählt ist die Frage wie Syrien angesichts der millionenstarken Flüchtlingsströme und der Vielzahl von Milizen stabilisiert werden kann. Neben Realpolitik wie die Kooperation mit Russland und der Türkei gibt es auch Gerüchte, wonach Teheran die konfessionelle Landkarte zu seinen Gunsten verändern will. So soll es unbestätigten Berichten zufolge iranische Pläne geben, Schiiten aus dem Irak in Syrien anzusiedeln und die syrischen Alawiten zur Schia zu konvertieren. Die iranische Bevölkerung wiederum überzeugte die Regierung mit einem anderen Argument: nämlich dass es besser sei, den IS mithilfe schiitischer Freiwilliger aus dem Irak und Afghanistan in Syrien zu bekämpfen, als mit einfachen Soldaten im eigenen Land.

Skizze: Ideologische Rechtfertigung des Einsatzes in Syrien:
Vom Nationalismus zum Nationalismus

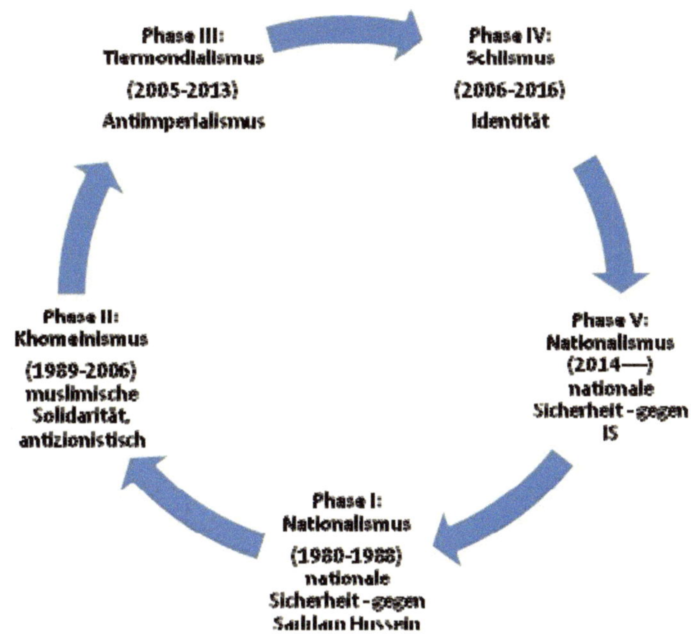

Die iranisch-syrische Allianz wurde von Teheran also unterschiedlich ideologisch untermauert oder gerechtfertigt (siehe oben die Skizze): *nationalistisch* in der ersten Phase, als es um die Abwehr der irakischen Invasion ging, *khomeinistisch-pan-islamisch* in der zweiten Phase mit der Widerstandsachse, letztere wurde unter Ahmadinejad vor allem in Südamerika *tiermondialistisch* quasi als global-revolutionäres Projekt dargestellt, und schließlich wurde Iran in seiner Syrienpolitik auf seine *schiitische* Identität reduziert, was Teheran zum Anlass nahm, um sein Engagement der Bevölkerung gegenüber mit *nationalistischen* Argumenten zu rechtfertigen. Erwartungsgemäß spiegeln sich die ideologischen Verschiebungen auch in der Art der militärischen Machtprojektion wieder.

(III) Teheran und der Westen im „Krieg der vierten Generation"?

Viele Beobachter mussten überrascht konstatieren, dass in der Dekade nach dem 11. September strategische Interessenskonvergenzen zwischen den USA und Iran nicht zu leugnen waren: sowohl die afghanischen Taliban als auch

Saddam Hussein im Irak und Al-Qaida galten beiden Seiten als Feinde, was Grund für sunnitische Verschwörungstheorien lieferte, wonach Iran und die USA, unterstützt von Israel, die Vernichtung der sunnitischen Welt geplant hätten. In der Realität kam es jedoch nur in Afghanistan zur militärischen und nachrichtendienstlichen Kooperationen. In Syrien vertraten Iran und die USA ursprünglich entgegengesetzte Ziele und im Irak war eine direkte Kooperation trotz Interessenskonvergenz weder möglich noch erwünscht. Beide Seiten waren jedoch darum bemüht, eine direkte Konfrontation zu vermeiden. Die Erkenntnis, dass die Iraner über jahrzehntelange bestehende Kontakte zu politischen und militärischen Gruppen im Irak verfügte, war in Expertenkreisen zwar bekannt, wurde in der politischen Planung jedoch kaum berücksichtigt. In weiterer Folge kam es zu informellen Kontakten, von denen nur bekannt ist, dass sie von den Irakern vermittelt wurden. Daher lässt sich nicht mit Bestimmtheit sagen, inwieweit die militärischen Operationen der Iraker gegen den IS via Bagdad zwischen Washington und Teheran abgestimmt waren. Unabhängig davon lohnt es sich der Frage nachzugehen, welche Auswirkungen die Ideologie auf die iranische Militärstrategie bzw. Doktrinen hat, womit zwangsläufig die Frage nach den militärischen Mitteln gestellt werden muss.

Die Selbstidentifikation der islamistischen Revolutionäre mit antiimperialistischen Widerstandsbewegungen hatte aufgrund des konventionell geführten Iran-Irak-Kriegs kaum Niederschlag auf die militärischen Doktrinen der iranischen Armee oder der Revolutionsgarden gehabt. Selbst der ideologisch und religiös überhöhte Einsatz der sogenannten „Menschenwellen“ gegen irakische Stellungen trug eigentlich nichts Besonderes zur iranischen Taktik oder Strategie bei, ähnliches in noch größerem Ausmaß hatte die Welt schon im Ersten Weltkrieg gesehen. Eine Ausnahme bildete die Marinedoktrin, die als „Guerillakrieg zur See“ bezeichnet wurde. Dabei wird von der Annahme ausgegangen, dass die US-Marine beabsichtigt, in die seichten, stark gegliederten Küstengewässer Irans einzudringen. Verschiedene Berichte legen nahe, dass es sich dabei mehr um Propaganda als um eine festgelegte und geübte Doktrin handeln würde. Wenn überhaupt, dann gilt die „Guerilla zur See“-Doktrin nur für die überwiegend aus Schnellbooten bestehende Marine der Revolutionsgarde.[40] Die reguläre Marine legt großen Wert darauf, auf der internationalen Ebe-

---

[40] Ashkbûs Dânekâr, „Sonderkriegsführung im Persischen Golf“, in: Studienzentrum Persischer Golf (Hg.), *Sammelband des Seminars zur Problematik des Persischen Golfs,* (persisch) Teheran 1367/1989, S. 267-284; zu den zahlreichen militärischen Konfrontationen zwischen der Marine der Revolutionsgarden und der 5. US Flotte siehe Walter Posch, “Provoking an Agreement? The Hormuz Incident Revisited”, in: Harald Haas/Franz Kernic/Andrea Plaschke (Hg.), *Leadership in*

ne als seriöse militärische Einheit wahrgenommen zu werden. Die zweite Ausnahme waren die ideologisch begründeten Auslandseinsätze von Elementen der Revolutionsgarde im Libanon und im Sudan. In diesem Zusammenhang ist festzuhalten, dass die reguläre Armee ausschließlich für die Landesverteidigung und zum Grenzschutz herangezogen wird.

Die Revolutionsgarde

Die Aufstellung des „Korps der Gardisten der Islamischen Revolution" (*sepâh-e pâsdârân-e enghelâb-e eslâmi,* Revolutionsgarde) war der gelungene Versuch, die zahlreichen spontan entstandenen islamistischen Milizen unter ein einheitliches Kommando zu stellen.[41] Ihr eigentlicher Auftrag liegt im Bereich der inneren Sicherheit. Während des langen Krieges mit dem Irak stellte die Revolutionsgarde militärische Divisionen auf, die bis 2009 beibehalten wurden. In diesem Jahr wurde die Divisionsgliederung aufgegeben und stattdessen 31 Regionalkommanden eingerichtet, womit man zur Organisationsstruktur unmittelbar nach der Revolution zurückkehrte. Eine Besonderheit der Revolutionsgarde ist die Gründung auftragsspezifischer Kommanden (*qarârgâh* QG, eig.: Gefechtsstand, Kommando, Task Force), die in der Regel für einen eigenen Zweck gegründet werden. QG Ramazân war im Krieg für die militärische Ausbildung und Ausrüstung kurdischer und schiitischer irakischer Gruppen zuständig, QG Bâqerzâde für die Verfolgung der Volksmodschahedin auf irakischem Gebiet, QG Sârollâh koordinierte die Sicherheit Teherans von 1999-2009, QG Hamza koordiniert die Bekämpfung des iranischen PKK-Ablegers PJAK usw. Für das weitere Verhältnis zum Irak waren zwei Einheiten besonders wichtig: Badr und Qods.

Die Badr Brigade (*fayalq/sepâh-e Badr*) wurde als schiitische Miliz für irakische Kriegsgefangene gegründet. Sie war von 1982 bis 2011 der militärische Arm des Hohen Rats der Islamischen Revolution im Irak (SCIRI). Im Gegensatz zur SCIRI waren Badr-Mitglieder jedoch trotz ihrer irakischen Staatsbürgerschaft Teil der iranischen Revolutionsgarde.[42] Während des Krieges wurde

---

Challenging Situations, Frankfurt a. M. 2012, S. 267-275; Sascha Albrecht und Walter Posch, *Kriegstheater im Persischen Golf. Völkerrechtliche und militärische Aspekte einer ideologischen Konfrontation zwischen Iran und den USA*, (SWP-Aktuell) Berlin, März 2012.

[41] Für den iranischen Sicherheitsapparat siehe Walter Posch, „Der iranische Sicherheitsapparat", Lemma in: *Handbuch der Iranistik,* Hamburg 2017 (im Druck) und Hourcade, op.cit., S. 102-109; zur Qods siehe Walter Posch, „Politische Gewalt in der Islamischen Republik Iran", in: Jasmina Rupp (Hg.), *Der (Alb)Traum vom Kalifat,* Wien (u.a.) 2016, S. 211-236.

[42] Faleh A. Jaber, *The Shiite Movement in Iraq,* London 2003, S. 153.

Badr von iranischen Offizieren geführt. Von den Iranern ausgebildete irakischstämmige Offiziere nahmen erst nach dem Kriege Führungsfunktionen wahr. Einer von ihnen war ihr jetziger Kommandant Hadi al-Amiri. 2003, nach dem Sturz Saddam Husseins, kehrten SCIRI und Badr in den Irak zurück und wurden rasch an der Regierung beteiligt. Zur gleichen Zeit wandelte Amiri die Badr Brigade (*faylaq Badr*) nach seiner Rückkehr in die Badr Organisation (*Munzammat Badr*) für Wiederaufbau um. Grund hierfür war neben US-amerikanischem Druck auch eine Fatwa Großayatollah Sistanis, in der der Aufbau von Milizen untersagt wurde. Mitglieder der Badr bewarben sich bald im irakischen Sicherheitsapparat und Amiri begann seine Politikerkarriere; unter anderem war er jahrelang Transportminister. Badr war also auf drei Ebenen tätig: in der aktiven Politik und zwar sowohl im Parlament als auch im Ministerium, wo wertvolle Verwaltungserfahrung gesammelt werden konnte; darüber hinaus im Wiederaufbau und in den Sicherheitskräften. Damit gelang es Teheran nicht nur ein iranfreundliches Element in wichtige Positionen in Bagdad zu bringen, was für sich genommen schon ein Erfolg ist, sondern auch ein Element im irakischen Apparat zu verankern, das in der Befehlskette der Revolutionsgarde stand und dessen Leitung mit iranischen Sicherheitsinteressen und den verantwortlichen Kommandanten im iranischen Sicherheitsapparat vertraut ist.

Es ist nicht klar, ob und mit wie vielen Waffen Badr seinerzeit in den Irak zurückgekehrte, auch lässt sich aufgrund des von uns eingesehenen Materials nicht entscheiden, ob und wie Angehörige der Badr ihre militärischen Fähigkeiten bewahrten oder in welcher Form sie an den Kampfhandlungen im Zuge des Bürgerkriegs teilgenommen hatten. Fest steht, dass im Sommer 2014, als Großayatollah Sistani angesichts des drohenden Durchbruchs des IS nach Bagdad seine mittlerweile berühmt gewordene Fatwa zur Selbstverteidigung erließ, Badr bereits eine zentrale Rolle für die Aufstellung der „Volksmobilisierungskräfte" (Hashd al-Sha'bi) inne hatte. Seither nahm Badr in deren Rahmen an mehreren wichtigen Kämpfen teil, zuletzt in Mosul. Die endgültige rechtliche Stellung und organisatorische Ausgestaltung der Hashd al-Sha'bi, zu denen auch sunnitische Verbände gehören, ist noch nicht entschieden. Jedenfalls ist davon auszugehen, dass Amiri und andere Badr Kommandeure dabei mitreden werden.

Im Gegensatz zu Badr ist die Qods-Einheit ein zentrales Element der iranischen Machtprojektion. Die Qods wurde Anfang des Iran-Irak-Krieges auf Anregung des damaligen Kommandanten Mohsen Rezai gegründet. Ihr erster Kommandant war der jetzige Chef der Revolutionsgarde Jaafari. Ursprünglich war die Einheit als eine Art Jagdkommando gedacht, das hinter den feindlichen Linien im Rücken der Iraker Sabotageanschläge ausführt oder kritische Aufklärung betreibt. Das erklärt den hohen Anteil arabischsprachiger und kulturaffiner Angehöriger – Qods hat damit die Bedeutung des „strategischen Korporals", also jener Art von Unteroffizier, der mit der Bevölkerung im Zielgebiet kommunizieren kann und den die USA erst später mit den Human Terrain Teams einführten, rechtzeitig erkannt.[43]

Später wurde Qods auch im Libanon und in Syrien und anscheinend auch in Afghanistan eingesetzt. 1989, also nach dem Krieg, präzisierte der neue Revolutionsführer Ayatollah Khamenei den Auftrag der Qods: sie sei in erster Linie eine ideologische Einheit, die indigene revolutionäre Zellen (*hezbollahi*) aufbauen und sowohl in ideologischer und militärischer Hinsicht ausbilden soll und somit ihren Beitrag zur islamischen Revolution im Sinne Khomeinis leistet.

Bis zum Fall Saddam Husseins war Qods vor allem im Libanon aktiv und zwar in enger Koordination mit der libanesischen Hezbollah bzw. deren militärischen Flügel unter dem 2008 einem Attentat zum Opfer gefallenen Imad Mughniya. Qods wurde von US-amerikanischer und israelischer Seite auch internationale Anschläge vorgeworfen, doch ist ihr Haupteinsatzgebiet eindeutig im Nahen Osten. 2009 wurde Qods, bis dahin eine Sondereinheit im Rahmen der Landkräfte der Revolutionsgarde, zur eigenen Teilstreitkraft erhoben (*nîrû-ye Qods*).[44] Bald darauf erlangte sie unter Führung von Generalmajor Qâsem Soleymânîs im Irak und in Syrien Berühmtheit. Dem politischen Primat folgend war Soleymânî kaum mehr aus der innerschiitischen irakischen Politik wegzudenken. Er koordiniert außerdem die militärische Unterstützung Irans für die syrische Regierung, deren Überleben das erklärte Ziel Teherans ist, sowie die Unterstützung für die Iraker. Vor allem in Syrien müssen die Verluste sehr hoch gewesen sein. Anfangs kamen Freiwillige, die zum Teil noch der Kriegsgeneration angehörten (Fatehin, Zeynabiyun und Fatemin Brigaden) nach Syrien.[45] Ungefähr zeitgleich auch irakische Schiiten, doch im Laufe der Zeit begann Teheran vor allem afghanische Schiiten zu rekrutieren und in den syrischen Kriegsschauplatz zu schicken. Eine genaue Analyse und Beurteilung der verschiedenen Milizen und der Rolle der Qods ist noch ausständig. Doch lässt sich bereits jetzt sagen, dass die militärische und politische Dauerbelastung die Ressourcen der Qods weitgehend erschöpft hat. Daher überrascht es nicht, dass ungefähr gleichzeitig mit der Veränderung des politischen Diskurses, i.e. weg vom Khomeinismus hin zur nationalistischen Rechtfertigung der Einsätze

---

[43] De La Grange und Balencie, op.cit., S. 50-56.

[44] Die Revolutionsgarden bestehen aus fünf Teilstreitkräften (*nîrû-ye panjgâne*) Land-, See- und Luftkomponente, Qods und Basiji.

[45] „Die Zaynabiyun, Fatemiyun und Fatehin haben das Gleichgewicht zerstört", (persisch) *Mashreqnews,* 18. Azar 1395/8. Dezember 2016.

in Syrien, andere militärische Einheiten aus dem Iran das Gefechtsfeld betraten: die *takâvorân*, also die Jagdkampfeinheiten der regulären Armee. Im konkreten Fall die traditionsreiche 65. Luftlandebrigade des Heeres, die Anfang der 1970er Jahre im Omankrieg gekämpft hat.[46]

Ausblick

Damit schließt sich ein Kreis: die islamische Republik Iran begann ihr Engagement im Irak und Syrien mit ideologisch gedrillten Sondereinheiten und muss nach mehreren Jahren Einsatz auf klassische Sonderkräfte der Armee zurückgreifen. Zwar ist Teheran im Vergleich zu anderen Staaten, die sich im Irak und in Syrien engagieren, sehr gut aufgestellt, doch spielt es im Krieg der vierten Generation eine Rolle, die mehr der der westlichen Staaten und Russlands ähnelt als dem IS, der gegenwärtig wie keine andere revolutionär-islamische Kraft in der Lage ist, den neuen Krieg zu führen.

Der wichtigste Unterschied zwischen der Islamischen Republik Iran und dem Islamischen Staat im Irak und der Levante besteht darin, dass im Iran eine revolutionäre Bewegung einen funktionierenden Staat mit seinen Institutionen übernommen hat, während der IS in den Trümmern eines durch ausländische Intervention zerstörten Nationalstaats entstand. Iran agiert daher als Nationalstaat auf der internationalen Bühne, auch wenn sowohl Teheran selbst als auch die Gegner des Regimes im Westen nicht müde werden, die revolutionäre Natur der iranischen Politik zu betonen. Die Existenz besonderer militärischer Einheiten, vor allem die sogenannte „Qods"-Einheit, wird in diesem Zusammenhang in der Regel als Untermauerung für diese These herangezogen. Dem widerspricht die Notwendigkeit, auf eine Eliteeinheit zurückgreifen zu müssen, deren militärische Tradition auf die US-amerikanischen Green Berets zurückgeht und im Wesentlichen im COIN ausgebildet ist. Die militärische Normalisierung Irans erfolgte also zeitgleich mit der ideologischen. Fraglich bleibt jedoch, ob westliche Staaten diese Normalisierung nutzen können – oder wollen.

[46] Abbas Qaidaari, „Who sent Iranian Green Berets to Syria?", *Al-Monitor,* 28. April 2016.

Gedanken zu den Strategien von Gestern und Heute

Donald Abenheim und Carolyn Halladay

Einführung: Der Zustand strategischer Verwirrung

Für all jene, die sich mit der erstarrten Lehre über Strategie auf höheren militärischen Bildungseinrichtungen in den USA befassen, ist es interessant festzustellen wie sehr sich in den letzten Jahren die strategischen Sichtweisen und auch gelehrten Inhalte verändert haben, etwa in der kurzen Zeitspannen von 2013 bis 2016, ergänzt von Debatten über „Machtpolitik" auf parlamentarischer Ebene und im Zuge der Wahlen von 2016.

Dieser Prozess hat sich aber in der ganzen westlichen Welt vollzogen: Ich stelle fest, dass sich, im Gegensatz zu zahlreichen Meinungen, in den westlichen Staaten die Debatten über Fragen zu Krieg und Frieden in einem unbefriedigenden Zustand befinden, um nicht zu sagen in einem katastrophalen. Dies hat eine Reihe von Ursachen: Einmal die unentschlossene Politik, dann die orientierungslosen Medien und letztlich auch jene Eliten, die sich zu diesen Fragen immer nur negativ äußern. Dazu kommt eine intellektuelle Abstinenz zu Fragen der strategischen Theorie. Kritik an diesem Zustand, etwa in Form dieser kurzen Betrachtung, sollte helfen jenen Standard wieder herzustellen, wie er noch vor einigen Jahren zu beobachten war.

Dabei wird man sehr rasch auf eine Reihe von Problemen stoßen, die sich bei einer solchen Bestandsaufnahme ergeben. *Zuerst* hat man es mit einem heuristischen oder epistemologischen Problem zu tun, nämlich, dass die aktuellen Auseinandersetzungen und Konflikte sich mit der herkömmlichen Strategie und deren Begriffen nicht mehr decken oder lösen lassen. Stattdessen verfällt man immer mehr in laufend wechselnde Schlagworte und „Mode-Trends", wie sie in den letzten fünfzehn Jahren so oft anzutreffen waren. *Zweitens* wird hier auch auf den Einfluss von Personen einzugehen sein, die den Gang der Debatten und das strategische Denken beeinflusst haben. Und *drittens* soll auch das veränderte Klima der öffentlichen Meinung betrachtet werden, denn es hat Einfluss auf jene, die strategische Fragen formulieren und lösen und den politischen Auftrag mit militärischen Mitteln umsetzen sollen.

Ohne Frage ist der gegenwärtige Zustand von Krieg und Frieden und deren Interpretation ein nicht zu unterschätzendes Problem für alle, die Strategien entwerfen müssen. Von den Ursachen dieser Probleme seien zwei mit hoher Dissonanz herausgegriffen, die jene betreffen, die sich mit „kontinentaler Strategie" beschäftigen, somit a) die Anti-Jihadisten- und Anhänger der Anti-Terror-Schule, die sich vor allem auf den Mittleren Osten konzentriert haben und daher nur Counterinsurgency-Strategien entwerfen, dabei das strategische Denken in den USA vor allem auf politischer Ebene lange bestimmen konnten, und b) die Vertreter der traditionellen geopolitischen bzw. makro-strategischen Schule, die sich mit den Machtverschiebungen der großen Mächte gemäß traditionellen Überlegungen befassen.

Die Konkurrenz beider und die Versuche beide zu mischen, obgleich sie wegen der Dissonanzen nicht zusammenpassen, führte zu einem "strategischen Theorie-Chaos". Die von den Vorgängen im Mittleren Osten geprägte Counterinsurgency (COIN) Dominanz entstand unter Bush und Cheney infolge der Vorgänge am 11. September 2001 sowie den Kriegen in Afghanistan und Irak und ist auch heute noch tonangebend. Aber angesichts einer möglichen Auseinandersetzung mit Russland und China auf der eurasischen Landmasse kommt es nun erneut zu einer Verschiebung im Denken wieder in Richtung klassischer Strategien, eine Entwicklung, die etwa um 2014 einsetzte.

Die Kriege nach 2001 waren daher jene neuen Besen, die scheinbar ideal waren, um den Terror wegzufegen, technologische Transformationen umzusetzen und um über neue Organisationen zu verfügen. Diese Entwicklung verdrängte aber die strategischen Überlegungen einer ganzen Generation von Denkern und Führern, die sich nach dem erfolgreichen kurzen Krieg von 1991 („Desert Storm") als Teil einer modernen und erfolgreichen Theorie sahen, deren Anfänge in Europa zu suchen waren und unter dem Namen „AirLand Battle" bekannt wurden und in den 1990er Jahren auch als „Revolution of Military Affairs" mehr militärische Effizienz versprachen.

Die Counterinsurgency-Theorien waren aber keine Strategie, bestenfalls Doktrinen der politisch-taktischen Ebene. Zugleich meinte man, die früheren klassischen militärischen Strategien wären überholt. Aber, wie schon angeführt, bereits 2014 begann sich in diversen Think Tanks und militärischen Stäben die Erkenntnis durchzusetzen, dass sich mit COIN und Hybrid-Ideen keine Kriege gewinnen lassen und dass ein klassischer, großer Krieg andere Streitkräfte und auch eine Rückkehr zum geopolitischen und geostrategischen Denken erfordert, zudem neue Überlegungen über maritime und kontinentale Kriegführung erforderlich sein würden. Die Entscheidungen in einem solchen Krieg würden nicht bei Außenposten in Afghanistan oder in irakischen Städten fallen. War die Counterinsurgency-Strategie darauf gerichtet jeden Quadratkilometer in der Anbar oder Helmand Provinz in Afghanistan als „strategisch wichtig" für die Kontrolle von eingebildeten unabdingbaren Positionen in Nordwest-Asien zu betrachten, haben die allfälligen Verluste solcher Posten nichts am Weitergang von herkömmlichen politischen oder diplomatischen Aktivitäten diverser Regierungen verändert.

Beide Schulen haben allerdings gemeinsam, dass die Politik dem Militär, und dieses umgekehrt der Politik nicht traut, diese Beziehungen seit den letzten Jahrzehnten grundsätzlich gestört sind, auch wenn sich beide gerne auf Clausewitz (fast immer nur auf diesen) und historische Bezüge berufen. Schon seit Jahrzehnten ist in den USA eine Debatte im Gange, die sich bis zu den Wahlen 2016 fortsetzte. Dabei geht es auch um eine seit Hans Delbrück laufende Diskussion über die Frage „Vernichtung" des Gegners (Annihilation) mit eher wenig „Strategie"-Bedarf aber klassischen Operationen, oder dessen laufende Schwächung (Attrition) im Zuge einer politisch-taktischen Konfrontation gegen eine Unzahl politischer Gravitationszentren. Donald Trump hatte sich bei einigen Debatten als Vertreter der Annihilation-Gruppe im Sinne von Jomini und MacArthur ausgesprochen und die Einkesselung und Vernichtung der Islamisten gefordert bzw. versprochen. Hillary Clinton wiederum hat die Attrition bevorzugt, wie auch Obama zuvor, also mehr Special Forces, UAVs (als eine neue Art „strategischer Luftangriffe") und Counterterrorism-Aktionen.

In der NATO und in den atlantischen Demokratien ist Annihilation die klassische Art der Kriegführung, aber heute weder finanzierbar noch politisch umzusetzen. Aber, es hat sich gezeigt, dass auch Attrition extrem teuer ist, da man keine rasche Entscheidung erreicht, sondern Konflikte sich ewig hinziehen. Erkennbar ist auch, dass es zwischen beiden Sichtweisen keine dialektischen Debatten gibt, schon gar nicht in der NATO, denn in Europa steht der Terror und dessen Bekämpfung, politisch umfassend akzeptiert, noch immer im Mittelpunkt; für andere Formen der Verteidigung gibt es außerdem kaum ausreichende Budgetmittel.

Aber eine Debatte über einen Strategiewechsel wird unausweichlich kommen, denn die Konfrontation der großen Mächte wächst. Das gegenwärtige

Problem ist, dass die Aufmerksamkeit für die Terrorbekämpfung für andere strategische Überlegungen keinen Platz lässt.

COIN statt Geopolitik

Nach den Terroranschlägen vom 11. September 2001 konnte man folgende Generalisierungen feststellen: Der Jihadismus und dessen Bekämpfung beendete die Debatten über klassische Strategien, leider auch über die Weinberger-Powell-Doktrin zwecks einer sinnvollen (und erfolgreichen) Kriegsbeendigung mit klarem Ziel, was wiederum eine Folge des Krieges um Kuwait 1991 und dessen überstürztes Ende war, samt der verhängten Flugverbotszone und der ferngesteuerten politisch-militärischen Rolle von CENTCOM.

Die Techno-zentristische Revolution of Military Affairs (RMA), Ideen wie eine „Full Spectrum Dominance" als Ergebnis von 1991 aussehen sollte, und den ersten, von den Joint Chiefs of Staff verfügten Überlegungen über einen möglichen Krieg mit China folgten. Parallel dazu gab es Bemühungen, die Frage der Atomwaffen neu zu überlegen und neben dem Proliferationsverbot auch eine Reduktion dieser Waffen zu erreichen. Zur gleichen Zeit gab es Überlegungen, den Zerfall Russlands dazu zu benützen, die atlantische Sicherheitszone nach Osten zu erweitern. Die NATO-Erweiterung und die Schaffung der SFOR mit maßgeblicher US-amerikanischer Beteiligung, die Neuorganisation Europas (samt der NATO Partnership for Peace) und der Kampf gegen den globalen Terror durch das Special Operations Command fallen in die gleiche Zeit.

Träumereien über eine Welt ohne Krieg dominierten nach dem Zusammenbruch des sowjetischen Blocks vor allem in Europa die Politik und Verteidigungsbudgets, anders in den USA, wo klare Zielsetzungen und Erweiterungen, Initiativen und Interessenabwägungen, wenngleich manchmal von gegenläufigen Entwicklungen gekennzeichnet, sich besonders nach „9-11" verstärkten, während sich gleichzeitig der Umfang der US-amerikanischen Streitkräfte immer weiter verringerte – trotz der Erfahrungen von Vietnam und trotz der Logik des Krieges von 1990-1991.

Abgesehen von den ersten Operationen in Afghanistan Ende 2001 war man irrtümlicherweise in Washington und London der Meinung, das Gravitationszentrum des Terrors läge im Irak. Man meinte, dort gäbe es eine verdeckte atomare Rüstung, samt der Angst, kleine A-Waffen könnten eventuell in Europa oder in die USA eingeschleust werden. Im Frühjahr 2003 wurde CENTCOM daher beauftragt, Überlegungen für einen Regimewechsel im Irak im Sinne eines Sieges „à la Jomini" zu konkretisieren, um das völlig verfrühte Ende des Krieges um Kuwait im Jahr 1991 nunmehr zu einem zufriedenstellenden

Ende zu bringen. Diesen Auftrag hatte außerdem Verteidigungsminister Rumsfeld schon 2002 erhalten und man konkretisierte daher (nach dem Modell „Desert Crossing“) eine solche Intervention, um vor allem zwei Ziele gleichzeitig zu erreichen:

a) Es sollte ein kurzer Krieg mit einem klaren fait accompli sein, und man wollte die eher radikale Reorganisation der eigenen Streitkräfte in Richtung mehr Flexibilität und Mobilität überprüfen, damit auch deren verbesserte strategische Einsatzbreite; dafür eignete sich die Wüste im Irak, was sich schon im März 1991 gezeigt hatte.

b) Die Intervention sollte die Forderung von Weinberger nachholen, den Krieg im Sinne einer Grand Strategy mit einem klaren politischen Erfolg abzuschließen – mit Auswirkungen für die gesamte Region Middle East und Central Asia.

Der im Frühjahr 2003 militärisch erfolgreich geführte und operationell auch beendete Krieg kam dann aufgrund von politischen Fehlern ins Stocken und der Irak-interne Widerstand wuchs bis 2005 immer weiter an. Kaum jemandem, der die Geschichte dieser Staaten im Mittleren Osten im 20. Jahrhundert kennt, konnte von dieser Entwicklung überrascht sein. Aber dieser Kleinkriegs-Insurgenten-Widerstand war es, der es ermöglichte, dass sich die Counterinsurgency-Apologeten in den Vordergrund schieben und die Geopolitiker verdrängen konnten. Dazu hatte Rumsfeld beigetragen, als er schon 2000 die RMA-Ideen in den Mittelpunkt zukünftiger Überlegungen gestellt hatte, damit vermehrt Special Operations und „irregular warfare“ den Weg ebnete. Damit wurden aber alle klassischen Überlegungen zum Thema Strategie samt den Theorien und deren Nutzanwendung hinfällig.

Bedauerlicherweise hat in diesem Jahrzehnt das Dogma des unbedingten Kampfes gegen den Terror, gegen die Jihadisten und gegen den IS/ISIS alles verdrängt, weil man meinte, diese könnten die westliche Welt von innen her tatsächlich bedrohen; dies deckte aber wesentlich wichtigere Frage zu, nämlich, dass „revisionistische“ Mächte versuchen könnten, zu Lasten des Westens, sich geopolitisch auszubreiten, um so die Weltordnung des 21. Jahrhundert nach ihren Vorstellungen zu verändern. Darin konnten sie auch deswegen erfolgreich sein, da sich die USA und die NATO nicht nur ständig mit COIN befassten, sondern vielfach blind für diese Veränderungen waren.

Diese neuen Mächte agieren mit sehr geschickten propagandistischen Mitteln und brachen in die westlichen Gesellschaften ein, wo sie nun breite Zustimmung finden. Damit untergraben sie auch unsere politisch-militärischen Beziehungen und machen eine Rückkehr zu unserer eigenen Geopolitik schwierig. Dieser Prozess findet seit 2001 laufend statt. Man hat dem Westen eingeredet, man befände sich angeblich in einem Post-imperialen Zeitalter dauerhaften Friedens. Frühere Generationen, etwa von 1899 bis 1990, lebten ja noch im imperialen Zeitalter mit viel Zuversicht, aber auch laufenden Kriegen.

General David Petraeus schaffte es um 2005, alle Kräfte, die sich für eine COIN-Kriegführung einsetzen, um sich zu versammeln und die RMA-Dogmen der 1990er Jahre, nun unterstützt von neuen Mitstreitern und auch neuen Waffensystemen, die sich auf dem Counterinsurgency-Schlachtfeld bewähren sollten, zu verbinden. Ausgangspunkt waren die einstigen Erfolge britischer und französischer Kolonialtruppen im 19. und frühen 20. Jahrhundert; aber diese Erfolge hielten sich damals bekanntlich in Grenzen, ebenso wie die überzeugenden Ideen von COIN-Theorien – und vor allem der von Osama bin Laden ausgelöste Umsturz mit Gedichte-zitierenden Massenmördern konnte nicht mehr rückgängig gemacht werden.

Was auch unter die Räder kam, war die Rolle Europas, dessen Ideen eines ewigen Friedens sich als Chimären entpuppten – dessen Ideale waren eher ein Synonym für Dekadenz, Rückschritt, strategische Irrelevanz und schufen auch offene Grenzen für diverse Diebesbanden.

Der Fortführung der COIN-Theorien kam von LTC Dr. John Nagel, der in seinem *Joint Manual on Counter Insurgency* (2005) ältere Texte zum Thema Counterinsurgency erneut publizierte, so über Kolonialkriege um 1950. Nagel und seine Mitautoren wollten aufzeigen, dass die Bekämpfung von Irregulären funktioniert, wenn man es nur richtig macht, wie etwa die Briten in Malaya, aber diese Erfahrungen ließen sich im Irak und in Afghanistan nicht anwenden, denn dazu fehlte (nicht nur den USA) jenes sichere und sympathisierende lokale Umfeld, das die Briten in Malaya sehr wohl hatten. Diverse unwissende Generale und ebensolche Think Tanks bemühten sich jedenfalls zwischen 2001 und 2012 immer wieder aufzuzeigen, was man falsch gemacht hatte, aber diese Vorschläge gingen ins Leere. Und Security Building versagte, weil der Kern des Scheiterns das Versagen von Nation Building war und weil man gegenläufige Interessen nicht unter einem Hut bringen konnte. Zudem übersah man den lokalen und in den dortigen Gesellschaften tief verwurzelten Widerstand gegen Änderungen und Reformen, etwa in Richtung Demokratie, weil diese völlig fremd war. Widerstand gegen versuchte soziale Änderungen, wie auch generell gegen die Massen von ausländischen Soldaten in den Gesellschaften, förderte geradezu den Widerstand, was General Stanley McChrystal in Afghanistan erkannte.

Die Verwandlung von COIN in eine „Grand Strategy“ war zwar von Think Tanks vorgeschlagen worden, in denen Oberstleutnante und sonstige Experten, die gerade vom Euphrat, Tigris und Hindukusch zurückkehrten, und bestenfalls regional-taktische Kenntnisse hatten, in diesen Institutionen nun am Fließband

Doktrinen und Texte verfassten, aber die Soldaten vor Ort waren mit realer Ablehnung und Gewalt konfrontiert, egal ob diese Nation Building Aufgaben wahrnahmen oder in Gefechten verwickelt waren.

Große Mächte suchen immer nach Theorien, Strategiepapieren und sehen diese eingebettet in globalen Ambitionen; man verfasst solche Texte, die dann unter diversen Namen für kurze Zeit Aktualität bekommen, und dann als „Wolfowitzian"-Empfehlung, oder solche von Charles Krauthammer, oder als „New Pentagon Maps" oder als kommende Bedrohungen wie BRICS viele Seiten füllten. Nur, wer sich gegen solche Ergebnisse oder Richtlinien auflehnte, galt rasch als verantwortungslos oder geistig beschränkt und wurde nach 2001 beim Verfassen nationaler Strategien übergangen.

Sucht man die Ursachen solcher Fehlentwicklungen, könnte man mit dem deutlich übertriebenem Interesse der USA am Mittleren Osten beginnen, oder mit dem Jahr 2001, mit der „imperialen Überdehnung" US-amerikanischer Interessen, wie es der Historiker Paul Kennedy in seinem Buch 2007 so überzeugend betreffend der Briten darlegte, ein Buch, das 1992 bereits völlig vergessen schien; es beschrieb, was sich bei laufenden politischen Fehlern ereignen könnte, es war dann ein guter Beleg dafür, was sich im Mittleren Osten dann ereignete, nämlich Feuer, Leichen und Schutt, auch wenn es durchaus verständlich ist, warum die die USA nach dem 11. September 2001 militärisch reagierten.

Seitdem die USA Weltmacht sind, also seit Beginn des 20. Jahrhunderts, ist die Strategie dieses Landes von der Geopolitik bestimmt und von der Absicht, andere Mächte von ihren Interessensgebieten fernzuhalten; aber die Anfänge dieser Politik reichen bis zur Monroe Doctrine und zum Manifest Destiny, was nach 1865 die gesamte Westliche Hemisphäre und die angrenzenden Meere einschloss und reichte dann über die Ozeane bis Asien und Europa. Das bedeutete für die USA zwischen 1945 und 1970 Fronten und Konfrontationen mit den Mächten in Asien und in Europa, ehe es sich neben Europa und Ostasien immer mehr zum Mittleren Osten zuwandte, was dann aus energiepolitischen Gründen zur Obsession wurde.

Natürlich gab es immer schon strategische Gefahren und Pläne wie Antagonisten zu begegnen wäre, man denke an die Colored War Plans, deren Anfänge sich bis 1920 zurückverfolgen lassen, der Europe First-Entscheidung von 1941, den Marshall Plan von 1947 oder an die Gründung der NATO im Jahr 1949. Henry Kissinger machte das Jahr 1973 zum „Year of Europe" und 1995 kam es zur NATO-Osterweiterung.

Dies waren logische Entwicklungen, weil sich die USA infolge von Vietnam zwischen 1975 und 1989 strategisch zurückhielten und damit in Gefahr liefen, ihre strategische Dominanz aufs Spiel zu setzen. Damit kam es allerdings zur Gefährdung der US-amerikanischen Positionen, zuerst in Afrika (Ägypten,

Angola, Äthiopien, Somalia etc.), dann auch in Asien. Die Reaktion war unter George W. Bush eine neuen globale Dominanz: Er schuf dann den Befehlsbereich Afrika und erteilte den Verbündeten klare Vorstellungen über US-amerikanische Interessen und Obama gab wegen China 2011 Asien die Priorität; aber all diese Vorgänge sind Beleg für die Bedeutung geopolitischer Räume, wobei es phasenweise immer einen dominierend-wichtigen gab, der die anderen dann in den Hintergrund drängte. Mit „9-11“ änderte sich dies allerdings, denn nun ging es nicht mehr um Regionen, es ging um den raumübergreifenden „Clash of Civilizations“. Dieser Clash war aber jenseits von Counterinsurgency und sehr nahe an der klassischen Geopolitik.

Der Kampf gegen den Terror entwickelten sich zu einer Obsession und begrub geopolitische Überlegungen, egal welche, und ersetzte immer mehr das strategische Denken von Karl Haushofer, Halford Mackinder, T. E. Lawrence oder von Mahan; Counterterrorism wurde in den USA zu einer Art „Grand Strategy“, nicht unähnlich jener Falle, in die sich die Sowjetunion durch die Besetzung von Afghanistan nach 1979 hineinmanövriert hatte.

Mit den Ende der Sowjetunion kam es zwar zu einem geopolitischen Paradigmenwechsel, aber der Westen schien sich mit diesem Zustand anzufreunden und übersah die Ambitionen Russlands und Chinas, was es Russland ungestraft ermöglichte, mit der militärischen Invasion von Georgien, der Krim und Krieg in der Ost-Ukraine samt Drohungen gegen das Baltikum neue Fakten zu schaffen. China wiederum konnte mit einer Expansion in das Vorfeld des westlichen Pazifischen Ozeans beantworteten. In der Zwischenzeit ist auch die Arktis umstritten.

Damit gibt es eine Reihe strategischer Trends, die durch den Abzug der meisten US-amerikanischen Truppen aus Europa ergänzt wurde. Burden Sharing in der NATO ist ein Dauerthema, begleitet von scharfen Kommentaren maßgeblicher US-amerikanischer Politiker zur NATO, die mehrfach totgesagt wurde, samt strategischer europäischer Abstinenz; Vorgänge, die die Feinde des Westens mit Erstaunen und Befriedigung zur Kenntnis nahmen.

Der Beinahe-Kollaps des Verteidigungsbudgets im Jahr 2013 war eine weitere Warnung. Obama wollte vom Mittleren Osten und kostspieligen Aktivitäten (Irak, Afghanistan) irgendwie loskommen und versuchte 2011 die frei werdenden Mittel nun in Richtung Pazifik umzulenken.

Strategie, Personenkult und die Kraft von Überraschungen

Das Verfassen strategischer Texte war früher eine Domäne der Militärs, die ihren Überzeugungen und moralischen Grundsätzen folgten, was sich bei Jomini oder Clausewitz zeigte. Die US-amerikanische Strategieschule folgte nach Mahan ähnlichen Überlegungen, allerdings befindet sich heutiges strategisches

Denken nicht mehr in Übereinstimmung mit den gesellschaftlichen Trends. Der Kampf gegen den Terror folgt zudem anderen Überlegungen, dazu kam, dass die Armee zwar weltweit engagiert war, sich neben den strategischen Aufgaben, nun reichlich ausgedünnt, auch im Inneren wie auch global dem Kampf gegen den Terror widmen sollte, die Politik vermied dennoch eine gebotene Mobilisierung von Reserven.

Politisches Unvermögen sollte nun durch talentierte Generale gelöst werden. Diese „saviour generals" nach dem Vorbild von Vincent Matoon Scott (so im Film *Seven Days in May*) oder George Earnest Boulanger sind allerdings selten zu finden. Die heutige US-amerikanische Gesellschaft eilt nicht mehr so wie in früheren Zeiten zu den Fahnen, folgt aber weiterhin charismatischen Militärs. Erstaunlicherweise sind es jedes Jahr noch immer Hunderttausende, die sich freiwillig zum Militär melden und es konnte sich um einige Generale sogar ein Kult entwickeln, nicht unähnlich jenem um erfolgreiche Generale zur Zeit Napoleons, den damaligen „Rettern der Nation".

Die USA hatten mit George Washington, Andrew Jackson, Ulysses S. Grant oder Dwight D. Eisenhower immer wieder erfolgreiche Generale, die später auch erfolgreiche Politiker wurden. Im 21. Jahrhundert fehlen aber, mangels großer Kriege und Siege, solche Generale, wenngleich David Petraeus, Tommy Frank oder McChrystal (alle auch Kommandanten im Bereich CENTCOM) diesem Ideal folgen wollten. Frank zog sich nach der Intervention im Irak von der Politik enttäuscht zurück und lehnte sogar das Angebot ab, Army Chief of Staff zu werden, McChrystal überwarf sich dann mit Obama.

Petraeus folgte eher dem Karriereweg von MacArthur, auch mit dem Pomp und den Privilegien – beides präsent, wenn man im Mittelpunkt steht – und damit nicht jenem zurückhaltenden Ego von Omar Bradley. Petraeus stand ständig in den Medien und sah sich als imperiale Größe wie sie im 19. Jahrhundert nicht unüblich und auch für einige Generale schon immer verlockend war. Er durchlief zwar die typische erfolgreiche Karriere militärischer Führer, die dann den Weg in die Politik suchen; aber Petraeus hatte diesen Weg schon zu einem frühen Zeitpunkt umgedreht und machte sich damit Feinde. In seiner Dissertation verglich er die Strategie von MacArthur mit seiner für COIN, die nun von vielen als eine neue Grand Strategy betrachtet wurde – beide, MacArthur und Petraeus, wähnten sich zu höheren Aufgaben berufen und beide standen im Widerspruch zum gerade etablierten politischen System am rechten Rand.

Petraeus hatte nicht ganz unrecht: die klassischen Strategien waren im Kampf gegen den Terror und Insurgenten unwirksam. Das Bild, das sich ergab, war eines zahlloser Zivilsten, die Strategien verfassten, die beides sein wollen, nämlich wie Rudyard Kipling, einmal in größeren Dimensionen denkende

Staatsmänner, dann aber auch überzeugte Experten für Kleinkrieg, die sich bei Booz Allen Hamilton oder bei den Combatant Commands tummelten, um Ratschläge zu erteilten. Aber die Folgen der Wirren in beiden Staaten, samt dem Fehlen brauchbarer Strategien nach den zunächst gut gelaufenen militärischen Operation, trafen auch den sich voll auf RMA verlassenden Verteidigungsminister Donald Rumsfeld, den auch die „Revolte der Generale" voll traf, was nur durch die Wahlen im Jahr 2006 zugedeckt wurde.

Auslöser dieser internen Unstimmigkeiten war die von den Militärs geforderte Verstärkung der US-Truppen im Irak und dann in Afghanistan („Surge"), um die ausufernden bürgerkriegsartigen Zustände im Irak und den Terror in Afghanistan in den Griff zu bekommen. Petraeus war bei CENTOM nun in der Rolle eines „savior general", der alle Krisen meisterte und plötzlich prominent war. Petraeus hatte es geschafft, als einer der wenigen unter den Tausenden Counterinsurgency- und Anti-Islam-Experten in Uniform und Zivil, auch erfolgreich zu handeln.

Paula Broadwell, ein counterintelligence officer der US Army, damit Soldat, hervorragende Sportlerin und dann auch Freundin, traf Petraeus 2008 an der Harvard University und arbeitete beim Stab von Petraeus in Afghanistan und in Tampa, Florida bei CENTCOM, wurde seine Bewunderin, die dann über ihn und für ihn eine Biographie verfasste. Das Buch ist zwar kein exakter Bericht über den Krieg, ist aber völlig auf Petraeus fokussiert, was andere Autoren hinterfragten, auch die Duldung diverser Textpassagen durch jenen Mann, der erkennen hätten müssen, dass dieses Buch und die Beziehung ihn vielleicht auch beschädigen konnte.

Auch Broadwell war im Besitz jener Privilegien, die den disziplinierten Absolventen von West Point gerne und seit jeher zugestanden werden. Jedoch, am Gipfel seiner Popularität und längst für höhere politische Aufgaben auch im Kongress im Gespräch, holte Petraeus, nun Direktor der CIA, eine Anzahl von verschickten e-mails ein, die ein FBI-Mitarbeiter als vertraulich erkannte. Damit kam auch seine Affäre mit Broadwell ans Licht und das zerstörte die Karriere eines Generals, der nicht nur „Retter" in Unform war, sondern auch einer der großen strategischen Denker des 21. Jahrhunderts.

Der plötzliche Fall von Petraeus, ausgelöst durch einen lockeren Umgang mit vertraulichen dienstlichen Unterlagen, war ein Schock für die Öffentlichkeit wie auch für die Streitkräfte selber, auch für jene jungen intellektuellen Generale mit hoher Selbstperzeption und steigender Verachtung für die politischen Kaste – ein Vorgang, der bis heute nachwirkt, weil die Politik erkennbar intellektuelle charismatische Militärs nicht hochkommen lässt.

Dieser Vorgang ist allerdings typisch für das Verhältnis der Politik zu den Militärs und der Geringschätzung der Militärs nach Kriegen, egal wie erfolgreich diese sind. Wie sich bei MacArthur zeigt, sind Generale populär, wenn diese nach nationaler Erniedrigung, Schocks und Niederlagen, die Nation zum Erfolg führen, auch wenn dieser im 21. Jahrhundert anders aussieht als früher. Und Broadwell war genau jener Frauentyp, der es geschafft hatte im Militär hochzukommen und war nicht mehr typisch für jene stille „community" von unsichtbar bleibenden Frauen an der Seite der berühmten Generale zwischen 1941 und 1945. Die diversen Mätressen von MacArthur und Eisenhower waren keine West Point-Absolventinnen, waren keine erfolgreichen Leichtathletinnen und waren auch keiner erfolgreichen Sportler. Diese Generale hatten umgekehrt auch keine vertraulichen Dokumente ihren Freundinnen zukommen lassen. Aber streng genommen hatte der Vorfall auch für Petraeus keine Konsequenzen. Hätte eine zivile Person solche vertraulichen Informationen an Dritte weitergegeben, hätte dies vermutlich Gefängnisstrafen oder auch noch mehr zur Folge gehabt, man denke an Oberst Alfred Dreyfus oder Julius und Ethel Rosenberg.

Schon lange vor Afghanistan kam es zum Abdanken der Militärs als strategische Denker und Führer, die schwere Krise der westlichen Demokratien – vor allem in Europa nach 2012. Die geopolitischen Veränderungen zum Nachteil des Westens und die deutliche Abkehr der US-amerikanischen Öffentlichkeit von militärischen Engagements in Europa, Afrika oder Asien zwang zu kurzen Kriegen mit überschaubaren Kapitaleinsatz; aber was 1991 gut funktionierte, ließ sich 2003 nicht widerholen.

Statt des global etwas heruntergefahrenen Krieges gegen den Terror kamen nun die jüngsten Kriege in Syrien und erneut im Irak, aber nun konnte man die Hand Obamas erkennen, der zwar seine eigenen Ansichten durchsetzen wollte, aber dann Entscheidungen scheute. Dazu kommen aber auch andere internationale Entwicklungen, wie die innenpolitischen Turbulenzen in viele Staaten und der Trend nach starken Führungspersönlichkeiten wie etwa in den europäischen Demokratien.

In den USA gibt es fragwürdige mediale Eskapaden und angebliche Empörungen der Öffentlichkeit, die eher mediale Empörungen blieben, denn das Privatleben der „rich and powerful" interessiert nur wenige. Der Machtanspruch von Frauen in der westlichen Gesellschaft führt dann auch zu Angriffen auf deren Privatleben, was sich im Wahlkampf 2016 deutlich zeigte. Was wirklich zählte, ist der wachsende und gefährliche Isolationismus in den USA, der aber in den Medien kaum ein Thema ist. Isolationismus als Leitstern der US-amerikanischen Außenpolitik verheißt für die Zukunft gefährliche Konflikte. Mit Trump kommt es auch zu einer Ablehnung intellektueller Themen in der Außen- und Verteidigungspolitik oder zu Fragen des Krieges.

Intellektuelle Generale sind nun Teil jener beiseitegeschobenen Denker und Experten, die zwar den technologisch-digitalen Fortschritt erzwangen, aber sich dann gegen die Kürzungen bei den Streitkräften wehrten. Und aus dem Dienst ausgeschiedene Oberstleutnante hatten nicht nur die neuen Technologien gefördert, sie gehören auch zu jenen, die nun als junge Unternehmer in Davos beim World Economic Forum über die Gegenwart und Zukunft referieren.

Trump hatte die gegenwärtige Funktionen innhabenden Generale und Admirale kritisiert und gedroht, diese durch eine Reihe anderer ersetzen zu wollen, doch blieb die Frage nach dem „Warum" unbeantwortet. Gleichzeitig nahmen ehemalige Generale und Admirale für Trump aktiv am Wahlkampf teil, während andere sich in kritischen Kommentaren zur nationalen Sicherheit ergingen, samt Warnungen, das Militär solle sich nicht in die Innenpolitik einmischen.

Viel gefährlicher sind aber andere Entwicklungen, nämlich Drohungen die NATO aufzulösen; eher sinnvoll sind Aussagen über einen totalen Sieg gegen den Islamischen Staat. Zu den engsten Beratern von Trump zählt ein General, der ideologisch Generalmajor Erwin Walker nahesteht (einem Rechtradikalen, den Präsident Kennedy entlassen musste), aber man wird erst sehen müssen, was Wahlkampf-Rhetorik ist.

Die Indifferenz gegen die Militärs hatte 2016 noch kein Ende gefunden und passt in das Bild der gegenwärtigen kulturellen Orientierungslosigkeit. Der Wahlsieg von Trump ist auch ein Protest gegen die Enttäuschung über die politische Kaste, die die Probleme des Landes nicht mehr lösen kann. Dazu kommt der wachsende unpassende Extremismus im Kulturleben, gefolgt vom politischen Extremismus und um sich greifende Gewalt im Inneren wie Äußeren, der Verlust von Werten und drohende globale Wertekonflikte, die Blindheit der Eliten gegenüber ihren Feinden, oder das Versagen des Kongresses gegenüber den Männern und Frauen in Uniform.

Unsere Strategien, verfasst von Petraeus oder McMaster, handeln von Kriegen, die es vermutlich bald nicht mehr geben wird, die kommenden Kriege und die geopolitischen Gefahren für den Westen bleiben hingegen ohne gültige Antwort, auch weil das zivil-militärische Verhältnis gestört ist. Dazu kommt Realitätsverweigerung, etwa als man anlässlich der Okkupation der Krim und des Krieges in der Ukraine samt Drohungen gegen Osteuropa dem kaum etwas entgegensetzen konnte und wollte; es gibt im Baltikum, trotz überlegener russischer Luftbedrohung, nicht einmal eine Fliegerabwehr. Erschreckend ist auch, dass es bei der US Army oberhalb der Brigadeebene keine strategisch-operativ kompetenten Führungsebenen mehr gibt. In Europa gibt es keine größeren kampffähigen Strukturen, was Bände über die fehlende Verantwortung der politischen Führungen spricht. Nicht viel anders ist es im Pazifik und im Südchinesischen Meer.

Schlussfolgerung

Eine Betrachtung der Strategieentwicklung der letzten Jahrzehnte zeigte die Transformation der klassischen Strategie in Counterinsurgency, eine Konzeption, die dennoch nicht den vollen Erfolg über den Terror brachte und außer Acht ließ, dass sich andere Mächte in der Zwischenzeit zum Nachteil des Westens ausdehnen konnten. Nun sollte eine Rückkehr zu den klassischen Strategien und zur Geopolitik erfolgen, doch fehlen die Denker. In Europa suchen optimistische, progressive Sozial-Utopisten eine Zukunft in einer glücklichen Neo-Kantianischen Welt, eingeläutet für eine längst untergegangene kurze Epoche nach 1990.

Die jüngeren, überraschend auftretenden Unabwägbarkeiten haben zur strategischen Verwirrung geführt und es ist gut möglich, dass die jetzige Epoche gewaltsam endet. Das Defizit und das politische Verdrängen, sich auf einen möglichen Krieg der großen Mächte vorzubereiten, ist extrem gefährlich und es besteht die Gefahr, dass wir uns in einen Krieg verwickelt sehen, mit Khe Sans und vielleicht auch mit Stalingrads, bei denen es darauf ankommen wird, wer die anderen „outgunned" oder „outnumbered".

Die Neokonservativen haben diesen Zustand mitverschuldet, indem sie sich nach „9-11" auf die Taktik des Counter-Terrorism als ausreichende Strategie und mit dieser als Kern der nationalen Sicherheit zurückzogen und klassische Strategien vom Tisch fegten. Die Verfechter dieser Sichtweise konnten Strategie und Taktik nicht auseinanderhalten, was die Inflation von Counterinsurgency-Strategien begünstigte, die aber strategisch gesehen für die westlichen Demokratien die geringste Gefahr darstellten. Mit dem Untergang der Sowjetunion 1990 meinte man, dass die klassischen Strategien ausgedient hätten, damit auch klassische Streitkräfte – ein fataler Irrtum.

Falsche Überlegungen führten zu falschen Schlussfolgerungen und zu falschen Strategien, verfochten von Planern, die gar nicht merkten, dass sie sich irrten, weil ihnen der Weitblick ebenso fehlte wie Grundlagenkenntnisse über geopolitische Tatsachen. Kleine Konflikte mit bestimmten Ergebnissen, gültig für einen Vorgang in einem lokalen Raum, wurden als allein gültige Wahrheiten zur Grand Strategy mit diffusen Centers of Gravity verkündet. Das erklärt das Verhalten von Dick Cheney, der sich nur davor fürchtete, die US-amerikanische Bevölkerung würde ihn für fehlende Reaktionen auf die Terroranschläge vom 11. September 2001 verantwortlich machen, was den weiteren Gang der Entwicklungen wie auch die Fokussiering der USA auf den Mittleren Osten erklärt.

Diese Fokussierung erlaubte es Russland halb Georgien zu kassieren, ebenso die Krim und den Osten der Ukraine wie auch den Baltischen Staaten zu drohen, ebenso anderen Staaten in Osteuropa, damit das bestehende internationale System beinahe zum Einsturz bringend. Die „Éurasische“ Idee ist nun Teil der Gedankenspiele von Millionen Menschen zwischen dem Ärmelkanal und Asien, sind Überlegungen von jenen, die Silicon Valley ablehnen, aber auch die Wall Street, endlosen Materialismus und Dauerfortschritt. Die Meinung, dass alle Menschen Demokratie und totale Freiheit und ein multikulturelles Paradies wollen, ist ein fataler Irrtum.

Neben dem ansteckenden geopolitischen Eurasianismus kommen noch die Silk Road-Ideen Chinas, ein müder werdender westlicher Kapitalismus, aber diese Entwicklungen stellen für den Westen wesentlich größere Gefahren dar als zehntausend Jihadisten mit Todessehnsucht samt arabischen Che Guevaras, die in europäischen Städten ein paar Bomben zünden. Kriminelle mit fehlgeleiteten Egos in französischen Städten oder im Ruhrgebiet, die glauben sich als Jihadisten bewähren zu müssen, werden bald verschwunden sein, denn diese haben kein brauchbares bzw. umsetzbares politisches Programm.

Anders hingegen jene Großmächte, die zur Durchsetzung ihrer Ideen Armeen in Marsch setzen können; was die Gewalt als Mittel der Politik betrifft, sollte man bei George Sorel oder Francis Fanon nachlesen, auf was sich der Westen aus eigener Bequemlichkeit eingelassen hat.

Ebenso gefährlich ist die Ablehnung der westlichen Demokratien durch einen Teil der Bürger dieser, deren Hass bereits jenen Grad erreicht hat, der bislang den Jihadisten vorbehalten war. Auch gegen diese Entwicklung gibt es keine Strategie. Das alles verspricht ein sehr böses Ende.

Strategisches Denken im Zeitalter der Kulturkriege

Dan Schueftan

Neue Kriegsarten

Der moderne Krieg stellt für die heutigen Mächte eine enorme Herausforderung dar, weil er soziale, wirtschaftliche und militärische Probleme des Staates berührt. Das Schlachtfeld dieser Konflikte ist heute ein anderes als in der Vergangenheit. In einer Zeit, in der man einerseits menschliches Leben und Lebensqualität über alles stellt, ist man gleichzeitig mit Gesellschaften konfrontiert, in denen Stammesnormen und Autoritäten nach grundsätzlich anderen Vorgaben handeln und sich nicht nach westlichen Werten betreffend Kultur und Lebensqualität orientieren, oder gar für ihre Kinder eine bessere Zukunft oder die Gleichberechtigung der Frauen anstreben; vielmehr gelten für die Feinde der Demokratie andere Normen.

Zwar gibt es nun zwischen beiden Kulturen nicht unbedingt eine ausschließlich totale Konfrontation auf allen Ebenen, aber die radikalen Elemente versuchen die „weichen Ziele“ unserer etablierten staatlichen Strukturen anzugreifen und schaffen damit eine scharfe *kulturelle Trennung*. Dies ist insofern bedeutsam, weil es damit zum Beispiel kleinen Gruppen von Terroristen gelingt, Schlüsselrollen im Widerstand gegen Regerungen zu erlangen, und dabei von einem Teil der Bevölkerung unterstützt wird.

Damit tritt ein Zustand ein, in dem die Regierung eines Staates zwar solche Insurgenten oder Widerstandsgruppen offen bekämpft, ein Teil der Bevölkerung sich jedoch hinter diese stellt und damit indirekt für diesen Kampf dem Staat die legitime Grundlage zum Handeln entziehen kann.

Misst man den Erfolg von Regierungen nach den typischen Maßstäben, dann sollten jene Staaten mit hoch entwickelten Infrastrukturen, hohen technologischen Standards und wirtschaftlich hoch entwickelten Strukturen in der Lage sein, allen Versuchen einer Störung ihres politischen Systems und dysfunktionalen Entwicklungen leicht zu widerstehen. Aber überraschenderweise gelingt es radikalen Gruppen auch in stabile westliche Demokratien einzudringen, dabei das Leben der Bürger zu bedrohen, ohne dass diese Demokratien Wege und Mittel finden, dies zu verhindern, womit die Ordnung in amerikanischen und europäischen Gesellschaften wie auch jene Israels bedroht ist.

Terroristische und andere Bedrohungen sind das Ergebnis der technischen Möglichkeiten unserer Zeit, der Leichtigkeit, mit der man heute an Waffen oder Sprengstoffe herankommt, der Präzision von Raketen und der Nutzung von Cyber-Systemen, die eine Vielfalt von Angriffen ermöglichen.

Ergänzt werden diese Bedrohungen durch die Empfindlichkeit unserer Gesellschaften, der technischen Funktion kritischer Systeme, die damit angreifbar werden und unsere Lebensgewohnheiten treffen können, weil wir ohne die reibungslose Funktionalität unsere strukturierten Lebensabläufe, Freiheiten, Güter und Mobilität nicht mehr verfügbar haben.

Die Pathologie des radikalen Liberalismus

Abseits der Technologien und physischen Anfälligkeit gegen Eingriffe von außen ist die kulturelle Schwächung etablierter offener Gesellschaften und das In-Frage-Stellen von Werten eine besonders wirksame Waffe radikaler Feinde der westlichen Demokratien. Man konnte in der zweiten Hälfte des 20. Jahrhunderts beobachten, dass die Ausbreitung radikaler Ideen von den gesellschaftlichen Rändern in die politischen und sozialen Zentren erfolgreich vor sich ging, mitgetragen von der „liberal community“, wobei versucht wurde, die positiven Werte und pluralistischen offenen Gesellschaft ad absurdum zu führen, etwa indem man diese nicht nur in Frage stellte, sondern sogar dafür nutzte, um sie zu zerstören.

Es war zu beobachten, dass es gegen diese Unterminierung der westlichen Demokratie und Werte keine Gegenstrategien gab. Andererseits gab es bereits in der ersten Hälfte des 20. Jahrhunderts eine pathologische Aushebelung der Demokratie: Einmal durch den Faschismus, dann durch den national überspitzen Patriotismus. Leider hatten in Europa viele Eliten sich dem Stalinismus und Kommunismus zugewandt – samt der Verachtung von individueller Freiheit und Gleichberechtigung. Diese erfolgreiche Verdrehung liberaler Grundsätze führte dann zur Unfreiheit, Verarmung vieler Staaten, Unterdrückung und letztlich zum Zweiten Weltkrieg. Nun scheint es, als könnte ein radikalisierter Liberalismus erneut in den politischen Mainstreams Akzeptanz finden, die politische Agenda vorgeben und die klassischen Liberalen in die Defensive drängen. Dann sind jene, die für Pluralismus, Menschenrechte und Gleichberechtigung eintreten in der Defensive und Gewalt und Terror werden zunehmen.

Die Strategie des Kampfes gegen die Offene Gesellschaft

Die Probleme der offenen demokratischen Gesellschaft sind einmal die offenen Türen, damit offenen Türen auch für jene, die dieser den Kampf angesagt haben. Diese neuen Feinde wissen, dass Demokratien innere Konflikte scheuen oder lange aus dem Weg gehen. Feinde der westlichen Demokratie wollen diese unterminieren, sie in einem langen und verlustreichen Kampf verwickeln und so den Menschen Gefahren und Lasten auferlegen, um sie zu verunsichern. Eine Schwäche der Demokratie ist die Scheu vor interner Gewalt, die vielen kulturellen Barrieren, um die eigene Bevölkerung nicht Krieg und Tod auszusetzen, während der Feind genau dies beabsichtigt und die unschuldige Zivilbevölkerung, vor allem Frauen und Kinder, treffen will.

In ehemaligen Kolonien hat man nunmehr den Kampf gegen ausländische Strukturen und Institutionen aufgenommen, gleichzeitig aber wechselseitig Asiaten und Afrikaner durch Terror eingeschüchtert, Gewalthandlungen werden dann ausländischen Kräften unterschoben. Man verhindert friedliche Konfliktlösungen und jede Form von *Society-Building*. Die Ziele von Insurgenten sind daher konträr zu jenen, die die Staaten versuchen, um ihre Stabilität zu verbessern. In Europa wiederum werden Maßnahmen gegen Feinde aller Art umgehend als „Rassismus" gebrandmarkt und Ultraliberale setzen auch ihr Vokabular der „political correctness" und vermeintlich erneuter Kolonisierung ein.

Natürlich nützen Radikale die Zurückhaltung ultra-liberaler Regierungen beim Durchgreifen gegen Feinde im Inneren wie auch gegen solche von außen. Das sind dann Kopien von jenen „liberalen" Mitläufern, die man früher als „usefull idiots" bezeichnete, die seinerzeit Stalins Handlungen entschuldigten oder sogar guthießen, die das pathologisch absurde Theater vorspielten, solche barbarische Handlungen wären eben notwendig gewesen. Später meinten viele dann, sie sähen sich nun selbst als „Opfer", die dann dennoch die offenen demokratischen Gesellschaften als destruktiv und gewaltbereit brandmarkten.

Es gehört zur Strategie der Gegner der Demokratie, sich als Opfer darzustellen, diese verurteilen aber die Wahrnehmung von Sicherheitsinteressen als illegale Gewalthandlungen bzw. als Bruch von Werten sowie als eine Nichteinhaltung demokratischer Prinzipien. Dabei ist die Manipulation von Fakten ebenso ein Teil dieser Strategie wie die reichlich sonderbaren Aufforderungen, den radikalen Kräften doch näher zu kommen oder zu kapitulieren, um dadurch den sozialen Frieden wieder herzustellen.

Die westlichen Demokratien haben bis heute keine wirksame Strategie entwickelt, wie man solche Angriffe erfolgreich abwehren könnte.

Die Strategie zum Schutz der Offenen Gesellschaft

Der Entwurf einer Strategie zur erfolgreichen Bekämpfung von Feinden der demokratischen Gesellschaft muss mit der Erkenntnis beginnen, dass es wichtig ist, die eigenen strukturellen Schwächen zu erkennen. Es muss klar sein, dass es im Falle eines Kampfes gegen innere Feinde nicht möglich ist, die liberalen Grund- und Freiheitsrechte uneingeschränkt aufrecht zu erhalten. Öffentliche Sicherheit hat ihre Grenzen, wenn es um individuelle Sicherheit geht, aber auch umgekehrt: der Staat kann nicht alle Gefahren abwenden. Die demokratischen Gesellschaften suchen daher einen akzeptablen Mittelweg zwischen Sicherheit im Inneren, der Bewahrung der Werte und der Funktionalität des Staates. Diese Balance wird sich, je nach Bedrohung, immer wieder verschieben können.

Das größte Problem ist nicht die Bekämpfung der radikalsten Gegner, denn diese sind zumeist sichtbar und stellen eine ständige Konfrontation dar, können aber durch umfassende Abschreckung in Schach gehalten werden. Das größere Problem sind die engen Grenzen des internen Konfliktmanagements bei der Anwendung geeigneter und proportional nicht überschießender Maßnahmen gegen Regimegegner generell; hier sind die Gefahren besonders groß, dass sich die Politik entweder bei zu geringem Vorgehen in eine Kapitulation hineinmanövriert, oder in ein moralisches Dilemma durch überzogenes Reagieren, etwa durch laufende Übergriffe. Wie erfüllt der Staat nun das, was die Majorität der Bevölkerung erwartet?

Entweder es kommt zu einer Zunahme von Handlungen mit fehlender Gewaltanwendung, um nur ja nicht den Eindruck einer Unterdrückung durch den Staat oder einer Missachtung von Werten aufkommen zu lassen, oder aber, man greift zu Willkür, um Stärke zu demonstrieren. Dabei kann man folgende Schlussfolgerungen ziehen:

Erstens: Die Zurückhaltung erzeugt beim Feind den Eindruck, dass ihm kein Widerstand entgegengesetzt wird, er sieht daher keine Notwendigkeit auch nur vorübergehend seine Aktivitäten einzuschränken.

Zweitens: Jede Form einer schwachen Reaktion der Regierung ist nicht nur eine Herausforderung die Provokationen zu steigern, denn der Staat zeigt damit seine Schwäche und hat dann unter Umständen die Kontrolle verloren. Damit werden auch andere Feinde ermuntert ihre Ziele rigoros zu verfolgen. Gleichzeitig werden Gegenmaßnahmen des Staates als brutale Unterdrückung eines gerechten Widerstandes bezeichnet. Auch proportionale Reaktionen (falls sie solche tatsächlich darstellen) sind dann Akkumulationen von Unterdrückungshandlungen.

Drittens: Provokationen und darauffolgende staatliche Handlungen sowie erneute Provokationen werden in der Öffentlichkeit den Eindruck erzeugen, dass der Aggressor sehr wohl erfolgreich ist. So kann das Vertrauen in die Regierung erschüttert werden, weil der Staat die Sicherheit nicht mehr gewähren kann. Es kommt dann oft der Ruf nach radikaleren Gegenmaßnahmen und nach „einfachen Lösungen", doch solche werden dann die Grundwerte der Gesellschaft rasch beseitigen.

Eine Abschreckungsstrategie ist nie eine einfache Lösung, denn der Staat steht in der Regel einem Gegner gegenüber, der keinerlei Werte besitzt oder solche beachten will, er ist moralisch ungebunden. Jede Strategie erfordert daher Zeit, schließt Frustrationen mit ein und ist mit wenig Dank verbunden. In der Regel ist der Staat ständiger Kritik der Rechten wegen zu schwacher und ungeeigneter Maßnahmen und von der Linken wegen laufender Verletzung von Menschenrechten ausgesetzt. Diese internen Abwägungen werden von den handelnden und ungeduldig werdenden Personen oft nicht verstanden oder deren Komplexität unterschätzt. Die Rechten wollen eine umfassende und wirksame Bestrafung der Provokateure, die Linke beklagt dann die Gegenmaßnahmen als inakzeptablen Bruch liberaler Werte, womit im Prinzip beide Seiten Recht haben. Damit befinden sich die Verfechter nationaler Sicherheit in einem ständigen Spannungsfeld, weil es eben keine elegante und rasche Reaktion auf solche Provokationen geben kann. Frustration über diese Gegensätze ist dann unvermeidbar.

Legitimität

Die Heimatfront befindet sich somit in der Konkurrenz unterschiedlicher Sichtweisen und ist daher in internen Problemen verstrickt, ebenfalls auf der Suche nach einer optimalen Strategie. Die politische Führung sieht sich nicht nur in einem Gegensatz zum Provokateur und Feind, sondern auch zu dessen Fähigkeit, Massen zu motivieren und auf seine Seite zu ziehen. Der Staat muss daher seine Legitimität absichern – einmal auf dem Schlachtfeld interner Konfrontationen, aber auch gegenüber der ihm wohlgesonnenen Gesellschaft. Die eingeschlagene Strategie soll nicht nur den Feind abschrecken, sondern es muss auch die Legitimität staatlichen Handelns unterstrichen werden, auch wenn harte Maßnahmen gegen den Feind unausweichlich sind.

Harte Maßnahmen sollen dem Feind seine Grenzen aufzeigen und diesen letztlich besiegen. Die Gesellschaft muss akzeptieren, dass dann solche konstruktive Handlungen eine *raison d'etre* des Staates für sein Überleben darstellen. Der staatliche Selbstbehauptungswille zwingt dazu die Konfrontation aufzunehmen, weil ansonsten der Sinn des Staates infrage steht und ohne Handeln der Zweck des Staates verfehlt wäre.

Das erfordert aber einige Klarstellungen: Die gegenwärtigen Konflikte zwischen dem Westen und den Herausforderungen von Staaten der Dritten Welt werden von den Apologeten letzterer oft als Konflikte gegen den Kolonialismus hingestellt, nun interpretiert als Versuche solche Staaten erneut zu dominieren. Daher ist Widerstand ein „gerechter" gegen Fremdbestimmung und einer für die nationale Freiheit und gegen ausländische Dominanz.

Im Hintergrund von Gewalthandlungen gegen die westlichen Demokratien stehen dabei sehr oft die erfolgreichen westlichen Gesellschaften und umgekehrt der Hass auf diese wegen der eigenen Unfähigkeit diese zu kopieren, ist also eine Reaktion aus Rache aufgrund eigener Erfolglosigkeit, was auch Personen innerhalb der westlichen Demokratien einschließt. Daher müssen – so der Aggressor – jene bestraft werden, die erfolgreich sind und die ihren Kindern eine sichere Zukunft gewähren können. Deshalb müssen die westlichen Gesellschaften erkennen, dass diese aus genau diesem Grund sie für viele ein Feindbild darstellen, aber auch, dass ein erwünschtes Konfliktende nicht erkennbar sein kann.

Abschreckung

Es wird fälschlicherweise immer wieder behauptet, dass auch starke Demokratien keine Möglichkeit und auch kein legitimes Recht hätten, sich gegen die Angriffe externer Feind zu wehren, denn die Aggressoren wollten sich ja nur einen gerechten Anteil des Wohlstandes der westlichen Demokratien holen. Daher wird erklärt, der Unterschied im Wohlstand sei der eigentliche Aggressionsgrund und jeder Widerstand gegen Aggressionsakte folglich unmoralisch. Die Angreifer wiederum hätten nichts zu verlieren und wären bereit, für ihre (gerechte) Sache zu sterben. Diese Thesen werden von den „Third Worldists" auch im Westen verbreitet, wobei sie gleichzeitig den Westen als Schuldigen an der Ungleichheit hinstellen, weshalb der Westen sich daher „schuldig" zu fühlen habe.

Da es bei dieser Konfrontation keinen eindeutigen Sieger oder Besiegten gibt, denn es fehlen die Zeichen einer Niederlage oder eines Sieges, wie im „Führerbunker" in Berlin 1945 oder die „Bedingungslose Kapitulation" Japans, sind im Gegensatz dazu heutige Abschreckungsstrategien zwar weniger deutlich sichtbar, aber operativ wichtig und für die westlichen Gesellschaften nicht weniger bedeutsam. Dabei handelt es sich bei diesen Strategien nicht um theoretische Konstruktionen, sondern um Erfahrungen, die man über Jahrzehnte gewonnen hat und deren Wirksamkeit sich empirisch beweisen lässt.

Zwei grundsätzliche Voraussetzungen müssen für eine erfolgreiche praktische Anwendung einer solchen Strategie gegeben sein: Erstens, die Tatsache, dass ihr Erfolg begrenzt sein wird, denn eine permanente Unterbindung gewaltsamen Handelns kann nicht garantiert werden, weil die pathologische Verlockung, einem (unverdientermaßen?) erfolgreichen, in Wohlstand lebenden, demokratische Freiheiten genießenden Gegner Schaden zuzufügen, groß ist. Auch ultra-radikale Elemente kann man nie gänzlich kontrollieren. Was westliche Demokratien, trotz der Beschränkung gegen solche Kräfte gewaltsam vorzugehen, dennoch erreichen können, ist eine Eindämmung von Gewalt im Rahmen der sozialen Akzeptanz, die Reduktion der Intensität und, wenn sich solche schon nicht verhindern lassen, eine Verringerung der Anzahl solcher Übergriffe in einem zeitlich zunehmend gestreckten Ablauf.

Der Schlüssel zum Erfolg ist einmal die Einsicht, dass Angriffe nicht immer verhindert werden können, weder durch eine „militärische Lösung", noch durch eine herbeigeredete „politische". Die zweite Erkenntnis ist, dass sich solch Konflikte über Jahrzehnte hinziehen können, dass es in den Auseinandersetzungen auch immer wieder zu gehäuften Gewaltausbrüchen kommen kann. Moderne Gesellschaften funktionieren auch unter solchen Bedingungen recht gut, so wie auch bei kriminellen Vorgängen oder bei Spannungen in Regionen mit hoher Armut, für die es auch keine endgültigen Lösungen gibt, aber zumindest Versuche beide zu beseitigen. Auch Liberale der „alten Schule" wissen, dass es keine schnellen Erfolge gibt.

Die zweite Voraussetzung ist der Wille die vorhandenen Ressourcen für die Verteidigung der Demokratien einzusetzen, um mit diesen die Aggression und tribalen Gewalthandlungen zu bekämpfen. Die Feinde der westlichen Gesellschaften greifen zur Gewalt, obwohl sie wissen, dass sie damit ihrer eigenen Gesellschaft nicht nützen, aber diese Erkenntnis wird diese nicht vom Handeln abbringen. Der angegriffene Staat muss wiederum danach trachten, die Nutzlosigkeit solcher Angriffe deutlich zu machen.

Die ideale Strategie ist daher eine, bei der dem Feind die fehlende Toleranz seiner Handlungen ebenso vermittelt wird wie die Legitimität des Handelns in der eigenen Gesellschaft.

Proportionalität

Unter Maßgabe moralischer Standards und des gegebenen Wertekodex wird ein Staat gegen Bedrohungen adäquat reagieren. Diese Reaktion wird sich nach dem Bedrohungsumfang richten müssen; Mittel und Heftigkeit dieser Reaktion richten sich einmal aus am herrschenden Zeitgeist, dann an der Haltung der Öffentlichkeit (dem „Mainstream"). Heute kann man annehmen, dass sich die Reaktion der westlichen Staaten nach dem Grad der Gewalt und der verursachten Zahl der Opfer richten wird. Diese Rechnung hat den Vorteil der Einfachheit und geradezu universelle Gültigkeit. Das Problem ist, dass staatlich ausgeübte Gewalt wieder in den Hände der Radikalen spielt.

Bei der Suche nach Legitimität kommt es sehr oft zur Preisgabe von wirksamen Abschreckungsstrategien, was den Feind umgehend ermuntern wird, die Konfrontation zu verstärken. Die unzureichende Reaktion gegen Gewalthandlungen nach dem Motto „wie Du mir, so ich Dir“ wird zur Niederlage des Staates führen, weil er die Initiative aus der Hand gibt; damit liegt ein Kulturkonflikt beider Seiten vor, da beide Seiten völlig konträre Vorstellungen von diesem Kampf, aber auch von einer möglichen Konfliktbereinigung, haben: Die pathologische Idee der linken Liberalen bei all den aktuellen Konflikten ist die radikale Vertretung einer einseitigen „political correctness“, samt dem Tabu, einen erkannten Feind als solchen zu bezeichnen und gegen diesen Gewalt anzuwenden.

Der profunde Unterschied in der Konfliktbetrachtung ist, dass Radikale ohne Rücksicht auf Verluste angreifen und die Rechte der Bevölkerung vorsätzlich missachten, der Staat hingegen in seinen Reaktionen die politische Gleichung zwischen Abschreckung und Akzeptanz der Handlungen durch die eigene Bevölkerung nicht verletzen darf, er aber gleichzeitig den Aggressor in seinen Handlungen umfassend beschränken muss. Ein Aggressor, der sich fundamental abseits westlicher Verhaltensweisen bewegt, kann nicht durch Beschwichtigungen und laufende Konzessionen von seinem Tun abgehalten werden; solches wird vielmehr sehr rasch den Aggressor immer weiter ermutigen und damit die Existenz der Demokratie in Frage stellen. Außerdem machen dann leichte Erfolge des Aggressors proportionale Reaktionen hinfällig, denn jede Bestrafung des Aggressors verfehlt sofort ihre Wirkung, wenn diese den Aggressor nicht schwer trifft. Verfehlt ist eine Reaktion auch dann, wenn sie sich nicht proportional an den erzeugten Zerstörungen oder Opferzahlen orientiert, vielmehr ist sie ein Zeichen von Schwäche.

Der kulturelle Unterschied zwischen westlichen Demokratien und Aggressoren liegt im unterschiedlichen *raison d'etre*: Offene Gesellschaften suchen nach gesellschaftlichen Verbesserungen, suchen nach konstruktiven Wegen das Leben zu erleichtern, bewahren Freiheit und Wohlstand. Ein solches konstruktives Moment kann aber nicht aufrechterhalten werden, wenn sich die Gesellschaft ständiger Konfrontationen ausgesetzt sieht, auch dann nicht, wenn diese nur einen geringen Gefahrengrad ausmachen oder auch nur wenige Zivilisten jeden Monat zu Schaden kommen. Es genügt bereits eine Atmosphäre von Angst und Unsicherheit, wobei diese eine völlig andere Art von Unterbrechung des Alltagslebens hervorrufen als etwa kriminelle Akte oder schwere Verkehrsunfälle mit wesentlich mehr Opfern; auf solche Ereignisse reagiert der Staat auch völlig anders.

Die Gesellschaften, aus denen die Aggressoren kommen, sind solche mit einer hohen Gewaltausübung und waren in der Vergangenheit nicht bereit, in konstruktive Debatten über die Möglichkeiten von *Nation Building* oder *Society Building* einzutreten. Sie haben auch kein Interesse daran ihre Gesellschaft zu liberalisieren oder deren Lebensqualität zu verbessern. Vielmehr sind sie in einer politischen Kultur eingebettet, die Pluralismus strikt ablehnt, in der Frauen unterdrückt werden, keine Toleranz gegenüber anderen Konfessionen geübt wird, auch nicht gegenüber anderen Minderheiten, gegenüber Homosexuellen, gegenüber anderen Stämmen in ihrem eigenen Staat oder gegenüber anderen politischen Richtungen. So sind seit der Kolonialzeit drei Generationen aufgewachsen, haben es aber nicht geschafft in ihren Gesellschaften Freiheit und Toleranz zu implementieren und schaffen es auch nicht sich den Herausforderungen des 21. Jahrhunderts zu stellen.

Es ist daher keine Überraschung, dass die Gewalthandlungen gegen westliche Demokratien von Personen und Gruppen ausgehen, die von gescheiterten arabischen Staaten kommen, nicht jedoch von Staaten, in denen der koloniale Einfluss am stärksten etabliert blieb. Und es ist nicht der Islam selbst, denn dieser ist ja die Religion von hunderten Millionen von Menschen, die ein völlig normales Leben führen wollen; es ist vielmehr die politische Kultur, die in Staaten wie Irak, Syrien, Yemen oder Libyen herrscht, die über Jahrzehnte hinweg jeden Fortschritt verhinderte und diese hoffnungslos unterentwickelt ließ bzw. jenen Terrorismus hervorbrachte, der die westlichen Demokratien mit Gewalt konfrontiert.

Sollte der Westen daher meinen, eine angepasste oder „proportionale“ Antwort auf diese Aggressionen wäre politisch ausreichend und sinnvoll, dann versteht er nicht, dass solche Reaktionen gegenüber Mitgliedern von Gesellschaften, in denen Gewalthandlungen ständiger Teil der internen politischen oder sozialen Kultur sind, versagen müssen. Es gibt in keinem dieser Staaten ein Nation Building, und gäbe es ein solches, würde es nicht toleriert werden. Proportionalität mag daher im Westen moralisch und politisch geboten sein, Auswirkungen auf den Aggressor wird es nicht haben.

Vielmehr wird man die Reaktion – soll sie wirksam sein – so bemessen müssen, dass der Aggressor nachhaltig Schaden erleidet und zwar aus seiner Sicht; alles unter dieser Schwelle ist unwirksam. Man kann dies mit einem Kriminellen vergleichen, der einem anderen Menschen bewusst einen erheblichen Schaden zufügt, aber dann damit rechnen muss, dass das Gericht diesen dafür betraft und nur dann kann die Schwere der Strafe andere abschrecken.

Die Kosten einer unwirksamen Strategie

Offene Gesellschaften können jeden Konflikt gewinnen, wenn sie das Durchhaltevermögen haben, gegen einen Aggressor physischen und moralischen Widerstand zu leisten und diesem dabei unerträglichen Schaden zufügen können. Dazu gehört aber zuallererst die Erkenntnis, dass man nur so und nur dann einen brutal vorgehenden Feind besiegen wird.

Die Probleme jeder angewandten Strategie sind einmal die Möglichkeit diese auch umzusetzen. Es sind die Liberalen, die den Staat bei der Nutzung seiner Mittel behindern, die die Gefahr der Aggression als übertrieben darstellen werden, und zweitens, dass man westliche Gesellschaften nicht an barbarische Attacken gewöhnen kann, diese daher auch nicht verstehen, wenn der Staat nicht zeigt, dass er wirksam reagieren kann.

Im 20. Jahrhundert meinte die politische Rechte, nicht zuletzt als Folge des Zweiten Weltkriegs, dass sie sich moralisch im Unrecht fühlt und damit angreifbar wurde, während die politische Linke meinte, sie habe die moralische Überlegenheit auf ihrer Seite. Um nun die Aggressionen zu bekämpfen, neigte die politische Rechte dazu, nicht zuletzt im Bestreben, die Bürger zu beschützen, sie müsse diese mit aller Gewalt vor Schaden bewahren, einschließlich der Erkenntnis, dass dies nur eingeschränkt möglich ist. Die Linke kann die Bürger auch nicht schützen, verharrt daher aus ideologischen Gründen in Untätigkeit. Dies führt intern zu einer politischen Polarisierung zwischen Rechts und Links, damit oft zu Handlungsschwäche, was dem Staat viel mehr schadet als der Aggressor oder der Terror.

Polarisierte Gesellschaften funktionieren nicht, weil einmal ihr Wertesystem infrage gestellt wird und weil es über die wichtigen Maßnahmen und über den einzuschlagenden *modus operandi* keinen Konsens gibt. Erfahrungsgemäß ist die Gesellschaft dann zwischen jenen, die zuschlagen wollen und jenen gespalten, die nachgeben wollen bzw. ein *Appeasement* vertreten, weil sie meinen, man könne den Aggressor mit Pluralismus überzeugen. Jene, die den Widerstand befürworten, werden dann auf die Seite gedrängt, dies aber hilft nur dem Aggressor.

In weiterer Folge treten dann jene Radikalen auf, die geschickt zwischen beide Gruppen einen Keil treiben und nun ihrerseits das politische System paralysieren. In diesem Kulturkampf verliert die Demokratie auch gegenüber einem schwachen Aggressor oder Feind, weil dieser Kampf primär einer von Fraktionen innerhalb der Demokratie ist.

Eine Analyse über die Wirksamkeit angewandter Strategien kann mit praktischen Beispielen unterlegt werden, die aufzeigen, wann und wie westliche Demokratien erfolgreich gegen interne Insurgenten oder Terroristen vorgegangen sind. Zwei sehr unterschiedliche Beispiele sind besonders lehrreich, nämlich die Art wie Israel solche Bedrohungen meisterte und die Beinahe-Ohnmacht europäischer Staaten gegenüber wesentlich schwächeren Herausforderungen, die nur unter großen Schwierigkeiten bewältigt werden konnten. Andere Beispiele sind Kriege, die man auch als „Kulturkriege“ bezeichnen kann, obwohl sie nicht immer *asymmetrisch* sind, sondern vom Terror dominiert wurden, obwohl meistens beide präsent waren. Typische Kriege waren etwa Versuche westliche Mächte von ihrem Territorium zu vertreiben, ohne deren Mutterland anzugreifen, wie die Konflikte in Kenia, Malaysia, Algerien oder Vietnam.

Die USA sollen hier nicht untersucht werden, obwohl diese im Jahr 2001 durch radikale arabische Insurgenten angegriffen wurden, andererseits kann man die USA mittels Terrorhandlungen nicht essentiell angreifen, was diese etwa von Israel unterscheidet. Israel ist von allen Seiten von Feinden umgeben und ist laufend Kampfhandlungen ausgesetzt; Westeuropa wiederum war lange Zeit vor Terrorhandlungen kaum geschützt. Außerdem hat Europa Millionen von Bürgern und Zuwanderern, die die Möglichkeit haben, Terrorhandlungen inmitten von Europa auszuführen.

Europa: Von Trauma und Verwirrung nun zu einer Polarisierung?

Keine Region war auf eine Terrorwelle schlechter vorbereitet als Westeuropa, denn dieses hatte seit Ende des Zweiten Weltkriegs keine Auseinandersetzungen mehr erlebt, war in der glücklichen Lage stabiler und friedlicher Entwicklungen samt voller Akzeptanz demokratischer Werte und stabiler politischer Systeme. Die Probleme, denen Europa heute gegenübersteht, betreffen auch den mangelhaften Schutz seiner Bürger und seiner Systeme gegen terroristische Handlungen, vorgetragen von Mitgliedern einer Kultur mit völlig anderen Werten, begleitet von europäischen Eliten, die, völlig konfus, die Realitäten nicht akzeptieren wollen.

Die Selbsteinschätzung der Europäer und falsche Visionen

Europa ist Gefangener von zwei falschen Annahmen: Erstens, dass es sich in einer Phase dauerhaften Friedens befinde und dass es nur genüge diesen zu sichern; zweitens, dass die europäische Friedensordnung universelle Gültigkeit habe, das europäische Vorbild zu einer „International Community“ führen würde und man daher alle Staaten an diese heranführen muss, was auch Afrika und den Mittleren Osten einschließt. Die Eliten Westeuropas sind aber untereinander uneinig wie dieses Ziel erreichbar wäre.

Es ist richtig, dass die europäischen Regierungen einen wesentlichen Beitrag für die Zivilisation und für den Frieden in Europa geleistet haben, so die Umwandlung des Schlachthauses Europa in eine Zone des Friedens und die hohe Kompromissfähigkeit der Staaten sowie die Verfolgung gemeinsamer Ziele. Die Eliten deuten diese zukünftige Transformation allerdings dahingehend, dass jede Gewaltanwendung falsch ist, dafür „weiche" Lösungen und in jedem Fall ein Appeasement anzustreben wäre. Dazu gehört auch der Versuch, die Ursachen des Terrorismus zu beseitigen und sich in diesen Regionen zu engagieren. Jede Form der Gewaltanwendung wird so illegitim, deren Anwendung wird außerdem als unwirksam erklärt, jedes Problem ist daher ein ökonomisches oder politisches. Dabei geht man so weit, die Nichtanwendung friedlicher Konfliktlösungen in den letzten Jahrzehnten den USA anzulasten, weil diese gegen die Mehrheit europäischer Regierungen zur Gewalt greift, um politische Lösungen zu erreichen, und die USA wäre sogar bereit gewesen „die Welt auszulöschen", nur um das Ideal der Freiheit zu verteidigen, auch die Freiheit Europas. Würde es nach den Vorstellungen der linken Liberalen gehen, hätten sie nichts dagegen gehabt, wenn sowjetische Panzer in Frankfurt am Main oder Rom Widerstand ebenso gebrochen hätten wie in Budapest oder Prag.

Die Ablehnung von Gewalt steigerte sich noch nach dem Untergang der Sowjetunion und der Erweiterung der Europäischen Union. Denn nun habe es einen ideologischen Sieg über den letzten Gegner gegeben und nun gäbe es keinen Gegner mehr. Stammesfehden oder autoritäre Systeme mögen hie und da zur Gewalt greifen, um auf ihr Schicksal oder mittels Protest auf ihre individuelle Unterdrückung durch Rassismus aufmerksam zu machen, stets als Folge kollektiver kolonialer Unterdrückung: Aber alle Versuche einer Abschreckung gegen solches Aufbegehren wäre nur eine Weiterführung früherer Unterdrückung, daher keine Problemlösung. Aufzubieten wären vielmehr jene Methoden, die in Europa zum Frieden geführt hätten, nämlich Dialog, Beseitigung der Armut, Bildung, Förderung von Demokratie, Aufzeigen von Ungerechtigkeit und die Klagen der Armen. Daher könne es nur das Ziel sein, diese Völker als gleichberechtigte Staaten in die internationale Gemeinschaft der Demokratien zu begleiten, sobald sie die europäischen Standards von Menschenrechten und Rechtsprechung akzeptiert haben. Man räumt allerdings ein, dass dies schwierig wäre und viel Zeit erfordern würde, aber dies sei keine kulturelle Frage, sondern eine universeller Gültigkeit.

Die Verneinung der Bedeutung der politischen Kultur

Es kann kein Zufall sein, dass Gewalthandlungen gegen die Demokratien immer von Staaten ausgehen, die gescheiterte Gesellschaften sind. Indes: Was diese Staaten bleibend behindert hat und zur Beibehaltung von Stammesstrukturen mit autoritären Führungen führte, war und ist eben ihre (Politische) Kultur. Andere Staaten mit ebenfalls kolonialer Vergangenheit hatten hingegen den Weg zur modernen Staatengemeinschaft sehr wohl beschritten und konnten ihren Bürgern Wohlstand bringen.

Paradoxerweise gilt es in Europa als „politisch unkorrekt" Fragen der Gewalt in Verbindung mit Kultur aufzuwerfen, obwohl ja die Terroristen selbst ständig erklären, sie handelten so, weil sie von ihrer Kultur her so handeln und die westliche Kultur strikt ablehnen müssten. Diese Kultur ist aber nicht der Islam, sondern eine pervertierte Form einer Kultur, die sich in einigen islamischen und arabischen Gesellschaften sehr wohl findet und nun ihren Weg in viele arabische und islamische Einwanderungsviertel in Europa gefunden hat.

Trotz zahlreicher Terrorhandlungen und begleitender Aussagen von vielen radikalen Islamisten wird diese Tatsache von liberalen europäischen Eliten vehement abgestritten, vor allem von der akademischen Linken, von Journalisten und Künstlern, die ein „multikulturelles Zeitalter" verkündet haben. Diese wollen nicht zur Kenntnis nehmen, dass es nicht-europäische Kulturen geben kann, die sich aggressiv verhalten. Auch wenn dies nicht der Islam insgesamt ist, gehen von diesem solche aggressiven Impulse aus, samt Individuen, die bis zur Selbstvernichtung gehen und dabei meinen, ihr Handeln sei gerecht.

Diese Gegner Europas lehnen jede Form von Appeasement und jeden Dialog ab. Die europäischen Eliten wiederum wollen nicht akzeptieren, dass die Opfer von Kolonialismus und Unterdrückung einen Kulturkampf führen, der durch gewaltsame Gegenmaßnahmen beantwortet werden muss. Wenn allerdings die europäischen Eliten die Existenz eines Kulturkampf *a priori* bestreiten und sich weigern, einen auftretenden Feind als solchen zu bezeichnen, auch keine brauchbaren Strategien entwickeln wollen, werden sie eine Niederlage akzeptieren müssen. Dazu gehört auch sich zu weigern, jenseits des individuellen Terrors, einen herangetragenen Krieg als solchen zu bezeichnen, was die Situation nur weiter verschlimmert, denn dann werden Gegenmaßnahmen mangels Ziel sinnlos.

Das europäische Beispiel ist daher lehrreich und gefährlich, denn die europäischen Gesellschaften erleiden nun laufend barbarischer Angriffe. Die Staaten – Regierungen wie Eliten – weigern sich dies zuzugeben und reden sich nun auf die ISIS und vereinzelter Extremisten samt deren an Zahl geringen fanatisierten Unterstützern aus. Die Bevölkerung Europas, ängstlich und verwirrt, hat ihrerseits das Vertrauen in ihre Regierungen verloren, weil diese dem Terror hilflos gegenüberstehen und sie nicht schützen kann; sie wendet sich nun Politikern am anderen Ende der politischen Skala zu, die versprechen sie zu schützen. Die von diesen oft vorgebrachten Methoden mögen zwar kurzfristig einige Probleme lösen, sind aber insgesamt und langfristig gesehen unwirksam und gefährden zudem die demokratischen Freiheiten.

Zuwanderung

Dass sich das Problem durch die massive Zuwanderung aus Regionen mit völlig konträren politischen und sozialen Kulturen dramatisch verschärft hat, ist evident und zeigt sich an der Herkunft von Terroristen. Selbst wenn man davon ausgehen kann, dass sich die Masse der zugewanderten Moslems und Araber in Europa an den „European Way of Life" irgendwie anpasst, sind die beobachteten politischen Realitäten andere. Die dramatischen Konsequenzen einer Zuwanderung von einer Millionen Menschen in einem Jahr in einen einzigen Staat der EU sind nun deutlich erkennbar, abgesehen von den wirtschaftlichen Problemen. Dahinter steht die Gefahr der Zuwanderung weiterer Millionen. Europa hat sich in die Hand einiger Potentaten des Mittleren Ostens begeben, vor allem der Türkei. Zwar ist Ministerpräsident Erdogan demokratisch gewählt worden, doch sein Verhalten ist autoritär. Immerhin haben acht Millionen Türken erklärt, im Falle einer Visafreiheit nach EU-Europa auswandern zu wollen.

Erschreckte Europäer, die sich einer unkontrollierten Einwanderung von Moslems und Arabern gegenübersehen, geben nun an, dass sich selbst Türken, die schon seit Jahrzehnten in Europa leben, gegen jede Anpassung wehren. Sie erkennen eine Unterwanderung ihrer Kultur und Lebensgewohnheiten durch umgekehrten Anpassungsdruck. Viele Europäer assoziieren Moslems mit Terrorismus und fordern staatliche Gegenmaßnahmen gegen jede weitere Zuwanderung. Damit wird es, wenn zunehmend unkontrollierter Widerstand gegen unkontrollierte Zuwanderer auf der einen und Zuwanderer auf der anderen Seite aufeinandertreffen, zu Reaktionen kommen, bei denen jene politischen Kräfte an die Macht gelangen werden, die versprechen diese Probleme zu bereinigen und Wünsche sich gefährdet sehender Gesellschaften zu erfüllen.

Polarisierung

Viele Menschen in Europa hoffen, dass der Aufstand der öffentlichen Meinung gegen weitere Zuwanderung und die Realitäten von Terrorismus sowie die Unvereinbarkeiten bestehender sozialer Strukturen die Meinung der Eliten in Richtung mehr Realismus verändern und die Politik zum Handeln zwingen wird. Diese, allerdings sehr optimistische Erwartung, wird jedoch nicht eintreten.

Viel wahrscheinlicher ist eine zunehmende Polarisierung zwischen den alten Eliten, die die geschilderten Probleme verursachten und den neuen Eliten, die rasche Lösungen versprechen, weil beide unterschiedlichen Ideologien folgen, die keinen Kompromiss zulassen. Das Problem ist nun bei einem Punkt angelangt, bei dem die Linke sich nicht von ihrem früheren Strandpunkt wegbewegen kann und die Rechte, immer stärker werdend, ihre oft als „faschistisch" kritisierte Position bereits als breite „Legitimation" sieht.

Es geht jetzt nicht mehr um die Frage, wie man die Zuwanderung begrenzen und den Terror erfolgreich bekämpfen kann, sondern es ist ein Kampf über die Zukunft Europas. Da die alten Eliten ihre Meinung nicht ändern werden, werden sie von den neuen Eliten, die mit den Wellen zunehmender Zustimmung an die Macht kommen, verdrängt werden.

Das ist, wie eingangs erläutert, eine neue Form des Krieges, gekennzeichnet von Polarisierungen, die erfolgreiche Strategien verhindern, womit gleichzeitig eine erforderliche breite, robuste und lange wirkende Legitimierung verunmöglicht wird.

Voraussetzungen für eine wirksame Strategie

Im Moment ist es erkennbar unmöglich in Europa irgendeinen Weg zu sehen, der zu einer brauchbaren Strategie führen könnte, die zum Ziel hat, die europäischen Gesellschaften vor ihren Feinden zu schützen. Das Problem ist der Saum zwischen einer Strategie, die die Gesellschaften schützt, mit den eher radikalen Gegenvorschlägen von rechts, und schließlich mit jenen, die sich gegen jede Strategie wehren und liberale Werte in den Vordergrund schieben. Ohne eine gemeinsame Einigung, wie man den Gefahren begegnen will, und eine sinnvolle Zusammenarbeit und breite Legitimierung kann es keine wirksame Strategie gegen die äußeren Feinde Europas und ihren bereits in Europa befindlichen Mitläufern und Unterstützern geben.

Um zu einer Strategie zu kommen sind drei Voraussetzungen nötig:

Die *erste* wäre das Eingeständnis, dass es sich bei diesem Konflikt um einen Kulturkrieg handelt, dass der nicht zum Einlenken bereite Angreifer willens ist Europa größtmöglichen Schaden zuzufügen und dass daher geeignete Gegenmaßnamen zu ergreifen sind. Mit der in der Öffentlichkeit abgegebenen Erklärung, dass in diesem Konflikt bis auf weiteres kein Ende abzusehen und auch kein eindeutiger Sieg möglich ist und wahrscheinlich weitere Aggressoren zu erwarten sind, bleibt als Lösung nur eine Strategie einer wirksamen Abhaltung.

Diese Offenheit wird Frustration verhindern, ebenso zu hohe Erwartungen. Man soll dabei jenen nicht vertrauen, die rasche Lösungen versprechen, aber auch jenen nicht, die einer Kapitulation das Wort reden.

Zweitens wäre eine Strategie umzusetzen, die dem Feind inakzeptable Opfer und Kosten abfordert, sollte er versuchen die Demokratien in Europa anzugreifen, um hier hohen Schaden anzurichten. Die Maßnahmen müssen in ihren fühlbaren Auswirkungen proportional zum angerichteten Schaden sein, nicht bloß technische Zerstörungen oder symbolische Gegenmaßnahmen. In Europa werden solche Maßnahmen ohnedies kaum militärischer Natur sein, sondern sich eher gegen bereits hier wohnende Zuwanderer richten.

Die *dritte* Voraussetzung betrifft das Abwägen der Folgen allfälliger Gegenmaßnahmen für die europäischen Werte. Überzogenen Maßnahmen können zerstörerische Auswirkungen auf die Werte haben, aber die Werte können auch genauso in Frage gestellt werden, wenn man keine wirksamen Gegenmaßnahmen ergreift. Zu geringe Maßnahmen werden jene Kräfte stärken, die den Westen und dessen liberales Wertesystem beseitigen wollen. Die nun an der Macht befindlichen Kräfte müssen daher die Bedrohung ernst nehmen. Kurzfristige und zu begrenzte Maßnahmen können das Ausmaß der Bedrohung zwar zudecken aber nicht beseitigen.

Autoren

Abenheim, Donald

1982 bis 1984 „ziviler Verbindungsoffizier“ der United States Army in Europa zur Bundeswehr; 1985 Ph.D. in European History an der Stanford University; National Fellow Hoover Institution; seit 1988 Professor an der Naval Postgraduate School, Monteray, CA; 1988 bis 2004 Visiting Scholar und 2004 bis 2012 Research Fellow an der Stanford University; 1993 Gründer des Center for Civil Military Relations (CCMR); Mitglied der Clausewitz-Gesellschaft.

Belozerov, Vasily K.

Suworow-Militärschule, Kalinin; Politische Militärhochschule, Studium der Geschichte sowie der Gesellschaftskunde, Universität Swerdlowsk; Militäruniversität (Offizier mit Militärhochbildung, Militärpsychologe), Moskau; 1989 bis 2000 Stv. Leiter der Ausbildung für Batterie- und Bataillonskommandanten der Artillerie; 2000 bis 2003 militärisches postgraduales Studium an der Militäruniversität anschließend Dozent, Moskau; 2003 bis 2011 Offizier des Verteidigungsministeriums der Russischen Föderation; seit 2011 Leiter Lehrstuhl Politikwissenschaft, Staatliche Linguistische Universität, Moskau.

Birk, Eberhard

Oberregierungsrat und Oberstleutnant d.R.; 1993 bis 1997 Studium der Politikwissenschaft und Geschichte; 1995 bis 1999 Stipendiat der deutschen Studenten- und Graduiertenförderung der Konrad-Adenauer-Stiftung e.V.; 1999 Promotion; 1998 bis 2000 Lehrbeauftragter Universität Augsburg; seit 2000 Dozent für Militärgeschichte an der OSLw in Fürstenfeldbruck; 2004 bis 2012 Herausgeber der „Gneisenau Blätter“, seit 2011 Mitherausgeber der „Schriften zur Geschichte der deutschen Luftwaffe“.

Codner, Michael

Abschlüsse in Philosophie und Psychologie (Brasenose College, Oxford); bis 1995 Royal Navy, Commander, U-Jagd, maritime Strategie und Einsatzdoktrin, Konzepte, Verteidigungspolitik; Lektor für Strategie und Operationslehre am US Naval War College; Dozent an mehreren britischen Univ. (darunter: King's College, London; University College, London; Southampton University; University of St Andrews); Zurzeit Senior Research Fellow für Militärwissenschaft und Defence Systems des Royal United Services Institute (RUSI); Mitarbeiter für die *Fundamentals of British Maritime Doctrine.*

Halladay, Carolyn

German and Central European History and Politics, Cultural History, Law and National Security, International Law, Nationalism, Political Extremism; Lektor am Zentrum Homeland Defense and Security (Central Europe, National Security Law for Homeland Security, Introduction to Homeland Security); Lektor am Behrend College, Pennsylvania State, Erie und an der George Washington University, Washington, D.C.; Tätigkeit für die Amerikanische Regierung: Department of State, Department of Justice, Departments of Transportation, Defense Department.

Lapins, Wulf-W.

1983 bis 1986 Professor für Politikwissenschaft und Konfliktlehre an der Hochschule der BW in München; 1986 bis 1993 wissenschaftlicher Mitarbeiter Studien-Forschungsgruppe Sicherheit und Abrüstung der Friedrich-Ebert-Stiftung; seit 1993 Projektkoordinator der Friedrich-Ebert-Stiftung für Osteuropa und Zentralasien; ab 2012 Projektkoordinator der Friedrich-Ebert-Stiftung im Kosovo; Ehrenprofessuren u.a.: Deutsch-Kasachische Univ., Al Farabi Univ., Almaty/Kasachstan; Assoziiertes Mitglied Centre for Caspian Region Studies der Freien Universität Berlin.

Krueger, Manuela R.

Master-Studentin an der Technischen Universität Darmstadt in den Fachbereichen Geschichte und Körperpflege; Lehrkraft an der Deutschen Angestellten-Akademie GmbH Wiesbaden; Co-Leiterin und Managerin des Forum Mainz der Deutschen Atlantischen Gesellschaft e.V.; Mitglied des Arbeitskreises Militärgeschichte e.V.

Millotat, Christian E. O.

1963-2004 Soldat der Bundeswehr (Panzergrenadiertruppe), deutsche und kanadische Generalstabsausbildung sowie Absolvent des US Army War College; Verwendungen u.a. als: Stabsabteilungsleiter FüH III (BMVg), Brigadekommandeur, Stv. des Kommandierenden Generals des II. (GE/US) Korps; Kommandeur der Kosovo Force; 2005 bis 2007 Director des Dept. of Security Cooperation der OSZE und Sicherheitsberater des Hohen Beauftragten für

Bosnien-Herzegowina; Leiter des Regionalkreises SW der CW-Gesellschaft e.V. sowie Leiter des Forum Mainz der Deutschen Atlantischen Gesellschaft e.V.

Nackmayr, Jörg-Dietrich

Fregattenkapitän d.R.; Studium der Politischen Wissenschaft, Volkswirtschaftslehre, Philosophie und Geschichte in Berlin und Bielefeld; 1989-1990 Persönlicher Referent für den Vorsitzenden und den Generalsekretär der Partei Demokratischer Aufbruch (DA) in der DDR; 1993 bis 1996 Kulturamtsleiter Hansestadt Stralsund; ab 1996 Büroleiter und Sprecher des Parlamentspräsidenten im Abgeordnetenhaus in Berlin; ab 1999 Direktor der Konrad-Adenauer-Stiftung Baltische Länder, Tallinn/Estland; 2007 bis 2009 Sicherheitspolitscher Berater Europäisches Parlament; ab 2009 Forschungsaufenthalt Astana/Kasachstan; ab 2013 Island.

Naumann, Klaus

1991 bis 1996 Generalinspekteur der Bundeswehr; 1996 bis 1999 Vorsitzender des Militärausschusses der NATO; nach 1999: Berufung in den Beirat IISS, London, Berufung ICRC als International Adviser, Genf; Mitglied ICISS („Responsibility to Protect"); ab Oktober 2008 Mitglied der International Comission on Nuclear Non-Proliferation and Disarmament.

Pankratz, Thomas

Studium der Politikwissenschaften, Zeitgeschichte und Philosophie. Zusatzausbildung als systemischer Trainer; Tätigkeiten im Bundeskanzleramt, Parlament, Österreichisches Institut für Internationale Politik, Österreichischer Zivilschutzverband; seit 2003 im BMLVS, seit 2008 Forscher und Hauptlehroffizier an der Landesverteidigungsakademie im Fachbereich Strategie; Hauptverantwortlicher für das interministerielle Strategic Gaming; Lektor an der FH Wr. Neustadt sowie seit 1. Mai 2016 Leiter des Kompetenzzentrums „Leadership and Strategy" der FH Wr. Neustadt.

Peischel, Wolfgang

1991 bis 1994 Ausbildung zum Generalstabsoffizier; 1991 bis 1997 Studium der Politikwissenschaft; 2001 Kommandant Jägerregiment „Wien"; 2002 bis 2008 Leiter der Gruppe „Struktur- und Programmplanung" im BMLVS; seit 2009 Chefredakteur ÖMZ; März 2015 Abschluss des PhD-Studiums Militärwissenschaft; seit 2015 Präsident EMPA (European Military Press Association); Vortragender am Masterstudiengang "Strategisches Sicherheitsmanagement" der Sicherheitskademie Wien.

Pellistrandi, Jérôme

Doktoratsstudium/Geschichte; Absolvent des Collège Interarmées de Défense in Paris und der Militärakademie in Saint-Cyr; Kommandant des 28. Fernmelderegiments inkl. Auslandseinsatz im Kosovo; 2007 bis 2009: Kommandant der multinationalen Führungsunterstützungsbrigade/Eurokorps; seit 2011 Doyen des NATO Defence College, zurzeit Chefredakteur Revue Défense Nationale; Universitätlektor.

Pleiner, Horst

Geb. 1941; General i.R.; 1960-1963 Theresianische Militärakademie; 1963-1969 Jägerschule Saalfelden; 1969-1972 Generalstabskurs; 1972-1975 Lehroffizier an der Landesverteidigungsakademie; 1975-1978 Kommandant 8. Generalstabskurs an der Landesverteidigungsakademie; 1978 BMLV - Operationsabteilung; 1979-1980 Kommandant Landwehrstammregiment 32; 1980-1990 BMLV - Führungsabteilung; 1990-1999 BMLV - Generalstabsgruppe B; 2000-2002 Generaltruppeninspektor; seit April 2003 im Ruhestand.

Posch, Walter

Olt der Reserve (ehem. BAB 6); 1986 bis 1993 Studium der Turkologie und Islamkunde in Wien; 1994 Studienaufenthalt in Istanbul; 1995-1999 Iranistik an der Universität Bamberg; 2000-2004 LVAk Zentraldokumentation; 2004-2009 European Union Institute for Security Studies, Paris; 2010-2014 Stiftung Wissenschaft und Politik, Berlin; derzeit Referats-Leiter Konflikttransformation an der Landesverteidigungsakademie.

Schneider, Karsten

1975 bis 1978 Studium an der Helmut-Schmidt-Universität in Hamburg; 1982 bis 1984 Austauschoffizier in der US Navy, Norfolk, VA; 1991 bis 1993 Admiralstabsausbildung an der FüAk der BW in Hamburg; 1993 bis 1995 Referent im Bundeskanzleramt beim Abteilungsleiter Außen- und Sicherheitspolitik; 1995 bis 1997 Kommandant der Fregatte LÜBECK in Wilhelmshaven; 1997 bis 1999 Führungsstab der Streitkräfte; 2000 bis 2002 Planungsstab des BMVg; 2002 bis 2005 Kommandeur 4. Fregattengeschwader; seit 2012 Stellvertretender Kommandeur und Direktor Lehrgänge FüAk, Hamburg.

Schueftan, Dan

Direktor des Studienzentrums für nationale Sicherheit und Direktor des International Graduate Program für Nationale Sicherheit an der Universität Haifa; 2012 bis 2014 Gastprofessor am Institut für Staatswissenschaften an der Georgetown University in Washington, D.C.; Dozent an der Landesverteidigungsakademie der israelischen Streitkräfte; Beratungstätigkeit für Kongressausschüsse, Washington, D.C., Europäische Regierungen, Nachrichtendienste, Forschungseinrichtungen und Think Tanks für den Nahen und Mittleren Osten sowie für Israelische Auslandsbeziehungen; Berater des Israelischen Nationalen Sicherheitsrates.

Schmidle, Robert E.

Verwendungen u.a.: Pilot (F-4, F/A-18), Squadron Commander; Ph.D. Georgetown University, Philosophy; Absolvent und ehemaliges Fakultätsmitglied des Marine Corps Command and Staff College und Absolvent des Marine Corps War College; Commanding General, First Marine Aircraft Wing; Deputy Director for Resources and Acquisition in the Joint Staff J-8; Military Secretary for the 32nd and 33rd Commandants of the Marine Corps; Deputy Commandant USMC Aviation; Deputy Commander for U.S. Cyber Command.

Stadler, Christian

1989 Magisterium der Rechtswissenschaften an der Universität Wien; 1990 Doktorat der Rechtswissenschaften; 1992 Univ.Ass. am Institut für Rechtsphilosophie der Universität Wien; 1994 Magisterium der Philosophie / Germanistik an der Universität Wien (Philosophie); 1996 Doktorat der Philosophie an der Universität Wien und Promotion *sub auspiciis praesidentis rei publicae* zum Doktor der Philosophie; 1998 Aufnahme in die Wissenschaftskommission des BMLVS; 1999 Regelmäßige Vortragstätigkeit an der Landesverteidigungsakademie (LVAk); 2000 Habilitation im Fach „Rechtsphilosophie" an der Universität Wien; 2000 Ao.Univ.Prof. für Rechtsphilosophie an der Universität Wien; 2002 Regelmäßiger Vortragender am Generalstabslehrgang des ÖBH (LVAk); 2005 Regelmäßiger Vortragender am „Strategischen Führungslehrgang" (BReg/LVAk); 2006 Projekt „eLaw-Tune-In" (4-jähriges eLearning-Projekt des Rektorats Uni Wien); 2009 Regelmäßige Lehrtätigkeit an der Sicherheitsakademie des Bundes (SIAK); 2011 Vortragstätigkeit im Rahmen von CEPOL / BM.I; 2011 Aufnahme in den „Expertenrat für Integration" (BMEIA); 2013 Leiter Forschungsgruppe „Polemologie & Rechtsethik" des Instituts für

Rechtsphilosophie (Kooperation mit dem BMLVS / Landesverteidigungsakademie/IHMF); 2014 Aufnahme in den „Migrationsrat für Österreich“ (BMI).

Zückert, Andrea

Chefredakteurin der Redaktion der Bundeswehr in Berlin; Studium der Politikwissenschaften und Geschichte an der Ludwig-Maximilians-Universität-München, M.A.; 8 Jahre Korrespondentin des ARD-Hauptstadtstudios in Berlin; 20 Jahre Redakteurin beim Bayerischen Rundfunk; Reportagen u.a. aus dem Bosnien-Krieg, aus dem belagerten Sarajewo; Mitarbeiterin der Süddeutschen Zeitung, Münchner Merkur.

Carola Hartmann Miles-Verlag

Politik, Gesellschaft, Militär

Wolf Graf von Baudissin, *Grundwert Frieden in Politik – Strategie – Führung von Streitkräften,* hrsg. von Claus von Rosen, Berlin 2014.

Wolf Graf von Baudissin, *Der Widerstand. „... um nie wieder in die auswegslose Lage zu geraten...“,* hrsg. von Claus von Rosen, Berlin 2014.

Marcel Bohnert, Lukas J. Reitstetter (Hrsg.), *Armee im Aufbruch. Zur Gedankenwelt junger Offiziere in den Kampftruppen der Bundeswehr,* Berlin 2014.

Arjan Kozica, Kai Prüter, Hannes Wendroth (Hrsg.), *Unternehmen Bundeswehr? Theorie und Praxis (militärischer) Führung,* Berlin 2014.

Angelika Dörfler-Dierken, Robert Kramer, *Innere Führung in Zahlen. Streitkräftebefragung 2013,* Berlin 2014.

Eberhard Birk, Heiner Möllers (Hrsg.), *Luftwaffe und Luftkrieg,* Berlin 2015.

Phil C. Langer, Gerhard Kümmel (Hrsg.), *„Wir sind Bundeswehr.“ Wie viel Vielfalt benötigen/vertragen die Streitkräfte?,* Berlin 2015.

Jéronimo L. S. Barbin, *Imperialkriegführung im 21. Jahrhundert. Von Algier nach Bagdad. Die kolonialen Ursprünge der COIN-Doktrin,* Berlin 2015.

Dirk Freudenberg, *Counterinsurgency. Aufstandsbekämpfung als Phase zur Überwindung schwacher Staatlichkeit und zur Etablierung des Aufbaus einer stabilen Nachkriegsordnung,* Berlin 2016.

Marcel Bohnert, Björn Schreiber (Hrsg.), *Die unsichtbaren Veteranen. Kriegsheimkehrer in der deutschen Gesellschaft,* Berlin 2016.

Alois Bach, Walter Sauer (Hrsg.), *Schützen, Retten, Kämpfen – Dienen für Deutschland,* Berlin 2016.

Christian Göbel, *Glücksgarant Bundeswehr? Ethische Schlaglichter auf einige neuere Studien des ZMSBw im Kontext von Sinn und Glück des Soldatenberufs, Innerer Führung und Einsatz-Ethos,* Berlin 2016.

Alois Bach, Walter Sauer (Hrsg.), *Schützen.Retten.Kämpfen. Dienen für Deutschland,* Berlin 2016.

Dirk Freudenberg, Stephan Maninger, *Neue Kriege. Sicherheitspolitische Rahmenbedingungen, Mentalitäten, Strategien, Methoden und Instrumente,* Berlin 2016.

Eberhard Birk, Peter Andreas Popp, *Luftwaffenoffizier 21. Das Selbstverständnis des Luftwaffenoffiziers zu Beginn des 21. Jahrhunderts,* Berlin 2016.

Eberhard Birk, Heiner Möllers (Hrsg.), *Luftwaffe und Luftverteidigung,* Berlin 2017.

Alessandro Rappazzo, *Vorsprung durch Leadership. Modernes Leadership in der Armee,* Berlin 2017.

Jahrbuch Innere Führung

Uwe Hartmann, Claus von Rosen, Christian Walther (Hrsg.), *Jahrbuch Innere Führung 2009. Die Rückkehr des Soldatischen,* Eschede 2009.

Helmut R. Hammerich, Uwe Hartmann, Claus von Rosen (Hrsg.), *Jahrbuch Innere Führung 2010. Die Grenzen des Militärischen,* Berlin 2010.

Uwe Hartmann, Claus von Rosen, Christian Walther (Hrsg.), *Jahrbuch Innere Führung 2011. Ethik als geistige Rüstung für Soldaten,* Berlin 2011.

Uwe Hartmann, Claus von Rosen, Christian Walther (Hrsg.), *Jahrbuch Innere Führung 2012. Der Soldatenberuf zwischen gesellschaftlicher Integration und suis generis-Ansprüchen,* Berlin 2012.

Uwe Hartmann, Claus von Rosen (Hrsg.), *Jahrbuch Innere Führung 2013. Wissenschaften und ihre Relevanz für die Bundeswehr als Armee im Einsatz,* Berlin 2013.

Uwe Hartmann, Claus von Rosen (Hrsg.), *Jahrbuch Innere Führung 2014. Drohnen, Roboter und Cyborgs – Der Soldat im Angesicht neuer Militärtechnologien,* Berlin 2014.

Uwe Hartmann, Claus von Rosen (Hrsg.), *Jahrbuch Innere Führung 2015. Neue Denkwege angesichts der Gleichzeitigkeit unterschiedlicher Krisen, Konflikte und Kriege,* Berlin 2015.

Uwe Hartmann, Claus von Rosen (Hrsg.), *Jahrbuch Innere Führung 2016. Innere Führung als kritische Instanz,* Berlin 2016.

Einsatzerfahrungen

Kay Kuhlen, *Um des lieben Friedens willen. Als Peacekeeper im Kosovo,* Eschede 2009.

Sascha Brinkmann, Joachim Hoppe (Hrsg.), *Generation Einsatz, Fallschirmjäger berichten ihre Erfahrungen aus Afghanistan,* Berlin 2010.

Artur Schwitalla, *Afghanistan, jetzt weiß ich erst… Gedanken aus meiner Zeit als Kommandeur des Provincial Reconstruction Team FEYZABAD,* Berlin 2010.

Uwe Hartmann, *War without Fighting? The Reintegration of Former Combatants in Afghanistan seen through the Lens of Strategic Thought,* Berlin 2014.

Rainer Buske, *KUNDUZ. Ein Erlebnisbericht über einen militärischen Einsatz der Bundeswehr in Afghanistan im Jahre 2008,* Berlin ^{2}2016.

Marcel Bohnert, Andy Neumann, *German Mechanized Infantry on Combat Operations in Afghanistan,* Berlin 2016.

Standpunkte und Orientierungen

Daniel Giese, *Militärische Führung im Internetzeitalter – Die Bedeutung von Strategischer Kommunikation und Social Media für Entscheidungsprozesse, Organisationsstrukturen und Führerausbildung in der Bundeswehr,* Berlin 2014.

Dirk Freudenberg, *Auftragstaktik und Innere Führung. Feststellungen und Anmerkungen zur Frage nach Bedeutung und Verhältnis des inneren Gefüges und der Auftragstaktik unter den Bedingungen des Einsatzes der Deutschen Bundeswehr,* Berlin 2014.

Uwe Hartmann (Hrsg.), *Lernen von Afghanistan. Innovative Mittel und Wege für Auslandseinsätze,* Berlin 2015.

Fouzieh Melanie Alamir, *Vernetzte Sicherheit – Quo Vadis?,* Berlin 2015.

Hartwig von Schubert, *Integrative Militärethik. Ethische Urteilsbildung in der militärischen Führung,* Berlin 2015.

Uwe Hartmann, *Hybrider Krieg als neue Bedrohung von Freiheit und Frieden. Zur Relevanz der Inneren Führung in Politik, Gesellschaft und Streitkräften,* Berlin 2015.

Klaus Beckmann, *Treue.Bürgermut.Ungehorsam. Anstöße zur Führungskultur und zum beruflichen Selbstverständnis in der Bundeswehr,* Berlin 2015.

Florian Beerenkämper, Marcel Bohnert, Anja Buresch, Sandra Matuszewski, *Der innerafghanische Friedens- und Aussöhnungsprozess,* Berlin 2016.

Martin Sebaldt, *Nicht abwehrbereit. Die Kardinalprobleme der deutschen Streitkräfte, der Offenbarungseid des Weißbuchs und die Wege aus der Gefahr,* Berlin 2017.

Militärgeschichte

Dieter E. Kilian, *Adenauers vergessener Retter – Major Fritz Schliebusch,* Berlin 2011.

Ingo Pfeiffer, *Gegner wider Willen. Konfrontation von Volksmarine und Bundesmarine auf See,* Berlin 2012.

Dieter E. Kilian, *Kai-Uwe von Hassel und seine Familie. Zwischen Ostsee und Ostafrika. Militär-biographisches Mosaik,* Berlin 2013.

Peter Heinze, *Berliner Militärgeschichten,* Berlin 2013.

Ingo Pfeiffer, *Seestreitkräfte der DDR,* Berlin 2014.

Ulrich C. Kleyser, *Lazare Carnot. "Le Grand Carnot". Ein Charakterbild,* Berlin 2016.

Eberhard Birk, *"Auf Euch ruht das Heil meines theuern Württemberg!" Das Gefecht bei Tauberbischofsheim am 24. Juli 1866 im Spiegel der württembergischen Heeresgeschichte des 19. Jahrhunderts,* Berlin 2016.

Kathrin Orth, Eberhard Kliem, *"Wir wurden wie blödsinnig vom Feind beschlossen". Menschen und Schiffe in der Skagerrakschlacht 1916,* Berlin 2016.

Hans Frank, Norbert Rath, *Kommodore Rudolf Petersen. Führer der Schnellboote 1942–1945. Ein Leben in Licht und Schatten unteilbarer Verantwortung*, Berlin 2016.

Eckhard Lisec, *Der Unabhängigkeitskrieg und die Gründung der Türkei 1919–1923*, Berlin 2016.

Claas Siano, *Die Luftwaffe und der Starfighter*, Berlin 2016.

Eberhard Korthaus, *Heldinnen der Befreiungskriege gegen Napoleon*, Berlin 2017.

Erinnerungen

Blue Braun, *Erinnerungen an die Marine 1956–1996*, Berlin 2012.

Harald Volkmar Schlieder, *Kommando zurück!*, Berlin 2012.

Reinhart Lunderstädt, *Aus dem Leben eines Hochschullehrers. Persönlicher Bericht*, Berlin 2012.

Wulf Beeck, *Mit Überschall durch den Kalten Krieg. Mein Leben für die Marine*, Berlin 2013.

Jan Becker, *Aufgewühltes Wasser*, 3 Bde., Berlin 2014.

Klaus Grot, *So war's, damals. Dienstchronik eines Pionieroffiziers im Kalten Krieg 1954–1991*, Berlin 2014.

Gustav Lünenborg, *Bürger und Soldat. Innere Führung hautnah 1956–1993, 1993–2015*, Berlin 2015.

Adolf Brüggemann, *Als Offizier der Bundeswehr im Auswärtigen Dienst. Meine Erinnerungen als Militärattaché in Seoul (Republik Korea) 1978–83 und in Prag (Tschechoslowakei/Tschechien) 1988–1993*, Berlin 2015.

Rainer Buske, *Eine Reise ins Innere der Bundeswehr. Wundersame Geschichten aus einer anderen Welt*, Berlin 2016.

Heinz Laube, *Duell am geteilten Himmel*, Berlin 2016.

Winfried Papenfuß, *Die Kriege der Karendorffs*, Berlin 2016.

www.miles-verlag.jimdo.com